献给我的父亲魏天环和母亲胡保芹

亨利·劳伦斯的跨大西洋遭遇，
1744-1784年

追　寻

自我认同

Henry Laurens and
His Transatlantic Encounters,
1744-1784

魏涛　著

IN SEARCH OF
SELF-IDENTIFICATION

社会科学文献出版社
SOCIAL SCIENCES ACADEMIC PRESS (CHINA)

目 录

图片列表

导　论

　　1746 年 11 月 10 日，在苏格兰商人詹姆斯·克罗卡特（James Crokatt）于伦敦开设的会计房（counting house）接受商业训练时，来自南卡罗来纳殖民地查尔斯顿①的年轻学徒亨利·劳伦斯（Henry Laurens，1724—1792）收到了一封信件。发信人克里斯托弗·加兹登（Christopher Gadsden）是南卡罗来纳的一位商人，也是劳伦斯的商业助手和合伙人。信里简要介绍了英属北美的政治和经济现状以及加兹登在圣劳伦斯河河口的贸易活动。在 18 世纪上半期，路易斯堡（Louisbourg）是圣劳伦斯河河口开普布雷顿岛（Cape Breton Island）上的军事要塞、贸易中心和航运据点。对英国和法国殖民者而言，控制了路易斯堡就可以控制圣劳伦斯河河口的贸易航线。在争夺这个贸易据点和军事要塞的过程中，英国殖民者和法国殖民者长期处于敌对状态。不过，让劳伦斯和加兹登倍感欣慰的是，新英格兰地区的英国殖民者已从法国殖民者手中顺利夺回了路易斯堡。在离开南卡罗来纳殖民地前往路易斯堡考察贸易商机之前，加兹登曾向克罗卡特汇款 100 英镑。从路易斯堡返回南卡罗来纳的路上，加兹登将途经纽约并计划在那里短暂停留，以便从克罗卡特账上取款二三十英镑。在信中，加兹登叮嘱劳伦斯把这个取款计划告知克罗卡特。此外，加兹登提到自己已向南卡罗来纳商

---

①　1670 年至 1783 年，南卡罗来纳殖民地的首府查尔斯顿的英文拼写是"Charles Town"、"Charlestown"、"Charlestowne"和"Charles‐town"。美国独立战争于 1783 年结束后，这座城市将其名称从查尔斯镇改为查尔斯顿并沿用至今。在本书中，笔者已将查尔斯镇改为查尔斯顿。

人约瑟夫·皮克林（Joseph Pickering）介绍了劳伦斯的贸易计划。加兹登渴望参与英帝国和南卡罗来纳之间的跨大西洋贸易，并敦促劳伦斯时不时地告知南卡罗来纳商品在英国市场上的价格，以便他有机会购买一些商品并从中赚取商业利润。8 月 26 日，顺利抵达路易斯堡后，加兹登听说法国军队一直停靠在圣劳伦斯河河岸上。由于政治局势紧张，加兹登希望在返回纽约的途中不会碰到法国军队。①

这封信件说明虽然劳伦斯在伦敦只是个学徒，但他已将所学到的商业技能付诸实践。他不仅试图与皮克林建立商业合作关系，而且与加兹登保持密切的商业往来。作为南卡罗来纳殖民地和英帝国中心商业贸易的中间人，劳伦斯向商业合伙人加兹登和克罗卡特提供帮助，以保证商业信息能及时传达。由于英帝国中心与南卡罗来纳殖民地之间的商业维持着互惠互利的局面，劳伦斯既与南卡罗来纳商人合作，又与英帝国中心的商人合伙做生意。更重要的是，在从事大西洋贸易的过程中，劳伦斯认为南卡罗来纳殖民地的商人皮克林、加兹登和英帝国中心的商人克罗卡特在自我认同上都是英国人。

在 18 世纪中期，除外来移民外，南卡罗来纳殖民地的大部分白人殖民者认同自己为英国人。成为一个英国人，正如哈佛大学历史系大卫·阿米蒂奇（David Armitage）所指出的，意味着他或者她必须是新教徒、追求商业财富、面向海洋且追求自由。② 在《英国人：国家的形成，1707—1837年》中，英国历史学家琳达·科利（Linda Colley）指出英国人感知自我认同主要通过与他者的接触，发现英国人与其他人在自我认同上的差异，进而强化了英国人的自我认同。自 1707 年的《联合法案》（*Act of Union*）颁

---

① Christopher Gadsden to Henry Laurens, Aldborough in Louisbourg Harbor, September 11, 1746, in Philip M. Hamer et al. , eds. , *The Papers of Henry Laurens*, 16 vols. （Columbia：University of South Carolina Press, 1968 – 2003）, 1：1 – 2. 另见 "An Interesting Letter of 1746," *The South Carolina Historical and Genealogical Magazine*, Vol. 9, No. 4（Oct. , 1908）：228 – 229 和 Christopher Gadsden to Henry Laurens, Aldborough in Louisbourg Harbor, September 11, 1746, in Richard Walsh, ed. , *The Writings of Christopher Gadsden*, *1746 – 1805*（Columbia：University of South Carolina Press, 1966）, 3 – 4。

② David Armitage, *The Ideological Origins of the British Empire*（Cambridge：Cambridge University Press, 2000）, 8.

布之后，科利进一步指出，英国人逐渐发展出一种英国人的自我认同或民族认同。科利还指出，构成"英国人"的诸多要素中被置于首位的是宗教改革以来的新教信仰。除此之外，爱国主义、自由传统、强大的海上舰队和其他因素也是英国人自我认同的重要组成部分。其中，自近代以来，英国和法国之间爆发的多场战争以及两国在海外争霸的历史使得英国人进一步认识到他们的自我认同不同于法国人，因为后者坚持天主教信仰、强调陆地贸易和强化陆军实力。① 不足的是，阿米蒂奇和科利对英国人的自我认同的界定忽视了文化和礼仪。正如英国历史学家保罗·朗福德（Paul Langford）所指出的，在 18 世纪，英国人既懂得传统社交和文化礼仪，也懂得如何追求商业财富。② 在英国人的自我认同问题上，本书吸收了阿米蒂奇、科利和朗福德的研究成果。对劳伦斯来说，成为一名英国人意味着他效忠英国国王、坚持新教信仰、追求商业利益、利用英国强大的海上舰队护航以从事海洋贸易、捍卫自由传统、遵守传统的社会礼仪，进而成为一个有礼貌的（polite）人。③

劳伦斯的贸易活动也表明劳伦斯和加兹登在从事大西洋贸易的过程中都利用了他们的英国人自我认同（Britishness，也有学者使用 Englishness，

---

① 见 Linda Colley, "Britishness and Otherness: An Argument," *The Journal of British Studies*, Vol. 31, No. 4 (Oct., 1992): 309 – 329 和她的专著 *Britons: Forging the Nation, 1707 – 1837* (New Haven: Yale University Press, 1992), 11 – 18。中文版见琳达·科利《英国人：国家的形成，1707—1837 年》，周玉鹏、刘耀辉译，北京：商务印书馆，2017 年。

② Paul Langford, *A Polite and Commercial People: England, 1727 – 1783* (Oxford: Clarendon Press, 1989), 112, 120 – 122.

③ 欧美学者认为 17 世纪和 18 世纪的英国人是有礼貌的（polite）且懂礼仪（civility）的。其中，约翰·G. A. 波考克（J. G. A. Pocock）主要探讨美德和商业之间的关系，阿曼达·维克里（Amanda Vickery）从女性视角来研究礼仪，菲利普·卡特（Philip Carter）从男性角度来探讨礼仪，理查德·B. 谢尔（Richard B. Sher）从宗教和苏格兰启蒙视角来讨论礼仪。见 J. G. A. Pocock, *Virtue, Commerce and History* (Cambridge: Cambridge University Press, 1985), 198; Amanda Vickery, *The Gentleman's Daughter: Women's Lives in Georgian England* (New Haven: Yale University Press, 1998), 17; Richard B. Sher, *Church and University in the Scottish Settlement* (Edinburgh: Edinburgh University Press, 1985), 57; Philip Carter, *Men and the Emergence of Polite Society, Britain 1660 – 1800* (London: Pearson, 2001), 15 – 52, 163 – 202。

British national identity 或 British identity)。① 早在 1713 年，法国军队就加强了路易斯堡的军事防御，使其免受英国军队的攻击，进而控制圣劳伦斯河沿岸的捕鱼、贸易和航运业务。然而，马萨诸塞殖民地基特利（Kittery）（现在成为美国缅因州的一部分）的民兵上校威廉·佩普雷尔（William Pepperrell）率领一支英国海军部队以及大约 4000 名新英格兰民兵已于 1745 年成功攻占了这座军事要塞。② 在乔治王战争（King George's War，1744—1748 年）期间，对路易斯堡的攻占只是一场规模不大的军事冲突，但劳伦斯和加兹登都认识到了这场战争背后圣劳伦斯河河口的贸易商机。如果没有英帝国海军所提供的海上护航，法国海军的存在直接威胁劳伦斯和加兹登在圣劳伦斯河地区的贸易活动和投资计划。另外，法国军队的存在直接威胁着北美殖民地人民在圣劳伦斯河河口的贸易活动，这使得劳伦

---

① 有关英国人自我认同的专著及论文，见 Jack P. Greene, *Early American Histories: Creating the British Atlantic: Essays on Transplantation, Adaptation, and Continuity* (Charlottesville: University of Virginia Press, 2013), 253 – 254; Colin Kidd, *British Identities before Nationalism: Ethnicity and Nationhood in the Atlantic World, 1600 – 1800* (Cambridge: Cambridge University Press, 1999); Alexander Murdoch, *British History, 1660 – 1832: National Identity and Local Culture* (New York: St. Martin's Press, 1998); Raphale Samuel ed., *Patriotism: The Making and Unmaking of British National Identity: Britain and Ireland*, 3 Vols. (London: Routledge, 1989); Kathleen Wilson, *The Sense of the People: Politics, Culture and Imperialism in England, 1715 – 1785* (Cambridge: Cambridge University Press, 1995) 和她主编的 *A New Imperial History: Culture, Identity and Modernity in Britain and the Empire, 1660 – 1840* (Cambridge: Cambridge University Press, 2004); Tony Claydon and Ian McBride, "The Trials of a Chosen People: Recent Interpretations of Protestantism and National Identity in Britain and Ireland," in *Protestantism and National Identity: Britain and Ireland, c. 1650 – c. 1850*, Tong Claydon and Ian McBride eds. (Cambridge: Cambridge University Press, 1998), 3 – 30; J. C. D. Clark, *The Language of Liberty, 1660 – 1852* (Cambridge: Cambridge University Press, 1994); Langford, *A Polite and Commercial People*, 6, 110, 59 – 122 and *Englishness Identified: Manners and Character, 1650 – 1850* (Oxford: Oxford University Press, 2000); Stephen Conway, "From Fellow – Nationals to Foreigners: British Perceptions of the Americans, Circa 1739 – 1785," *William and Mary Quarterly*, 3rd Ser., LIX (2002), 65 – 100; Tillman W. Nechtman, *Nabobs: Empire and Identity in Eighteenth – Century Britain* (Cambridge: Cambridge University Press, 2010); Philippa Levine, *Gender and Empire* (Oxford: Oxford University Press, 2007)。从殖民地视角研究英国人认同的专著，见 Kathleen Wilson, *The Island Race: Englishness, Empire, and Gender in the Eighteenth Century* (London: Routledge, 2003), 1 – 28。

② 有关对路易斯堡的攻占，见 Usher Parsons, *The Life of Sir William Pepperrell, Bart: The Life of Sir William Pepperrell, Bart, the Only Native of New England Who Was Created a Baronet during Our Connection with the Mother Country* (Boston: Little, Brown & Co., 1856), 141 – 145。

斯和加兹登认识到他们的自我认同与法国人截然不同。由于英国和法国持
续争夺路易斯堡的控制权，他们利用英国人的自我认同追求商业利益。劳
伦斯和加兹登的商业冒险活动不仅帮助他们理解英帝国和法国在北美争夺
土地和政治霸主的历史，而且强化了他们是英国国王乔治三世的"尽职尽
责且忠诚的臣民"。① 换句话说，劳伦斯发现自己的自我认同是英国人，且
与法国人的自我认同迥然不同。

1744 年至 1784 年，劳伦斯共进行了四次跨大西洋旅行。1744 年至
1747 年，他在克罗卡特的会计房里学习商业知识和经商技能。在 1748 年
至 1749 年，他与利物浦、布里斯托尔、伯明翰以及伦敦等城市的商人建立
起商业网络和合伙关系，这为他从事大西洋贸易奠定了重要基础。1771 年
至 1774 年，他监督三个儿子在英国和瑞士的教育，与此同时积极介入南卡
罗来纳政治，并试图缓和南卡罗来纳与英帝国中心之间的紧张关系。1779
年至 1784 年，他代表新成立的美利坚合众国在荷兰、法国和英国担任外交
官和英美和平条约大使，并敦促英国政府最终承认美国主权。在进行跨大
西洋旅行的过程中，他从一个年轻商人逐渐成长为一个见多识广的种植园
主、大西洋奴隶贸易商、政治家和外交官。需要重点指出的是，在欧洲大
陆和英国的跨大西洋旅行影响了他将自我认同从一个英国臣民（British
subject）向美国公民转变。此外，跨大西洋旅行影响了他对英帝国的看法，
同时也加深了他对英帝国和南卡罗来纳之间政治和经济关系的认识。

以劳伦斯的四次跨大西洋旅行为重点，本书主要研究这些旅行如何塑
造了他的世界观。劳伦斯的跨大西洋旅行涉及商业、政治、外交、宗教、
社会礼仪和教育等诸多方面。在英国旅行期间，他与英国国内人民的接触
影响了他对英帝国的认识。此外，他在瑞士、荷兰和法国的经历直接或间
接地影响在殖民时期和革命时期他在南卡罗来纳的政治和商业活动，以及

---

① Henry Laurens, "The Humble Address of the South – Carolina Society," Charles Town, June 5, 1756, *The Papers of Henry Laurens*, 2：214; *South Carolina Gazette*, Charles Town, June 10, 1756. 英帝国与法国和西班牙的海上战争对英国人自我认同的影响，见 Kathleen Wilson, *The Sense of the People：Politics, Culture and Imperialism in England, 1715 – 1785* (Cambridge：Cambridge University Press, 1995) 和她的论文 "Empire, Trade and Popular Politics in Mid – Hanoverian Britain：The Case of Admiral Vernon," *Past and Present*, No. 121 (Nov., 1988)：74 – 109。

后来作为南卡罗来纳在大陆会议的代表所从事的政治和外交活动。因此，本书详细考察劳伦斯的跨大西洋旅行，试图从地方、国家和跨大西洋的层面来解释他在殖民时期和美国革命时期的各种遭遇，以及其背后所暗含的他对政治局势的看法。

本书还将重点分析劳伦斯的跨大西洋旅行如何影响他对自我认同的探索。在南卡罗来纳、英国和欧洲大陆之间多次往返旅行的过程中，他经历了北美13个殖民地与英帝国的分离，亲眼看见南卡罗来纳从英帝国的一个王室殖民地转变为新成立的美利坚合众国的一个州的历程，并在英国和欧洲大陆为美国的政治独立和主权完整而奔走呼号。考察劳伦斯的跨大西洋遭遇有助于解释：他是如何接受英国人的自我认同的，他是如何开始怀疑自己的英国人自我认同的，以及他最终是如何追求自己作为美国人的自我认同的。①

本书把劳伦斯既当作一个跨大西洋的主体（transatlantic subject），又当作一个动态的个体，进而试图探讨跨大西洋旅行如何塑造了他的世界观和自我认同。之所以这样处理，主要是考虑了以下几个因素。第一，在个人层面，他经常往返于英格兰、南卡罗来纳和欧洲大陆之间。第二，在商业层面，他与来自英格兰、葡萄牙、法国和西印度群岛的商人建立并保持着商业联系。第三，在家庭层面，通过与家人通信，他可以获得来自南卡罗来纳殖民地和英帝国中心的各种政治和商业消息。例如，当他在18世纪

---

① 关于英属北美殖民地人民自我认同的内涵，见 J. Hector St. John de Crèvecoeur, *Letters from an American Farmer and Sketches of Eighteenth - Century America*, Albert E. Stone, ed.（New York：Penguin Books, 1986）。英属北美殖民地人民自我认同的形成过程，见 Michael Zuckerman, "Identity in British America：Unease in Eden," in Nicholas Canny and Anthony Pagden, eds., *Colonial Identity in the Atlantic World, 1500 - 1800*（Princeton：Princeton University Press, 1987），115 - 157 和他的论文 "The Fabrication of Identity in Early America," *William and Mary Quarterly*, 3rd ser., 34（1977）：183 - 214。英属北美殖民地人民的地方认同（provincial identity），见 Ned C. Landsman, "John Witherspoon and the Problem of Provincial Identity in Scottish Evangelical Culture," in Richard B. Sher and Jeffrey R. Smitten, eds., *Scotland and America in the Age of the Enlightenment*（Princeton：Princeton University Press, 1990），29 - 45；"The Provinces and the Empire：Scotland, the American Colonies and the Development of British Provincial Identity," in Lawrence Stone, ed., *An Imperial State at War：Britain from 1689 to 1815*（London：Routledge, 1994），258 - 287；以及他的著作 *Scotland and Its First American Colony, 1683 - 1765*（Princeton：Princeton University Press, 1985），163 - 194 and 227 - 255 和 *From Colonials to Provincials：American Thought and Culture, 1680 - 1760*（New York：Twayne Publishers, 1997），176 - 180。

70 年代初前往英国时，他的弟弟詹姆斯·劳伦斯（James Laurens）与他的两个女儿玛莎·劳伦斯（Martha Laurens）和玛丽·劳伦斯（Mary Laurens）都留在查尔斯顿。通过与弟弟和女儿保持书信联系，亨利知晓南卡罗来纳殖民地的政治和商业讯息。1774 年 12 月，亨利从英国顺利返回南卡罗来纳后，他的儿子约翰和哈里留在英国继续接受教育。在孩子们的帮助下，亨利获得了来自英帝国中心的政治消息。第四，在政治层面，他既关心南卡罗来纳殖民地的政治，又关心英帝国中心的政治，且经常与两边的政治家和商人交流其对政治时局的看法。由于他与南卡罗来纳人民和帝国中心的英国人保持着私人联系，狭隘的南卡罗来纳殖民地视野或英帝国视角不足以解释他在大西洋世界中的移动及其背后所暗含的历史。另外，由于劳伦斯频繁地跨越大西洋、南卡罗来纳以及英帝国的疆界，把他当作在大西洋世界中不断移动的主体就显得尤为必要。

在认同这个概念上，本书采用动态的而不是静态的方法来对它进行解释。出生于牙买加的文化理论家和社会学家斯图尔特·霍尔（Stuart Hall）认为，认同"从未统一过，在近代后期，认同日益分裂且破碎；认同从来不是单一的，而是多元的，且在不同的，通常是相互交叉的且对立的话语、实践和场景得以建构。认同易发生激进的历史化（radical historicization），并且不断地进行变化和转型"。一个个体的自我认同，正如霍尔所指出的，是社会建构的，是一个从未完成的过程，且"一直在进行"。① 受霍尔的认同概念的启发，本书认为劳伦斯的自我认同并不是固定的，而是不稳定的且随着时间的推移而不断变化。以霍尔的认同概念为依据，本书试图解释劳伦斯在殖民时期和美国革命前夕是如何想象并怀疑英国人的自我认同的，以及他在美国革命后期如何抛弃英国人的自我认同，进而追求并捍卫作为美国人的自我认同的故事。

在人生的不同阶段，由于英帝国与南卡罗来纳殖民地/州之间的政治和经济关系发生变化，劳伦斯对自我认同这个概念的理解也随之发生变化。从 18 世纪 40 年代初到 18 世纪中期，英帝国与南卡罗来纳殖民地之间维持着互

---

① Stuart Hall, "Who Needs Identity?" in Paul du Gay, Jessica Evans, and Peter Redman, eds., *Identity: A Reader* (London: Sage Publications, 2000), 16 – 17.

利互惠的和谐关系。受英国商人商业伦理和海上贸易活动的影响，劳伦斯积极从事大西洋贸易，所以他对自我认同的理解更多偏重商业的考虑。他认为自己是英国人，效忠英国国王，但他更感兴趣的是通过从事商业投资和贸易进而让自己跻身英国的乡绅阶层。对他来说，成为一名英国人就要捍卫贸易自由、坚持新教信仰、从事海上贸易，且可以利用英国海上舰队来保护自己和合伙人的商业利益不受其他海上帝国诸如西班牙和法国的威胁。更重要的是，成为一名英国人意味着他不断追求自我改进（self-improvement），提高自己的社会地位和文化品位，进而有机会跻身乡绅阶层或种植园阶级。到18世纪60年代中期，由于英帝国在英法七年战争之后在北美13个殖民地强行推行新帝国政策（new imperial policy），尤其是海事规制政策（customs regulation policy），南卡罗来纳商人和北美其他殖民地商人的商业利益遭受重大损失。在这种情况下，成为英国人意味着劳伦斯必须捍卫英国人的自由贸易权利、财产权及其他由英国宪法和传统习俗所规定的合法政治权利。在18世纪70年代初，在监督三个儿子在英国和瑞士的教育时，劳伦斯突然意识到英国国内社会风气奢靡、道德堕落，部分王室成员已抛弃传统宫廷礼仪和社会伦理且卷入各种丑闻，以及政党内斗造成一系列的社会问题。相比之下，瑞士和法国人民民风淳朴、勤劳耕种，且坚持传统新教徒的宗教信仰和礼仪。由于意识到自己与英国国内人民在社会风俗、道德和宗教礼仪上存在明显的差异，在英国和欧洲大陆的旅行使得劳伦斯进一步怀疑自己作为英国人的身份认同。在美国革命前夕和美国革命时期，由于劳伦斯积极介入南卡罗来纳和大陆会议的政治活动，他对英国人自我认同的理解更偏重政治上的考虑。劳伦斯逐渐成为南卡罗来纳殖民地和大陆会议的政治精英，积极带领北美人民捍卫英国宪法和法律所规定的政治自由和政治权利。尽管是一名不情愿的爱国者，劳伦斯最终决定把自我认同从英国臣民转变为美国人。到美国革命后期，作为新成立的美利坚合众国的外交大使并出使英国、法国和荷兰，劳伦斯拒绝继续效忠英国国王，且在伦敦塔囚禁期间数次拒绝恢复自己作为英国人的自我认同。取而代之的是，他坚定捍卫自己作为美国人的自我认同，尽管这种自我认同是想象的。劳伦斯的故事说明随着社会和人生阅历的不断增加，他对自我认同的理解逐渐发生转变。另外，英帝国与南卡罗来纳，以及英帝国与13个殖民地之间在政治、军事和经济领域之间的变化也直接影响了他对自我认同的理解。

以劳伦斯的跨大西洋遭遇为中心，本书试图为南卡罗来纳历史上的帝国、殖民地、州（state）和国家（nation）等概念的理解提供新的思考。在很长一段时间里，欧美史学家在解释南卡罗来纳的历史时要么以英帝国为中心，要么以美国作为民族国家为中心。但是，传统的民族国家史观和帝国史观都存在明显的不足。由于劳伦斯频繁地在大西洋世界移动，他的跨大西洋遭遇对帝国、殖民地、州和国家等传统术语在南卡罗来纳历史上的有效性提出了重要挑战。在美国革命爆发前，劳伦斯的跨大西洋遭遇揭示了帝国和殖民地并不是二元对立且静态的术语。相反，它们是相互关联的，英帝国和南卡罗来纳殖民地之间的关系随着时间的推移而逐渐改变。美国革命爆发后，由于南卡罗来纳成为美利坚合众国的一个州，单一的南卡罗来纳殖民地或英帝国视角无法有效地解释他的跨大西洋经历。劳伦斯在美国革命时期的跨大西洋遭遇说明国家和州作为分析单位是相互依存的。因此，本书把他的跨大西洋流动性置于大西洋史、英帝国史和美国早期历史（colonial American history）的交叉点上，试图加深对南卡罗来纳历史上帝国、殖民地、州和国家等分析单位的认识。

第一节　流亡的劳伦斯家族

在 17 世纪中后期，由于在法国国内遭受日益严峻的宗教迫害，劳伦斯家族被迫背井离乡。劳伦斯家族来自法国西南部沿海城市拉罗谢尔（La Rochelle），且信奉胡格诺新教。在 17 世纪 80 年代初，法国胡格诺新教徒，也被称为加尔文主义新教徒，正面临着正统天主教的政治和宗教迫害。1682 年，安德鲁·劳伦斯（Andrew ［André］ Laurens，1667—1715），也就是亨利·劳伦斯的祖父，移居英国。[①] 安德鲁之所以选择英格兰，是因为他相信英国国王和圣公会新教徒（Anglican protestants）会包容胡格诺新教

---

① Robin Gwynn, "Conformity, Non‑Conformity and the Huguenot Settlement in England in the Later Seventeenth Century," in Anne Dunan‑Page, ed., *The Religious Culture of the Huguenots, 1660 – 1750* (Aldershot: Ashgate, 2006), 23 –41.

徒的宗教信仰、伦理和习俗。同年，跟安德鲁一样，拉罗谢尔商人丹尼尔·卢卡斯（Daniel Lucas）带着他的妻子和四个婴儿一起前往英国以躲避宗教迫害。[①] 在那段颠沛流离的日子里，共同的宗教信仰、共同的家庭背景以及共同的流亡经历拉近了劳伦斯家族和卢卡斯家族之间的距离。1688 年 2 月 22 日，安德鲁与丹尼尔的女儿玛丽·卢卡斯（Marie Lucas，?—1715）在位于伦敦斯莱德尼德街（Threadneedle Street）的一所法国教堂结婚。[②]

大约在 1715 年，劳伦斯家族横渡大西洋并移居纽约殖民地。在 18 世纪初，纽约殖民地对不同宗教和文化背景的移民非常宽容。在这个殖民地生活的胡格诺新教徒已经在新哈莱姆（New Harlem）、新帕尔茨（New Paltz）和新拉罗谢尔（New La Rochelle）等地建立了法国人社区。在胡格诺新教徒的牵线搭桥下，劳伦斯一家先是在纽约定居。那时候，纽约的胡格诺新教徒移民受到了英国殖民者所主导的圣公会化（Anglicanism）运动的影响。由于无法广泛团结教会之外的社会力量，胡格诺新教徒不得不屈服于英国圣公会运动。[③] 但是，由于许多胡格诺新教徒无法在宗教信仰和社会习俗上向圣公会新教徒妥协，他们不得不离开纽约，进而寻找新的宗教乐土。跟许多胡格诺新教徒一样，劳伦斯家族无法融入圣公会新教徒社区，且在宗教问题上备受排挤。

在纽约短暂停留后，劳伦斯家族决心前往卡罗来纳。劳伦斯家族之所以做出这个决定，主要考虑了以下几个因素。首先，因宗教信仰、宗教仪式和生活习俗的差异，信奉胡格诺新教的劳伦斯家族对纽约的圣公会运动相当不满。其次，为了追求宗教信仰自由，劳伦斯家族宁愿寻找一片宗教信仰上的新净土，而不是与纽约圣公会发生争端或产生矛盾。由于纽约圣公会不欢迎胡格诺新教徒，劳伦斯家族最终不得不选择离开。此外，相比

---

① Frank Bird Fox, *Two Huguenot Families: Deblois, Lucas* (Cambridge, Mass.: University Press, private printing, 1949), 99 – 102.

② Charles Washington Baird, *History of the Huguenot Emigration to America*, 2 vols. (New York: Dodd, Mead & Company, 1885), 1: 282 – 283, footnote 2; David Duncan Wallace, *The Life of Henry Laurens: With a Sketch of the Life of Lieutenant - Colonel John Laurens* (New York: G. P. Putnam's Sons, 1915), 4 – 6.

③ Joyce D. Goodfriend, *Before the Melting Pot: Society and Culture in Colonial New York City, 1664 – 1730* (Princeton: Princeton University Press, 1992), 213.

纽约殖民地，南卡罗来纳殖民地不仅居住着数量庞大的法国人，而且可以为劳伦斯家族提供相对廉价的土地、温和的气候和肥沃的土壤，以及在宗教问题上的信仰自由。① 最后，除英国圣公会新教徒外，爱尔兰天主教信徒、苏格兰长老派信徒以及法国胡格诺新教徒在南卡罗来纳的定居使得这个殖民地尊重且包容不同文化背景和宗教信仰的人。1715 年至 1717 年，定居在卡罗来纳的英国殖民者与土著印第安人之间因领土问题而爆发了一场牙马什（Yamasee）战争。② 战争结束后，英国政府决定将卡罗来纳分为南卡罗来纳和北卡罗来纳两个殖民地。1720 年，南卡罗来纳正式从业主殖民地转变为英国的王室殖民地。由于南卡罗来纳殖民地对胡格诺新教徒没有严格的限制，且提供各种优厚的条件给新来的移民，劳伦斯家族理所当然地把查尔斯顿当作定居地。

约翰·S. 劳伦斯（John [Jean] Samuel Laurens，1697—1747），为安德鲁和玛丽的儿子，也就是亨利·劳伦斯的父亲，有两次婚姻经历。1715 年，在离开纽约前往查尔斯顿前夕，约翰迎娶了埃斯特·格拉塞特（Esther Grasset，1700—1742），后者也是胡格诺新教徒。埃斯特的父亲奥古斯都·格拉塞特（Augustus Grasset，1645—1712）是纽约著名的商人和政府官员。不幸的是，奥古斯都在 1712 年的一场奴隶起义中惨遭不幸，被奴隶谋杀。③ 埃斯特为约翰生了五个孩子：玛丽·劳伦斯（Mary Laurens）、玛莎·劳伦斯（Martha Laurens，1721—1769）④、亨利·劳伦斯、丽迪雅·劳伦斯（Lydia Laurens）和詹姆斯·劳伦斯（James Laurens，1728—1784）。

---

① 南卡罗来纳直到 1720 年才改为现在的名字，在此之前一直被称为卡罗来纳。1663 年 3 月 24 日，英国国王查理二世将卡罗来纳的土地让给了八个业主：克拉伦登伯爵、阿尔伯马尔公爵、克雷文勋爵、伯克利伯爵、阿什利勋爵、乔治·卡特雷爵士、威廉·伯克利和约翰·科尔顿爵士。Robert Horne, "A Brief Description of the Province of Carolina, by Robert Horne, 1666," ; Thomas Ashe, "Carolina, or a Description of the Present State of that Country, by Thomas Ashe, 1682," in Alexander S. Salley, Jr. , ed. , *Narratives of Early Carolina* (New York: Barnes & Noble, Inc. , 1939), 63 – 71, 138 – 159.

② 有关牙马什战争，详见 William L. Ramsey, *The Yamasee War: A Study of Culture, Economy, and Conflict in the Colonial South* (Lincoln: University of Nebraska Press, 2008)。

③ Kenneth Scott, "The Slave Insurrection in New York in 1712," *New York Historical Society Quarterly*, Vol. XLV, No. 1 (Jan. , 1961), 66.

④ 玛莎·劳伦斯是亨利·劳伦斯的姐姐，嫁给了查尔斯顿商人和政治家弗兰西斯·布雷马尔（Francis Bremar, 1720—1760）。

亨利是他们的第三个孩子，也是他们的大儿子。埃斯特于1742年4月3日去世后不久，约翰再次结婚。当年7月3日，约翰与英国白人女子伊丽莎白·威克（Elizabeth Wicking）结为连理。伊丽莎白在查尔斯顿开了一家商店，出售各种日用商品。遗憾的是，伊丽莎白并未给约翰留下任何子嗣。①

通过坚持不懈的努力，约翰·S. 劳伦斯成为查尔斯顿的一名知名商人。一方面，约翰的马鞍生意兴旺发达；②另一方面，约翰积极投资种植园和土地。例如，在1732年12月23日，约翰在《南卡罗来纳公报》上发布广告，出售一份土地地产，其宽度有48英尺（1英尺＝0.3048米），长度为150英尺。③在18世纪中期，一些胡格诺新教徒"维持着法国人对家庭的自豪感，满足于死于贫困"，但约翰并不认可这种观点。虽然约翰维持着胡格诺新教徒的宗教信仰和传统礼仪，但是他更愿意通过理性和世俗的手段来提高自己的社会地位。约翰学会了一些经商技巧，并懂得如何通过商业手段来积累财富。为了追求商业利益，同时也为了提高劳伦斯家族的社会地位，勤奋苦干的约翰以世俗的方式从事各种贸易活动。④

在商业上取得巨大成功的同时，约翰积极融入圣公会宗教团体。早在1702年，英国政府宣布圣公会是卡罗来纳的正统教会。正如美国历史学家阿瑟·H. 赫尔什（Arthur H. Hirsch）所指出的，胡格诺新教徒被迫根据当地的社区生活进行调整，进而效忠圣公会。⑤1680年，圣菲利普斯教堂（St. Phillip's Church）在查尔斯顿兴建。到18世纪30年代初，它成为当地一所家喻户晓的圣公会教堂。1733年，约翰成为圣菲利普斯教堂的教务长

---

① *South Carolina Gazette*, Charles Town, April 26, 1735；*South Carolina Gazette*, Charles Town, August 16, 1740；*South Carolina Gazette*, Charles Town, June 14, 1742；and *South Carolina Gazette*, Charles Town, June 21, 1742.

② *South Carolina Gazette*, Charles Town, February 19, 1732.

③ *South Carolina Gazette*, Charles Town, December 23, 1732. 另见 *South Carolina Gazette*, Charles Town, July 1, 1732；*South Carolina Gazette*, Charles Town, June 17, 1732；*South Carolina Gazette*, Charles Town, December 23, 1732；*South Carolina Gazette*, Charles Town, January 27, 1733；*South Carolina Gazette*, Charles Town, February 17, 1733。

④ Henry Laurens to Messieurs and Madame Laurence, February 25, 1774, *The Papers of Henry Laurens*, 9：309.

⑤ Arthur H. Hirsch, *The Huguenots of Colonial South Carolina* (Durham：Duke University Press, 1928), 263 – 264.

（churchwarden），说明他已积极融入圣公会宗教社区。① 1742年，在放弃马鞍贸易之后，约翰在王室政府内部获得了消防员职务，并负责查尔斯顿的消防。② 约翰坚持不懈地参加各种商业和社会活动，进一步提升了劳伦斯家族的声誉和社会地位。③

　　约翰融入查尔斯顿社区的故事说明他淡忘并逐步抛弃了法国人自我认同。在18世纪30年代和40年代，尽管多数胡格诺新教徒继续使用法语，维持传统的法国习俗和宗教信仰，并坚持与胡格诺新教徒通婚，但还是有一些人开始与英国定居者结婚。约翰的第一任妻子是一个法国胡格诺妇女。第一任妻子去世后，约翰与英国白人女子伊丽莎白·威克结为夫妻。加入英国圣公会后，约翰逐渐放弃了胡格诺新教徒所坚持的传统习俗、礼仪和伦理。和英国定居者一样，南卡罗来纳的胡格诺新教徒欣赏商人们勤勤恳恳的工作态度和彬彬有礼的待人处世之道。到18世纪40年代，胡格诺新教徒逐渐跻身商人、工匠和种植园主阶层，潜移默化地接受了南部殖民地种植园主的价值观和生活方式，这与英国国内绅士阶层所倡导的价值观和生活方式非常相似。④ 胡格诺新教徒在吸收并内化了（internalization）这些言行举止、社会理念和绅士气质的同时，日益远离了他们的法国人自我认同、胡格诺新教信仰和社会习俗。⑤ 作为外来移民的第二代，约翰以及其他法国人也有类似的经历，逐渐淡忘了自己的法国人自我认同。

　　在抛弃法国人自我认同的同时，胡格诺新教徒移民逐渐拥抱英国人自我认同，并与英帝国的其他殖民地和人民建立起密切联系。他们广泛参与英帝国的宗教、商业、海上活动和政治事务，进一步捍卫他们作为英国人

---

① *South Carolina Gazette*, Charles Town, April 7, 1733.

② *South Carolina Gazette*, Charles Town, June 21, 1742.

③ R. C. Nash, "Huguenot Merchants and the Development of South Carolina's Slave – Plantation and Atlantic Trading Economy, 1680 – 1775," in Bertrand van Ruymbeke and Randy J. Sparks, eds., *Memory and Identity: The Huguenots in France and the Atlantic Diaspora* (Columbia: University of South Carolina Press, 2003), 208 – 240.

④ Richard Waterhouse, *A New World Gentry: The Making of a Merchant and Planter Class in South Carolina, 1670 – 1770* (New York: Garland, 1989), 67.

⑤ 有关法国胡格诺新教徒移民到英属北美，并接受英国人认同的信息，见 Jon Butler, *The Huguenots in America: A Refugee People in New World Society* (Cambridge: Harvard University Press, 1983)。

的合法政治权利和自由。正如美国历史学家奈德·兰斯曼（Ned C. Landsman）所指出的那样，通过把自己当作英国人，北美殖民地人民与苏格兰人和爱尔兰新教徒一样，他们主张与英帝国中心的英国人一样，拥有与帝国中心的英国人相同的权利和特权。① 与苏格兰人和爱尔兰新教徒一样，法国胡格诺新教徒不认为英帝国是一个中央集权的统治国家。相反，他们想象英帝国是一个跨大西洋的包容性帝国，他们可以在英帝国框架下拥有作为英国人的权利和特权（rights and privileges as Englishmen）。在美国革命前的几十年里，约翰和他的两个儿子亨利和詹姆斯，以及其他英国定居者和法国胡格诺人，将继续把他们自己当作英国人，对英国国王效忠，且坚持拥有与英帝国中心的英国人一样的权利和特权。

第二节　亨利·劳伦斯的一生

在青年时期，亨利·劳伦斯在英国伦敦学习经商之道，这为他后来成长为一名大西洋贸易商人奠定了重要基础。1724 年 3 月 6 日，他在查尔斯顿出生。小时候，他是一个"诚实、早熟且正直"的男孩。② 20 岁的时候，他前往伦敦学习商业知识。1744 年至 1747 年，他在克罗卡特的会计房当学徒。受克罗卡特商业投资的启发，劳伦斯随后从事英国和南卡罗来纳之间的贸易，并逐渐成为一名大西洋贸易商人。1748 年至 1749 年，他再次访问英国，试图与英国国内商人建立密切的贸易纽带和商业合作关系。与此同时，劳伦斯还与利物浦、布里斯托尔、伦敦和英国国内其他城市的奴隶贸易商人建立合伙关系，积极从事奴隶贸易。1749 年，他返回南卡罗来纳，并满腔热情地从事大西洋贸易，以便积累商业资本进而提高自己的社会地位。

成年后，劳伦斯建立了自己的家庭。1750 年 6 月 25 日，他与温婉端庄的埃莉诺·鲍尔（Eleanor Ball，1731—1770）结婚，后者是南卡罗来纳种植园主伊莱亚斯·鲍尔（Elias Ball）的女儿。伊莱亚斯是一名地位显赫

---

① Landsman, *From Colonials to Provincials*, 7.
② Wallace, *The Life of Henry Laurens*, 14. 从比较视野来研究劳伦斯的传记，见 Daniel J. Mc-Donough, *Christopher Gadsden and Henry Laurens：The Parallel Lives of Two American Patriots* (Sellingsgrove：Susquehanna University Press, 2000)。

的种植园主，在库珀河（Cooper River）上拥有肯辛顿（Kingston）和海德公园（Hyde Park）种植园。① 据说，劳伦斯在查尔斯顿以北约 20 英里（1 英里≈1.6 公里）的康米蒂种植园（Comingtee Plantation）参加婚礼时，遇见了埃莉诺，并对其"一见钟情"。② 他们有 12 个或 13 个孩子，但只有约翰（John Laurens，1754—1782）、小亨利（Henry Laurens Jr.，昵称为哈里［Harry］，1763—1821）、玛莎（Martha Laurens，昵称为帕西［Pasty］，1754—1782）和玛丽·埃利亚诺（Mary Eleanor Laurens，昵称为波莉［Polly］，1770—1794）长大成年。第三个儿子詹姆斯（James Laurens，昵称为杰米［Jemmy］，1765—1775）在伦敦的一场事故中丧生。1770 年，刚生下玛丽不久，埃莉诺就去世了。在劳伦斯的余生里，他没有再婚。

在 1744 年至 1765 年，劳伦斯积极从事大西洋贸易。在与英国什罗普郡（Shropshire）的乔治·奥斯汀（George Austin）建立商业伙伴关系后，劳伦斯以极大的热情从事大西洋贸易。③ 除了与伦敦商人进行交易外，奥斯汀 & 劳伦斯公司（Austin & Laurens Co.）还与里斯本、牙买加、圣基茨（St. Kitts）、圣克里斯托弗（St. Christopher）、安提瓜（Antigua）、瓜德罗普（Guadeloupe）和巴巴多斯（Barbados）的商人进行贸易。由于南卡罗来纳种植园经济严重依赖奴隶劳工，奥斯汀 & 劳伦斯公司在运送和出售非洲奴隶方面扮演着至关重要的角色。该公司不仅将南卡罗来纳的鹿皮、大米和靛蓝④等货物出口到英国、欧洲大陆和西印度群岛，而且将从英国、葡萄牙和西印度群岛进口的布料、马德拉葡萄酒、糖和朗姆酒进口到南卡罗来纳。到 18 世纪 60 年代中期，劳伦斯成为英属北美 13 个殖民地中一位赫赫有名的种植园主和大西洋贸易商人。

① Anne Simmons Deas, *Recollections of the Ball Family of South Carolina and Comingtee Plantation* (Summerville, SC: Alwyn Ball Jr., 1909), 66, 91, and 184 - 185.
② Harriott Horry Ravenel, *Charleston: The Place and the People* (New York: The Macmillan Company, 1912), 158.
③ Henry Laurens to James Laurens, London, December 15, 1748, *The Papers of Henry Laurens*, 1: 178.
④ 有关南卡罗来纳靛蓝贸易，见 James Crokatt, *Observations Concerning Indigo and Cochineal* (London, 1746); R. C. Nash, "South Carolina Indigo, European Textiles, and the British Atlantic Economy in the Eighteenth Century," *The Economic History Review*, New Series, Vol. 63, No. 2 (May, 2010): 362 - 392。

劳伦斯相信从政会提高他的社会地位，于是积极参与南卡罗来纳殖民地的政治事务。1757年，他首次当选为南卡罗来纳平民议院（Commons House of Assembly）议员，并在之后的时间里一直担任这个职务。唯一例外的是1773年因在英国监督儿子的教育，他拒绝了这个公职。① 1757年至1761年，他在南卡罗来纳军团担任中校，远征西部山区的切诺基印第安人（Cherokee Indian）。1764年，他正式拒绝了王室委员会的一个议员席位。正如他在给伦敦商人理查德·奥斯瓦尔德（Richard Oswald）的信中所说："我不能按照我的生活计划承担［王室］委员会的职责并从事相应的活动。"② 18世纪60年代中期，王室委员会逐渐远离南卡罗来纳人民，并在政治上逐步式微。相比之下，平民议院在政治事务中的权力越来越大，也广受人民欢迎和赞誉。③ 当大多数南卡罗来纳人民逐渐与王室委员会保持距离时，劳伦斯拒绝这个部门所提供的政府官职合情合理。

在1765年至1766年的印花税法危机期间，劳伦斯阐述了温和的政治主张。当时，他被指控是《印花税法》的"教唆者"。某天午夜，他被一个全身武装的彪形大汉"暴力地抓捕"。在暴民的恐吓下，他声称自己不会向暴民的许多政治主张和要求让步。相反，他重申了他向英国议会和国王乔治三世的法官进行和平请愿的提议。尽管在《印花税法》问题上遭遇了不公正对待，他还是拒绝加入暴民，进而反抗《印花税法》。作为国王

---

① 南卡罗来纳殖民地的议会跟英国国内的议会比较类似，都采用的是两院制。在英国国内，议会由贵族院（House of Lords）和平民院（House of Commons）组成。在南卡罗来纳殖民地，全体会议（General Assembly）由上院和下院组成。上院称为王室委员会（Royal Council），主要由效忠英国国王的政府官员组成。下院称为平民议院（Commons House of Assembly），主要由商人和种植园主组成。

② Henry Laurens to Richard Oswald, Charles Town, October 10, 1764, *The Papers of Henry Laurens*, 4：467；Recommendation for Appointment to Council, July 10, 1764, *The Papers of Henry Laurens*, 4：339－440；William Grant, James Munro, and Almeric William FitzRoy eds., *Acts of the Privy Council of England：Colonial Series*, 6 vols.（London：His Majesty's Stationery Office, 1908－1912），4：798.

③ 南卡罗来纳平民议院的兴起，见Jack P. Greene, *The Quest for Power：The Lower Houses of Assembly in the Southern Royal Colonies, 1689－1776*（Chapel Hill：University of North Carolina Press, 1963）。有关南卡罗来纳王室委员会的衰落，见M. Eugene Sirmans, "The South Carolina Royal Council, 1720－1763," *William and Mary Quarterly*, Vol. 18, No. 3（Jul., 1961）：373－392以及他的专著 *Colonial South Carolina：A Political History 1663－1763*（Chapel Hill：University of North Carolina Press, 1966），295－314.

的"尽职尽责且忠诚的臣民",他希望英国议会和国王的大臣们能为英属北美的臣民们伸张"正义"。[①]

在接下来的十年里,劳伦斯积极参与南卡罗来纳的商业和政治事务。在 1767 年至 1769 年,他号召南卡罗来纳商人反抗英帝国中央政府所制定的新海关规制(new customs regulation)政策。在 1769 年至 1775 年,他参加威尔克斯基金争议(Wilkes Fund Controversy)活动,支持南卡罗来纳平民议院在未经王室委员会和王室总督同意的情况下可以单方面地拥有从财政部挪用资金的特有权力。在 1775 年至 1777 年,他鼓励南卡罗来纳人民参与政治独立的运动,尽管他是一位不情愿的革命者。[②]

在参与南卡罗来纳殖民地各种事务的同时,劳伦斯还有两次跨越大西洋并访问英国和欧洲大陆的经历。在 1771 年至 1774 年,为了帮助三个儿子接受一流的教育,他第三次跨越大西洋,前往英国和瑞士帮助儿子们挑选学校。[③] 在 1779 年至 1784 年,劳伦斯进行了最后一次跨大西洋之行。在此期间,他在荷兰、法国和英国担任美国外交官和和平特使,主要负责商讨英美和平谈判,以便结束两国之间的政治敌对和主权纠纷。完成外交任务后,他离开欧洲大陆返回美国。

当劳伦斯于 1785 年 1 月 14 日返回南卡罗来纳时,他决定远离政治。在一封写给伦敦商人爱德华·布里奇根(Edward Bridgen)的信中,劳伦斯写道:"我在我的国家获得了'至高无上的''尊敬、尊重和爱戴'。"

[①] Henry Laurens to Secretaries of State, Tower of London, June 23, 1781, *The Papers of Henry Laurens*, 15：445；Henry Laurens, "The Humble Address of the South - Carolina Society," Charles Town, June 5, 1756, *The Papers of Henry Laurens*, 2：214；*South Carolina Gazette*, Charles Town, June 10, 1756.

[②] 1777 年 7 月,南卡罗来纳派劳伦斯去大陆会议,他走向国家政治舞台,积极参加国家事务。1777 年 11 月 1 日,他接替约翰·汉考克担任大陆会议主席。由于对大陆会议代表的政治腐败深恶痛绝,他于 1778 年 12 月 9 日辞去了主席职务,尽管他还担任南卡罗来纳在大陆会议的代表。McDonough, *Christopher Gadsden and Henry Laurens*, 202 - 236；Wallace, *The Life of Henry Laurens*, 226 - 354；Laura P. Frech, "The Career of Henry Laurens in the Continental Congress, 1777 - 1779"（Ph. D. Diss. , University of North Carolina at Chapel Hill, 1792）.

[③] Henry Laurens to Messieurs and Madame Laurence, February 25, 1774, *The Papers of Henry Laurens*, 9：309 and 311 - 312.

起初，他并不打算彻底远离政治舞台。[1] 后来，考虑到自己有更多私人事务需要处理，且自己无暇顾及政治事务，他拒绝了各种政治官职。[2] 离开政坛后，他一直在南卡罗来纳蒙克斯科纳（Moncks Corner）的梅普金（Mepkin）种植园颐养天年。1792 年 12 月 8 日，他安详地离开了尘世。

第三节　研究现状

在过去的几十年里，美国历史学家重点研究了劳伦斯的种植园活动，且成果斐然。美国历史学家大卫·切斯纳特（David R. Chesnutt）和罗伯特·奥尔威尔（Robert Olwell）认为劳伦斯是一位典型的种植园主。切斯纳特从跨殖民地（inter‐colonial）的视角重点研究了劳伦斯在种植园上的投资，试图分析他是如何将他的种植园从南卡罗来纳殖民地扩展到佐治亚殖民地的，以及种植园投资对他积累商业资本的重要性。[3] 在考察 18 世纪南卡罗来纳的种植园管理时，奥尔威尔不仅探讨了劳伦斯和他的奴隶之间复杂的主奴关系，而且解释了劳伦斯在种植园里如何施展他的父权制权力。[4] 切斯纳特和奥尔威尔都认为劳伦斯是一个地位显赫的种植园主，且已融入了南方殖民地的种植园文化。把劳伦斯当作南部殖民地的一个典型种植园主，切斯纳特和奥尔威尔试图揭示劳伦斯如何经营和管理他的种植园及其背后所暗含的主人和奴隶之间的关系。

与切斯纳特和奥尔威尔的观点不一样的是，哈佛大学历史系的乔伊斯·

---

[1] Henry Laurens to Edward Bridgen, Charleston, January 29, 1785, *The Papers of Henry Laurens*, 16：527.

[2] Henry Laurens to William Bell, Mepkin Plantation, February 7, 1785, *The Papers of Henry Laurens*, 16：536.

[3] David R. Chesnutt, "South Carolina's Penetration of Georgia in the 1760s: Henry Laurens as a Case Study," *South Carolina Historical Magazine*, Vol. 73, No. 4 (Oct., 1972)：194-208.

[4] Robert Olwell, *Masters, Slaves, and Subjects: The Culture of Power in the South Carolina Low Country, 1740-1790* (Ithaca: Cornell University Press, 1998), 7, 141-220 和他的论文 "'A Reckoning of Accounts': Patriarchy, Market Relations, and Control on Henry Laurens's Lowcountry Plantations, 1762-1785," in Larry E. Hudson Jr., ed., *Working Toward Freedom: Slave Society and Domestic Economy in the American South* (Rochester, NY: University of Rochester Press, 1994), 33-48.

E. 卓别林（Joyce E. Chaplin）和弗吉尼亚大学历史系的克里斯塔·迪勒克谢德（Christa Dierksheide）认为劳伦斯是一位开明的种植园主（enlightened planter），且接受了苏格兰启蒙思想的熏陶。在《一种焦虑的追求：低南部的农业创新与现代性，1730—1815 年》这本专著里，卓别林认为劳伦斯是个焦虑的种植园主。卓别林进一步指出，在接受欧洲启蒙思想，尤其是苏格兰启蒙思想的熏陶后，劳伦斯认为建立在奴隶制基础之上的种植园经济在某种程度上说是不人道的且效率低下。劳伦斯希望在种植园农业中引进欧洲先进农具和技术，推动农业的"高效现代化"，并提高农作物的生产效率和产量。但是，为了维持种植园主的支配地位，劳伦斯却并不急于追求农业的"高效现代化"，因为他害怕传统的种植园经济体制会逐步走向瓦解。① 跟卓别林一样，迪勒克谢德认为劳伦斯是一个开明的奴隶主（enlightened slaveholder）。迪勒克谢德还指出，劳伦斯在种植园管理上采用了改良措施，一方面试图缓和其本人与奴隶之间的紧张关系，另一方面试图提高种植园农业的生产效率。② 在讨论种植园里的农业生产效率以及农业生产技术时，卓别林和迪勒克谢德试图把劳伦斯的种植园管理和苏格兰启蒙思想结合在一起，力图补充南卡罗来纳地方性研究视角的不足。

在研究南卡罗来纳殖民时期的种植园经济时，弗吉尼亚大学历史系的 S. 马克斯·埃德尔森（S. Max Edelson）考察了劳伦斯是如何建立自己的种植园帝国的。在《南卡罗来纳殖民时期的种植园事业》中，埃德尔森主要从环境史的视角来分析环境、经济和文化因素对劳伦斯种植园投资的影响。在埃德尔森看来，劳伦斯不仅要考虑如何结合环境因素合理地开发南卡罗来纳和佐治亚殖民地的种植园，而且需要思考如何维持与非洲奴隶劳工之间的和谐关系。在南卡罗来纳和佐治亚殖民地建立一个庞大的"种植

---

① Joyce E. Chaplin, *An Anxious Pursuit: Agricultural Innovation and Modernity in the Lower South, 1730 – 1815* (Chapel Hill: University of North Carolina Press, 1993), 2, 109, 111 – 113, and 115 – 116.

② Christa Dierksheide, *Amelioration and Empire: Progress and Slavery in the Plantation Americas* (Charlottesville: University of Virginia Press, 2014), chapter 3 and 4.

园帝国"的过程中，环境因素极大地影响了劳伦斯的种植园投资活动。①

上述美国历史学家专著的出版和论文的发表有助于加深对劳伦斯的种植园活动的认识，但存在明显局限。切斯纳特侧重从商业角度和跨殖民地的视角来分析劳伦斯的种植园投资活动。奥尔威尔则主要分析劳伦斯在种植园管理上如何处理奴隶主和奴隶之间的关系。卓别林分析了苏格兰启蒙思想对劳伦斯的影响，并试图指出劳伦斯与其他传统的种植园主的不同之处。跟卓别林的观点比较类似，迪勒克谢德则试图分析劳伦斯如何使用改良方法进而维持其对种植园的管理，以及缓和其与非洲奴隶劳工之间的紧张关系。埃德尔森的专著有助于从环境视角来加深对劳伦斯种植园投资活动的认识。但是，这些历史学家并未详细考察跨大西洋旅行对劳伦斯种植园活动的影响。另外，他们也未讨论劳伦斯的自我认同问题。

一些美国历史学家重点讨论了劳伦斯在地方和国家层面的政治活动。1915 年，传记学家和新闻工作者大卫·华莱士（David Wallace）出版了《亨利·劳伦斯的一生》，主要从政治角度考察了劳伦斯一生的传奇故事。在《亨利·劳伦斯的一生》出版的那个年代，南卡罗来纳大学出版社负责出版的 16 卷的《亨利·劳伦斯文集》尚未出版，这使得华莱士在研究过程中所使用的史料并不完整。在史料方面，华莱士主要使用了馆藏在南卡罗来纳历史协会的劳伦斯手稿，但并不全面。另外，由于时代的限制，华莱士并未在历史学领域接受专门的史学训练，所以他主要使用叙事的方法来讲述劳伦斯的政治生平和一生颇具传奇的经历。尽管存在不足，这本研究劳伦斯的传记鼓舞着后来的历史学家关注劳伦斯以及南卡罗来纳在美国革命时期不同于新英格兰地区和中部殖民地的特征。2000 年，通过采用比较分析方法，丹尼尔·J. 麦克唐纳（Daniel J. McDonough）出版了劳伦斯和南卡罗来纳政治家克里斯托弗·加兹登的传记。在美国革命时期，劳伦斯和加兹登都是南卡罗来纳的政治精英，且他们在商业和政治上的经历颇为相似。跟华莱士的《亨利·劳伦斯的一生》不一样的是，麦克唐纳把劳伦斯和加兹登的政治活动进行比较。此外，麦克唐纳试图探讨加兹登如何

---

① S. Max Edelson, *Plantation Enterprise in Colonial South Carolina* (Cambridge：Harvard University Press, 2006)，200 – 254.

以及为什么成为南卡罗来纳革命时期的一位激进政治家，而劳伦斯却成为一个温和的革命者。① 华莱士的传记详细介绍了劳伦斯在南卡罗来纳、大陆会议以及在英国和欧洲大陆担任和平特使并负责商讨1783年《巴黎条约》的政治和外交活动。换句话说，华莱士的著作试图从地方和国家层面来解读劳伦斯的政治和外交经历。与华莱士相比，麦克唐纳比较幸运，因为在1969—2003年，南卡罗来纳大学出版社先后出版了16卷的《亨利·劳伦斯文集》。不足的是，麦克唐纳采用的是传统的政治史研究方法，并未从大西洋视角来分析劳伦斯的政治活动。

以劳伦斯在大陆会议上的政治活动为重点，劳拉·P. 弗莱奇（Laura P. Frech）重点研究了劳伦斯在美国建国时期的政治贡献和政治思想。1972年，弗莱奇在北卡罗来纳教堂山大学获得博士学位，博士学位论文主要研究1777年至1779年劳伦斯在大陆会议的政治活动。跟华莱士和麦克唐纳不一样，弗莱奇并未详细考察劳伦斯一生的政治活动，而是选取了劳伦斯政治生涯相对比较重要的一段时间，进而从国家层面来探讨劳伦斯的政治思想和政治活动。② 在20世纪60年代末和70年代初，在批判进步主义史学家查尔斯·比尔德（Charles Beard）的经济解释观的基础上，伯纳德·贝林（Bernard Bailyn）、约翰·波考克（John Pocock）和戈登·伍德（Gordon S. Wood）等人开拓的共和修正学派（Republican Revisionism，也称Republican School）在美国历史学界掀起了一股新潮流。受这种史学思潮的影响，许多美国历史学家尝试用共和主义来研究美国政治思想和宪政理论。③ 1975年，在修改博士学位论文的基础上，弗莱奇试图讨论劳伦斯的共和思想。④

① Daniel J. McDonough, *Christopher Gadsden and Henry Laurens: The Parallel Lives of Two American Patriots* (Sellinsgrove, PA: Susquehanna University Press, 2000).

② Laura P. Frech, "The Career of Henry Laurens in the Continental Congress, 1777–1779" (Ph. D. Diss., University of North Carolina at Chapel Hill, 1972).

③ 共和修正学派在美国史学界的兴起和发展，见 Robert E. Shalhope, "Toward a Republican Synthesis: The Emergence of an Understanding of Republicanism in American Historiography," *William and Mary Quarterly*, 3rd Ser., Vol. 29, No. 1 (Jan., 1972): 49–80 and "Republicanism and Early American Historiography," *William and Mary Quarterly*, Vol. 39 (Apr., 1982), 334–356 and Daniel T. Rodgers, "Republicanism: The Career of a Concept," *Journal of American History*, Vol. 79, No. 1 (1992): 11–38。

④ Laura P. Frech, "The Republicanism of Henry Laurens," *South Carolina Historical Magazine*, Vol. 76, No. 2 (Apr., 1975): 68–79.

此外，J. W. 哈里斯（J. W. Harris）和威廉·瑞安（William Ryan）尝试着从微观史的角度来研究劳伦斯的政治活动。1775 年 6 月，英国皇家海军船长约翰·道尔林普（John Dalrymple）在伦敦出版了《英帝国人民对美洲居民的演说》的政治小册子，极力主张英帝国中央政府鼓动非洲奴隶逃离种植园或反叛种植园主，积极组织黑人军队，进而帮助英帝国中央政府镇压英属北美 13 个殖民地的政治叛乱。① 在接受道尔林普的建议后，弗吉尼亚殖民地总督约翰·穆雷（John Murray），也称邓莫尔伯爵（Earl of Dunmore），开始在弗吉尼亚殖民地实施煽动非洲奴隶反叛白人爱国者。只要英国军队在美国革命的军事战场上最终获胜，邓莫尔许诺所有加入英国军队的黑人士兵将获得自由人身份，从此不再遭受奴隶制的压迫以及白人种植园主的驱使。同年 11 月 7 日，通过颁布政府公告，邓莫尔积极招募非洲奴隶加入英国军队。② 在英属北美的南部殖民地，尤其是弗吉尼亚殖民地、北卡罗来纳和南卡罗来纳殖民地，效忠于英国国王的王室政府官员和军事将领积极响应这个政策并试图组建黑人军队。在这种情况下，非洲奴隶把英帝国中央政府当作解放者，自愿逃离白人种植园，并纷纷加入英国军队。③ 在美国革命前夕的南卡罗来纳，以劳伦斯为代表的爱国者指控自由黑人托马斯·杰瑞米耶（Thomas Jeremiah）策划奴隶起义并对后者进行政治审判。以这起政治审判为中心，哈里斯和瑞安试图揭示劳伦斯是如何成长为一名政治精英的，并领导南卡罗来纳人民追求政治独立。④ 哈里斯

---

① John Dalrymple, *The Address of the People of Great - Britain to the Inhabitants of America*（London，1775）.

② Sidney Kaplan, *The Black Presence in the Era of the American Revolution，1770 - 1800*（New York：Graphic Society Ltd.，1973），62. 关于邓莫尔伯爵如何招募非洲奴隶加入英国军队，见 Benjamin Quarles，"Lord Dunmore as Liberator," *William and Mary Quarterly*，Vol. 15，No. 4（Oct.，1958）：494 - 507。

③ 有关英帝国和南部殖民地的爱国者如何应对黑人军队，见魏涛《英帝国与美国革命初期的黑人军队——以南部殖民地为中心的考察（1775—1778）》，《北京社会科学》2021 年第 1 期，第 88—98 页。

④ 受法国思想家福柯研究治理术的启发，笔者发表过一篇论文，主要考察杰瑞米耶审判背后所暗含的爱国者与效忠派之间，以及英帝国中央政府与南卡罗来纳平民议会之间在治理术上的博弈，见魏涛《爱国者、效忠派与南卡罗来纳革命前夕的政治治理术：以自由黑人托马斯·杰瑞米耶审判为例》，《北大史学》，北京：北京大学出版社，2013 年，第 345—368 页。

以杰瑞米耶审判为基础，进而分析非洲裔美国人杰瑞米耶在南卡罗来纳革命前夕的政治遭遇。一方面，类似劳伦斯的爱国者竭尽全力争取政治自由，且坚决反对英国政府对南卡罗来纳人民的政治压迫；另一方面，劳伦斯和其他爱国者直接镇压各种奴隶反叛，并对杰瑞米耶处以绞刑。相比之下，瑞安则从小人物杰瑞米耶的视角来分析南卡罗来纳革命前夕爱国者和效忠派之间的政治斗争。① 哈里斯和瑞安从南卡罗来纳殖民地层面来考察劳伦斯在地方层面的政治活动及贡献，但忽视了劳伦斯在殖民时期以及美国革命结束后的跨大西洋遭遇。

　　欧美史学家还讨论了劳伦斯参与 18 世纪大西洋奴隶贸易的经历。南卡罗来纳大学历史系的丹尼尔·C. 利特菲尔德（Daniel C. Littlefield）从种族和族裔视角专门分析了劳伦斯对非洲奴隶的态度和看法。利特菲尔德指出，劳伦斯对来自塞内加尔、赞比亚以及非洲西海岸某些地区的奴隶劳工有特殊的偏爱，这说明族裔（ethnicity）在劳伦斯的跨大西洋奴隶贸易中起着至关重要的作用。② 在《亨利·劳伦斯：一个 18 世纪的查尔斯顿商人，1747—1771 年》博士学位论文中，华纳·O. 摩尔（Warner O. Moore）讨论了劳伦斯在 1747 年至 1771 年的商业投资，尤其是其在大西洋奴隶贸易中的投资活动。③ 詹姆斯·A. 罗利（James A. Rawley）讨论了劳伦斯和奥斯汀是如何与伦敦奴隶贩子在大西洋奴隶贸易中进行合作的，加大对大西洋奴隶贸易的投资进而赚取巨额商业利润的故事。④ 在研究布里斯托尔

---

① William Randolph Ryan, *The World of Thomas Jeremiah：Charles Town on the Eve of the American Revolution*（Oxford：Oxford University Press, 2012），50，52 – 53，62，157 – 158 and J. William Harris, *The Hanging of Thomas Jeremiah：A Free Black Man's Encounter with Liberty*（New Haven：Yale University Press, 2009），73 – 86.

② Daniel C. Littlefield, *Rice and Slaves：Ethnicity and the Slave Trade in Colonial South Carolina*（Baton Rouge：Louisiana State University Press, 1981），8 – 32, and "Charleston and Internal Slave Redistribution," *South Carolina Historical Magazine*, Vol. 87, No. 2（Apr. , 1986）：93 – 105 and "Plantations, Paternalism, and Profitability：Factors Affecting African Demography in the Old British Empire," *The Journal of Southern History*, Vol. 47, No. 2（May, 1981）：167 – 182.

③ Warner O. Moore, "Henry Laurens：A Charleston Merchant in the Eighteenth Century, 1747 – 1771"（Ph. D. Diss. , University of Alabama, 1974）.

④ James A. Rawley, *London：Metropolis of the Slave Trade*（Columbia：University of Missouri Press, 2003），82 – 97.

在 18 世纪大西洋奴隶贸易中所扮演的重要角色时，肯尼斯·摩根（Kenneth Morgan）分析了奥斯汀 & 劳伦斯公司如何与布里斯托尔奴隶贩子进行合作。[1] 通过使用馆藏在耶鲁大学贝尼克珍本与手稿图书馆（Beinecke Rare Book and Manuscript Library）的奥斯汀 & 劳伦斯账本手稿（Austin & Laurens Account Book，1743—1758），纽约州哈特维克学院（Hartwick College）历史系的希恩·凯莉（Sean Kelly）试图揭示劳伦斯和奥斯汀是如何在南卡罗来纳奴隶市场上出售非洲奴隶的。[2] 上述专著和论文主要分析了劳伦斯如何参与大西洋奴隶贸易，但忽视了劳伦斯的跨大西洋遭遇如何影响他在大西洋奴隶贸易上的投资，以及劳伦斯对自我认同的思考。

格雷戈里·D. 梅西（Gregory D. Massey）讨论了亨利·劳伦斯和他的长子约翰·劳伦斯的反奴隶制思想（antislavery thoughts）。在美国革命时期，约翰思想比较激进，坚决主张解放非洲奴隶，并在大陆军队中组建黑人军团，进而支援华盛顿所带领的大陆军队。相比之下，亨利思想略显保守，不愿解放其位于南卡罗来纳和佐治亚殖民地种植园里的奴隶。由于时代和政治因素的限制，约翰和亨利的反奴隶制思想存在明显的局限性。[3] 在奴隶制问题上，梅西的研究说明亨利·劳伦斯跟南部殖民地的种植园主或奴隶主存在明显的差异。尽管在南卡罗来纳和佐治亚拥有大片种植园，且在 1744 年至 1771 年常年从事大西洋奴隶贸易，亨利·劳伦斯并不主张残酷地剥削非洲奴隶。但是，跟在英国和欧洲大陆接受了教育的儿子约翰·劳伦斯相比，亨利·劳伦斯的反奴隶制思想并不怎么激进。

总体而言，美国史学界对劳伦斯的研究主要集中在其政治活动、种植园活动、奴隶贸易和反奴隶制思想上，完全忽视其自我认同和跨大西洋遭

---

① Kenneth Morgan, *Slavery, Atlantic Trade and the British Economy, 1660 – 1800* (Cambridge: Cambridge University Press, 2000) and "Remittance Procedures in the Eighteenth – Century British Slave Trade," *Business History Review*, Volume 79, Issue 4, Winter 2005, 715 – 749 and "Slave Sales in Colonial Charleston," *English Historical Review* 113 (Sep., 1998): 905 – 927.

② Sean Kelley, "Scrambling for Slaves: Captive Sales in Colonial South Carolina," *Slavery & Abolition: A Journal of Slave and Post – Slave Studies*, Volume 34, Issue 1, (2013): 1 – 21.

③ Gregory D. Massey, "The Limits of Antislavery Thought in the Revolutionary Lower South: John Laurens and Henry Laurens," *The Journal of Southern History*, Vol. 63, No. 3 (Aug., 1997): 495 – 530.

遇。由于劳伦斯多次往返英国和南卡罗来纳，且在欧洲大陆有旅行经历，从大西洋视角或跨大西洋层面来探讨其政治、商业、社会以及外交等活动就显得尤为必要。另外，由于劳伦斯见证了美国的主权独立以及南卡罗来纳从王室殖民地转变为美利坚合众国的一个自由且独立的州的历史，详细考察其对自我认同的看法有助于理解美国革命时期精英阶层对自我认同的追求和探索。此外，对劳伦斯跨大西洋遭遇的考察也有助于理解殖民时期和革命时期南卡罗来纳与英帝国之间的政治关系，以及北美 13 个殖民地与英帝国之间在政治关系上的转变。

第四节　遭遇的研究路径

1900 年至 1930 年，在研究英帝国和北美 13 个殖民地政治、法律和经济关系的过程中，欧美史学界出现了"帝国学派"（Imperial School），也称为旧的英帝国史学派。这种史学思潮的代表人物主要有赫伯特·L. 奥斯古德（Herbert L. Osgood）、乔治·路易斯·比尔（George Louis Beer）、查尔斯·M. 安德鲁斯（Charles M. Andrews）和劳伦斯·亨利·吉普森（Lawrence Henry Gipson）等人。最具代表性的史学成果当数劳伦斯·吉普森在 1939 年至 1970 年编撰的 15 卷《美国革命之前的英帝国》，该书着重考察英帝国在政治、经济、军事和文化等方面对英属北美 13 个殖民地的影响。[①] 旧的英帝国史学派以英帝国为中心，侧重研究英帝国的兴起和衰落，以及英帝国与其海外殖民地之间的关系。在研究方法上，这种史学研究使用的是线性的历史叙事方式，主要从英帝国中心单线性地辐射到殖民地。在英帝国与殖民地之间的关系上，旧的英帝国史学派以英帝国为核心，完全忽视其海外殖民地对英帝国中心的影响。在权力关系上，旧的英帝国史学派强调英帝国支配着海外殖民地的命运，尽管在英帝国走向衰落的时候，殖民地会反抗英帝国，进而争取政治独立。[②]

---

①　Lawrence Henry Gipson, *The British Empire before the American Revolution*, 15 vols. （New York：Alfred A. Knopf, 1939 – 1970）.

②　旧的英帝国史学家代表人物还有约翰·布鲁（John Brewer）、皮特·J. 马歇尔（P. J. Marshall）和杰克·格林（Jack P. Greene）等人。见 John Brewer, *The Sinews of* （转下页注）

自 20 世纪末以来，新英帝国史学家（new imperial historians）对旧的或传统的英帝国史学派进行了批判和反思。[①] 不同于旧的英帝国史学派，新英帝国史学主要吸收法国思想家米歇尔·福柯（Michael Foucault）、文化评论家爱德华·萨义德（Edward Said）以及文化理论家斯图尔特·霍尔等学者的后现代主义和后殖民主义思想，对传统的帝国或民族国家概念进行解构，对以英帝国为中心的历史叙事进行批判，进而探讨英帝国与其海外殖民地之间的互动关系。换句话说，新英帝国史学主张消解传统的以英帝国为中心的历史叙事方式。另外，通过使用后现代主义思想或后殖民理论，新英帝国史学家解构了传统的帝国和殖民地概念。新英帝国史学家不再把英帝国和殖民地当作静态的概念。取而代之的是，帝国和殖民地的概念对新英帝国史学家来说是动态的，且二者之间相互影响、相互生成。这种史学思潮的代表人物主要有英国历史学家凯瑟琳·霍尔（Catherine Hall）和美国安托瓦内特·M. 伯顿（Antoinette M. Burton）以及凯瑟琳·威尔逊（Kathleen Wilson）等。其中，凯瑟琳·霍尔是后殖民文化批评理论家斯图尔特·霍尔的妻子。因史学研究方法相近且志趣相投，凯瑟琳·威尔逊与凯瑟琳·霍尔和安托瓦内特·M. 伯顿长期维持着学术友谊，并积极推动新英帝国史学的发展。[②] 尤其需要注意的是，威尔逊、霍尔和马里纳里尼·

（接上页注②）*Power：War，Money and the English State，1688 – 1783*（London：Unwin Hyman，1989）；P. J. Marshall，*The Making and Unmaking of Empires：Britain，India，and America c. 1750 – 1783*（Oxford：Oxford University Press，2005）；Jack P. Greene，*The Constitutional Origins of the American Revolutio*（Cambridge：Cambridge University Press，2010）；*The Intellectual Construction of America：Exceptionalism and Identity From 1492 to 1800*（Chapel Hill：University of North Carolina Press，1993）and *The Quest For Power：The Lower Houses of Assembly in the Southern Royal Colonies，1689 – 1776*（New York：W. W. Norton，1972）。

① 有关旧的英帝国史学与新英帝国史学之间的差异，见 Kathleen Wilson，"Old Imperialisms and New Imperial Histories：Rethinking the History of the Present," *Radical History Review*，Issue 95（Spring，2006）：211 – 234。

② "新英帝国史"的研究指南或基本读本，见 Kathleen Wilson ed.，*A New Imperial History：Culture，Identity，and Modernity in Britain and the Empire，1660 – 1840*（Cambridge：Cambridge University Press，2004）；Stephen Howe，*The New Imperial Histories Reader*（London：Routledge，2009）；Gyan Prakash，*After Colonialism：Imperial Histories and Postcolonial Displacements*（Princeton，N. J.：Princeton University Press，1995）；Catherine Hall，*Cultures of Empire，A Reader：Colonisers in Britain and the Empire in Nineteenth and Twentieth Centuries*（Manchester：Manchester University Press，2000）and Catherine Hall and Sonya O. Rose eds.，*At Home with the Empire：Metropolitan Culture and the Imperial World*（Cambridge：Cambridge University Press，2006）。

辛哈（Mrinalini Sinha）与剑桥大学出版社合作，担任"帝国的批判视角"（Critical Perspectives on Empire）系列丛书的编委会成员，积极组织并出版新英帝国史学的学术专著。收录在这套丛书系列中的专著旨在探讨处于国家和全球历史核心位置的联系、交流和调解（mediation），以及殖民接触（Colonial contact）过程中地方和英帝国中心之间的人口移动、思想传播、认同转变和知识交流等。截至 2021 年 6 月，该系列丛书已出版 23 本专著。

新英帝国史学家重点研究殖民遭遇（colonial encounter），且成果斐然。新英帝国史学家从种族、性别、阶级等方面考察了英帝国中心及其海外殖民地的相互影响，并认为英帝国中心的历史经验是殖民者和被殖民者所共有的。在《在英帝国中心：维多利亚晚期英国的印度人与殖民遭遇》中，安托瓦内特·M. 伯顿重点考察了三位印度妇女贝拉姆吉·马拉巴里（Behramji Malabari）、潘迪塔·罗摩拜（Pandita Ramabai）和科尼莉亚·索拉布吉（Cornelia Sorabji）于 18 世纪 80 年代和 18 世纪 90 年代在英国国内的旅行经历。通过比较印度妇女与英国国内人民在社会习俗、生活习惯和自我认同等方面的差异，伯顿试图说明她们如何寻求自己的主体意识和公民身份，以及殖民时期的印度妇女为何与英国国内人民在自我认同上存在明显的差异。[①] 与伯顿类似，凯瑟琳·霍尔特别关注英国浸信会传教士在牙买加的殖民遭遇。在她的突破性的专著《文明化的主体：英国人想象中的英帝国中心和殖民地，1830—1867 年》里，霍尔讨论了英国浸信会传教士在牙买加所推行的文明化工程，其试图将牙买加人的野蛮行为基督教化或文明化，及其背后所暗含的英国人追寻自我认同的故事。[②] 将殖民地和英帝国视角结合在一起，霍尔解释了殖民遭遇不仅在英帝国的中心而且在其海外殖民地同时呈现，且殖民者和被殖民者之间是相互生成的关系。在解释殖民遭遇问题上，伯顿和霍尔仍然把研究的主体当作移动的而不是静止的个体。另外，伯顿和霍尔突出强调殖民地个体的经历必须通过殖民地母

---

① Antoinette M. Burton, *At the Heart of the Empire：Indians and the Colonial Encounter in Late - Victorian Britain*（Berkeley：University of California Press, 1998）.

② Catherine Hall, *Civilising Subjects：Metropole and Colony in the English Imagination 1830 - 1867*（Chicago：University of Chicago Press, 2002）, 85 - 264. 另见 Catherine Hall, *Macaulay and Son：Architects of Imperial Britain*（New Haven：Yale University Press, 2012）。

国的视角来解读，尽管这两种视角并不是相互排斥的。

殖民遭遇是历史研究中一个非常有用的分析范畴，但它不适合分析劳伦斯的个人经历。劳伦斯是南卡罗来纳的白人定居者，在宗教、文化、商业、贸易、教育和生活方式方面与英国国内人民有着许多相似之处。尤其需要注意的是，作为英帝国的臣民，英国宪法和习俗赋予了他作为英国人的权利和特权。由于他与帝国中心的英国人之间的遭遇不是在殖民者和被殖民者之间进行的，殖民遭遇这个分析单位并不能直接用来解释劳伦斯的跨大西洋遭遇。正如伯顿所指出的，三名印度女性只在英格兰待了几年。一旦回到印度，她们就再也没访问英国。由于这些印度妇女从未越过英帝国的边界，伯顿可以利用她们的故事来讨论英帝国主义和殖民主义，以及英帝国中心和印度殖民地之间的相互联系。然而，与印度妇女不同的是，劳伦斯经常越过英帝国和南卡罗来纳殖民地的疆界。除了访问英国，他还访问了荷兰、瑞士和法国。他积极投资大西洋贸易，与非洲、西印度群岛、百慕大、葡萄牙和英国北美的其他殖民地建立了商业网络。劳伦斯的故事表明，新英帝国史学家所使用的殖民遭遇在解释劳伦斯的跨大西洋遭遇时存在明显的局限。

美国早期历史学家也研究文化遭遇（culture encounter），进而比较不同文化群体之间的相互交流。通过仔细分析 175 名土著印第安人和因努伊特人在美国革命前前往英伦三岛，阿尔登·T. 沃恩（Alden T. Vaughan）试图了解欧洲人和欧洲人之间文化接触的复杂性。沃恩使用了跨大西洋遭遇这个术语，但他更多的是从文化角度来考察土著印第安人跨过大西洋之后的经历。通过使用大西洋视角来分析北美印第安人的文化遭遇，沃恩不仅展示了英国国内人民对土著印第安人旅行者的看法，而且解读了北美土著印第安人对英国社会的认识、土著印第安人的海外旅行对英国社会的影响，以及跨大西洋旅行对土著印第安人返回北美后的影响。[1] 沃恩认为土著印第安人和英国人

---

① Alden T. Vaughan, *Transatlantic Encounters: American Indians in Britain, 1500 – 1776* (Cambridge: Cambridge University Press), 42 – 56, 97 – 112. 有关土著印第安人的离散，见 Carolyn T. Foreman, *Indians Abroad, 1493 – 1938* (Norman: University of Oklahoma Press, 1943) and Coll Thrush, *Indigenous London: Native Travelers at the Heart of Empire* (New Haven: Yale University Press, 2016)。

代表了两种完全不同的文化，进而试图探索跨大西洋遭遇背后的文化同化和冲突。由于北美土著印第安人部落和英帝国之间并不存在殖民主义，殖民遭遇就无法解释土著印第安人和英国国内人民之间的遭遇。相比之下，由于土著印第安人和英国国内人民之间在文化、宗教、习俗、礼仪和生活方式上存在明显差异，文化遭遇有助于解释它们之间的复杂关系。

欧美历史学家也尝试研究帝国遭遇（imperial encounter）。在《怀柔远人：马嘎尔尼使华的中英礼仪冲突》中，历史学家何伟亚讨论了英帝国大使马嘎尔尼勋爵在 1793 年前往清代中国乾隆皇帝宫廷的外交使命。马嘎尔尼要求乾隆皇帝为英国在中国的贸易开辟新的港口，在北京设立永久大使馆，将中国沿海的一个小岛提供给英国商人使用，并减少针对在广州从事贸易活动的英国商人的诸多限制。马嘎尔尼的代表团会见了乾隆皇帝，但清政府与英国使团在是否按常规朝贡方式行三跪九叩礼这一问题上发生了重大争执。何伟亚指出，以国际法为基础的国际关系是 16 世纪以来欧洲全球扩张的产物，并成为一种"自然化了的霸权话语"（a naturalized hege-monic discourse）。① 他进一步指出，从马嘎尔尼时代开始的现代主义观念直接影响了对马嘎尔尼使团的认知和诠释，但这种解释框架存在偏见，且仍在影响中国史研究。正如此，传统的结构—功能体系理论、对礼仪的社会学研究方法以及华夏中心主义观无法解释马嘎尔尼的代表团会见乾隆皇帝时的宾礼及其背后的意义。为了矫正这些建立在现代主义基础之上的历史观，何伟亚尝试着从后现代主义视角来对马嘎尔尼觐见乾隆皇帝的外交使命进行重新解释。在他看来，18 世纪的清王朝为一个文化、政治和种族都呈多元化的广阔帝国，清朝皇室为最高君主的多主制（multitude of lords），这是清政府对其帝国的想象（imagining of empire）。何伟亚试图说明马嘎尔尼访问清王朝统治下的中国背后不存在文化误解，而是暗含着"世界上最富有和最强大的两个帝国之间的第一次正式接触"。更具体地说，这是在 1644 年至 1912 年统治中国的清帝国与英帝国之间的帝国交

---

① James L. Hevia, *Cherishing Men from Afar: Qing Guest Ritual and the Macartney Embassy* (Durham: Duke University Press, 1995), 27. 中文版见何伟亚《怀柔远人：马嘎尔尼使华的中英礼仪冲突》，邓常春译，北京：社会科学文献出版社，2002 年。

锋。① 在批判建立在现代主义基础之上的历史观的同时，何伟亚对马嘎尔尼使团会见乾隆皇帝进行重新解释，以摆脱西方史学界"自然化了的霸权话语"对史学研究的限制。

作为分析单位，文化遭遇和帝国遭遇都有它们存在的价值，但它们无法直接用来研究劳伦斯的跨大西洋遭遇。在沃恩的研究中，土著印第安人和英国国内人民是两个完全不同文化背景的群体。相比之下，由于英属北美殖民地人民和帝国中心的英国人并不是两个完全不同的群体，文化遭遇无法直接用来解释劳伦斯与英国国内人民之间的遭遇。此外，劳伦斯的跨大西洋移动与商业、政治、教育、宗教和外交事务有关，而文化遭遇过于侧重文化视角。在殖民时期，南卡罗来纳是英帝国的王室殖民地。美国革命后，南卡罗来纳是美利坚合众国的一个州。由于英帝国和南卡罗来纳之间存在复杂的而不是简单的线性关系，何伟亚所尝试的帝国遭遇不适合用来分析考察劳伦斯的跨大西洋旅行。

20 世纪 60 年代末，受叙事史学的复兴以及自下而上的新社会史学的影响，② 微观史学（Microstoria，即 Microhistory）在欧美史学界兴起并逐渐发展壮大。一方面，欧美历史学家强调历史叙事在史学研究中的重要性，并呼吁叙事的回归。另一方面，新社会史学家对旧的且以社会结构、政治精英和经济变迁为主题的社会史予以强烈批判。作为对旧的或传统的社会史研究的补充，新社会史学家转而研究底层人物的日常生活。在叙事史学的复兴以及新社会史学的影响下，微观史学逐渐发展壮大。其中，微观史学的代表人物主要有意大利历史学家卡洛·金茨堡（Carlo Ginzburg）、乔万尼·列维（Giovanni Levi），美国历史学家娜塔莉·泽蒙·戴维斯

---

① Hevia, *Cherishing Men from Afar*, 1.

② 有关叙事史学的复兴，见 Lawrence Stone, "The Revival of Narrative: Reflections on a New Old History," *Past & Present*, No. 85（Nov., 1979）: 3 - 24. 有关自下而上的新社会史的兴起和发展，见 E. P. Thompson, *The Making of the English Working Class*（New York: Random, 1963）and "History from Below," *Times Literary Supplement*（Apr., 1966）: 279 - 280; Christopher Hill, *The World Turned Upside Down: Radical Ideas during the English Revolution*（London: Penguin, 1972）; C. L. R. James, *Black Jacobins: Toussaint L'Ouverture and the San Domingo Revolution*（New York: Vintage Books, 1963），以及保罗·约翰逊的反思，见 Paul E. Johnson, "Reflections: Looking Back at Social History," *Reviews in American History*, Vol. 39, No. 2（Jun., 2011）: 379 - 388。

(Natalie Zemon Davis)，法国年鉴学派历史学家埃马纽埃尔·勒华拉杜里
(Emmanuel Le Roy Ladurie)，等等。在《奶酪与蛆虫：一个 16 世纪磨坊主
的宇宙观》中，金茨堡重点叙述了 16 世纪意大利北部弗留利地区的一位
宗教异端磨坊主梅诺基奥（Menocchio）的世界观（cosmos）。与同时代的
意大利农民不一样，梅诺基奥拥有一套自己独特的世界观和宗教观。在天
主教势力身后的意大利北部，梅诺基奥否认上帝创世说，否定教会权威，
且坚决反对宗教压迫。另外，梅诺基奥认为爱邻人比爱上帝更加重要。在
正统的天主教信徒看来，梅诺基奥广泛传播自己的异端邪说，亵渎上帝，
且冒犯天主教的宗教权威。为了维护天主教的正统地位以及教皇在宗教事
务上的权威，天主教宗教裁判所于 1584 年和 1599 年对梅诺基奥进行宗教
审判，最终对他用火刑进行惩罚。① 在《夜间的战斗：16—17 世纪的巫术
和农业崇拜》中，金茨堡主要探讨了近代早期意大利北部弗留利地区一种
被称为"本南丹蒂"（Benandanti）的巫术信仰。在 16 世纪和 17 世纪，为
祈祷丰收，弗留利地区的农民习惯在夜间举行民间宗教活动。由于农民的
这些宗教活动并未得到天主教的允许，宗教裁判所开始对这些活动进行调
查，进而造成这种民间宗教活动在随后长达百余年的时间里被扣上"巫
术"的帽子。通过分析大量天主教宗教裁判所的审问卷宗，金茨堡力图再
现当时农民的心态和宗教信仰。② 在《马丁·盖尔的归来》中，戴维斯通
过叙述马丁·盖尔（Martin Guerre）返乡的故事，力图揭示那个时代普通
老百姓的生活状态、个体身份的构建方式以及乡村的基本社会形态。③ 以
单个个体的独特经历为中心，这些微观史学著作广泛使用历史叙事方式，
且积极吸收来自人类学、社会学和宗教学等其他学科的研究方法。之所以
微观史学在 20 世纪 60 年代和 70 年代兴起，主要是因为这种史学透过小范
围事件或小人物的历史来揭露他们所生活的那个社区或时代的基本特征，

---

① Carlo Ginzburg, *The Cheese and the Worms: The Cosmos of a Sixteenth Century Miller*, trans. John Tedeschi and Anne Tedeschi (Baltimore , MD: Johns Hopkins University Press, 1980).

② Carlo Ginzburg, *The Night Battles: Witchcraft and Agrarian Cults in the Sixteenth and Seventeenth Centuries*, trans. John and Anne Tedeschi (Baltimore: Johns Hopkins University Press, 1983).

③ Natalie Zemon Davis, *The Return of Martin Guerre* (Cambridge, Mass. : Harvard University Press, 1983).

进而引起了欧美历史学家的广泛关注。

到 21 世纪初，不同于传统的微观史，欧美历史学家尝试从全球视野来研究微观史，也被称为全球微观史（global microhistory）。这种史学思潮也在研究微观的个体，但它把研究对象当作移动的而不是静态的，同时把研究视角从传统的小村庄或小城镇转向全球视野下的多个地方。在史料收集过程中，历史学家前往多个历史档案馆寻找相应的历史史料。娜塔莉·泽蒙·戴维斯的《行者诡道：一个 16 世纪文人的双重世界》和琳达·科利的《伊丽莎白·马什的磨难》以及欧阳泰（Tonio Andrade）的《一个中国农民、两个非洲男孩和一个将军》都是全球微观史的重要代表作品。[①]《行者诡道：一个 16 世纪文人的双重世界》中的北非穆斯林阿尔–哈桑·阿尔–瓦桑（Al–Hasan al–Wazzan，也叫 Leo Africanus）于 1518 年被海盗俘获并被献给教皇。他皈依了基督教，在罗马生活了 9 年，其间用拉丁文发表了有关非洲的作品。英国白人妇女伊丽莎白·马什（Elizabeth Marsh）在 18 世纪的足迹遍布四大洲。欧阳泰笔下的台湾农民赛义德（Sait）的故事反映了 17 世纪中国和荷兰两种不同文化之间的碰撞和交流。全球微观史专门研究在不同文化或不同地区或国家之间不断移动的个体，并通过他们的独特经历来探寻他们背后的跨文化联系和全球互动。传统的微观史只强调微观层面的历史，全球微观史则力图把宏观和微观结合在一起。在全球史流行的 21 世纪，这种史学潮流引起了更多历史学家的关注。

当传统微观史和全球微观史在欧美史学界流行的时候，大西洋史学也成为一种新潮流。在 20 世纪 50 年代，在研究法国大革命和美国革命的过程中，法国历史学家雅克·戈德肖（Jacques Godechot）和美国历史学家罗伯特·帕尔默（Robert Palmer）主张把"民主革命的时代"、"大西洋革命"以及"大西洋文明"等术语和大西洋两岸的政治革命结合在一起进行

---

① Natalie Zemon Davis, *Trickster Travels*: *A Sixteenth Century Muslim Between Worlds*（New York: Hill and Wang, 2006），中文版见娜塔莉·泽蒙·戴维斯《行者诡道：一个 16 世纪文人的双重世界》，周兵译，北京：北京大学出版社，2018 年。Linda Colley, *The Ordeal of Elizabeth Marsh*: *A Woman in World History*（New York: Pantheon, 2007）; Tonio Andrade, "A Chinese Farmer, Two African Boys, and a Warlord," *Journal of World History*, Vol. 21, No. 4（Dec. , 2010）: 573 – 591.

研究，并共同推动了大西洋史学的兴起。从 60 年代中后期到 90 年代中期，大西洋史学在欧美史学界逐渐发展壮大，并逐渐成为一个热门的研究领域。大西洋史学在美国兴起和发展的过程中，约翰霍普金斯大学历史系的杰克·P. 格林（Jack P. Greene）、宾夕法尼亚大学的理查德·S. 邓恩（Richard S. Dunn）和哈佛大学历史系的伯纳德·贝林都是先驱代表人物。在从事大西洋史研究的同时，格林、邓恩和贝林经常举办大西洋史的史学研讨班、史学工作坊和相应的史学会议，并鼓励他们的研究生从事大西洋史研究。① 在这些先驱代表人物的指引下，越来越多的年轻学者把大西洋史作为他们的研究领域，并从事相应的史学研究。自 90 年代中期以来，大西洋史学成为欧美史学界的一门显学。在这种史学思潮的影响下，各大学术出版社相继出版以大西洋世界或大西洋史学为主题的史学专著，美国历史协会和美国历史学家多次筹办以大西洋史为主题的史学会议和史学研讨班，《威廉和玛丽季刊》等史学期刊组织多场以大西洋史为主题的圆桌讨论会，共同推动了大西洋史学的蓬勃发展。2002 年，鉴于大西洋史学在欧美史学界盛极一时，哈佛大学历史系的大卫·阿米蒂奇教授宣称"我们现在都是大西洋史学家（Atlanticists）了"。②

随着大西洋史学的不断发展壮大，欧美史学家尝试着对大西洋史的概念和研究主题进行界定。1996 年，在《行程：欧洲海外扩展和全球互动史杂志》（Itinerario: The Journal of the History of European Expansion and Global Interaction）上，贝林发表了《大西洋史的理念》的专题论文，全面考察大西洋这个理念在欧洲和美国的兴起和发展，以及大西洋史在欧美史学界的发展。③ 在贝林看来，大西洋史主要指的是 1500 年至 1825 年欧洲、非洲、

---

① Bernard Bailyn, *Atlantic History: Concept and Contours* (Cambridge, Mass.: Harvard University Press, 2005).

② David Armitage, "Three Concepts of Atlantic History," in David Armitage and Michael J. Braddick, eds., *The British Atlantic World, 1500 – 1800* (New York: Palgrave Macmillan, 2002), 11.

③ 2005 年，贝林出版了《大西洋史：概念和轮廓》，详细论述了他对大西洋史的概念、研究内容以及发展前景的看法。贝林把《大西洋史的理念》这篇论文收录在《大西洋史：概念和轮廓》里。见 Bernard Bailyn, "The Idea of Atlantic History," *Itinerario: The History of European Expansion and Global Interaction* 20 (1996): 9 – 44 and *Atlantic History: Concept and Contours* (Cambridge: Harvard University Press, 2005), 1 – 56。

南美洲和北美洲在政治、经济、文化、科学和宗教等领域之间的相互交流史。与法国年鉴学派费尔南··布罗代尔（Fernand Braudel）所倡导的地中海史相比，贝林进一步指出，大西洋史并不是地中海史的简单模仿。跟地中海史一样，大西洋史也是一种整体史，但它讲述的是大西洋世界变动不居的历史，而不是布罗代尔所理解的那种静态意义上的历史。大西洋史也不是传统的欧洲帝国史的扩展，因为它的研究区域比欧美殖民帝国和海外殖民地所覆盖的地理空间更广。另外，大西洋史也不是传统的欧洲民族国家及其海外扩张的拼凑或组合。大西洋并不隶属任何一个民族国家，而是各个民族国家所共享的一个地理区域。大西洋世界范围内的人种多样，使得大西洋是非洲人、土著印第安人和欧洲人等不同人群共同生活的一个地理空间。换句话说，大西洋世界是欧洲、非洲、南美洲和北美洲有机结合在一起的整体。①

　　总体而言，大西洋史学指的是二战后欧美历史学家把大西洋世界内部的岛屿、民族国家和区域等当作一个整体来进行研究的史学潮流。② 在地理上，作为一个整体的大西洋包括南美洲、北美洲、非洲和欧洲这四个区域以及大西洋世界内部的诸多岛屿。在欧美史学界的大西洋史学家看来，以民族国家或帝国为中心的历史叙事方式限定了传统史学的研究范围，它们在解释人口、商品以及疾病等跨国界或跨大西洋层面的研究对象时存在明显的不足。大西洋史学家进一步指出，大西洋视角有助于研究南美洲、北美洲、非洲和欧洲之间在人口、社会、经济、政治、法律、军事、知识和宗教传播等诸多方面的相互联系。作为一种研究方法，大西洋史研究把地方视野、民族国家或帝国视野以及跨国或跨大西洋视角结合在一起，既研究地方层面的历史，又研究民族国家或帝国层面的历史，还研究跨国或跨大西洋层面的历史。

　　受传统微观史和全球微观史研究的启发，大西洋史学家尝试从大西洋

---

① Bailyn, "The Idea of Atlantic History," *Itinerario* 20 (1996): 9 – 44.

② 有关大西洋史的简介，见 Alison Games, "Atlantic History: Definitions, Challenges, and Opportunities," *The American Historical Review*, Vol. 111, No. 3 (Jun., 2006): 741 – 757 and David Armitage, "Three Concepts of Atlantic History," in David Armitage and Michael J. Braddick, eds., *The British Atlantic World, 1500 – 1800* (New York: Palgrave Macmillan, 2002), 11 – 27.

视角来研究微观个体。在《瑞贝卡的复兴：在大西洋世界中创办黑色基督教》这本专著里，佛罗里达大学历史系约翰·森斯巴赫（John Sensbach）教授以一个叫瑞贝卡·普罗腾（Rebecca Protten）的黑人妇女在 18 世纪的传奇经历为中心，进而探讨大西洋世界中黑人新教教会的起源。瑞贝卡生于 1718 年，原本是一位奴隶，但她皈依基督教并加入了一个来自德国摩拉维亚教会（Moravian Church）的传教士团体。与白人通婚后，她获得自由身份。随后，她多次向隶属丹麦在西印度群岛的蔗糖殖民地圣托马斯（St. Thomas）的非洲奴隶进行宗教布道。瑞贝卡和其他黑人传教士默默无闻地从事传教工作并在加勒比海地区建立了最早的非洲新教教会，但他们的传教活动遭受当地白人种植园主的各种迫害。后来，加勒比海地区的白人种植园主指控她煽动奴隶叛乱，这迫使她不得不流亡德国和西非。通过使用馆藏在丹麦、荷兰和德国的史料，森斯巴赫探讨了黑人妇女瑞贝卡在大西洋世界中传播基督福音的故事，进一步解释了大西洋世界中宗教思想的传播纽带以及黑人妇女在其中所扮演的重要角色。① 在《卡拉巴的两位王子：一种 18 世纪的大西洋奥德赛》这本书里，兰迪·斯帕克斯（Randy Sparks）考察了非洲黄金海岸卡拉巴（Calabar）的两位王子利特·约翰（Little Ephraim Robin John）和安可纳·约翰（Ancona Robin Robin John）的传奇故事。在被绑架之前，两位王子在卡拉巴从事奴隶贸易。不幸的是，在 1767 年，由于被非洲部落的竞争者出卖，两位王子被英国奴隶主绑架，进而被当作奴隶贩卖到加勒比海地区的多米尼加。幸运的是，他们被卖给了一个法国医生，最终抓住机会先是逃亡到弗吉尼亚，接着逃往英国。在英国逗留期间，废奴主义者掀起了声势浩大的废除奴隶制的运动，这鼓励他们利用法律手段获得自由。在废奴主义者的帮助下，他们向法院起诉并最终获得自由。不久，他们结束了多年颠沛流离的生活，重新返回卡拉巴。两位王子的传奇故事反映了大西洋奴隶贸易的不人道，同时也揭露了非洲人在 18 世纪大西洋世界中争取自由的艰难历程。② 相比传统的微

① John Sensbach, *Rebecca's Revival: Creating Black Christianity in the Atlantic World*（Cambridge: Harvard University Press, 2005）.
② Randy Sparks, *The Two Princes of Calabar: An Eighteenth - Century Atlantic Odyssey*（Cambridge: Harvard University Press, 2009）.

观史学和全球微观史学，大西洋视野下的微观史主要考察在大西洋世界中活动的个体，并力图透过个体的传奇经历解释大西洋世界中的宗教传播网络、宗教思想传播、奴隶制以及废奴主义等主题。

受传统微观史、全球微观史和大西洋微观史研究的启发，本书尝试着从大西洋视角来研究劳伦斯的遭遇，但它与传统的微观史学和全球微观史学存在明显的不同。传统的微观史主要关注小人物背后的小历史，全球视野下的微观史试图把个体的微观史置放在全球视野下进行解读。劳伦斯的经历与戴维斯笔下的北非穆斯林阿尔－哈桑·阿尔－瓦桑、科利笔下的英国白人妇女伊丽莎白·马什以及欧阳泰笔下的台湾农民赛义德有许多相似之处。不过，由于劳伦斯是来自南卡罗来纳的政治和经济精英，其活动范围仅局限在北美、英国和欧洲大陆，且从未越过大西洋世界的范围，这就使得全球视野有些不太合适。另外，由于劳伦斯的个人经历不同于梅诺基奥和马丁·盖尔，且劳伦斯的活动主要集中于政治、经济和外交领域，这使得本书无法直接使用传统的微观史研究方法。换句话说，传统的微观史采用文化人类学或宗教人类学的术语和理论来研究个体，而这种研究方法无法直接用来研究劳伦斯。鉴于地方层面或全球层面的研究视角在解读劳伦斯的独特经历时都存在明显的局限，用大西洋视角来研究劳伦斯明显比全球视野下的微观史或传统的微观史更有说服力。毕竟，劳伦斯在大西洋世界中的旅行经历跟瑞贝卡和两位非洲王子比较类似。以劳伦斯的个体经历为中心，本书有助于通过劳伦斯的故事揭示出英帝国与南卡罗来纳之间，以及英帝国与北美13个殖民地之间在政治、经济和外交等领域的关系演变。

把大西洋遭遇或跨大西洋遭遇（transatlantic encounter）当作一个分析单位，本书试图考察劳伦斯是如何在大西洋世界中移动的，进而考察其跨大西洋遭遇背后的故事。本书重点分析：劳伦斯在18世纪40年代两次前往英国的跨大西洋旅行如何强化他作为英国人的自我认同；他在南卡罗来纳海军法庭上的诉讼案件如何传到英帝国中心，进而让他变成一名商业异见者；跨大西洋旅行如何帮助他认识作为英国人的合法权利、特权和政治自由受到威胁；在英格兰、瑞士和法国的跨大西洋经历如何帮助他把自己和帝国中心的英国人区分开来，进而质疑自己的英国人自我认同；以及他在美国革命后期前往英国、荷兰和法国为新成立的美利坚合众国争取政治独立、捍卫国家主权，寻求并维护美国人的自我认同。

第五节　内容简介

本书主要分六章展开，全面考察劳伦斯于 1744 年至 1784 年的跨大西洋遭遇。第一章和第二章以劳伦斯在 1744 年至 1770 年的商业遭遇为中心，从商业角度探讨了他对英国人自我认同的理解。在 18 世纪中期，南卡罗来纳殖民地人民和英帝国中心的商人视英帝国是一个坚持新教信仰、商业取向，面向海洋、有礼貌且自由的帝国，并努力提高自己的社会地位以便进入乡绅或种植园阶层。劳伦斯对英国国内商人的财富和精致生活羡慕不已，也迫切追求商业财富，提升自己的社会地位，并跻身南卡罗来纳的种植园阶层。第一章详细讨论劳伦斯在 1744 年至 1765 年的跨大西洋遭遇。在这段时间里，他先后两次访问英国，一次是为了在伦敦商人詹姆斯·克罗卡特的会计房里学习商业知识；另一次是为了与英国国内商人建立商业合伙关系，并在大西洋贸易上相互分工且积极协作。以劳伦斯的跨大西洋商业遭遇为基础，本章不仅考察他作为英国人的自我认同如何塑造了他在大西洋世界的贸易活动，而且分析跨大西洋旅行经历如何影响他进入南卡罗来纳的种植园阶层的故事。

第二章分析 1767 年至 1770 年劳伦斯在南卡罗来纳海事法庭的几起民事诉讼案件。英法七年战争后，英国议会颁布了一系列法案，以加强对南卡罗来纳贸易活动的控制。英国议会和财政部向南卡罗来纳皇家海关官员发出命令，并敦促后者严格执行议会法案。令劳伦斯颇感失望的是，腐败的皇家海关官员对殖民地人民的海上贸易实施了更严格的商业管制。他认为皇家海关官员的不当行为威胁着英帝国中心与南卡罗来纳殖民地之间的正常贸易。于是，他带领南卡罗来纳殖民地商人公开抗议，进而维护他们作为英国人的财产、贸易自由以及合法权利。把劳伦斯与皇家海关官员的斗争置于 18 世纪大西洋世界的背景下，本章考察这些商业冲突如何塑造了他对英国人自我认同的理解，以及英帝国中心和南卡罗来纳殖民地之间在商业问题上的摩擦。对劳伦斯在 18 世纪 60 年代末的商业遭遇进行重点研究将有助于解释他如何成为一名商业异见者的故事。

第三章和第四章从政治史和社会史的角度探讨劳伦斯如何质疑他作为英国人的自我认同。第三章主要从政治的角度考察了劳伦斯如何看待他的英国人自我认同。随着劳伦斯对南卡罗来纳殖民地和英帝国中心的政治活动越来越感兴趣，他在 1769 年至 1775 年参与了威尔克斯基金争议活动，其源于南卡罗来纳平民议院捍卫其在未经王室总督和王室委员会同意的情况下，拥有从财政部发放资金的唯一权力。劳伦斯在南卡罗来纳殖民地和英帝国中心之间往返，为作为英国人与生俱来的政治权利、特权和政治自由而抗争。他还试图调节英帝国中心和南卡罗来纳之间的政治摩擦，但他发现政治局势逐渐失控。第三章从政治角度考察劳伦斯的跨大西洋遭遇，并分析他如何成为一个温和的政治异见者。

第四章从社会史的视角讨论劳伦斯在 1771 年至 1774 年的跨大西洋遭遇。在参与威尔克斯基金争议活动的过程中，劳伦斯带着他的三个儿子在英格兰和瑞士接受先进的教育。劳伦斯最初希望让三个儿子在英国接受"最好的教育"，但他发现英国社会风气堕落且教育腐化。由于对英国教育深感失望，他开始在欧洲大陆旅行，进而前往瑞士帮助儿子接受教育。本章试图说明他为什么厌恶英国的礼仪、道德、教育和政治，为什么他更喜欢日内瓦教育、加尔文主义、共和社会和政府，以及他为何欣赏法国的礼仪、农业和商业上的改进。第四章重点分析他对欧洲大陆社会和文化的体验进一步加深了他对英国人自我认同的反感。

第五章探讨劳伦斯在南卡罗来纳革命前夕和革命时期的政治和经济遭遇。本章分析了效忠派、土著印第安人和非洲奴隶如何为英帝国提供支持，以及劳伦斯为何积极地参与革命运动。亨利·劳伦斯不同意他的儿子约翰·劳伦斯的激进政治主张，即北美 13 个殖民地应该反抗英帝国。亨利·劳伦斯也不同意激进的爱国者克里斯托弗·加兹登的提议，即要求南卡罗来纳与英帝国彻底分离。相反，亨利·劳伦斯保持了他的温和立场，并试图调解并弥补南卡罗来纳殖民地和英帝国中心之间的政治分歧和裂痕。详细探讨劳伦斯的革命经历有助于说明他对英帝国政府与南卡罗来纳进行政治和解的希望已经破灭，进而成为一个不情愿的革命者。同时，本章重点考察他在自我认同上的转变，即他如何抛弃英国人的自我认同，进而转变为美国人的故事。

第六章主要考察劳伦斯在 1779 年至 1784 年的跨大西洋旅行如何帮助他探寻并捍卫自己作为美国人的自我认同。他与英国海军理查德·爱德华兹（Richard Edwards）少将以及英国商人威廉·曼宁（William Manning）和理查德·奥斯瓦尔德之间的遭遇说明他拒绝恢复自己作为英国人的自我认同。1780 年，查尔斯顿被英国军队占领后，南卡罗来纳的爱国者如加布里埃尔·马尼戈特（Gabriel Manigault）和亨利·米德尔顿（Henry Middleton）被迫再次宣誓效忠英国国王，进而恢复了他们作为英国人的自我认同。曼宁和奥斯瓦尔德以马尼戈特和米德尔顿为例，试图劝服劳伦斯恢复英国人的自我认同，但劳伦斯不为所动。美国革命后期，为了结束英国军队与大陆军队之间的对立，英国政治家威廉·麦库洛奇（William McCulloch）提议在英国政府领导下建立所有殖民地的联盟。根据这一计划，美国人将享有英国臣民"自然期待的权利、自由和法律"。[①] 通过起草这一提案，英国政府仍然将美国人视为英国臣民，并拥有统治 13 个殖民地的政治权力。劳伦斯希望英帝国与美国之间实现"持久和平"，但他对英美和平的理解与麦库洛奇不同。劳伦斯认为美国人"不会再乞讨，不再请愿，也不再把自己置于压迫者的权力管辖范围之内"。[②] 因此，他敦促英帝国承认美国主权。否则，劳伦斯认为英美和平条约是不可能达成的。本章主要分析他的跨大西洋遭遇，包括他在荷兰担任外交大使、他被囚禁在伦敦塔，以及他参加英美和平谈判是如何帮助他再次抛弃英国人的自我认同的，进而坚决追求并维护美国人的自我认同。

---

① Henry Laurens to William McCullogh, Westminster, March 9, 1782, *The Papers of Henry Laurens*, 15：470.

② Henry Laurens to William McCullogh, Westminster, March 9, 1782, *The Papers of Henry Laurens*, 15：471.

第一章

两次跨大西洋旅行与亨利·劳伦斯的
自我改进，1744—1765 年

1748 年 12 月 16 日，在伦敦考察商业投资机会时，南卡罗来纳殖民地商人亨利·劳伦斯给继母伊丽莎白·W. 劳伦斯（Elizabeth Wicking Laurens）写了一封信。亨利认为他的时间将会为商业事务所占据，并强调"这次伦敦之行会磨砺"他并让他"变得非常文雅"。亨利还计划访问利物浦和布里斯托尔以便与当地的商人建立伙伴关系，并进一步寻找商业投资机会。等结束商业考察并返回伦敦时，他只会做短暂的停留，因为他将抓紧时间把货物海运到查尔斯顿。[①] 由于曾以学徒的身份跟伦敦商人詹姆斯·克罗卡特学习商业知识，他明白时间在商业投资上的重要性。因此，他希望尽快回到查尔斯顿以便从事英帝国中心与南卡罗来纳之间的商业贸易。

亨利·劳伦斯的跨大西洋遭遇说明他不仅渴望商业成功，而且积极地追求自我改进（self-improvement）。在 18 世纪中期，英国国内商人们认为英帝国是一个具有新教信仰、商业扩张倾向、海洋取向，政治自由且有礼貌的国家。[②] 身处英国的等级制度之外，英帝国中心的商人们努力提高

[①] Henry Laurens to Elizabeth W. Laurens, London, December 16, 1748, *The Papers of Henry Laurens*, 2: 179, 181.

[②] Armitage, *The Ideological Origins of the British Empire*, 173, 182. 保罗·朗福德认为不列颠民族是一个"有礼貌且商业化的民族"，见 Langford, *A Polite and Commercial People*, 6, 702, 725。格林认为英帝国中心的英国人使用商业语言、国家安全、海军无敌以及（转下页注）

他们的社会地位。在英国人的自我认同上，南卡罗来纳殖民地的人民与英帝国中心的商人们持同样的看法。[①] 更重要的是，南卡罗来纳殖民地的英国臣民承认英帝国为他们提供了自由贸易的机会，同时在大西洋上利用强大的海军舰队保障殖民地商人的航行安全。由于亲眼看见伦敦、利物浦、布里斯托尔和英国其他港口城市的商人正忙于大西洋贸易，劳伦斯试图与他们建立商业伙伴关系。虽然跨大西洋的航行费时且异常危险，但劳伦斯认为他的跨大西洋旅行会"磨砺"他，并让他变得"非常文雅"。他羡慕英帝国中心商人们所获得的巨大财富和优雅的绅士风度，也希望积累商业财富、提高社会地位，过与英帝国中心商人们类似的乡绅生活。

劳伦斯的商业活动也说明，在参与大西洋贸易时，他利用了他的英国人自我认同。在 18 世纪中期，英帝国一直与西班牙、法国和其他帝国争夺世界霸权，并逐渐成为北美最具影响力的国家之一。英国从北美 13 个殖民地进口木材、烟草、大米和靛蓝等原材料。同时，它向北美 13 个殖民地出口诸如布料、家具、小刀和枪支等制成品。英国在北美的领土和商业扩张的成功主要依赖皇家海军，其不仅保证了英国人海上贸易活动的正常进行，而且沉重地打击了竞争对手如法国、荷兰和西班牙的海上舰队。[②] 在 18 世纪中期，由于南卡罗来纳殖民地和英帝国中心并未爆发严重的政治冲

（接上页注②）英帝国伟大的语言来强调他们的英国人认同，见 Jack Greene, *Evaluating Empire and Confronting Colonialism in Eighteenth – Century Britain* (Cambridge: Cambridge University Press, 2013), 21. 对英帝国的界定，见 N. A. M. Rodger, "Sea – Power and Empire, 1688 – 1793," in P. J. Marshall ed., *The Oxford History of the British Empire: Volume II: The Eighteenth Century* (Oxford: Oxford University Press, 1998), 2: 169 – 182; T. H. Breen, *The Marketplace of Revolution: How Consumer Politics Shaped American Independence* (Oxford: Oxford University Press, 2004); 以及他的文章 "An Empire of Goods: The Anglicization of Colonial America, 1690 – 1776," *Journal of British Studies* 25 (1986): 467 – 499; Jacob M. Price, "The Imperial Economy, 1700 – 1776," in William Roger Louis et al., eds., *Oxford History of the British Empire*, 5 vols. (Oxford: Oxford University Press, 1998 – 1999), 2: 78 – 103; Boyd Stanley Schlenther, "Religious Faith and Commercial Empire," *Oxford History of the British Empire*, 2: 128 – 150; Patrick K. O'Brien, "Inseparable Connections: Trade, Economy, Fiscal State, and the Expansion of Empire, 1688 –1815," *Oxford History of the British Empire*, 2: 53 – 76; John Brewer, *The Sinews of Power: War, Money and the English State, 1688 – 1783* (London: Unwin Hyman, 1989)。

① Armitage, *The Ideological Origins of the British Empire*, 194.
② 科利指出，英国与法国之间的战争强化了英国人的自我认同。见 Colley, *Britons: Forging the Nation*, 11 – 18, 82 –83, 102。

突，二者之间维持着政治和经济和谐的关系。与此同时，英国国内和南卡罗来纳殖民地之间的商业和谐和共同繁荣鼓励着劳伦斯积极加入英帝国中心与南卡罗来纳之间的跨大西洋贸易活动。

通过考察劳伦斯在 1744 年到 1765 的跨大西洋商业遭遇，本章主要讨论他的英国人自我认同如何塑造了他作为一名大西洋贸易商人的商业活动，以及劳伦斯如何跻身种植园阶层的历程。详细分析劳伦斯的跨大西洋遭遇将揭示他如何认识他的英国人自我认同，英帝国中心商人们的商业伦理、生活方式和礼仪习俗如何影响了他的自我改进活动，以及英帝国中心如何维持与南卡罗来纳殖民地的商业和谐关系。

第一节　第一次跨大西洋旅行，1744—1747 年

在 18 世纪上半叶，英帝国逐渐成长为一个追求商业扩张、面向海洋、坚持贸易自由且遵守传统礼仪的国家，这使得南卡罗来纳殖民地的商人迫切希望与英帝国中心保持密切的商业联系。① 英帝国让北美 13 个殖民地的贸易主要满足英国国内的需求，但它向 13 个殖民地的居民提供了"英国人的权利"（rights as Englishman）。② 由于英国的《航海法令》并未严重干扰南卡罗来纳商人们的贸易航线，殖民地商人可以向英帝国中心出口大米、靛蓝、鹿皮、糖③和其他商品。与此同时，南卡罗来纳商人们从英帝国中心进口亚麻织品、布料、玻璃、钉子和其他产品。1728 年至 1763 年，南卡罗来纳殖民地与英帝国中心之间的商业贸易空前繁荣，殖民地的商人称这段时间为"美好的旧时光"（good old time）。④ 每隔 3 年或 4 年，南卡罗来纳殖民地人民会使"他们的资本翻番，而且他们走向经济独立和财富

---

① Price, "The Imperial Economy, 1700 – 1776," *Oxford History of the British Empire*, 2: 78 – 103.
② Armitage, *The Ideological Origins of the British Empire*, 188.
③ 有关南卡罗来纳与西印度群岛之间的蔗糖贸易，见 Richard S. Dunn, "The English Sugar Islands and the Founding of South Carolina," *South Carolina Historical Magazine*, Vol. 101, No. 2 (Apr., 2000): 142 – 154。
④ Edward McCrady, *The History of South Carolina under the Royal Government, 1719 – 1776* (New York: The Macmillan Company, 1899), 513.

丰裕的速度非常快"。① 与南卡罗来纳殖民地的贸易扩张促进了英国国内经济的快速增长。因此，南卡罗来纳殖民地与英帝国中心在商业上的共同繁荣鼓励着殖民地和英帝国中心的商人们在英帝国中心与南卡罗来纳贸易上做更多投资。

通过投资英帝国中心与南卡罗来纳之间的进出口贸易，苏格兰商人詹姆斯·克罗卡特成功地跻身到英国的乡绅阶层。克罗卡特积极投资靛蓝、大米、鹿皮、糖、奴隶、钉子、枪支和酒杯等商品，并积累了大量的商业资本。② 1738 年 11 月，克罗卡特减少了他在南卡罗来纳的投资，并离开了查尔斯顿。③ 回到英国国内后，克罗卡特在伦敦东北部约 15 英里的埃塞克斯郡奇格维尔（Chigwell）附近购买了价值 19500 英镑的卢克斯巴拉夫（Luxborough）庄园。后来，他把卢克斯巴拉夫当作接待南卡罗来纳商人的接待中心。他不仅拥有财富和社会地位，而且过着绅士阶级的休闲生活。通过展示他的社交礼仪、文化品位和文雅气质，克罗卡特提高了他的社会地位，并鼓励其他来自南卡罗来纳殖民地的商人也进入英国国内的乡绅阶层。④

南卡罗来纳殖民地商人们钦佩克罗卡特的商业成功和社会地位，并把克罗卡特当作一个榜样，以便进入乡绅阶层。1750 年，查尔斯顿著名商人彼得·玛尼格特（Peter Manigault）拜访了克罗卡特。那时候，克罗卡特的卢克斯巴拉夫庄园的富丽堂皇给玛尼格特留下了不可磨灭的印象。在回忆这次经历时，玛尼格特发现克罗卡特的房子和家具的价值超过 2.5 万英镑。⑤

---

① David Ramsay, *History of South Carolina: From Its First Settlement in 1670 to the Year 1808* (Newberry: W. J. Duffie, 1858), 1: 64.

② *South Carolina Gazette*, Charles Town, September 8, 1733; *South Carolina Gazette*, Charles Town, October 18, 1735; *South Carolina Gazette*, Charles Town, May 22, 1736. 另见 James Crokatt, *Observations Concerning Indigo and Cochineal* (London, 1746)。

③ *South Carolina Gazette*, Charles Town, November 16, 1738; George C. Jr. Rogers, *Evolution of a Federalist: William Laughton Smith of Charleston, 1758 – 1812* (Columbia: University of South Carolina Press, 1962), 14; Huw David, "James Crokatt's 'Exceeding Good Counting House': Ascendancy and Influence in the Transatlantic Carolina Trade," *South Carolina Historical Magazine*, Vol. 111, No. 3/4 (July – October, 2010): 157.

④ Maurie McInnis and Angela D. Mack, *In Pursuit of Refinement: Charlestonians Abroad, 1740 – 1860* (Columbia: University of South Carolina Press, 1999), 25.

⑤ Peter Manigault to Ann Manigault, February 20, 1751, Peter Manigault Papers, South Carolina Historical Society, Charleston; *Public Advertiser*, London, March 9, 1767.

后来，考虑到克罗卡特在大西洋世界两岸的名望和地位，南卡罗来纳殖民地人民推举克罗卡特作为殖民地人民在伦敦的代理人。在 1749 年至 1756 年，克罗卡特担任南卡罗来纳殖民地代理人期间，进一步加强了英帝国中心与殖民地之间的政治、商业和社会联系。[①]

在羡慕克罗卡特事业成功的同时，南卡罗来纳的大部分商人都渴望进入"英国乡绅的世界"。[②] 为了提高他们的社会地位并积累财富，南卡罗来纳商人愿意在克罗卡特的会计房里接受商业培训。1735 年，查尔斯顿的年轻人本杰明·史密斯（Benjiamin Smith）成为克罗卡特的学徒。跟克罗卡特一样，史密斯认为经商是自我改进的重要手段。大约三年后，史密斯完成了他的学徒生涯。返回查尔斯顿之后，他与商人艾本内泽尔·西蒙斯（Ebenezer Simmons）合作，并成立了西蒙斯、史密斯 & 克罗卡特公司（Simmons，Smith & Crokatt Company）。通过创办这个公司，史密斯与西蒙斯和克罗卡特在大西洋贸易上进行相互合作。自他们的合作于 1738 年 9 月生效后，西蒙斯和史密斯负责处理这个公司在南卡罗来纳殖民地的商业事务。为支持他们的商业事务，克罗卡特负责处理这个公司在英帝国中心的商业交易。[③] 1745 年 9 月，史密斯结束了他们的伙伴关系，但他已成为殖民地的一个富商。史密斯的商业生涯是如此成功，以至于他的故事鼓励着南卡罗来纳的其他年轻商人在克罗卡特的会计房里接受商业教育。

目睹克罗卡特和史密斯的商业成功后，查尔斯顿的新兴乡绅约翰·S.劳伦斯（John Samuel Laurens）决定把儿子亨利·劳伦斯送到克罗卡特的会计房学习商业致富之道。18 世纪初，当约翰来到查尔斯顿的时候，他是一个贫穷的新来者。到 1744 年，约翰成为一个马鞍商人，并通过一系列的自我改进活动扩大了劳伦斯家族的名声。由于他未曾在伦敦做学徒，约翰的财富比克罗卡特和史密斯要少很多。约翰视教育为儿子进入乡绅阶层的

---

① Rogers, *Evolution of a Federalist*, 9 – 11.

② David Hancock, *Citizens of the World：London Merchants and the Integration of the British Atlantic Community，1735 – 1785* （Cambridge：Cambridge University Press，1995），279. S. 史密斯认为这种现象为"乡绅资本主义"，见 S. D. Smith, *Slavery, Family, and Gentry Capitalism in the British Atlantic：The World of the Lascelles, 1648 – 1834* （Cambridge：Cambridge University Press，2006），42，138，204。

③ Rogers, *Evolution of a Federalist*, 10 – 12.

重要手段，于是把亨利送到伦敦，以学习"最好的教育"。[①] 1744 年 9 月，听从父亲的指示，亨利从查尔斯顿启航并前往伦敦学习。

在接下来的三年时间里，亨利·劳伦斯在克罗卡特的会计房里接受"最好的教育"。当时，一名伦敦学徒的商业培训需要许多天分和大量的商业实践。年轻的学徒需要熟练地掌握他的母语，写作能力强且富有商业判断力。他还要学会法语、荷兰语和葡萄牙语，并能准确地用语言表达他的想法。他还必须学习希腊语和拉丁语，并对它们有基本了解。他还必须掌握一些地理和航海知识，对数字敏感且擅长算术。只要学徒在这些科目上受过良好的教育，他就能胜任商人这个职业。[②]

在学徒期间，劳伦斯掌握了一些基本技能。他学会在账本上记账，以及如何为商品投放广告。他还了解英国和欧洲的出口商品，以及南卡罗来纳殖民地的进口产品。他明白供给和需求都会影响商品的价格。他也学会如何抓住价格波动背后的商机。他还努力与克罗卡特建立良好的友谊。此外，他还利用克罗卡特的商业关系，在英国国内和南卡罗来纳积极寻找商业合伙人，并试图参与大西洋贸易。1747 年，在完成商业训练后，劳伦斯返回查尔斯顿。不久，把克罗卡特当作一个典型的榜样，劳伦斯开始投身到商业事务中来，以便早日跻身南卡罗来纳的乡绅阶层。[③]

在商业生涯的早期阶段，劳伦斯主要与克罗卡特以及后者的学徒诸如南卡罗来纳商人理查德·格拉布（Richard Grubb）和亚历山大·沃森（Alexander Watson）在大西洋贸易上合作。在伦敦居住期间，沃森和格拉布都积极参加盎格鲁—卡罗来纳（Anglo – Carolina）贸易。劳伦斯经常向他们通报南卡罗来纳商品的价格。同时，沃森、克罗卡特和格拉布与劳伦斯交

① Henry Laurens to Messieurs and Madame Laurence, February 25, 1774, *The Papers of Henry Laurens*, 9：309 and 311 – 312.

② Robert Campbell, *The London Tradesman*：*Being a Compendious View of All the Trades*，*Professions*，*Arts*，*both Liberal and Mechanic*，*Now Practiced in the Cities of London and Westminster* （London, 1747），292 – 293；John Barnard, *A Present for an Apprentice* （London, 1740）；Martin Clare, *Youth's Introduction to Trade and Business* （London, 1748）；Joan Lane, *Apprenticeship in England*，*1600 – 1914* （London：University College London Press, 1996）.

③ Henry Laurens to William Flower, Charles Town, July 10, 1747, *The Papers of Henry Laurens*, 1：23.

换来自英帝国中心的商业信息。1747 年 6 月 24 日，在一封写给克罗卡特的信中，劳伦斯许诺他将把英国国内商品在南卡罗来纳殖民地市场上的价格以及运费等告诉对方。此外，劳伦斯敦促克罗卡特把南卡罗来纳殖民地的商品在英国国内市场上的价格告诉他。只要克罗卡特发现某种商品值得投资，劳伦斯就鼓励他分享有用的信息。①

克罗卡特支持劳伦斯拓展他的商业纽带。克罗卡特帮助劳伦斯把肉桂卖给伦敦商人托马斯·罗林森（Thomas Rawlinson）和蒙克豪斯·戴维森（Monkhouse Davison）。② 此外，克罗卡特协助劳伦斯向伦敦商人塞缪尔·威尔逊（Samuel Wilson）和他的儿子小塞缪尔·威尔逊（Samuel Wilson Jr.）购买剪刀和针。③ 克罗卡特甚至帮助劳伦斯与伦敦商人如塞缪尔·图切特、威廉和亨利·波默罗伊兄弟、托马斯·斯特日特费尔德、塞缪尔·汉德里、托马斯·罗杰斯、伊利·戴森、约翰·霍顿、威廉·韦伯、罗伯特·威尔森和威廉·海等人建立商业联系。在克罗卡特的支持下，劳伦斯与布里斯托尔商人艾萨克·霍布豪斯（Isaac Hobhouse）取得了联系。艾萨克是布里斯托尔商人冒险协会（Society of Merchant Venturers of Bristol）的成员，且乐意投资盎格鲁—卡罗来纳贸易。④ 更重要的是，克罗卡特把劳伦斯介绍给了驻扎在葡萄牙的英国商人爱德华·梅恩（Edward Mayne）、约翰·梅恩（John Mayne）和爱德华·伯恩（Edward Burne）。在这些商人的帮助下，劳伦斯打开了葡萄牙的大米市场。⑤

劳伦斯也扩展了他在大西洋和北美其他殖民地的商业纽带。他把大米、沥青、绿焦油、松油、鹿皮和靛蓝卖给布里斯托尔商人小斯蒂芬·佩

---

① Henry Laurens to James Crokatt, Charles Town, June 24, 1747, *The Papers of Henry Laurens*, 1：10 – 11.

② Henry Laurens to Rawlinson & Davison, Charles Town, June 25, 1747, *The Papers of Henry Laurens*, 1：12.

③ Henry Laurens to Samuel Wilson & Son, Charles Town, July 8, 1747, *The Papers of Henry Laurens*, 1：13

④ Henry Laurens to Isaac Hobhouse, Charles Town, August 20, 1747, *The Papers of Henry Laurens*, 1：44 – 45.

⑤ Henry Laurens to Edward & John Mayne & Edward Burne, Charles Town, October 7, 1747, *The Papers of Henry Laurens*, 1：64.

里（Stephen Perry Jr.）。[1] 通过购买西印度群岛的朗姆酒和出售新英格兰地区的大米、沥青和焦油，他开始与安提瓜商人托马斯·斯蒂芬斯（Thomas Stephens）和托马斯·帕克（Thomas Parker）建立商业联系。[2] 通过向费城贵格商人威廉·洛根（William Logan）出售马鞍和马车的零件、黄油、面包和糖，他建立了与费城的商业纽带。[3] 同样，他与波士顿商人托马斯·苏特（Thomas Shute）、费城商人威廉·费什、萨凡纳商人詹姆斯·哈伯沙姆（James Habersham）和弗朗西斯·哈里斯（Francis Harris），以及南卡罗来纳商人如克里斯托弗·加兹登、托马斯·萨维奇（Thomas Savage）、乔治·杰克逊（George Jackson）、拉尔夫·伊扎德（Ralph Izard）等人建立了商业友谊。利用他从克罗卡特的会计房里学到的商业技能，劳伦斯认识并结交了许多商人朋友，这为他日后从事大西洋贸易奠定了重要基础。

第二节　第二次跨大西洋旅行，1748—1749 年

克罗卡特为劳伦斯提供了几个合伙机会，但他们之间却产生了误会。1747 年 1 月，克罗卡特首次向劳伦斯提供了商业合伙的机会。一旦劳伦斯接受这个商业机会，克罗卡特将主要负责伦敦和英国国内其他城市的商业事务，劳伦斯则主要负责从南卡罗来纳运送农作物商品到英国。按照常理，劳伦斯理应接受这个邀请。但是，由于一些不明原因，劳伦斯并没有接受这个邀请。[4] 7 月，在接受克罗卡特的合伙邀请以后，劳伦斯承诺将重新访问伦敦并讨论他们之间的商业合作。[5] 但是，在没有提前向克罗卡特发出任何通知的情况下，劳伦斯失约了。克罗卡特认为劳伦斯欺骗了他。于是，克罗卡特宣称他们之间的商业合伙合同"无效"。随后，克罗卡特

---

[1] Henry Laurens to Stephen Perry Jr., Charles Town, August 28, 1747, *The Papers of Henry Laurens*, 1: 50 – 51.

[2] Henry Laurens to Stephens & Parker, Charles Town, January 2, 1748, *The Papers of Henry Laurens*, 1: 100.

[3] Henry Laurens to Thomas Hogg, Charles Town, January 26, 1748, *The Papers of Henry Laurens*, 1: 107 – 108.

[4] Henry Laurens to Nathew Robinson, Charles Town, May 30, 1764, *The Papers of Henry Laurens*, 4: 295.

[5] Henry Laurens to James Crokatt, Charles Town, July 14, 1747, *The Papers of Henry Laurens*, 1: 28.

向劳伦斯发了三封信，并痛骂劳伦斯忘恩负义。①

在读完克罗卡特的信后，劳伦斯决定即刻前往英国以挽回他们之间的友谊。1748 年 9 月，劳伦斯从查尔斯顿启航并前往伦敦。② 11 月 25 日，他顺利抵达伦敦。不久，他登门拜访了克罗卡特，尽管他遭受了冷漠的招待。③劳伦斯的出现使克罗卡特陷入一个非常尴尬的境地。④ 一方面，由于劳伦斯没有履行克罗卡特的合伙契约，克罗卡特不得不与另一个商人合伙。另一方面，克罗卡特不能继续与劳伦斯维持合伙关系，也不能撤回他发给新合伙人的商业邀请。为了缓解克罗卡特的焦虑，劳伦斯解释说，他已经与英国什罗普的商人乔治·奥斯汀建立了合作关系，后者已从事英帝国中心与南卡罗来纳之间的贸易约 18 年。⑤ 听了这些解释后，克罗卡特发现他没有必要与他的搭档断绝任何合伙关系。不久，劳伦斯与克罗卡特之间的紧张关系得到了修补。⑥

选择奥斯汀作为商业合伙人是劳伦斯做出的一个明智决定。在劳伦斯看来，奥斯汀是一个"值得信赖且诚实的绅士"。克罗卡特认为劳伦斯会在伦敦获得更好的合伙机会，那将会比劳伦斯和奥斯汀之间的合伙关系更有利可图。克罗卡特还建议，劳伦斯不应公开他与奥斯汀的合作关系。然而，劳伦斯拒绝听从克罗卡特的建议。作为商人，劳伦斯认为自己必须坚持诚信，且对合伙人信守承诺，同时还应遵守商人之间的契约。在没有征得奥斯汀同意的情况下，劳伦斯认为他不应该与其他商人合伙。否则，劳伦斯的行为将说明他自己是一个忘恩负义且言而无信的人。鉴于奥斯汀常

---

① Henry Laurens to Elizabeth Laurens, London, December 16, 1748, *The Papers of Henry Laurens*, 1：179.

② Henry Laurens to Benjamin Smith and Francis Bremar, Charles Town, September 22, 1748, *The Papers of Henry Laurens*, 1：174.

③ Henry Laurens to Elizabeth Laurens, London, December 16, 1748, *The Papers of Henry Laurens*, 1：179.

④ Henry Laurens to Elizabeth Laurens, London, December 16, 1748, *The Papers of Henry Laurens*, 1：179；Henry Laurens to George Austin, London, December 17, 1748, *The Papers of Henry Laurens*, 1：182.

⑤ 在第二次访问英国之前，劳伦斯已与奥斯汀合伙。Henry Laurens to James Laurens, London, December 15, 1748, *The Papers of Henry Laurens*, 1：178；Henry Laurens to Elizabeth Laurens, London, December 16, 1748, *The Papers of Henry Laurens*, 1：180.

⑥ Henry Laurens to Elizabeth Laurens, London, December 16, 1748, *The Papers of Henry Laurens*, 1：179 - 180；Henry Laurens to George Austin, London, December 17, 1748, *The Papers of Henry Laurens*, 1：182 - 183.

年从事英国和南卡罗来纳之间的贸易，劳伦斯断言自己与奥斯汀之间的合作将大有作为。[1]

　　在 18 世纪 40 年代，作为一个世界金融中心，伦敦吸引了南卡罗来纳商人前去与英国国内商人进行贸易往来和商业合作。伴随着工业革命和英国海外利益的扩张，伦敦的进口和出口大幅增加。利用英帝国中央政府为他们创造的商业机会，伦敦商人也被称为"世界公民"（citizen of the world），积极参与非洲奴隶贸易、购买海外殖民地的土地和种植园，并不断探索亚洲和美洲的新兴市场。[2] 为了与伦敦商人建立商业联系，南卡罗来纳商人把他们种植园和农场上的农产品诸如大米和靛蓝出售给英帝国中心的商人。在赚取商业利润的同时，南卡罗来纳商人积极在伦敦、利物浦、布里斯托尔和伯明翰等城市购买玻璃制品、铁器、枪支和弹药等，进而售卖给殖民地的商人、种植园主和印第安人贸易商。[3] 由于农产品和工业制造品在南卡罗来纳和英帝国中心存在明显的价格差异，伦敦商人和南卡罗来纳商人相互合作，利用产品价差积极从事南卡罗来纳与大英帝国之间的商业买卖，进而积累商业资本。

　　在访问伦敦期间，劳伦斯按照奥斯汀的"商业指示"进行活动，进而为他们的共同利益而四处奔波。[4] 在奥斯汀的推荐下，劳伦斯与商人约翰·尼科尔森（John Nickleson）和理查德·苏布瑞克（Richard Shubrick）取得了联系。[5] 为了洽谈亚麻业务，他向亚麻商人乔梭·汤森（Chauncey Townsend）

---

① Henry Laurens to Elizabeth Laurens, London, December 16, 1748, *The Papers of Henry Laurens*, 1：180.

② 有关伦敦商人在 1735 年至 1785 年的大西洋奴隶贸易以及他们如何成为"世界公民"，见 Hancock, *Citizens of the World*, 41 – 42, 172 – 220。

③ R. C. Nash, "The Organization of Trade and Finance in the British Atlantic Economy, 1600 – 1830," in Peter A. Coclanis, ed., *The Atlantic Economy during the Seventeenth and Eighteenth Centuries: Organization, Operation, Practice, and Personnel* (Columbia: University of South Carolina Press, 2005), 107.

④ Henry Laurens to Elizabeth Laurens, London, December 16, 1748, *The Papers of Henry Laurens*, 1：180.

⑤ W. E. May, "The Surveying Commission of Alborough, 1728 – 1734," *American Neptune*, XXI (1961), 268, 272; *Register of St Philip's Parish*, *1720 – 1758*, 83, 96, 103, 174, 183, 203; Henry Laurens to George Austin, London, December 17, 1748, *The Papers of Henry Laurens*, 1：184, footnote 7; *South Carolina Gazette*, Charles Town, February 1, 1748; *South Carolina Gazette*, Charles Town, May 4, 1747.

介绍了自己，并推销奥斯汀 & 劳伦斯公司的商业服务。此外，他与商人和政府承包商约翰·托姆林森（John Thomlinson）建立了联系，后者后来成为新罕布什尔殖民地在伦敦的代理人。① 通过向这些商家介绍奥斯汀 & 劳伦斯公司的商业服务，劳伦斯试图与伦敦商人建立商业合作关系。

在伦敦从事商业贸易之前，劳伦斯必须为奥斯汀 & 劳伦斯公司寻找担保人。在奥斯汀的指示下，他成功地说服了商人理查德·苏布瑞克支持他们的公司。苏布瑞克是伦敦保险公司（London Assurance Co.）的董事。同样，克罗卡特也愿意担任奥斯汀 & 劳伦斯公司在伦敦的担保人。② 在伦敦找到担保人后，劳伦斯和奥斯汀才好在伦敦进行贸易结算，并买卖商品。

克罗卡特帮助劳伦斯进一步扩展了贸易网络。在离开伦敦之前，劳伦斯收到几封克罗卡特为他准备的推荐信。大约在晚上 11 点，正如劳伦斯于 1749 年 1 月 2 日写给克罗卡特的一封信中提到的，克罗卡特的职员把这些推荐信交给劳伦斯。通过撰写推荐信，克罗卡特把劳伦斯介绍给英国商人诸如罗伯特·阿米蒂奇（Robert Armitage）、艾萨克·霍布豪斯、威廉·杰夫里斯（William Jefferies）和詹姆斯·考尔斯（James Cowles）等人。在克罗卡特的帮助下，劳伦斯有机会认识这些商人，并试图与他们建立起商业联系。③

在英国旅行期间，劳伦斯发现大西洋奴隶贸易在伦敦经济中扮演了重要的角色。通常情况下，伦敦奴隶贩子带着制造品离开伦敦，这包括枪支等，并用它们在西非海岸交换非洲俘虏。奴隶贩子用奴隶船载着非洲奴隶，越过大西洋，然后把非洲奴隶卖给在英属北美和加勒比海地区的种植园主，并向他们购买糖、烟草、朗姆酒、大米和棉花，然后返回英国和欧洲大陆。在 1701 年到 1725 年，英国的奴隶贩子卖了 313333 名非洲奴隶到北美殖民地和英属加勒比海地区殖民地。在 1726 年到 1750 年，被贩卖的奴隶的数量迅速地增加到 431880 名。④ 当他们回到伦敦时，奴隶贩子高价

---

① Jack M. Sosin, *Agents and Merchants* (Lincoln: University of Nebraska Press, 1965), 9 – 10; Henry Laurens to George Austin, London, December 17, 1748, *The Papers of Henry Laurens*, 1: 184.

② Henry Laurens to George Austin, London, December 17, 1748, *The Papers of Henry Laurens*, 1: 184.

③ Henry Laurens to James Crokatt, Cirencester, January 2, 1749, *The Papers of Henry Laurens*, 1: 200 – 201.

④ The Transatlantic Slave Trade Database, http://www.slavevoyages.org/assessment/estimates, accessed May 3, 2016.

出售带回的农产品，并从中获得了丰厚利润。大西洋奴隶贸易背后的利润是
如此丰厚以至于许多商人加入了这项冒险活动。在英国政府的支持下，劳伦
斯不仅发现伦敦从大西洋奴隶贸易中获得了经济繁荣，而且认识到英帝国中
心的商人积累了巨额财富。① 跟伦敦商人一样，劳伦斯也渴望进入大西洋奴
隶贸易，进而积累个人财富。②

　　到 18 世纪 40 年代，劳伦斯发现利物浦是英国国内一个远近闻名的奴
隶贸易港口。③ 1698 年，英国议会废除了以伦敦为基地的皇家非洲公司
（Royal African Company）在非洲奴隶贸易上的官方垄断权，这使得来自布
里斯托尔、利物浦和其他海港城市的个体商人有机会参加奴隶贸易。两年
后，"祈福" 号和 "利物浦" 号商船的远航标志着利物浦进入大西洋奴隶
贸易。在接下来的四五年里，利物浦商人不断增加对奴隶贸易的投资，逐
渐超越了布里斯托尔和伦敦，利物浦成为英国的主要奴隶贸易港口。

　　大西洋奴隶贸易的利润相当丰厚，这使得利物浦商人愿意在奴隶生意
上进行巨额投资。在 1741 年到 1750 年，利物浦的所有贸易船只中，约
43% 的船只从事非洲奴隶贸易。1750 年，利物浦奴隶贩子在奴隶贸易上的
投资总额约为 20 万英镑。④ 在投资奴隶贸易时，利物浦奴隶贸易商获利丰
厚。例如，在 1748 年，利物浦的奴隶贩子约翰·塔尔顿（John Tarleton）
的财富仅为 6000 英镑。通过投资奴隶贸易，塔尔顿发现他的财富在 1773
年大约增加到了 8 万英镑。⑤ 在从事奴隶贸易之前，利物浦只是英国西北
部的一个小海港，主要从事与爱尔兰和欧洲大陆之间的货物贸易。自从参

---

① 威廉·佩蒂格儒讨论了英国政治对大西洋奴隶贸易的影响，见 William A. Pettigrew, "Free
　to Enslave: Politics and the Escalation of Britain's Transatlantic Slave Trade, 1688 – 1714," *Wil-
　liam and Mary Quarterly*, Third Series, Vol. 64, No. 1 (Jan., 2007): 3 – 38。

② 劳伦斯也参与了北美殖民地之间的奴隶贸易，见 Gregory O'Malley, *Final Passages: The
　Intercolonial Slave Trade of British America, 1619 – 1807* (Chapel Hill: University of North Caro-
　lina Press, 2014)。

③ 利物浦在大西洋奴隶贸易中的作用，见 David Richardson, Anthony Tibbies, and Suzanne
　Schwarz, eds., *Liverpool and Transatlantic Slavery* (Liverpool: Liverpool University Press, 2007)。

④ David Richardson, "Liverpool and the English Slave Trade," in Anthony Tibbles, ed., *Transat-
　lantic Slavery: Against Human Dignity* (London: HMSO, 1994), 75.

⑤ Richardson, "Liverpool and the English Slave Trade," in Tibbles, ed., *Transatlantic Slavery:
　Against Human Dignity*, 76.

与奴隶贸易之后，利物浦逐渐成为英国国内的一个重要港口。

1749 年 1 月，劳伦斯访问了利物浦以便与当地的商人商谈奴隶买卖的生意。① 带着奥斯汀的推荐信，他拜访了商人亚伯·刘易斯（Abel Lewis）。后来，刘易斯把他的商业合伙人休·布里格斯（Hugh Briggs）介绍给了劳伦斯。考虑到商业网络对奥斯汀 & 劳伦斯公司的重要性，布里格斯把利物浦比较知名的奴隶贸易商如福斯特·坎利夫（Foster Cunliffe）、爱德华·特拉福德（Edward Trafford）和约翰·奈特（John Knight）介绍给劳伦斯。② 此外，奥斯汀帮助劳伦斯与奴隶商人詹姆斯·帕尔多（James Pardoe）成为好朋友。在访问利物浦期间，这些奴隶贩子对劳伦斯"非常尊重"。更重要的是，这些奴隶贸易商承诺他们将竭尽全力向奥斯汀 & 劳伦斯公司提供各种商业服务。③ 与此同时，劳伦斯向利物浦商人介绍了奥斯汀 & 劳伦斯公司的商业服务。劳伦斯指出，南卡罗来纳殖民地人民喜欢消费来自巴巴多斯、牙买加和其他来自西印度群岛的葡萄酒、朗姆酒和糖。换句话说，这些商品值得投资。只要利物浦的商人愿意与奥斯汀 & 劳伦斯公司进行商业交易，劳伦斯和奥斯汀会随时准备从英国国内的银行支付各种商业费用。④

1749 年 2 月初，劳伦斯参观了曼彻斯特这个著名的制造业城市。⑤ 凭

---

① 有关劳伦斯参与大西洋奴隶贸易，见 James A. Rawley, London, Metropolis of the Slave Trade (Columbia: University of Missouri Press, 2003), 82 – 97. 有关利物浦在大西洋奴隶贸易中起到的作用，见 David Richardson, Suzanne Schwarz and Anthony Tibbles eds., Liverpool and Transatlantic Slavery。利物浦商人和船长詹姆斯·尔湾参与的奴隶贸易，见 Suzanne Schwarz ed., Slave Captain: The Career of James Irving in the Liverpool Slave Trade (Wrexham: Bridge Books, 1995)。

② Henry Laurens to Foster Cunliffe, Liverpool, January 20, 1749, The Papers of Henry Laurens, 1: 202; Henry Laurens to Edward Trafford, Liverpool, January 20, 1749, The Papers of Henry Laurens, 1: 203 – 204; Henry Laurens to John Knight, Liverpool, January 20, 1749, The Papers of Henry Laurens, 1: 204 – 206.

③ Henry Laurens to George Austin, Bristol, February 11, 1749, The Papers of Henry Laurens, 1: 208.

④ Henry Laurens to Foster Cunliffe, Liverpool, January 20, 1749, The Papers of Henry Laurens, 1: 202 – 203. 另见 Henry Laurens to James Pardoe, Liverpool, January 23, 1749, The Papers of Henry Laurens, 1: 206。

⑤ Henry Laurens to Benjamin Dart, Cirencester, February 26, 1749, The Papers of Henry Laurens, 1: 215.

借利物浦商人詹姆斯·帕尔多的推荐信，劳伦斯会见了商人托马斯·威辛顿（Thomas Withington）。在劳伦斯看来，威辛顿"非常乐于向他展示这个城市的贸易"。① 在威辛顿的帮助下，劳伦斯考察了亚麻布、棉袍、条纹棉布、苏格兰手帕、布料和锄头等其他商品在曼彻斯特市场上的价格。②

在访问曼彻斯特后不久，劳伦斯前往伯明翰，并与当地商人进行商业谈判。他向商人亨利·卡弗（Henry Carver）提供来自奥斯汀 & 劳伦斯公司的商业服务。由于布里斯托尔商人詹姆斯·考尔斯（James Cowles）是奥斯汀 & 劳伦斯公司的出纳员，劳伦斯建议卡弗首先收集从不同的制造商处订购的物品，然后包装并把它们运送给考尔斯。③ 只要他能从收集的货物中收取佣金，卡弗承诺他将与奥斯汀 & 劳伦斯公司加强商业联系。④ 此外，劳伦斯与商人托马斯·彭伯顿（Thomas Pemberton）讨论了钉子业务。劳伦斯想从彭伯顿处购买钉子，但后者的钉子比他的竞争者要多两便士。当彭伯顿为奥斯汀 & 劳伦斯公司提供了 5% 的折扣后，劳伦斯最终决定从彭伯顿那里购买钉子。⑤

跟伦敦和利物浦一样，布里斯托尔成为英国国内最大的奴隶贸易港口之一。在 1736 年到 1744 年，布里斯托尔的非洲奴隶贸易价值约为每年 16 万英镑。在 1749 年，布里斯托尔奴隶商人在非洲奴隶贸易中使用了 47 艘船和货物，价值 260800 英镑。20 年后，一个布里斯托尔商人在非洲西部的贝宁（Benin）购买了 500 名奴隶，其价值约为 1600 英镑。此外，在 1769 年，奴隶船"亨格福德"号在新卡拉巴尔（New Calabar）购买了 400

---

① Henry Laurens to James Pardoe, Bristol, February 21, 1749, *The Papers of Henry Laurens*, 1: 213.

② Henry Laurens to James Cowles, Bristol, February 10, 1749, *The Papers of Henry Laurens*, 1: 208.

③ Henry Laurens to Henry Carver, London, March 6, 1749, *The Papers of Henry Laurens*, 1: 217.

④ Henry Laurens to Henry Carver, London, February 21, 1749, *The Papers of Henry Laurens*, 1: 212 – 213; Henry Laurens to James Cowles, Bristol, March 7, 1749, *The Papers of Henry Laurens*, 1: 219 – 220; Henry Laurens to Henry Carver, London, March 14, 1749, *The Papers of Henry Laurens*, 1: 223 – 224.

⑤ Henry Laurens to Thomas Pemberton, Bristol, February 21, 1749, *The Papers of Henry Laurens*, 1: 214; Henry Laurens to Thomas Pemberton, London, March 11, 1749, *The Papers of Henry Laurens*, 1: 221 – 222.

名奴隶，其价值大约是 4804 英镑。据历史学家肯尼思·摩根（Kenneth Morgan）的数据，在和平时期，布里斯托尔奴隶贸易商每年至少投资 10 万英镑；在奴隶贸易高峰期，布里斯托尔在奴隶贸易上的投资每年约为 15 万英镑。① 在发现大西洋奴隶贸易背后的巨大利润后，利物浦的奴隶贩子希望加大奴隶贸易的投资，这鼓励南卡罗来纳的商人与他们合作。

在访问英国的途中，劳伦斯与利物浦和布里斯托尔商人讨论了奴隶贸易。凭借克罗卡特给他写的推荐信，劳伦斯联络了利物浦的前市长罗伯特·阿米蒂奇（Robert Armitage）和布里斯托尔奴隶贩子，例如艾萨克·霍布豪斯、威廉·杰弗里斯（William Jeffreys）和詹姆斯·考尔斯。② 他们都同意加入奥斯汀 & 劳伦斯公司并参与奴隶贸易。更重要的是，考尔斯不仅答应劳伦斯，他将作为奥斯汀 & 劳伦斯公司在布里斯托尔的一个代理商人，而且同意处理他们在英国的大部分商业票据。③

奥斯汀帮助劳伦斯在布里斯托尔建立奴隶贸易网络和合伙关系。在奥斯汀的指导下，劳伦斯向德文谢尔 – 里夫（Devonsheir – Reeve）公司提供商业服务，这家公司的所有者是商人克里斯托弗·德文谢尔（Christopher Devonsheir）和威廉·里夫（William Reeve），他们在奴隶贸易上很活跃。④ 同样，劳伦斯与小理查德·法尔（Richard Farr Jr.）和科斯理·罗杰斯（Corsley Rogers）讨论了奴隶贸易。小理查德·法尔和科斯理·罗杰斯都是布里斯托尔商人冒险协会的会员，他们也积极参加大西洋奴隶贸易。⑤

---

① Kenneth Morgan, *Bristol and the Atlantic Trade in the Eighteenth Century* (Cambridge: Cambridge University Press, 1993), 131.

② Henry Laurens to George Austin, Bristol, February 11, 1749, *The Papers of Henry Laurens*, 1: 209; Henry Laurens to James Crokatt, Cirencester, January 2, 1749, *The Papers of Henry Laurens*, 1: 201, footnote 9.

③ Henry Laurens to James Cowles, Bristol, February 10, 1749, *The Papers of Henry Laurens*, 1: 208.

④ Henry Laurens to Devonsheir and Reeve, London, March 14, 1749, *The Papers of Henry Laurens*, 1: 224; Henry Laurens to Devonsheir and Reeve, London, March 21, 1749, *The Papers of Henry Laurens*, 1: 227 – 228.

⑤ Henry Laurens to George Austin, Bristol, February 11, 1749, *The Papers of Henry Laurens*, 1: 209, 210, footnote 9; Henry Laurens to Richard Farr Jr., Bristol, February 18, 1749, *The Papers of Henry Laurens*, 1: 211 – 212; Henry Laurens to Corsley Rogers, London, March 14, 1749, *The Papers of Henry Laurens*, 1: 225; Henry Laurens to George Austin, Bristol, February 11, 1749, *The Papers of Henry Laurens*, 1: 208 – 209.

　　除奴隶生意外，劳伦斯还与布里斯托尔商人商议佣金的费用。在克罗卡特的推荐下，劳伦斯拜访了商人亨利·卡弗，并与他就佣金费用进行协商。[1] 由于奥斯汀 & 劳伦斯公司可能会从不同的制造商处订购产品，因此双方都必须全额支付包装和运费费用。如果卡弗愿意合作，劳伦斯请他到伦敦的卡罗来纳咖啡店进行商业结算，并支付相应的佣金。[2]

　　劳伦斯在英帝国中心度过了五个月的时间，这对他成长为一名大西洋贸易商人奠定了重要基础。他恢复了与克罗卡特的重要友谊和商业合作。在奥斯汀和克罗卡特的帮助下，劳伦斯不仅与英帝国中心的商人们建立了商业网络，而且加强了南卡罗来纳殖民地与英帝国中心之间的商业联系。由于英国海军保护着北美 13 个殖民地和英帝国中心商人的贸易自由，劳伦斯和奥斯汀在大西洋贸易中利用他们的英国人自我认同，继续追逐他们的商业财富。[3] 在发现大西洋贸易背后的巨大利润后，他追随英帝国中心商人并对商业和海上贸易进行投资。在处理好商业事务之后，劳伦斯于 1749 年 4 月下旬离开英国并返回南卡罗来纳的查尔斯顿。

第三节　大西洋奴隶贸易

　　在 17 世纪和 18 世纪，大米和靛蓝是南卡罗来纳殖民地的重要经济作物。水稻的生产一直受季节和气温的影响，且依赖非洲奴隶劳工的辛勤耕种。相比之下，作为"大米这种商品的亲密伴侣"，靛蓝的种植则不怎么受季节的影响。[4] 自从发现大米和靛蓝贸易有利可图后，白人定居者有意识地种植这两种作物。1744 年，在试种靛蓝成功后，伊丽莎白·平克尼（Elizabeth Pinckney）把种子分发给她的邻居，直接推动了一场靛蓝种植的

---

① Henry Laurens to James Crokatt, Bristol, February 9, 1749, *The Papers of Henry Laurens*, 1: 207.

② Henry Laurens to Henry Carver, Bristol, February 21, 1749, *The Papers of Henry Laurens*, 1: 212 – 213.

③ Armitage, *The Ideological Origins of the British Empire*, 104, 144, 182, 188.

④ J. Harold Easterby and Ruth S. Green eds., *The Journal of the Commons House of Assembly*, March 28, 1749 – March 19, 1750 (Columbia: South Carolina Department of Archives and History, 1962), 99.

革命。① 在 1745 年至 1746 年，查尔斯顿的靛蓝出口只有约 5000 磅。到 1750 年，南卡罗来纳出口的靛蓝约为 80.7 万磅。到 18 世纪 60 年代，南卡罗来纳出口的靛蓝占欧洲靛蓝市场的 1/4。② 通过从事靛蓝和大米出口的贸易，南卡罗来纳殖民地的种植园主获利丰厚。

随着南卡罗来纳的经济越来越依赖水稻和靛蓝种植，白人定居者迫切需要购买更多的奴隶劳工。③ 1754 年，南卡罗来纳总督詹姆斯·格伦（James Glen）明确指出奴隶劳动力、靛蓝与世界市场是密切结合在一起的。对非洲奴隶的巨大需求推动了奴隶价格的不断走高。正如格伦所指出的：南卡罗来纳"黑人奴隶的价格比英帝国国王在世界上任何领地的奴隶价格都要高。这证明，该殖民地的经济正处于繁荣的状态。……我相信这些都是靛蓝所引起的"。④ 另外，在 18 世纪上半叶，水稻的快速扩张推动了南卡罗来纳殖民地非洲奴隶的进口。⑤ 1710 年，38% 的南卡罗来纳的人口是非洲奴隶。1720 年，奴隶人口上升至大约 12000 名。当时，殖民地的总人口数只有 17048 人，奴隶劳工的比例大约占总人口数的 66%。⑥ 由于

---

① G. Terry Sharrer, "Indigo in Carolina, 1671 – 1796," *South Carolina Historical Magazine*, Vol. 72, No. 2（Apr., 1971）：94 – 103；S. Max Edelson, "The Character of Commodities：The Reputations of South Carolina Rice and Indigo in the Atlantic World," in Peter Coclanis ed., *The Atlantic Economy during the Seventeenth and Eighteenth Centuries*, 344 – 360.

② R. C. Nash, "South Carolina Indigo, European Textiles and the British Atlantic Economy in the Eighteenth Century," *The Economic History Review*, Vol. 63, No. 2（May, 2010）：362 – 366.

③ S. Max Edelson, "The Characters of Commodities：The Reputations of South Carolina Rice and Indigo in the Atlantic World," in Peter Coclanis ed., *The Atlantic Economy during the Seventeenth and Eighteenth Centuries*, 344 – 360.

④ Jenny Balfour – Paul, *Indigo*（London：British Museum, 1998）, 70.

⑤ Elizabeth Donnan ed., *Documents Illustrative of the History of the Slave Trade to America*, 4 vols.（Washington, D. C.：1932）, 4：367；Edward McCrady, *History of South Carolina under the Proprietary Government, 1670 – 1719*（New York：The Macmillan Co., 1897）, 723；and Converse Clowse, *Economic Beginnings in Colonial South Carolina, 1670 – 1730*（Columbia：University of South Carolina Press, 1971）, 203 – 204, 218 – 222, 230 – 231；Daniel C. Littlefield, *Rice and Slaves：Ethnicity and the Slave Trade in Colonial South Carolina*（Urbana：University of Illinois Press, 1991）, 74 – 114.

⑥ B. R. Carroll, *Historical Collections of South Carolina*, 2 vols.（New York：Harper and Brothers, 1836）, 2：218, 261；United States Bureau of the Census, *The Statistical History of the United States from Colonial Times to the Present*（Stamford, Connecticut：Fairchild Publishers, Inc., 1965）, 756；Daniel C. Littlefield, *Rice and Slaves：Ethnicity and the Slave Trade in Colonial South Carolina*（Urbana：University of Illinois Press, 1991）.

种植园经济对劳动力的需求不断增加，查尔斯顿与非洲的奴隶贸易也更加紧密。在 1722 年至 1725 年，有 27 艘奴隶船返回查尔斯顿。其中，8 艘从非洲返回的奴隶船就带来了 1373 名奴隶劳工。水稻的集约化种植和当地的种植园劳工制度造成非洲奴隶劳工的大量引进。① 在 1735 年至 1740 年，历史学家彼得·伍德（Peter Wood）估计南卡罗来纳的进口奴隶中约有 70% 来自安哥拉。超过 80% 的进口奴隶是 10 岁以上。到 1740 年，伍德认为非洲奴隶人口与当地的白人殖民者之间的比为 2∶1。② 在正式废除奴隶贸易和奴隶制之前，查尔斯顿港口接受了大量来自非洲黄金海岸的奴隶劳工。

在 18 世纪 50 年代初，英帝国中心政府改变了非洲奴隶贸易的政策，这使得南卡罗来纳商人有机会分一杯羹。1752 年，当皇家非洲公司解散后，个体商人对加入非洲奴隶贸易更感兴趣。③ 同年，非洲贸易公司（Company of Merchants Trading to Africa）取代了皇家非洲公司。非洲贸易公司由 89 名利物浦商人、157 名伦敦商人和 237 名布里斯托尔商人组成，这意味着伦敦商人不再拥有非洲奴隶贸易的垄断权。鉴于伦敦、布里斯托尔和利物浦的个体商人非常热衷于从事非洲奴隶贸易，南卡罗来纳殖民地商人愿意跟随他们。只要殖民地商人可以加入英帝国中心商人们的非洲奴隶贸易，殖民地商人就可以分享他们的高额利润，尽管这也意味着要分担相应的风险。

另外，英国国内商人的自我改进活动极大地塑造了南卡罗来纳商人的商业活动和商业伦理。在 18 世纪中期，英国国内商人认为英帝国是一个具有新教传统、商业扩张倾向、海洋取向、贸易自由且有礼貌的国家。④ 英帝国中心的商人们不仅有 "改进的动力"，而且不断探索 "通向富裕和让人尊敬的道路"。处在英国国内贵族等级之外的乡绅通过各种手段来追求

---

① Peter H. Wood, *Black Majority: Negroes in Colonial South Carolina from 1670 through the Stono Rebellion* (New York: W. W. Norton & Company, 1974), 151.

② Wood, *Black Majority*, 152 and Appendix C.

③ 皇家非洲公司（Royal African Company）的解散对大西洋奴隶贸易的影响，见 William A. Pettigrew, *Freedom's Debt: The Royal African Company and the Politics of the Atlantic Slave Trade, 1672 – 1752* (Chapel Hill: University of North Carolina Press, 2013)。

④ David Armitage, *The Ideological Origins of the British Empire* (Cambridge: Cambridge University Press, 2000), 173, 182; Langford, *A Polite and Commercial People*, 6, 702, 725; Jack P. Greene, *Evaluating Empire and Confronting Colonialism in Eighteenth Century Britain* (Cambridge: Cambridge University Press, 2013), 21.

自我改进，进而提高他们的社会地位。通过投身各种"有礼貌的、勤劳的且富有德行的改进计划"，英帝国中心的商人们为他人创造更美好的生活，进而巩固他们自身以及他们家族作为乡绅阶层的地位。① 更重要的是，南卡罗来纳殖民地商人承认英帝国为他们提供了自由贸易和海上航行安全保障。南卡罗来纳商人欣赏英帝国中心商人们的财富和绅士风度，也希望积累商业财富、提高社会地位，享受与英帝国中心商人们类似的生活方式。目睹伦敦、利物浦、布里斯托尔和英国其他港口城市的商人正忙于大西洋奴隶贸易，南卡罗来纳商人迫切希望与他们合作。

劳伦斯认为奴隶贸易是"最有利可图的"的生意并满腔热情地参与进来。② 奥斯汀 & 劳伦斯公司从赞比亚和塞拉利昂，以及西非其他地区购买奴隶。通常情况下，在船上装载 200 名到 600 名非洲奴隶后，伦敦、布里斯托尔和利物浦奴隶贩子从非洲海岸航行，横渡大西洋，并且最终抵达查尔斯顿。从英帝国中心商人那里购买奴隶之后，奥斯汀 & 劳伦斯公司随后在殖民地报纸诸如《南卡罗来纳公报》和《南卡罗来纳公报和地方杂志》上投放广告。例如，1752 年 1 月 10 日，奥斯汀 & 劳伦斯公司登了一则广告，声称该公司在查尔斯顿出售 300 名"非常上等的奴隶"。③ 由于地方种植园主需要大量的奴隶工人，他们从奥斯汀 & 劳伦斯公司购买被奴役的非洲人。后来，殖民地的种植园主让非洲奴隶在大米和靛蓝种植园里从事各种农业劳作。

在 18 世纪 50 年代初期至 18 世纪 60 年代中期，奥斯汀 & 劳伦斯公司还同伦敦奴隶贩子合作。例如，伦敦奴隶贩子理查德·奥斯瓦尔德在非洲西海岸的班斯岛（Bance Island）拥有一块地，并从那里把非洲奴隶出口到南卡罗来纳。从 1754 年到 1764 年，奥斯瓦尔德让 5 艘奴隶船运送奴隶到查尔斯顿，并让奥斯汀 & 劳伦斯公司帮助售卖。1754 年，奥斯瓦尔德用"圣保罗"（Saint Paul）号奴隶船装运来 150 名奴隶。第二年，"卡莱尔"（Carlisle）号奴隶船装载 190 名非洲奴隶。同样是在 1755 年，"圣安德鲁"（Saint Andrews）号奴隶船装载 306 名非洲奴隶。1757 年，"贝琪"（Betsey）

① Hancock, *Citizens of the World: London Merchants and the Integration of the British Atlantic Community, 1755-1785* (Cambridge: Cambridge University Press, 1995), 279 and 285.
② Henry Laurens to James Laurens, February 6, 1772, *The Papers of Henry Laurens*, 8: 177-178.
③ *South Carolina Gazette*, Charles Town, January 10, 1752. 另见 *The Papers of Henry Laurens*, 1: 242。

号奴隶船离开班斯岛，并装满 269 名非洲人前往查尔斯顿。英法七年战争期间，奥斯瓦尔德与劳伦斯和奥斯汀之间的奴隶贸易被迫中断。战争结束后不久，奥斯瓦尔德立即重操旧业，并与劳伦斯和奥斯汀恢复奴隶贸易。例如，在 1764 年，在西非购买 368 名非洲奴隶后，奥斯瓦尔德通过"巴拉女王"（Queen of Barra）号奴隶船把奴隶运送到查尔斯顿。①

奥斯汀 & 劳伦斯公司也与利物浦奴隶贸易商人维持着商业联系。例如，1751 年 7 月 29 日，在从利物浦奴隶贩子如罗伯特·哈尔海德（Robert Hallhead）、威廉·哈利（William Whaley）、威廉·达文波特（William Davenport）和乔治·克罗斯（George Clowes）手中购买 106 名被奴役的非洲人后，奥斯汀 & 劳伦斯公司在查尔斯顿报纸上刊登广告以吸引客户前来购买。考虑到非洲奴隶需要衣服，劳伦斯和奥斯汀从利物浦商人手中购买"黑人布料"，然后在南卡罗来纳殖民地对它们进行出售。②

同样，奥斯汀 & 劳伦斯公司与布里斯托尔奴隶贩子进行合作。布里斯托尔奴隶贩子德文谢尔、里夫、劳埃德与劳伦斯和奥斯汀同时拥有"帝王"（Emperor）号奴隶船的所有权。1754 年，在购买 390 名非洲奴隶后，"帝王"号奴隶船从非洲起航并前往牙买加。在劳伦斯看来，"帝王"号奴隶船上的奴隶价值多达 7000 英镑。③

英法七年战争期间，英帝国仍然为南卡罗来纳殖民地商人提供自由贸易和航海保护，这使得劳伦斯可以继续从事大西洋奴隶贸易，尽管奴隶的市场价格不是很好。战争爆发后，劳伦斯注意到非洲奴隶在查尔斯顿奴隶市场上的价格开始出现下滑。1756 年 7 月 10 日，在一封写给奥斯瓦尔德的信中，他提到奥斯汀 & 劳伦斯公司"已尽最大努力在查尔斯顿售卖奴隶"。即使是最强壮的非洲男子，买家也只愿意以 225—235 南卡罗来纳货币购买。④ 至于

---

① Voyage 77248, Saint Paul（1754），Voyage 75237, Carlisle（1756），Voyage 77252, Saint Andrew（1755），Voyage 77692, Betsey（1757），Voyage 76050, Queen of Barra（1763），http://www. slavevoyages. org/voyage/77637/variables.

② *South Carolina Gazette*, Charles Town, July 29, 1751. 另见 "Advertisements," Charles Town, July 29, 1751, *The Papers of Henry Laurens*, 1：241。

③ Voyage 17363, Emperor（1754），http://www. slavevoyages. org/voyage/17363/variables；Henry Laurens to Smith and Clifton, Charles Town, May 26, 1755, *The Papers of Henry Laurens*, 255.

④ 在殖民时期，南卡罗来纳使用两种货币：英镑和南卡罗来纳货币。1720 年，当南卡罗来纳成为王室殖民地时，其对英镑的汇率大约维持在 7∶1。

身体健康的妇女，买家只愿意以 220 南卡罗来纳货币购买。通过出售 23 名来自赞比亚的奴隶，奥斯汀 & 劳伦斯公司获得了 4825 南卡罗来纳货币。同时，通过出售 68 名来自班斯岛的奴隶，奥斯汀 & 劳伦斯公司获得了 13580 南卡罗来纳货币。①

英帝国与欧洲其他殖民帝国在大西洋上争夺海上霸权为南卡罗来纳商人打开新的贸易市场提供了机会。1759 年春天，英国皇家海军获得了瓜德罗普。同年秋天，英帝国军队攻陷了魁北克。1762 年初，英帝国占领了加勒比海地区的马提尼克（Martinique）和圣卢西亚（St. Lucia）。同年，西班牙入侵葡萄牙，迫使英帝国派遣一支海军去支持它的盟友葡萄牙。由于英国与法国、西班牙、荷兰和葡萄牙爆发了一系列的战争，英帝国不得不购买大米以供给海军。在此情况下，劳伦斯和他的商业伙伴把大米和其他农产品运送到每个新开辟的市场。侯德沃斯、奥里夫 & 纽曼公司（Holdsworth, Olive & Newman Firm）是一家主导葡萄牙波尔图市大米贸易的公司。1761 年，通过与这家公司合作，奥斯汀 & 劳伦斯公司向英国—葡萄牙联军提供大米。② 在战争期间，英帝国的海军实力盛极一时，英国皇家海军为北美 13 个殖民地和英帝国中心的商人们提供海上护航保护，作为英国人，劳伦斯和他的商业合伙人可以在战争期间继续从事大西洋贸易。另外，由于英国和葡萄牙之间的盟友关系，劳伦斯和他的商业伙伴可以利用他们作为英国人的身份进入葡萄牙的大米市场，进而追求更多的商业利润。

第四节　大西洋奴隶贸易与传染病在南卡罗来纳的传播

在大西洋上航行的时候，奴隶船上脆弱且恶劣的生存条件使得非洲奴隶很容易染上各种疾病。通常，在将 200 名至 600 名非洲奴隶装上船后，

① Henry Laurens to Richard Oswald & Co., Charles Town, July 10, 1756, *The Papers of Henry Laurens*, 2: 245 – 247.

② Holdsworth, Olive & Newman Firm to Henry Laurens, Oporto, Portugal, October 7, 1761, *The Papers of Henry Laurens*, 3: 84; H. E. S. Fisher, *The Portugal Trade: A Study of Anglo - Portuguese Commerce, 1700 – 1770* (London: Mcthucn & Co., 1971), 70.

奴隶贩子将他们从非洲运往北美。与这些奴隶一起，10 名至 30 名船员也将登上奴隶船。由于害怕奴隶在船上进行反叛，船长和水手将奴隶紧紧地捆绑在一起，进一步加剧了各种疾病在船上的生长和传播。① 痢疾是一种致命的疾病，会造成奴隶患上流血性腹泻。由于缺乏维生素 C，奴隶容易染上坏血病。② 由于船上的水源经常被蚊子所感染，船上偶尔会暴发黄热病和疟疾。在大西洋上航行的时候，天花通过直接接触而广泛传播。奴隶贩子为了追求商业利润，不会寻找治疗这些疾病的药物，而是决定购买并运送更多的奴隶，进而进一步加速了疾病在奴隶船上的蔓延。营养不当、脏乱不堪的卫生条件和繁重的劳动使非洲奴隶比船上的白人船长和水手更容易感染疾病，且奴隶的死亡率明显更高。在大西洋上航行期间，许多非洲奴隶因感染疾病而丧生。③ 1750 年 8 月 31 日，从纽约前往西非海岸的过程中，费城医生威廉·钱塞勒（William Chancellor）提到一位非洲奴隶和一位水手因水肿而丧命。④ 除水肿外，恶心、呕吐和腹泻等也容易造成非洲奴隶死亡。

从非洲前往南卡罗来纳的过程中，奴隶船上的白人水手和船长也容易感染疾病。在非洲沿岸，白人船员尽可能地留在船上，以便他们能够躲避蚊子，进而不被传染病所感染，但他们中的一些人还是死于疟疾和黄热病。从非洲返回北美的途中，白人船长和水手仍然遭受普通发烧、恶性发烧、神经发烧和黄热病等的折磨。同时，其中一些人甚至患有呼吸道疾病和胃肠道疾病。⑤ 为了从非洲进口更多健康的奴隶，查尔斯顿商人和奴隶

---

① Marcus Buford Rediker, *The Slave Ship: A Human History* (New York: Viking, 2007), 240; Linda A. Newson and Susie Minchin, *From Capture to Sale: The Portuguese Slave Trade to Spanish South America in the Early Seventeenth Century* (Leiden: Brill, 2007), 117 – 118.

② Coclanis, *The Shadow of a Dream*, 41 – 42; Wood, *Black Majority*, 63 – 91.

③ 有关非洲奴隶在奴隶船上所遭受的各种疾病和痛苦，见 Sowande' Mustakeem, " 'I Never Have Such a Sickly Ship Before': Diet, Disease, and Mortality in 18th – Century Atlantic Slaving Voyages," *The Journal of African American History*, Vol. 93, No. 4 (Fall, 2008): 474 –496。

④ Darold D. Wax, "A Philadelphia Surgeon on a Slaving Voyage to Africa, 1749 – 1751," *The Pennsylvania Magazine of History and Biography*, Vol. 92, No. 4 (Oct., 1968): 468.

⑤ Rediker, *The Slave Ship*, 47, 133, 148, 150, 187, 197, 252 and 275; Peter Linebaugh and Marcus Rediker, *The Many – Headed Hydra: Sailors, Slaves, Commoners, and the Hidden History of the Revolutionary Atlantic* (Boston: Beacon Press, 2000), 151, 157 and 263.

贩子在奴隶船上聘用了医生，尽管其中一些人会在航行中去世。1755 年 8 月 20 日，在一封写给伦敦伙伴约翰·奈特（John Knight）的信中，劳伦斯提到詹姆斯·本内特（James Bennet）船长从冈比亚购买了 167 名奴隶，但其中有 27 名在航行中死亡。此外，在安全抵达查尔斯顿之前，船上的一位医生也因为染病而去世。[①]

　　奴隶船抵达南卡罗来纳后，船上的奴隶、船员和船长间接地把各种传染病传染给殖民地人民。奴隶船安全抵达殖民地后，通常会在查尔斯顿海港北侧的沙利文岛（Sullivan Island）上的病虫隔离房（pest house）里隔离 2—6 个星期。如果非洲奴隶能够存活下来，奴隶贩子便将他们在奴隶市场上进行出售。购买奴隶后，种植园主让奴隶们在稻田和靛蓝种植园从事农作。由于非洲奴隶在中间通道期间已经在奴隶船上经历过几种疾病，因此他们对某些疾病免疫。与非洲奴隶相比，殖民地的种植园主和普通居民因医学知识有限，无法阻止疾病通过奴隶劳工传染给殖民地人民。与非洲奴隶直接接触后，其中一些白人拓殖者会死于这些流行病。例如，1739 年 8 月下旬，在一封写给波士顿商业伙伴的信件中，商人罗伯特·普林格（Robert Pringle）说道："无论是在城市还是在乡村，这里的疫情非常严重，很多人都感染了疾病，并出现发烧和浮肿的症状。"由于传染病流行，且形势严峻，副总督威廉·布尔（William Bull）把原定于夏天举行的全体会议推迟到 11 月。[②]

　　在南卡罗来纳，大西洋奴隶贸易造成了以下几种外来传染病的广泛传播。第一种致命性传染病是疟疾。疟疾是由疟原虫属寄生虫所致，通常通过蚊虫叮咬的方式传至人类。对于无免疫力的人而言，通常在受到感染的蚊虫叮咬后 10—15 天出现症状。疟疾引起的典型症状有发热、畏寒、疲倦、呕吐和头痛；在严重的病例中会引起黄疸、癫痫发作、昏迷或死亡。

① Henry Laurens to John Knight, Charles Town, August 20, 1755, *The Papers of Henry Laurens*, 1：319 – 320.

② *Boston Gazette*, November 13 – 20, 1738；*South Carolina Gazette*, November 5, 1738；John Duffy, "Yellow Fever in Colonial Charleston," *South Carolina Historical Magazine*, No. 52（Oct.，1951）：194；Robert Pringle to John Erving, August 29, 1739, in Walter B. Edgar, ed.，*The Letterbook of Robert Pringle*（Columbia：University of South Carolina Press, 1972），1：132；*South Carolina Gazette*, September 8 – 15, 1739.

最初症状可能较轻，因此难以发现是疟疾。如果不在 24 小时内予以治疗，恶性疟疾可能发展成严重疾病，并且往往会致命。从欧洲人和非洲人在南卡罗来纳定居的最初几年一直到 20 世纪初，疟疾和痢疾时常暴发，南卡罗来纳人民深受其害。

跟疟疾一样，黄热病也是一种非常致命的外来传染病。黄热病由黄病毒引起，其常见症状主要是因病毒对肝脏的攻击引起的黄疸，其他症状包括高烧、呕吐、无力、抽搐、身体疼痛以及鼻子、嘴巴、胃和皮肤的出血。黄热病通常会在 7—10 天的时间内发作。受害者常常死于肾衰竭，但幸存的患者从此免疫。1699 年，黄热病在查尔斯顿暴发，并造成了大约 15% 人口的死亡。在 1706 年至 1748 年，黄热病在查尔斯顿至少发生了 5 次。在 1748 至 1792 年，南卡罗来纳没有发生大规模的黄热病。在 1792 年到 1800 年，黄热病再次流行了 7 次。

除疟疾和黄热病外，天花也是一种由大西洋奴隶贸易引起的致命性传染病。在 1697 年至 1897 年，南卡罗来纳多次暴发天花流行病。1697 年至 1698 年，天花首次暴发，在白人人口总数不超过 5000 的南卡罗来纳，将近 200—300 名白人定居者丧生。1711 年至 1763 年，南卡罗来纳也暴发了几场天花流行病。其中，1738 年和 1760 年的天花流行病让南卡罗来纳人民印象深刻。[①] 1738 年的疫情从一艘名为"伦敦护卫舰"（London Frigate）的奴隶船引入，进而蔓延到整个殖民地。在总人口约 6000 人的查尔斯顿，感染人数超过 2000 人，其中死亡人数多达 300 人。

在传染病流行期间，南卡罗来纳医生通常引进并采用欧洲先进的医疗知识和方法。在 18 世纪中期，许多移居查尔斯顿的苏格兰医生迫切渴望运用他们的医学知识治疗各种疾病。曾在爱丁堡大学接受医学教育的小约翰·穆尔特里（John Moultrie Jr. ）和詹姆斯·基尔帕特里克（James Kill-patrick）等医生积极帮助殖民地人民。此外，在欧洲接受过先进医学训练的约翰·李宁（John Lining）、莱昂内尔·查默斯（Lionel Chalmers）和亚

---

① Suzanne Krebsbach, "The Great Charlestown Smallpox Epidemic of 1760," *South Carolina Historical Magazine*, Vol. 97, No. 1 (Jan. , 1996): 30 – 37.

历山大·噶登（Alexander Garden）等苏格兰医生也定居在南卡罗来纳。[①]只要南卡罗来纳人民需要帮助，这些医生就会竭尽所能提供各种医疗救助。

但是，由于医疗知识十分有限，医生们无法为病人提供及时治疗。1721年，当天花袭击波士顿时，神学家卡顿·马瑟（Cotton Mather）敦促扎波迪尔·博伊尔斯顿（Zabdiel Boylston）医生采取接种措施。博伊尔斯顿接种了约300人，但有5—6人死于接种。[②]受马瑟的影响，有些南卡罗来纳医生们也尝试着用接种方法来治疗天花，但依旧困难重重。詹姆斯·基尔帕特里克医生首先将天花接种技术引入了南卡罗来纳。[③]在1738年的天花流行病期间，尽管许多民众反对，但基尔帕特里克还是进行了437次接种，其中16人死亡。同时，基尔帕特里克在《南卡罗来纳公报》上发表数篇文章，驳斥托马斯·戴尔（Thomas Dale）医生和《南卡罗来纳公报》的出版商彼得·蒂莫西（Peter Timothy）的反对意见。[④]罗伯特·普林格目睹了天花在1738年查尔斯顿的传播，认为接种方法取得了"巨大的成功"。在写给朋友的一封信中，普林格说道："我的妻子和（她的）兄弟威廉·艾伦都已经接种了疫苗，两人都恢复了健康，尽管一位黑人妇女不幸病逝。"[⑤]普林格发现天花在查尔斯顿"已经蔓延8个月了"，且对城市

① Stange, *Vital Negotiations*, 73; Helen Brock, "North America, a Western Outpost of European Medicine," Andrew Cunningham and Roger French eds., *The Medical Enlightenment of the Eighteenth Century* (Cambridge: Cambridge University Press, 1990), 197 – 198; James H. Cassedy, "Medical Men and the Ecology of the Old South," Ronald L. Numbers and Todd L. Savitt eds., *Science and Medicine in the Old South* (Baton Rouge: Louisiana State University Press, 1989), 167.

② Edmund and Dorothy Smith Berkeley, *Dr. Alexander Garden of Charles Town* (Chapel Hill: University of North Carolina Press, 1969), 136 – 137.

③ Claire Gherini, "Rationalizing Disease: James Kilpatrick's Atlantic Struggles With Smallpox Inoculation," *Atlantic Studies*, Vol. 7, No. 4 (2010): 421 – 446.

④ *South Carolina Gazette*, September 14, 1738; *South Carolina Gazette*, February 1, 1739; Joseph Waring, "James Killpatrick and Smallpox Inoculation in Charlestown," *Annals of Medical History*, New Series, 10 (1938): 302 – 304; James Kirkpatrick, *An Essay on Inoculation, Occasioned by the Smallpox Being Brought Into South Carolina in the Year 1738* (London, 1743), 56 – 57; *The Analysis of Inoculation: Comprising the History, Theory, and Practice of It; with an Occasional Consideration of the Most Remarkable Appearances in the Small – Pox* (London, 1754).

⑤ Robert Pringle to Robert Ellis, Charles Town, August 15, 1738, in Edgar ed., *The Letterbook of Robert Pringle*, 1: 26; Robert Pringle to Michael Lovell, Charles Town, November 25, 1738, in Edgar ed., *The Letterbook of Robert Pringle*, 1: 44.

和乡村中的白人和黑人是非常致命的。① 接种天花是医生帮助南卡罗来纳病人治疗疾病的一种尝试，但是这种方法耗时费力。正如普林格所说，医生花了 8 个月的时间才彻底清除天花。此外，许多人对接种疫苗心存抗拒，且普遍存在偏见。

医疗设备和药物的缺乏也使得医生们在处理天花疫情时收效甚微。在殖民时期，南卡罗来纳的药品主要从英国国内进口。苏格兰商人詹姆斯·克罗卡特长期从英国向殖民地运送药品。② 1733 年 1 月和 9 月，《南卡罗来纳公报》报道了克罗卡特从伦敦进口一些药品。③ 3 年后，跟南卡罗来纳商人乔治·西曼（George Seaman）合作，克罗卡特继续把从伦敦进口的药品运往查尔斯顿。④ 由于殖民地人民需要止血药，普林格积极从伦敦将其运往查尔斯顿。1734 年 3 月，当止血药从伦敦顺利运到查尔斯顿后，普林格在报纸上刊登广告，并吸引殖民地人民购买。⑤ 1735 年 4 月 26 日，查尔斯顿商人威廉·拉塞尔（William Lasserre）进口了"一大堆药品"，其中大部分是殖民地人民日常需要的必备药品。⑥ 只要殖民地人民需要药品，查尔斯顿商人就会从英国进口。但是，这些进口的药品主要是日常生活所必备的药品，根本无法根治传染性流行病。

此外，疫情检测能力的有限使得南卡罗来纳无法杜绝传染病的传播。1737 年 5 月 31 日，在顺利购买 323 名奴隶后，约翰·皮克特（John Pickett）船长驾驶着"伦敦护卫舰"奴隶船从非洲返回南卡罗来纳。1738 年 4 月 6 日，该船载着 309 名非洲奴隶和货物安全抵达查尔斯顿，尽管有 14 人

---

① Robert Pringle to Jonathan Medley, Charles Town, December 28, 1738, in Edgar ed. , *The Letter-book of Robert Pringle*, 1: 56.

② Huw David, "James Crokatt's ' Exceeding Good Counting House' : Ascendancy and Influence in the Transatlantic Carolina Trade," *South Carolina Historical Magazine*, Vol. 111, No. 3/4 (July - Oct. , 2010): 151 - 174.

③ *South Carolina Gazette*, January 27, 1733; *South Carolina Gazette*, September 8, 1733.

④ Henry Laurens to Pomeroys & Streatfeild, Charles Town, July 25, 1748, *The Papers of Henry Laurens*, 1: 160; Parish Letter to Alexander Garden, Charles Town, South Carolina, April 10, 1754, *The Papers of Henry Laurens*, 1: 243; *South Carolina Gazette*, October 2, 1736.

⑤ *South Carolina Gazette*, May 25, 1734.

⑥ *South Carolina Gazette*, April 26, 1735.

在大西洋上航行的过程中死亡。① 在詹姆斯岛（James Island）的约翰逊堡（Fort Johnson）接受检疫后，这艘船上的奴隶被奴隶贸易商出售。尽管一些奴隶感染了天花，但医生们并未发现潜在的疫情风险。后来，这些奴隶要么被安置在查尔斯顿的家庭中，要么被安置在水稻、玉米和靛蓝种植园里。在接下来的 8 个月里，查尔斯顿暴发了一场天花流行病。到这场灾难结束时，有 2298 人被感染，其中 321 人死亡。②

第五节　病奴、传染病与南卡罗来纳商人的应对策略

在从事大西洋奴隶贸易的过程中，南卡罗来纳商人主要采取以下措施以应对各种传染性流行病。

第一，传染病的流行迫使南卡罗来纳商人与医生建立更深厚的合作关系，商人雇用医生检查非洲奴隶的身体状况并治疗感染疾病的奴隶。1748年 12 月，劳伦斯访问伦敦时，他请求威廉·林德（William Rind）医生负责检查奴隶船上的奴隶。③ 此外，劳伦斯还聘请医生沃尔特·罗布（Walter Robe）负责治疗、照顾生病的奴隶，进而确保进口奴隶的健康状态。1755年 8 月 6 日，劳伦斯向罗布支付了 60 英镑的医疗费用。④ 在与理查德·奥斯瓦尔德合作并从事大西洋奴隶贸易时，劳伦斯也请求医生提供各种医疗服务。1756 年 8 月，奥斯瓦尔德从非洲西海岸的班斯岛运送 110 名奴隶前往查尔斯顿。奴隶船顺利抵达后，劳伦斯派一名医生检查船上奴隶的健康

---

① The Transatlantic Slave Trade Database, Voyage 76707, http://www. slavevoyages. org/tast/database/search. faces, accessed August 26, 2014.

② Joseph Ioor Waring, *A History of Medicine in South Carolina*, *1670 - 1825* (Charleston: South Carolina Medical Association, 1964), 37 - 39; McCrady, *The History of South Carolina under the Royal Government*, 180; Robert Pringle to Humphrey Hill, Charles Town, July 4, 1738, in Edgar ed., *The Letterbook of Robert Pringle*, 1: 18; Robert Pringle to John Ryan, Charles Town, July 8, 1738, in Edgar ed., *The Letterbook of Robert Pringle*, 1: 19; Gherini, "Rationalizing Disease: James Kilpatrick's Atlantic Struggles With Smallpox Inoculation," 421; Edmund Berkeley and Dorothy Smith Berkeley, *Dr. Alexander Garden of Charles Town*, 136 - 137.

③ Henry Laurens to James Laurens, London, December 26, 1748, *The Papers of Henry Laurens*, 1: 195; Waring, *A History of Medicine in South Carolina*, *1670 - 1825*, 60.

④ Henry Laurens to Henry Weare & Co., Charles Town, August 6, 1755, *The Papers of Henry Laurens*, 1: 311.

状况。由于奴隶的健康状况非常糟糕，劳伦斯坚持让医生医治船上的奴隶。经过医生的特殊照顾后，劳伦斯从奥斯瓦尔德的账户中扣款以支付相应的医疗费用。① 此外，劳伦斯让医生统计奴隶船上的奴隶数量。1756 年 8 月，在奥斯瓦尔德的指挥下，亚历山大·胡德（Alexander Hood）船长驾驶着"圣安德鲁"号奴隶船安全到达查尔斯顿。由于胡德船长没有告诉劳伦斯船上的奴隶人数，劳伦斯指派一名医生清点数量。② 在医生的帮助下，劳伦斯才知道船上有 108 名奴隶。③ 之所以选择与医生合作，是因为南卡罗来纳奴隶贸易商试图防止进口的非洲奴隶感染传染性疾病，进而减少贸易损失。否则，非洲奴隶生病或在隔离期间死亡，商人们必须承担相应的损失。

　　第二，在医生的帮助下，部分南卡罗来纳商人选择接种天花。1738 年，当天花在南卡罗来纳广泛传播的时候，詹姆斯·基尔帕特里克医生成功接种了 800—1000 名天花病人。1760 年，天花在查尔斯顿再次肆虐，医生们鼓励南卡罗来纳人民广泛接种天花。鉴于接种在 1738 年所取得的重大成就，《南卡罗来纳公报》于 1760 年 2 月 2 日发表文章，呼吁人民广泛接种天花。④ 1760 年，罗伯特·普林格再次接种后，积极鼓励家庭成员也接种。到 4 月 1 日，普林格的 7 位家庭成员以及 7 位家奴都接种了天花。⑤ 跟普林格一样，查尔斯顿白人妇女安·玛尼格特（Ann Manigault）也让自己的家庭成员和家奴接种天花。⑥ 需要指出的是，在 18 世纪中期，真正有条

---

① Henry Laurens to Richard Oswald & Co. , Charles Town, August 14, 1756, *The Papers of Henry Laurens*, 2：283 – 284.
② 这艘船上的奴隶总数为 306 人，但只有 250 人在查尔斯顿下船。The Transatlantic Slave Trade Database, Voyage 77252, Saint Andrew (1756), http://www. slavevoyages. org/tast/database/search. faces, accessed September 12, 2014. Henry Laurens to Richard Oswald & Co. , Charles Town, August 21, 1756, *The Papers of Henry Laurens*, 2：292.
③ Henry Laurens to Richard Oswald & Co. , Charles Town, August 23, 1756, *The Papers of Henry Laurens*, 2：294.
④ *South Carolina Gazette*, Charles Town, February 2, 1760.
⑤ Henry A. M. Smith, "Entries in the Old Bible of Robert Pringle," *South Carolina Historical and Geneological Magazine*, Vol. 22, No. 1 (Jan. , 1921)：25 – 33.
⑥ Ann Manigault and Mabel L. Webber, "Extracts from the Journal of Mrs. Ann Manigault：1754 – 1781," *The South Carolina Historical and Genealogical Magazine*, Vol. 20, No. 2 (Apr. , 1919)：134.

件进行接种的人群主要是南卡罗来纳实力雄厚的大西洋贸易商人和种植园主。由于对外来传染性疾病认识的不足，许多普通民众拒绝接种天花。另外，由于医疗知识、医疗条件以及家庭收入等因素的限制，许多普通人无法承担接种费用。由于无法普及全民接种，南卡罗来纳殖民地就无法杜绝天花的继续传播。

第三，在疫情肆虐的情况下，少数南卡罗来纳商人和种植园主选择逃离查尔斯顿，纷纷前往新英格兰地区的城市以躲避疫情。当传染病快速传播的时候，少数富裕的种植园主和商人选择逃往新英格兰地区。1740 年 4 月 11 日，鉴于南卡罗来纳王室政府无法控制天花疫情，普林格遵从医生的建议，将生病的妻子送到波士顿。在普林格看来，逃离查尔斯顿是帮助他妻子恢复健康的"最有效方法"。[①] 据南卡罗来纳商人李迪亚·格拉斯（Lydia Glass）的回忆，他的祖父亲眼看见妻子和两个女儿死于黄热病。另外，李迪亚·格拉斯的父亲奥克塔维乌斯·格拉斯四世（Octavius Catullus Glass IV）也同样遭受传染病的折磨。传染病流行期间，奥克塔维乌斯带着妻儿逃往罗德岛的纽波特（Newport, Rhode Island）。相比查尔斯顿，纽波特是一个非常宜居的城市，因其纬度高且气温低，传染病很少在这个城市传播。于是，南卡罗来纳人民称纽波特为"卡罗来纳医院"。每逢夏天，当传染病流行的时候，部分南卡罗来纳人民纷纷前往新英格兰地区的纽波特和波士顿等城市避疫。[②]

第四，在南卡罗来纳王室政府推行强制隔离政策后，商人们被迫对非洲奴隶进行强制隔离。由于害怕生病的非洲奴隶会传播传染性疾病，王室政府不得不使用沙利文岛上的病虫隔离房来隔离非洲奴隶。1744 年 3 月 29 日，王室政府向奴隶贩子发出指示：任何载有非洲奴隶的船只不得进入约翰逊堡以内的海域，除非他们在病虫隔离房严格隔离，彻底清洗船只，且奴隶未感染任何疾病。为了执行王室政府的命令，奴隶贩子通常在病虫隔离房隔离 200—300 名非洲奴隶，隔离时间长达 10—40 天。只要非洲奴隶

---

① Robert Pringle to James Henderson, April 11, 1740, in Edgar ed., *The Letterbook of Robert Pringle*, 2: 177 – 178.

② John Jakes, *Charleston* (New York: Dutton, 2002), 28.

能够度过隔离期并幸存下来, 奴隶贩子就会在奴隶市场上出售他们。[①] 1755 年 6 月 26 日, 在一封写给伦敦商业伙伴的信中, 劳伦斯提到两艘奴隶船已顺利抵达查尔斯顿, 一艘来自冈比亚, 一艘来自非洲的比夫拉湾 (Bight of Biafra)。不幸的是, 两艘船上的非洲奴隶都感染了天花。劳伦斯将这两艘船隔离, 以防止殖民地人民被天花所感染。尽管一艘奴隶船已经隔离了 45 天, 另一艘也已经被隔离了大约一个月, 劳伦斯还是坚持让后一艘船继续隔离两至三个星期。[②]

但是, 大部分奴隶贸易商并不愿意对非洲奴隶进行隔离, 其原因主要包括以下几点。首先, 隔离时间越长, 奴隶贸易商的损失就越大。通常, 在长达 10—60 天的隔离期内, 一些染病的非洲奴隶会死亡。另外, 在隔离期间, 商人们必须向非洲奴隶提供食物、衣服和相关医疗物品。其次, 受奴隶贸易背后所暗含的巨大商业利益的驱使, 商人把非洲奴隶当作商品, 并想方设法地把他们在市场上进行出售。1740 年, 普林格与查尔斯顿奴隶贸易商詹姆斯·里德 (James Reid) 建立了合伙关系, 并与利物浦奴隶贸易商合作, 积极从事大西洋奴隶贸易。1742 年, 里德离开英国后, 普林格结束了与里德的合伙关系。随后, 普林格与巴巴多斯的种植园主吉德尼·克拉克 (Gidney Clarke) 合伙, 从事巴巴多斯、南卡罗来纳和英国之间的大西洋奴隶贸易。1744 年, 在无法确认非洲奴隶是否健康的情况下, 普林格请求克拉克将一批奴隶运到查尔斯顿进行出售。[③] 只要奴隶贸易有利可图, 南卡罗来纳商人就不会拒绝这种高利润的贸易活动。在追求个人商业利益的过程中, 商人们会想尽办法让进口的非洲奴隶逃避殖民地的隔离防疫政策。

第五, 为了防止疫情在南卡罗来纳扩散, 奴隶贸易商倾向于把奴隶贸易的交易地点从查尔斯顿市中心转向偏僻的乡村码头。由于查尔斯顿三面环水, 大西洋奴隶贸易商通常会把非洲奴隶直接运到查尔斯顿海港, 进而在海港附近的奴隶市场上出售非洲奴隶。不过, 当传染病流行的时候, 南

---

① Thomas Cooper and David James McCord eds. , *The Statutes at Large of South Carolina*, 13 vols. (Columbia: A. S. Johnston, 1836 – 1875), 3: 773 – 774.

② Henry Laurens to John Knight, June 26, 1755, *The Papers of Henry Laurens*, 1: 271.

③ *South Carolina Gazette*, Charles Town, October 22, 1750.

卡罗来纳商人不得不把奴隶交易的市场从查尔斯顿海港转移到地广人稀的乡村码头。1739 年 3 月，塞缪尔·桑德斯（Samuel Saunders）船长驾驶着"西斯考克斯"号奴隶船从安哥拉返回南卡罗来纳。随后，该船直接驶向阿什利河码头（Ashley River Wharf），以防止查尔斯顿市中心的人民被天花所感染。[①] 同年 3 月 28 日，在购买了 300 名奴隶之后，由查尔斯顿商人理查德·希尔（Richard Hill）和约翰·瓜拉德（John Guerard）共同合资创办的希尔 & 瓜拉德公司（Hill & Guerard Co.）在距离查尔斯顿约 26 英里的多切斯特码头（Dochester Wharf）进行奴隶交易，且直接把奴隶出售给种植园主和奴隶贩子。[②]

奥斯汀和劳伦斯也尝试在乡村码头出售从非洲进口的奴隶。当奥斯汀的侄子乔治·阿普尔比（George Appleby）于 1759 年加入他们的公司时，奥斯汀 & 劳伦斯公司被奥斯汀、劳伦斯 & 阿普尔比公司（Austin，Laurens & Appleby Company）所取代，并继续从事大西洋奴隶贸易。1760 年 7 月 19 日，奥斯汀、劳伦斯和阿普尔比在《南卡罗来纳公报》刊登广告，告诉殖民地人民，他们将在库珀河西侧的草莓码头（Strawberry Ferry）出售从冈比亚河运来的 200 名身体"非常健康"的非洲奴隶。[③] 奥斯汀、劳伦斯 & 阿普尔比公司也试图在位于埃迪斯托河（Edisto River）上的杰克逊堡码头（Jacksonborough Ferry）出售奴隶。1760 年 8 月 23 日，奥斯汀、劳伦斯 & 阿普尔比公司在《南卡罗来纳公报》刊登广告，告诉殖民地人民他们已进口 108 名冈比亚奴隶，且这些奴隶身体非常健康。奥斯汀、劳伦斯 & 阿普尔比公司还计划于 9 月 3 日在杰克逊堡码头出售这批奴隶。[④] 1760 年 10 月，船长约翰·肯尼迪（John Kennedy）驾驶着"贝蒂"（Betty）号上大约 180 名奴隶从非洲顺利返回查尔斯顿。[⑤] 或许是因为这艘船上的奴隶患有疾病，奥斯汀、劳伦斯 & 阿普尔比公司在《南卡罗来纳公报》上发布广

---

① Donnan ed. , *Documents Illustrative of the History of the Slave Trade to America*，4：296.

② Robert Pringle to John Richards, Charles Town, August 3, 1738, in Edger ed. , *The Letterbook of Robert Pringle*，1：121；*South Carolina Gazette*，March 24, 1739.

③ *South Carolina Gazette*，July 19, 1760.

④ *South Carolina Gazette*，Charles Town, October 11, 1760.

⑤ The Transatlantic Slave Trade Database, Voyage 26020, Betty（1760），http://www. slavevoyages. org/tast/database/search. faces, accessed September 18, 2014.

告，且以"非常便宜"的价格在阿什利河东侧的多切斯特码头出售这些奴隶。①

此外，奥斯汀、劳伦斯 & 阿普尔比公司在查尔斯顿以北约 7 英里的阿什利码头出售奴隶。1760 年 4 月 26 日，奥斯汀、劳伦斯 & 阿普尔比公司发布广告，出售从非洲黄金海岸运来的 250 名质量"上等且健康"的奴隶。为了吸引种植者和奴隶贩子购买这些奴隶，奥斯汀、劳伦斯 & 阿普尔比公司宣称"已经采取并且将继续进行最好的［医疗］服务"，以防止殖民地人民感染天花。为了证明他们已遵守王室政府的指示，奥斯汀、劳伦斯和阿普尔比解释这艘船上的船员和奴隶未上岸，且未与查尔斯顿上的人进行接触。之所以这么做，是因为奥斯汀、劳伦斯 & 阿普尔比公司希望逃避来自王室政府的隔离命令。② 1761 年夏天，约翰·邓肯（John Duncan）船长的"派遣"（Dispatch）号奴隶船和沃尔特·泰勒（Walter Taylor）船长的"范妮"（Fanny）号奴隶船从非洲黄金海岸成功抵达南卡罗来纳。9月 5 日，奥斯汀、劳伦斯 & 阿普尔比公司从这两艘奴隶船中挑选出一些品种"优良的［且］健康的几内亚奴隶"后，立即刊登广告，以便吸引种植园主前往阿什利码头购买奴隶。尽管查尔斯顿并未暴发黄热病或任何其他流行疾病，奥斯汀、劳伦斯 & 阿普尔比公司还是决定在乡村市场上出售这些奴隶。③

南卡罗来纳商人害怕外来传染病，却不愿放弃大西洋奴隶贸易。1748年 8 月 24 日，劳伦斯写信给伦敦商业伙伴亚历山大·沃森，并提到一位名叫古尔德（Gold）的船长因感染黄热病而去世。劳伦斯害怕黄热病，且担心这种疾病在南卡罗来纳继续传播。但是，他不愿因为疫情而放弃商业利益。④ 同年 8 月 24 日，劳伦斯在写给克罗卡特的一封信中说道：由于"天气炎热，且查尔斯顿有黄热病在传播，所以我必须小心，尽量不要在阳光

---

① *South Carolina Gazette*, October 26, 1760.

② *South Carolina Gazette*, April 26, 1760; "Advertisement," April 26, 1760, *The Papers of Henry Laurens*, 3：35 – 36.

③ "Advertisement," September 5, 1761, *The Papers of Henry Laurens*, 3：79；*South Carolina Gazette*, Charles Town, South Carolina, September 15, 1761.

④ *South Carolina Gazette*, Charles Town, August 15, 1748；Henry Laurens to Alexander Watson, Charles Town, August 24, 1748, *The Papers of Henry Laurens*, 1：171.

下冒险出行"。① 劳伦斯对黄热病非常警觉，但他无法抗拒大西洋奴隶贸易。

不幸的是，只要南卡罗来纳商人继续从事奴隶贸易，外来传染病就会继续传播。由于非洲奴隶源源不断地被运往查尔斯顿，各种外来传染性疾病就会不断被带到南卡罗来纳。南卡罗来纳王室政府出台了严格的隔离政策，却没有专门的执法机关去严格执行隔离命令。商人和医生们固然会采取诸多应对措施，但由于医疗条件的限制、医疗知识的不足，他们无法杜绝外来传染病的继续传播和扩散。

第六节　外来传染病与南卡罗来纳商人
售奴策略的进一步调整

传染病的流行对南卡罗来纳商人所从事的大西洋奴隶贸易产生了重大影响，主要体现在以下几个方面。

第一，传染病的流行让奴隶贸易商认识到病奴的价格比健康的奴隶更低廉。由于没有医生的医疗帮助，劳伦斯发现本内特（Bennet）船长从冈比亚进口的奴隶要比正常价格便宜。1755 年 10 月 3 日，在一封写给英国商人詹姆斯·斯金纳（James Skinner）的信中，劳伦斯提到本内特船长船上的奴隶价格在 41.86—42.17 英镑。由于医生不幸逝世，船上的奴隶死了 34 人，30 名奴隶还患有其他疾病。此外，由于其中 10 人几乎双眼失明，他们的平均价格只有 33.14 英镑。② 由于奴隶的身体状况不好，劳伦斯发现非洲奴隶的平均价格比前一年更便宜。

第二，传染病的流行迫使南卡罗来纳商人在奴隶贸易过程中进行快速转手。奥斯汀＆劳伦斯公司强调在奴隶交易中进行快速转手，一方面是为了最大限度地获得利润，另一方面是为了降低商业成本。在写给西印度群岛上的圣克里斯托弗岛（St. Christopher）的一位商业伙伴的信中，劳伦斯

---

① Henry Laurens to James Crokatt, Charles Town, August 24, 1748, *The Papers of Henry Laurens*, 1：171.

② Henry Laurens to James Skinner, Charles Town, October 3, 1755, *The Papers of Henry Laurens*, 1：353.

强调奴隶安全抵达查尔斯顿后，奥斯汀 & 劳伦斯公司会立刻把这些奴隶在市场上进行出售。① 只要在短时间内出售奴隶，奥斯汀 & 劳伦斯公司就不用担心坏账的风险。② 尽管可以在六个月到一年的时间汇出奴隶的款项，但劳伦斯和奥斯汀都希望尽快出售奴隶，以便降低风险并储备现金。只要非洲奴隶可以快速出售，劳伦斯和他的合伙人就不必为非洲奴隶提供食物、住宿和医疗费用。另外，把非洲奴隶快速转手卖给其他商人后，劳伦斯和其合伙人就不必为漫长的隔离防疫政策而苦恼。

第三，传染病的流行迫使南卡罗来纳商人把已感染传染病或生病的奴隶送到西印度群岛上进行交易。之所以选择西印度群岛，是因为他们主要考虑了以下三个因素。首先，尽管西印度群岛上的岛屿如牙买加、圣基茨、安圭拉（Anguilla）、巴巴多斯和其他岛屿大部分被欧洲殖民帝国的白人殖民者所占领，但这些地方没有强有力的中央政府。其次，在传染性疾病流行期间，西印度群岛岛屿上的隔离措施比南卡罗来纳更加宽松。最后，虽然西印度群岛上的病奴价格比查尔斯顿更便宜，但劳伦斯可以在西印度群岛直接出售他们。劳伦斯在 1755 年 8 月 15 日给伦敦奴隶贩子约翰·奈特的信中提到"米尔斯"（Mears）号和"奥尔雷尔"（Orrel）号奴隶船已离开查尔斯顿，并驶向西印度群岛。"奥尔雷尔"号奴隶船因船上的人感染疾病而出港，而"米尔斯"号奴隶船在返回查尔斯顿之前曾长时间停靠在冈比亚河上，许多奴隶因感染传染病而死亡。③ 如果把这两艘奴隶船上的奴隶在查尔斯顿进行出售，劳伦斯担心一部分非洲奴隶会在隔离期间死亡。考虑到隔离时间过长会造成更多商业损失，劳伦斯决定把这两艘船上的病奴在西印度群岛进行出售。

劳伦斯试图把病奴运到圣基茨和牙买加进行出售。劳伦斯知道圣基茨的种植园经济取决于进口的非洲奴隶，进而尝试在这个岛上出售生病的奴隶。由于南卡罗来纳"开始暂停"奴隶交易，且一艘载满奴隶的奴隶船将

① Henry Laurens to Smith and Clifton, May 26, 1755, *The Papers of Henry Laurens*, 1: 255.
② Henry Laurens to Satterthwaite, Inman & Co., Charles Town, November [December] 22, 1755, *The Papers of Henry Laurens*, 2: 46.
③ Henry Laurens to John Knight, Charles Town, August 15, 1755, *The Papers of Henry Laurens*, 1: 318.

于 1755 年 12 月 31 日抵达查尔斯顿，劳伦斯暗示他不能帮助奈特出售"米尔斯"号和"奥尔雷尔"号奴隶船上的病奴。在这种情况下，劳伦斯请求圣基茨的著名商人弗朗西斯·吉查德（Francis Guichard）将这些生病的奴隶在圣基茨进行出售。1754 年 10 月，查尔斯顿的奴隶价格为每人 40 英镑。但是，由于这两艘奴隶船上的奴隶处于"生病状态"，吉查德只能在圣基茨以每人 30 英镑的价格将他们进行出售。① 为了帮助奈特出售病奴，劳伦斯和吉查德都做出了重要努力。但是，圣基茨的奴隶贩子发现奴隶处于"生病状态"后，建议劳伦斯将他们在牙买加奴隶市场上进行出售。随后，劳伦斯尝试着把病奴出售给牙买加种植园主。劳伦斯认为牙买加是一个"更适合"出售病奴的地方，便尝试着将奈特的病奴在那里进行交易。② 只要能够逃避查尔斯顿的隔离防疫政策，劳伦斯就会尝试在圣基茨和牙买加出售非洲病奴，进而减少商业损失。

劳伦斯也把病奴运往安圭拉进行售卖。安圭拉坐落在圣基茨以北，也适合劳伦斯出售病奴。该岛长约 12 英里，其适宜的环境特别适合大规模种植甘蔗。自从甘蔗种植成为主要商业作物以来，安圭拉种植者需要更多的奴隶劳动力进而扩大对甘蔗的投资。1756 年 1 月 12 日，在一封写给巴巴多斯奴隶贩子吉德尼·克拉克的信中，劳伦斯提到，由于威廉·莱特伯恩（William Lightbourn）船长和他船上的奴隶"非常严重"地被疾病所感染，他决定将一批奴隶运到安圭拉进行交易。在前往安圭拉的路上，莱特伯恩船长失去了 6 名奴隶。在听到莱特伯恩船长的遭遇后，摩西船长将此消息告知给劳伦斯。然后，得知六到七个奴隶的身体状况非常"虚弱"的消息后，劳伦斯派一名医生上船为奴隶治病，并让一位妇女担任护士"精心照料"他们。③

---

① Henry Laurens to John Knight, Charles Town, December 18, 1755, *The Papers of Henry Laurens*, 2: 43 – 44.

② Henry Laurens to John Knight, Charles Town, December 18, 1755, *The Papers of Henry Laurens*, 2: 43. 一个医生在西非海岸可能遇到的问题，见 Darold D. Wax, "A Philadelphia Surgeon on a Slaving Voyage to Africa, 1749 – 1751," *Pennsylvania Magazine of History and Biography* 92 (1968): 465 – 493。

③ *South Carolina Gazette*, January 22, 1756; Henry Laurens to Gidney Clarke, Charles Town, January 12, 1756, *The Papers of Henry Laurens*, 2: 62 – 64.

　　劳伦斯知道安提瓜的种植园主需要大量的奴隶劳工，于是试图在那儿出售病奴。1756 年 1 月 29 日，在写给安提瓜商业伙伴威廉·麦克斯韦（William Maxwell）和欧内斯特·乌德尼（Ernest Udney）的一封信中，劳伦斯提到三个月前安提瓜的奴隶价格非常高，但现在的奴隶价格下降了 0.25 英镑，且销售情况并不怎么理想。另外，由于安提瓜奴隶市场上的供应量非常多，劳伦斯无法在短期内顺利出售奴隶。[1] 鉴于安提瓜奴隶市场上的奴隶价格比南卡罗来纳低，且劳伦斯选择在安提瓜而不是查尔斯顿出售奴隶，这批非洲奴隶很有可能是病奴，尽管没有证据可以证实这一点。

　　在西印度群岛出售病奴的同时，劳伦斯并未放弃在南卡罗来纳乡村奴隶市场上出售病奴。劳伦斯于 1756 年 1 月 31 日写信给吉德尼·克拉克，提到尝试在乡村奴隶市场上出售一批患有疾病的奴隶。劳伦斯已采取相应措施，但收效甚微。另外，由于肺炎在南卡罗来纳一些地区暴发，且许多黑人已被感染，商人和奴隶贩子们对购买病奴不感兴趣。[2] 因此，劳伦斯不得不告知克拉克这个坏消息。

　　劳伦斯也尝试着帮助奥斯瓦尔德在南卡罗来纳出售病奴，但困难重重。1756 年 7 月 10 日，在一封写给奥斯瓦尔德的信中，劳伦斯提到应将班斯岛和冈比亚的奴隶区分开来。劳伦斯还指出 5 个病死的奴隶都来自班斯岛，另一个奴隶病得如此严重以致基本没可能让他恢复健康。此外，8 个奴隶已病重以致无法让他们在码头上岸，还有一些奴隶的眼睛有痛痒的症状，其他奴隶有其他病症。[3] 由于大部分奴隶患病，奥斯汀 & 劳伦斯公司被迫接受买方的压价行为，而这种情况在以前不曾出现。同时，奥斯汀 & 劳伦斯公司必须雇用医生来治愈这些生病的奴隶。在这种情况下，奥斯汀与劳伦斯请求奥斯瓦尔德为此支付相关的医疗费用。1756 年 9 月 15 日，劳伦斯为奥斯瓦尔德顺利出售了 69 名奴隶，并让奥斯瓦尔德获得 12750 英

---

① Henry Laurens to Maxwell & Udney, Charles Town, January 29, 1756, *The Papers of Henry Laurens*, 2: 80 – 81.

② Henry Laurens to Gidney Clarke, Charles Town, January 31, 1756, *The Papers of Henry Laurens*, 2: 83.

③ Henry Laurens to Richard Oswald & Co., Charles Town, July 10, 1756, *The Papers of Henry Laurens*, 2: 245 – 247.

镑的收入。然而，劳伦斯无法出售其余的病奴，因为一个男性非洲奴隶眼睛疼痛，且一个年轻奴隶的眼睛几乎瞎了。由于两名非洲女奴患上几内亚蠕虫病和其他疾病，劳伦斯不得不派医生为生病的奴隶提供医疗服务。另外，由于3个女人已患重病，劳伦斯无法将她们出售。①

由于南卡罗来纳商人不愿放弃奴隶贸易，南卡罗来纳殖民地王室政府不得不颁布更加严格的隔离防疫法令。1758年5月，被奥斯汀和劳伦斯雇用的爱德华·劳埃德（Edward Lloyd）船长成功运送118名奴隶抵达查尔斯顿港口。在收到劳埃德船长顺利返港的消息后，劳伦斯和奥斯汀请求王室总督威廉·亨利·莱特尔顿（William Henry Lyttleton）允许这些奴隶上岸。在信中，劳伦斯写道："奴隶们曾在大西洋上航行的过程中感染天花，但目前的身体状况还不错。"收到此报告后，莱特尔顿将案件转交给南卡罗来纳王室委员会。经过一番审查，王室委员会最终做出以下决定：奴隶船可以在沙利文岛着陆，但船上的人不得与岛上的其他人进行接触，以免殖民地人民被感染。鉴于一些奴隶曾患天花，王室委员会指示劳埃德船长焚烧他们的衣服，以便降低感染风险。此外，王室委员会建议用醋对船只进行清洗，并用烟熏方法对船只进行消毒。一旦奴隶恢复健康，王室委员会建议劳埃德船长通知劳伦斯和奥斯汀，以便"采取其他措施"。② 王室政府实施更加严格的隔离检疫措施后，奥斯汀和劳伦斯逐步减少在南卡罗来纳奴隶市场上售卖的奴隶数量。取而代之的是，奥斯汀和劳伦斯被迫把更多非洲奴隶转运到西印度群岛进行出售。

通过从事大西洋贸易，劳伦斯积累了巨额财富，但他还是决定放弃奴隶贸易。1759年，奥斯汀的侄子乔治·阿普尔比加入了奥斯汀和劳伦斯的商业公司。不久，奥斯汀 & 劳伦斯公司被奥斯汀、劳伦斯 & 阿普尔比公司所取代。在随后的3年里，奥斯汀、劳伦斯 & 阿普尔比公司继续从事大西洋贸易，奥斯汀、劳伦斯和阿普尔比也继续积累他们的商业财富。1762年

---

① Henry Laurens to Richard Oswald & Co., Charles Town, September 15, 1756, *The Papers of Henry Laurens*, 2: 317.

② "From [South Carolina] Council Journal," Charles Town, May 18, 1758, *The Papers of Henry Laurens*, 2: 546 – 547. *South Carolina Council Journal* (January 3, 1757 – June 6, 1758), 26: 188 – 190, Columbia, South Carolina Department of Archives and History.

8 月，经过一番协商，奥斯汀、劳伦斯和阿普尔比宣布解散他们的公司。主要原因如下：首先，由于年事已高且身体每况愈下，奥斯汀对大西洋贸易的兴趣慢慢减弱了；其次，阿普尔比主要考虑家庭因素，疾病也是他不愿意继续从事大西洋奴隶贸易的一个原因；[1] 此外，到 1750 年底，劳伦斯开始对南卡罗来纳殖民地的政治事务更感兴趣，这使得他花在商业贸易上的时间越来越少；[2] 最后，考虑到战争时期经济供应的不确定性，劳伦斯有意识地减少了在大西洋奴隶贸易上的投资。取而代之的是，他开始在佐治亚和南卡罗来纳投资种植园，并打造自己的种植园帝国。奥斯汀、劳伦斯 & 阿普尔比公司解散后，劳伦斯知道他会失去许多财富。[3] 但是，到 18世纪 60 年代初期，劳伦斯成为南卡罗来纳富甲一方的商人。

第七节 成为一名种植园主

在 18 世纪，英帝国中心的商人把他们自己看作"一个有礼貌且擅于经商的民族"，并把绅士气质视为争取他们社会地位的一种表现方式。[4] 英国法学家威廉·布莱克斯通 （William Blackstone） 在《英国法律评注》中把不列颠民族定义为"一个有礼貌且擅于经商的民族"。[5] 在积累社会财富的过程中，英帝国中心的商人们认为绅士气质展示了美、愉悦、举止文雅等行为准则。为了显示他们的礼仪 （civility），他们需要让他人在身体、语言、服饰、行为，甚至笔迹上愉悦。为了展示他们的商业财富，他们让他们的房间、房子和庭院别具一格且高贵典雅。通过展示他们的财富和礼

---

[1] Henry Laurens to Matthias Holmes, Charles Town, July 15, 1763, *The Papers of Henry Laurens*, 3：493；Warner Oland Moore, "Henry Laurens：A Charleston Merchant in the Eighteenth Century, 1747 – 1771"（Ph. D. Diss. , University of Alabama, 1974）, 55 – 57.

[2] 1757 年，劳伦斯成功当选为平民议院的成员。Member of Commons House of Assembly, October 6, 1757, *The Papers of Henry Laurens*, 2：537；Terry W. Lipscomb ed. , *The Colonial Records of South Carolina：The Journal of the Commons House of Assembly：October 6, 1757 – May 19, 1758*（Columbia：University of South Carolina Press, 1996）, 32：3, 6, 10 – 12, 21, 23 – 24, 32, 38.

[3] Henry Laurens to James Laurens, February 6, 1772, *The Papers of Henry Laurens*, 8：177 – 178.

[4] Langford, *A Polite and Commercial People*, 702, 725.

[5] William Blackstone, *Commentaries on the Laws of England*, 2vols. （Philadelphia：J. B. Lippincott Co. , 1893）, 2：230.

貌，英帝国中心的商人们使得他们与贵族阶层和底层民众区别开来。①

跟英帝国中心的商人们一样，南卡罗来纳殖民地商人们也迫切希望进入乡绅阶层。绅士风度（gentility），正如历史学家理查德·布什曼（Richard Bushman）所指出的，体现的是乡绅的社会地位，且北美 13 个殖民地的人民迫切希望进入这个阶层。② 像英帝国中心的乡绅一样，殖民地的商人们也迫切希望能把他们自己的社会地位跟其他阶层，尤其是底层人士，区别开来。"真正的绅士"，正如本杰明·富兰克林所指出的，可以"去散散步，或者喝喝茶。如果有机会碰到比他地位低下的人，真正的绅士会谈吐风雅，至少不会降低或者担心降低他自己的身份"。③ 对南卡罗来纳商人来说，要展示自己的绅士风度，他们不仅要积累大量财富，而且要形成自己的文化品位，以彰显他们的社会地位和绅士气质。此外，他们还要表现文雅，且有礼貌。只有这样，南卡罗来纳殖民地的商人们才能展示他们的绅士气质，并让其他阶层接受他们的绅士地位。④

在积累财富的同时，劳伦斯认为种植园主或乡绅是南卡罗来纳最受尊敬的阶层。1764 年 7 月 7 日，在一封写给伦敦商人理查德·奥斯瓦尔德的信中，劳伦斯发现一些商人正要从事零售贸易，但他认为这并不会提高商人们的社会地位并让他们自身受到尊重。但是，只要他们以"让人信服的方式"成为种植园主，劳伦斯进一步解释道，他们就可以把欧洲和西印度群岛上的商品在市场上进行售卖，这不仅可以增加他们的商业收入，而且

---

① 转引自 Shields, *Civil Tongues and Polite Letters in British America*, 37 – 39。

② Richard Bushman, *The Refinement of America: Persons, Houses, Cities* (New York: Alfred A. Knopf, 1992), xv, 3 – 29. 沃特豪斯详细考察了 1670 年至 1770 年南卡罗来纳乡绅的形成，但忽视了他们如何展示他们的乡绅气质。见 Waterhouse, *A New World Gentry*。

③ Benjamin Franklin, "Blackmore, on Molatto Gentleman," in J. A. Leo Lemay ed., *Benjamin Franklin: Writings* (New York: Library Classics, 1987), 219; David S. Shields, *Civil Tongues and Polite Letters in British America* (Chapel Hill: University of North Carolina Press, 1997), 38.

④ 研究弗吉尼亚乡绅阶层的专著，见 Michael J. Rozbicki, *The Complete Colonial Gentleman: Cultural Legitimacy in Plantation America* (Charlottesville: University Press of Virginia, 1998)。有关乡绅的研究，另见 Kenneth A. Lockridge, "Colonial Self – Fashioning: Paradoxes and Pathologies in the Construction of Genteel Identity in Eighteenth – Century America," in Ronald Hoffman, Mechal Sobel, and Fredrika Teute eds., *Through a Glass Darkly: Reflections on Personal Identity in Early America* (Chapel Hill: University of North Carolina Press, 1997), 274 – 342; Trevor Burnard, *Creole Gentlemen: The Maryland Elite, 1691 – 1776* (London: Routledge, 2002).

会提升他们的形象。他欣赏种植园主阶层身上所拥有的可以"让人信服的方式"、商业活动和社会地位。因此，他渴望获得种植园并进入南卡罗来纳的种植园主阶层。①

劳伦斯试图通过在南卡罗来纳投资种植园，进而进入南卡罗来纳绅士阶层。② 1756 年，他在查尔斯顿东北部约 30 英里的圣詹姆斯桑蒂教区（St. James Santee parish）购买了占地 1500 英亩（1 英亩 ≈ 4047 平方米）的万波（Wambaw）种植园。③ 1761 年，他在圣约翰的伯克利教区（St. John's Berkeley parish）购买了占地 3100 英亩的梅普金种植园，这花了他 8000 南卡罗来纳货币。在这个种植园里，他使用 24 名非洲奴隶从事农作物种植。④ 1767 年，他在圣大卫教区（St. David parish）购买了两块占地各 1000 英亩的土地。由于这两块地位于龟河的沼泽地上，他将它们命名为龟河种植园（Turtle River plantation）。⑤ 通过购买种植园，劳伦斯成为南卡罗来纳殖民地远近闻名的种植园主。

在南卡罗来纳购买种植园的同时，劳伦斯也在佐治亚殖民地进行种植园投资。1768 年 5 月，他购买了位于萨凡纳河边的萨凡纳种植园。这块地占地 4890 英亩，所有者为萨凡纳名声显赫的大米种植园主查尔斯·莱特（Charles Wright）和杰瑞米·莱特（Jermyn Wright）。查尔斯和杰瑞米还有个叫詹姆斯·莱特（James Wright）的兄弟，后者是佐治亚殖民地的王室总督。同年，劳伦斯在奥尔塔马霍河（Altamaha River）南部购买了新希望种植园（New Hope plantation）。到 1760 年后期，通过专心投入"种植园事

---

① Henry Laurens to Richard Oswald, Charles Town, July 7, 1764, *The Papers of Henry Laurens*, 4: 338.

② 有关劳伦斯的种植园投资，见 Edelson, *Plantation Enterprise in Colonial South Carolina*, 200 – 254。

③ Henry Laurens to Abraham Schad, Charles Town, March 10, 1766, *The Papers of Henry Laurens*, 5: 85 – 86; Henry Laurens to Elias Ball, Charles Town, 28 February 1766, *The Papers of Henry Laurens*, 5: 81 – 82; Henry Laurens to Richard Oswald, Charles Town, 27 April 1768, *The Papers of Henry Laurens*, 5: 668; "Deed for Purchase of Wambaw Plantation," May 11 – 12, 1756, *The Papers of Henry Laurens*, 2: 180.

④ "Purchase of Mepkin Plantation," June 5, 1762, *The Papers of Henry Laurens*, 3: 100; Henry Laurens to Watson, Gregory & Delmestre, Charles Town, 24 January 1763, *The Papers of Henry Laurens*, 3: 218 – 219; Henry Laurens to James Lawrence [Laurens], Charles Town, January 1, 1763, *The Papers of Henry Laurens*, 3: 203.

⑤ Georgia Land Grants, January 6, 1767, *The Papers of Henry Laurens*, 5: 220.

业"（plantation enterprise），劳伦斯在从南卡罗来纳到佐治亚的大西洋沿岸拥有大片种植园。总体说来，他共有 8 块种植园，这些种植园占地约 2 万英亩。在这些种植园里，劳伦斯使用几百个非洲奴隶劳工从事劳作。每到收获季节，这些种植园为劳伦斯生产大量的农产品，包括玉米、水稻、豌豆、胡萝卜、各种瓜类以及水果等。此外，由于常年从事南卡罗来纳和英国之间的大西洋贸易，劳伦斯在英国国内银行还有大量商业票据和存款。[1]

在 18 世纪下半叶，南卡罗来纳殖民地商人模仿着英国乡绅阶层的生活方式。[2] 查尔斯顿的乡绅阶层，据历史学家 M. 尤金·谢尔曼（M. Eugene Sirman）看来，"试图模仿英国上流社会的生活。他们还模仿英国国内绅士们的时尚和娱乐活动。只要有机会，他们就从英国购买货物"。[3] 在 18 世纪 40 年代，一些居民继续住在小房子里，可越来越多的富有商人开始为他们的家庭建造富丽堂皇的建筑和住房。受英国国内建筑风格的启发，查尔斯顿的乡绅们开始建造乔治亚式风格的房子。这种"新的建筑风格"，正如历史学家彼得·A. 柯卡拉尼斯（Peter A. Coclanis）所指出的，深受英国的新兴中产阶层建筑风格的影响，并体现了这个新兴阶层的文化自信。[4] 1770 年，查尔斯顿医生乔治·米里根 – 约翰斯顿（George Milligan – Johnston）自豪地宣布，南卡罗来纳殖民地有能力进入乡绅阶层的男人和女人们要比英属北美的其他殖民地多很多。[5] 正如此，已步入绅士阶层的家族诸如劳伦斯家族、玛尼戈特（Manigault）家族、平克尼（Pinckney）家族、鲁特尼奇（Rutledge）家族以及米德尔顿（Middleton）家族也建造各种乔

---

① Laura Page Frech, "The Career of Henry Laurens in the Continental Congress, 1777 – 1779," 3 – 5; Wallace, *The Life of Henry Laurens*, 130; Henry Laurens to James Grant, April 22, 1766, *The Papers of Henry Laurens*, 5: 107 – 108; Henry Laurens to Andrew Turnbull, November 14, 1768, *The Papers of Henry Laurens*, 6: 155 – 156; Henry Laurens to John Holman, September 8, 1770, *The Papers of Henry Laurens*, 7: 345.

② 洛里·格拉孚（Lorri Glover）讨论了南卡罗来纳精英如何通过联姻、亲属纽带和家庭联系等来维持他们的乡绅地位，见 *All Our Relations: Blood Ties and Emotional Bonds among the Early South Carolina Gentry* (Baltimore: Johns Hopkins University Press, 2000), 87 – 112。

③ M. Eugene Sirman, *Colonial South Carolina: A Political History, 1663 – 1763* (Chapel Hill: University of North Carolina Press, 1966), 229.

④ Peter A. Coclanis, *Shadow of a Dream: Economic Life and Death in the South Carolina Low Country, 1670 – 1920* (Oxford: Oxford University Press, 1989), 6.

⑤ 转引自 Waterhouse, *A New World Gentry*, 58。

治亚式建筑和房屋。[1]

劳伦斯建造了一个雄伟壮观的房子，并把它命名为拉特雷绿地（Rattray Green）以显示他的绅士气质。[2] 1755 年，他从查尔斯顿商人约翰·拉特雷（John Rattray）那里购买了一块土地，它位于查尔斯顿以北的安森伯拉夫（Ansonborough）郊区。[3] 他请苏格兰工匠罗布特·迪恩斯（Robert Deans）负责建造这个豪宅。[4] 8 年后，拉特雷绿地最终竣工，劳伦斯家族随后搬进来入住。它采用的是乔治亚式风格，地基呈方形结构。楼层分两层，楼顶还有阁楼。底层有 4 个宽敞明亮的卧室，2 楼也同样有 4 个卧室。加上宽敞的阁楼，它还有一些小隔间。在英国园艺学家约翰·华生（John Watson）的照顾下，劳伦斯和他的妻子建造了一个占地 4 英亩的植物园，种植各种花卉、橄榄树、橘子树和灌木，以及从遥远国度收集而来的稀有植物物种。[5] 在查尔斯顿的布洛德大街上，劳伦斯还拥有一个房子。但是，他把拉特雷绿地当作他们家庭的主要住所，并在那里处理各种商业事务、养殖花卉并接待宾客。

居住在乔治亚式的豪宅里，劳伦斯形成了他的社会品位。18 世纪 60 年代初，劳伦斯开始对植物学和自然史感兴趣，并与查尔斯顿著名的博物学家亚历山大·嘎登（Alexander Garden）建立了深厚的友谊。1765 年夏

---

[1] Richard C. Simmons, *The American Colonies*: *From Settlement to Independence* (New York: W. W. Norton & Co. , 1976), 145. 南卡罗来纳山区种植园阶层的兴起，见 Rachel N. Klein, *Unification of a Slave State*: *The Rise of the Planter Class in the South Carolina Backcountry*, *1760 - 1808* (Chapel Hill: University of North Carolina Press, 1990), 9 - 46。

[2] 1680 年至 1780 年，英属北美殖民地人民模仿了英国国内的建筑风格，见 Stephen Hague, *The Gentleman's House in the British Atlantic World*, *1680 - 1780* (Basingstoke: Palgrave Macmillan, 2015)。

[3] Alice R. Huger Smith and Daniel Elliott Huger Smith, *The Dwelling Houses of Charleston*, *South Carolina* (Philadelphia and London: J. B. Lippincott Company, 1917), 283; Benjamin L. Carp, *Rebels Rising*: *Cities and the American Revolution* (Oxford: Oxford University Press, 2007), 147 - 150.

[4] Henry Laurens to Robert Deans, Charles Town, December 2, 1763, *The Papers of Henry Laurens*, 4: 65; Henry Laurens to John Ettwein, Charles Town, March 13, 1764, *The Papers of Henry Laurens*, 4: 209.

[5] Wallace, *Life of Henry Laurens*, 63; Joanna Bowen Gillespie, *The Life and Times of Martha Laurens Ramsay*, *1759 - 1811* (Columbia, South Carolina: University of South Carolina Press, 2001), 24.

天，费城植物学家和博物学家约翰·巴特拉姆（John Bartram）访问南卡罗来纳殖民地。在嘎登的陪同下，巴特拉姆拜访了劳伦斯。[1] 一个月后，嘎登和巴特拉姆再次拜访劳伦斯，并发现劳伦斯在花园上做了很大的改进。由于对自然史和园林艺术越来越感兴趣，劳伦斯甚至计划在 1766 年冬天前往佛罗里达殖民地的圣奥古斯汀以便跟巴特拉姆碰面。[2] 劳伦斯在自然史和园林艺术上的社会品位反映出他养成了自己的文化和美学品位，这使得他与继承特权的上层阶级和贫穷的底层阶级完全不同。

小　结

劳伦斯在 1744 年至 1765 年的商业遭遇说明英帝国中心商人的自我改进对他产生了重要影响。英帝国中心的商人们不仅有"改进的动力"，而且还在不断探索"通向富裕和让人尊敬的道路"。为了提高他们的社会地位并获得良好的声誉，处在英国国内贵族等级之外的乡绅通过各种各样的手段来追求自我改进。通过投身各种"有礼貌的、勤劳的且富有德行的改进计划"，英帝国中心的商人们为他人创造更美好的生活，进而巩固他们自身以及他们家族作为乡绅阶层的地位。[3] 把克罗卡特、奥斯汀和本杰明·史密斯当作典型的绅士，劳伦斯断言他到伦敦的航行会"磨砺"他，并让他"变得非常文雅"。[4] 为了提高社会地位并赢得乡绅阶层的尊重，劳伦斯从事大西洋贸易，并在南卡罗来纳和佐治亚殖民地进行种植园投资。劳伦斯的故事说明英帝国中心商人们的商业伦理和商业思想意识塑造了他的自我改进。到 18 世纪 60 年代中期，劳伦斯通过模仿殖民地和英帝国中心绅士阶层的生活方式，最终成为南卡罗来纳殖民地种植园阶层的一员。

劳伦斯的故事说明大西洋奴隶贸易与传染病、商业和医疗知识紧密结合在一起，而不应片面地研究医疗知识、疾病或奴隶贸易。在从事奴隶贸

---

① Diary of John Bartram, July 7, 1765, *The Papers of Henry Laurens*, 4：647 – 648.

② Diary of John Bartram, August 27, 1765, *The Papers of Henry Laurens*, 4：669.

③ Hancock, *Citizens of the World*, 279 and 285.

④ Henry Laurens to Elizabeth Laurens, London, December 16, 1748, *The Papers of Henry Laurens*, 1：181.

易的过程中，南卡罗来纳奴隶贸易商无法忽视传染病因素对他们商业活动的影响。外来传染病的引入和传播迫使南卡罗来纳商人必须重视如何预防并积极调整非洲奴隶的出售策略。商人们请求医生对病奴进行诊断和治疗，力图让病奴恢复健康，进而在奴隶市场上对非洲奴隶进行高价出售。但是，由于医疗条件的限制以及医疗知识的不足，医生们在医治病人时困难重重。商人们害怕南卡罗来纳人民感染传染病，却又不愿放弃有利可图的奴隶贸易，进而把病奴的交易地点从查尔斯顿市中心转移到乡村码头。另外，为了逃避王室政府针对非洲奴隶贸易颁布的隔离命令，商人们试图把病奴出售给西印度群岛上的种植园主。外来传染病在大西洋奴隶贸易中扮演着如此重要的角色以至于南卡罗来纳商人不得不调整非洲奴隶的出售策略，力图减少潜在的商业损失。劳伦斯、奥斯汀和普林格等南卡罗来纳商人所从事的大西洋奴隶贸易活动，说明传染病、医疗知识和大西洋奴隶贸易是相互关联的。

劳伦斯的故事说明大西洋视野有助于进一步理解南卡罗来纳商人所从事的贸易活动。一方面，受英国国内奴隶贸易商商业伦理和商业活动的影响，劳伦斯、奥斯汀和普林格等南卡罗来纳商人与来自利物浦、布里斯托尔和伦敦等英国国内其他城市的奴隶贸易商保持着商业协作，且积极从事大西洋奴隶贸易。另一方面，当各种传染病在南卡罗来纳肆虐的时候，南卡罗来纳商人不得不适当调整非洲奴隶的售卖策略，并试图与来自圣基茨、牙买加、安圭拉和西印度群岛其他岛屿的奴隶贸易商维持商业合伙关系。到 18 世纪 60 年代初，南卡罗来纳还是英帝国的一个王室殖民地，但其商人的商业活动早已越过了南卡罗来纳殖民地和英帝国的疆界。劳伦斯的跨大西洋遭遇说明，英帝国视角或南卡罗来纳殖民地视角在研究南卡罗来纳商人所从事的大西洋贸易活动时存在明显的局限。不同于传统的帝国视角或殖民地视角，大西洋视角有助于进一步理解劳伦斯与英国国内商人以及西印度群岛商人之间的商业联系。

第二章

亨利·劳伦斯的商业遭遇，1767—1770 年

1768 年 9 月 1 日，亨利·劳伦斯给伦敦商人吉尔伯特·罗斯（Gilbert Ross）和詹姆斯·密尔（James Mill）写了一封信，请求他们在英国国内的报纸上刊登经南卡罗来纳海事法庭审理的关于他自己的一起诉讼案件的相关信息。这起诉讼案件发生于同年 6 月 18 日，起因是劳伦斯的商船"安"（Ann）号被查尔斯顿的皇家海关收税员乔治·鲁佩尔（George Roupell）所扣押。[1] 后来，劳伦斯发现鲁佩尔正在向英帝国中心的海关专员（Commissioners of Customs）和财政部传递消息并寻求支持。劳伦斯还知道南卡罗来纳海事法庭中的法官埃格顿·雷（Egerton Leigh）拥有使用"最光鲜的言语"来解释任何事情的"技艺和能力"。劳伦斯认为雷和鲁佩尔这样的"坏官员"不会客观地把自己的诉讼案件汇报给英帝国中央政府。为了防止雷和鲁佩尔歪曲事实，劳伦斯决心"抵制和防范他们两人的阴谋"。于是，他敦促罗斯和密尔在伦敦的报纸上刊登"安"号商船的诉讼摘要，并在伦敦的报纸上公布《南卡罗来纳公报》上刊载的与此案件相关的法律裁决。[2] 之所以这样做，是因为劳伦斯希望英帝国中心的海关专员、财政部官员和国王的一些高级官员知道诸如鲁佩尔和雷这样的"坏官员"在侵犯并剥夺劳伦斯作为英国人的财产权、贸易自由权和合法政治权利。

这起诉讼案件说明劳伦斯对英帝国中央政府所推行的新海关规制政策

---

[1] Henry Laurens to Peter Timothy, *South Carolina Gazette*, Charles Town, July 11, 1768; *South Carolina Gazette and Country Journal*, Charles Town, July 19, 1768.

[2] Henry Laurens to Ross & Mill, Charles Town, September 1, 1768, *The Papers of Henry Laurens*, 6: 85 – 87; *South Carolina Gazette*, Charles Town, July 18, 1768.

感到异常焦虑。英法七年战争前，英帝国认为北美 13 个殖民地的存在可以增加英帝国中心的商业财富。英国议会通过了一系列贸易和航行法令，但这些法案在践行英国重商主义方面却了无成效，因为南卡罗来纳人民不断违反这些法案。英法七年战争后，英国议会再次颁布了若干法案以保障新的帝国体系（new imperial system），使其能够更好地管理英属北美 13 个殖民地的贸易。[①] 英国财政部和海关专员命令南卡罗来纳殖民地的皇家海关官员严格执行这些法案。在没有违反任何英国国内法律和相应贸易法令的情况下，劳伦斯认为南卡罗来纳的皇家海关官员不应限制南卡罗来纳商人的正常贸易活动。[②] 令劳伦斯感到愤怒的是，贪婪的皇家海关官员敲诈并压迫殖民地商人。劳伦斯称对皇家海关官员的不当行为（misconduct）忍无可忍，以致他不得不向英国国内的海关专员、财政部和国王的大臣们报告他在海事法庭上所遭遇的不公正待遇。

　　此外，劳伦斯的商业遭遇说明皇家海关官员的不当行为对南卡罗来纳殖民地和英帝国中心商人们的商业活动构成了新威胁。劳伦斯明确指出，"安"号商船诉讼案不应该称为"劳伦斯先生的诉讼案"。相反，它应该被视为在北美 13 个殖民地从事贸易的英国商人的诉讼案件。他认为鲁佩尔和雷在向英帝国中央政府汇报时严重歪曲事实，且他们的贪婪行为"对英国的真正利益极为有害"。[③] 如果罗斯和密尔不能将"安"号商船诉讼案的相关信息刊登在英国国内报纸上，劳伦斯担心英国"海外和北美 13 个殖民地最明智且最公正的商人"将不得不承受更多的商业损失。[④]

---

① 殖民时期英国的海关政策及其对北美殖民地人民的影响，见 Carl Ubbelohde, *The Vice - Admiralty Courts and the American Revolution* (Chapel Hill: University of North Carolina Press, 1960); Thomas C. Barrow, *Trade and Empire: The British Customs Service in Colonial America, 1660 - 1775* (Cambridge, Mass.: Harvard University Press, 1967)。

② Merchants Letter to Charles Garth, Charles Town, December 4, 1767, *The Papers of Henry Laurens*, 5: 490.

③ Henry Laurens to Ross & Mill, Charles Town, September 1, 1768, *The Papers of Henry Laurens*, 6: 87.

④ 1768 年 8 月 26 日，《伦敦每日广告商》报道了"安"号商船诉讼案的相关信息。*London Daily Advertiser*, London, August 26, 1768; "Appendix to the Extracts from the Proceedings of the High Court of Vice - Admiralty in Charlestown, South - Carolina," *The Papers of Henry Laurens*, 7: 81.

劳伦斯与皇家海关官员的商业冲突改变了他对英国人自我认同的理解。在他看来，南卡罗来纳商人愿意支付所有合法的关税和海关费用。但是，"作为英国臣民"，他们不愿意"过于温柔地让自己的权利和自由屈服于皇家海关收税人员频繁的非法扣押"。[1] 劳伦斯宣称"坏官员"对北美殖民地商人的商业活动已构成严重威胁，并担心南卡罗来纳殖民地"诚实守信且公正的商人"会失去作为英国人的合法政治权利、财产权和贸易自由权。[2] 此外，如果海关专员、财政部和国王的高级官员们无法正确处理南卡罗来纳商人和皇家海关官员之间日益增加的商业争端，劳伦斯担心南卡罗来纳商人将失去他们在大西洋贸易中的自由贸易特权和商业财产。与此同时，南卡罗来纳殖民地与英帝国中心互利互惠的贸易关系会进一步恶化。

本章将劳伦斯的商业遭遇置于18世纪大西洋背景下进行考察。之所以这么处理，主要考虑了以下几个理由。首先，在个人通信层面，虽然劳伦斯的商业活动主要在南卡罗来纳，但他与英国国内商人保持着密切的商业联系，且继续从事大西洋贸易；其次，在政治层面，南卡罗来纳商人经常与在伦敦担任南卡罗来纳殖民地政治代理人的查尔斯·加思（Charles Garth）讨论政治和贸易事务，并为后者提供殖民地的报纸、信件和小册子，以便加思能向英帝国中央政府如实汇报南卡罗来纳的政治和商业状况，进而维护殖民地人民作为英国臣民的合法权益；[3] 再次，在个人层面，

---

[1] The Merchants of Charles Town, "A Representation of Facts Relative to the Conduct of Daniel Moore, Esquire: Collector of His Majesty's Customs at Charles Town in South Carolina," Charles Town, 1767, *The Papers of Henry Laurens*, 5: 435.

[2] Henry Laurens to Richard Oswald, Mepkin Plantation, April 27, 1768, *The Papers of Henry Laurens*, 5: 669.

[3] 在殖民时期，英帝国和北美13个殖民地之间隔着大西洋，且沟通不便。北美13个殖民地都有在英国国内设立政治代理人的历史传统。查尔斯·加思常年从事英国国内和南卡罗来纳之间的进出口贸易。加思返回伦敦后，他在1762年至1766年担任南卡罗来纳殖民地在英国国内的政治代理人，并负责处理南卡罗来纳殖民地的政治和商业事务。1765年，加思成为佐治亚殖民地在英国的代理人。1767年，加思成为马里兰殖民地在英国的代理人。有关加思的生平及担任南卡罗来纳殖民地在英国国内政治代理人的历史，见 L. B. Namier, "Charles Garth and His Connexions," *The English Historical Review*, Vol. 54, No. 215 (Jul., 1939): 443 – 470; "Charles Garth, Agent for South Carolina," *The English Historical Review*, Vol. 54, No. 216 (Oct., 1939): 632 – 652; Joseph W. Barnwell, "Hon. Charles Garth, M. P., the Last Colonial Agent of South Carolina in England, and Some of His Work," *The South Carolina Historical and Genealogical Magazine*, Vol. 26, No. 2 (Apr., 1925): 67 – 92。

劳伦斯要求罗斯和密尔在英国报纸上公布这起诉讼案件的诉讼内容和裁决结果；最后，在商业层面，在带领殖民地商人抗议英国海关条例和皇家海关官员的不当行为时，劳伦斯试图向英帝国中央政府陈述南卡罗来纳商人在贸易问题上所遭受的不满和委屈。

详细考察劳伦斯在 1767 年至 1770 年的商业遭遇不仅有助于加深他对英国人自我认同的理解，而且为分析英帝国中心和南卡罗来纳殖民地之间的政治和经济关系提供了一个重要的切入点。本章主要分析劳伦斯如何痛恨皇家海关官员的不当行为，讨论他如何看待英帝国的新海关规制政策，以及他如何认识英帝国中心和南卡罗来纳之间的商业争端。本章将劳伦斯与皇家海关官员的商业纠纷和政治斗争置于大西洋视野下，旨在解释劳伦斯如何成为一名商业异见者（commercial dissident），以及他对自我认同的进一步认识。

第一节 英帝国的新海关规制政策

在英法七年战争之前，南卡罗来纳殖民地的商人很少与皇家海关收税员因海关费用而发生争执。在 1722 年至 1741 年，托马斯·加兹登（Thomas Gadsden）是英国政府委派到殖民地的皇家海关收税员，并负责处理查尔斯顿海港的海事事务。在南卡罗来纳人民看来，加兹登既未工作懈怠，也未向当地商人们非法征收关税。由于没有违反任何已制定的议会法案，南卡罗来纳商人没有给加兹登任何借口来扣押他们的商船进而中断他们的海上贸易。在任期之内，加兹登与殖民地商人之间建立了"伟大的和睦"关系。1742 年，赫克托·贝仁格热·德·布冯（Hector Berenger de Beaufin）接替加兹登成为新的海关收税员，并在这个岗位上工作了 24 年。布冯为人耿直且办事利索，并深受南卡罗来纳殖民地人民爱戴。[①] 由于从事大西洋贸易的商人需要为船上的货物缴纳海关关税，加兹登和布冯经常从殖民地商人那里收取一部分费用。但是，当地商人却很少因为关税费用问题而与加兹登和布冯发生不愉快。

---

① The Merchants of Charles Town, "A Representation of Facts Relative to the Conduct of Daniel Moore, Esquire," *The Papers of Henry Laurens*, 5: 433.

英法七年战争之后，英帝国对南卡罗来纳殖民地实行了新的海关规制政策。① 在英法七年战争之前，由于英帝国忙于与传统的殖民帝国如法国、西班牙和荷兰等在世界范围内争夺海上霸权，英帝国中央政府根本无暇顾及南卡罗来纳殖民地商人的贸易活动。之所以制定新的海关规制政策，其目的主要有两个：一方面是因为英帝国中央政府试图加强对南卡罗来纳殖民地贸易的管理，另一方面是因为英帝国中央政府计划通过收取海关关税进而弥补帝国中央政府在七年战争中所遭受的财政损失。为了让新海关规制政策在殖民地得到有效的执行，英帝国中央政府还向南卡罗来纳殖民地委派了新的海关收税员进而加强对殖民地海关关税的征收。通过制定这些新政策，英帝国中央政府试图把南卡罗来纳贸易纳入英帝国的贸易体系，进一步加强对殖民地海上贸易的控制。

另外，为了顺利执行新海关规制政策，英帝国中央政府让南卡罗来纳殖民地的海事法庭协助海关收税员严格执行新的海关规制政策。自 1697 年成立以来，海事法庭负责处理以下四种对英帝国至关重要的案件：审理英属北美和英国国内的走私案件、抓捕并审判海盗的案件、审理违反英国贸易法案以及与海员工资相关的案件。② 只要海事法庭把权限局限在这四个方面，南卡罗来纳殖民地商人心甘情愿地服从其海事管辖权。英法七年战

① 有关英帝国在 1770 年至 1776 年的商业扩张，见 Jacob M. Price, "The Imperial Economy, 1700 – 1776," in William Roger Louis et al. eds., *The Oxford History of the British Empire*, 5 vols. (Oxford: Oxford University Press, 1998 – 1999), 2: 78 – 103。英法七年战争对英帝国的影响，见 Fred Anderson, *Crucible of War: The Seven Years' War and the Fate of Empire in British North America, 1754 – 1766* (New York: Knopf, 2000); *The War That Made America: A Short History of the French and Indian War* (New York: Viking Press, 2005) and Daniel A. Baugh, *Global Seven Years War, 1754 – 1763: Britain and France in a Great Power Contest* (New York: Pearson Longman, 2011)。

② 有关英属北美殖民地海事法庭的管辖权，见 Helen J. Crump, *Colonial Admiralty Jurisdiction in the Seventeenth Century* (London: Longmans Green, 1931); Joseph Doty, "The British Admiralty Board as a Factor in Colonial Administration" (Ph. D. Diss, University of Pennsylvania, 1929); Ubbelohde, *The Vice – Admiralty Courts and the American Revolution*; Oliver M. Dickerson, *The Navigation Acts and the American Revolution* (Philadelphia: University of Pennsylvania Press, 1951); "Appendix F: The Courts of Admiralty and Their Records," in Marcus Rediker, *Between the Devil and the Deep Blue Sea: Merchant Seamen, Pirates, and the Anglo – American World* (Cambridge: Cambridge University Press, 1989), 312 – 316; David S. Lovejoy, "Rights Imply Equality: The Case Against Admiralty Jurisdiction in America, 1764 – 1776," *William and Mary Quarterly*, Third Series, Vol. 16, No. 4 (Oct., 1959): 459 – 484。

争之后，英帝国中央政府扩大了海事法庭在英属北美 13 个殖民地的管辖权，并利用它们加强对北美 13 个殖民地海上贸易的管理。

英帝国中央政府任命丹尼尔·摩尔（Daniel Moore）为新的皇家海关收税员，并负责处理南卡罗来纳殖民地的海事事务。布冯于 1766 年退休后，爱德华·戴维斯（Edward Davis）在 1766 年 10 月至 1767 年 3 月临时担任皇家海关收税员。由于戴维斯沿用布冯所制定的关税政策，南卡罗来纳商人从未质疑他的收税行为。1767 年 3 月 23 日，为了履行海关关税员的职责，摩尔从中美洲的巴巴多斯抵达查尔斯顿。在此之前，他曾在英国议会担任议员。① 在摩尔就职之前，戴维斯提醒摩尔：南卡罗来纳殖民地人民不会容忍海事部门对他们征收高关税，但摩尔没有听从这个警告。②

摩尔试图加强对海关事务的管理，并对南卡罗来纳商人征收重税，这立即引起后者的不满。1767 年 4 月，商人保罗·汤森（Paul Townsend）计划通过"优德利"（Udney）号商船运送 7000 磅大麻到伦敦。但是，汤森被告知他必须支付 2010 南卡罗来纳货币获得授权通行证，以证明他已支付大麻的关税。③ 同月，商人约翰·沃德（John Ward）计划用"密涅瓦"（Minerva）号商船把靛蓝运往英国，但摩尔要求他支付 10 南卡罗来纳货币以获得授权通行证。④ 在 5 月 15 日，约翰·孔伯尼斯（John Champneys）计划把"自由"（Freedom）号商船上装载的靛蓝运往布里斯托尔，但他却被告知要支付 10 南卡罗来纳货币以获得授权通行证。⑤ 摩尔生性贪婪，从南卡罗来纳商人那里非法收取费用。如果南卡罗来纳商人拒绝提供相关费用，摩尔就拒绝向他们提供授权通行证，这严重影响了殖民地商人的贸易活动。摩尔的行为"违反了英国法律以及在殖民地已实行的海关关税政策，这直接激怒了殖民地商人"。⑥

---

① *South Carolina and American General Gazette*, Charles Town, October 10, 1766, March 20, 1767; *South Carolina Gazette*, Charles Town, March 23, 1767.

② Barrow, *Trade and Empire*, 204.

③ Hemp Certificate, April 4, 1767, *The Papers of Henry Laurens*, 5: 239.

④ Indigo Certificate, April 16, 1767, *The Papers of Henry Laurens*, 5: 240.

⑤ Indigo Certificate, May 15, 1767, *The Papers of Henry Laurens*, 5: 251.

⑥ Lewis Namier and John Brooke, *The History of Parliament*, *the House of Commons*, *1754 – 1790*, 3 vols. (London: HMSO, 1964), 3: 160 – 161; Barrow, *Trade and Empire*, 204 – 209; （转下页注）

第二节 "活跃"号货船案件的源起与审判

1766 年 7 月，英国皇家海军"H. M. S. 萨度因"（H. M. S. Sardoine）号的船长詹姆斯·霍克（James Hawker）从费城来到查尔斯顿，以便执行英帝国中央政府委派的海事任务。在过去的几十年里，霍克发现南卡罗来纳商人的船只从未拜访海关大楼。此外，商人们既不缴纳相应关税，又不办理各种商业文书。商人们自由地进出查尔斯顿海港，却很少支付相关海事费用。[①] 1767 年 5 月 16 日，霍克指使摩尔扣押"活跃"（Active）号货船，以此胁迫南卡罗来纳商人们服从英国议会所制定的新海关规制政策及相应法令。当时，"活跃"号货船由船长威廉·史马特（William Smart）所驾驶，它的所有者是来自查尔斯顿北部乔治敦的苏格兰商人詹姆斯·戈登（James Gordon）。[②] 鉴于这艘船只未经合法注册，且对于船上的货物也未缴纳海关关税，霍克在海事法庭上对戈登提起诉讼。霍克还指出，戈登的行为违反了威廉三世时期的第 7、8 条贸易条款，以及乔治三世时期的第 3、4、5、6 条贸易条款。[③] 通过扣押"活跃"号货船，霍克警告当地商人遵守英帝国政府所制定的贸易规则和王室法令。否则，霍克会扣押更多南卡罗来纳商人的船只。[④]

需要指出的是，在执行英帝国中央政府交代的海事任务时，霍克错误地理解了英帝国的贸易法令。威廉三世时期的第 7、8 条贸易条款确实对英属北美殖民地人民从事海上贸易做了详细的规定。依据这两条贸易条款，

（接上页注⑥）One Hundred and Eleven Merchants to Charles Garth, Esquire, Agent for the Province of South Carolina, Charles Town, South Carolina, October 8, 1767, *The Papers of Henry Laurens*, 5: 396.

① Extract of a Letter from Captain Hawker, June 13, 1767, Treasure Papers, I/459, foll. 170 – 171. 转引自 Barrow, *Trade and Empire*, 205。

② "Charles Garth to Committee of Correspondence," April 9, 1767, *The Papers of Henry Laurens*, 5: 240.

③ "Seizure of the Active," May 16, 1767, *The Papers of Henry Laurens*, 5: 252; *South Carolina and American General Gazette*, June 19, 1767; *South Carolina Gazette*, June 22, 1767.

④ "Paragraphs of a Letter from the Honourable the Commissioners of His Majesty's Customs to the Collector and Comptroller at Charlestown," Charles Town, August 7, 1767, *South Carolina and American General Gazette*.

自 1698 年 3 月 25 日之后，所有与英属北美殖民地贸易相关的船只必须在海事部门进行注册，并宣誓船只的所有权属于英国臣民。如果一艘商船驶进海港却没有向皇家海关收税员出示有效的船只注册证件，王室总督和海官官员都有义务向海事法庭提起诉讼。作为英国皇家海军的船长，霍克对威廉三世时期的第 7、8 条贸易条款很熟悉。但是，霍克错误地理解了乔治三世时期的第 4、5 条贸易条款的适用范围。霍克认为乔治三世时期的第 4、5 条贸易条款适用于所有跟殖民地贸易相关的商业活动。而事实上，这两条贸易条款主要针对的是大西洋上的海上贸易而不是北美殖民地内部（intra - colonial）的航运。由于霍克错误地理解了相应的贸易法令，其扣押"活跃"号货船的理由并不合理。

　　南卡罗来纳殖民地人民认为霍克行为"轻浮且无理取闹"，并强烈反对他扣押"活跃"号货船。① 在扣押之前，"活跃"号货船常年在乔治敦海港和查尔斯顿港口之间往返，这完全属于在南卡罗来纳殖民地内部水域进行的商业活动。在被扣押之前，查尔斯顿海港的海关收税员从未向"活跃"号货船船长征收任何海关费用。鉴于殖民地内部的水上贸易不受海关条例的约束，南卡罗来纳商人认为无须向海事部门缴纳任何关税。当在查尔斯顿执行新的海关条例时，殖民地人民并不认为它要限制乔治三世的臣民们的贸易活动。② 当"活跃"号货船被扣押后，当地律师诸如约翰·拉特里奇（John Rutledge）、詹姆斯·帕森斯（James Parsons）和查尔斯·平克尼（Charles Pinckney）都宣称这次扣押不仅不合理，而且违反了殖民地的贸易传统。③ 尽管遭到当地民众的强烈反对，霍克仍决心把这起案件递交到海事法庭进行审理。

---

① The Merchants of Charles Town, "A Representation of Facts Relative to the Conduct of Daniel Moore, Esquire," *The Papers of Henry Laurens*, 5：400.

② The Merchants Letter to Charles Garth, Charles Town, December 4, 1767, *The Papers of Henry Laurens*, 5：490; Newspaper Account, Charles Town, June 19, 1767, *The Papers of Henry Laurens*, 5：266.

③ Extract from the Final Decree Pronounced on the 19th of June, 1767, by the Honourable Egerton Leigh, Esq; Judge of the High Court of Admiralty, The Merchants of Charles Town, "A Representation of Facts Relative to the Conduct of Daniel Moore, Esquire," *The Papers of Henry Laurens*, 5：464.

　　"活跃"号货船被扣押后，南卡罗来纳商人们敦促在英帝国中心的政治代理人查尔斯·加思向英帝国中央政府如实汇报案件的由来，并陈述南卡罗来纳商人对新海关规制政策的不满。[①] 在殖民时期，英帝国中央政府通过信件与殖民地的王室总督和政府官员保持联系。英法七年战争后，南卡罗来纳平民议院逐渐崛起，并长期与王室委员会和王室总督在政策问题上进行政治斗争。由于不信任王室总督和王室委员会，平民议院通过在伦敦的政治代理人陈述政治立场和主张。在 1762 年至 1766 年，加思担任南卡罗来纳殖民地在英国国内的政治代理人。加思同情南卡罗来纳商人的遭遇，但他无能为力。[②] 在一封写给南卡罗来纳殖民地平民议院通信委员会（Committee of Correspondence of the Commons House of Assembly）的信件中，加思认为英帝国中央政府会继续支持皇家海关官员在北美殖民地执行新的海关规制政策。加思知道马萨诸塞、罗德岛、新泽西、纽约和其他英属北美殖民地也向英帝国中央政府阐述了它们对新海关规制政策的不满。但是，英帝国中央政府认为北美 13 个殖民地的抱怨直接蔑视了英国议会在制定法律和法令时的政治权威。于是，英帝国中央政府决定在北美 13 个殖民地执行更严格的海关政策。加思进一步指出，英国财政大臣查尔斯·汤森德（Charles Townshend）已为 13 个殖民地制定了更多政策，这包括让北美殖民地人民筹集资金以支付英帝国政府委派到英属北美 13 个殖民地的政府官员的薪俸。[③] 南卡罗来纳人民期待英帝国中央政府会改变其对殖民地的强制性政策，但加思从伦敦传来的消息让他们颇感失望。

　　由于英帝国中央政府将在英属北美 13 个殖民地实行更严格的新规制政策，南卡罗来纳人民对贸易前景深感不安。加思发现英国议会会对来自北

---

① 有关加思的政治生涯，见 Lewis B. Namier, "Charles Garth and His Connexions," *The English Historical Review*, Vol. 54, No. 215（Jul., 1939）：443 – 470 and "Charles Garth, Agent for South Carolina, Part II," *The English Historical Review*, Vol. 54, No. 216（Oct., 1939）：632 – 652；and Joseph W. Barnwell, "Hon. Charles Garth, M. P., the Last Colonial Agent of South Carolina in England, and Some of His Work," *South Carolina Historical and Genealogical Magazine*, Vol. 26, No. 2（Apr., 1925）：67 – 92。

② "Appendix A：Checklist of Charles Garth Materials Relating to South Carolina, 1765 – 1775," *The Papers of Henry Laurens*, 5：767 – 775.

③ Charles Garth to Committee of Correspondence, May 17, 1767, *The Papers of Henry Laurens*, 5：255 – 256.

美 13 个殖民地的瓷器、玻璃、纸张、染料和茶等进口商品征收更重的关税。英帝国中央政府知道王室政府官员在英属北美 13 个殖民地常常收受贿赂、走私、任人不当等，这使得殖民地的海事法庭不能有效地执行英国政府所制定的贸易法令。于是，英帝国中央政府决定在英属北美关闭 10 个海事法庭。取而代之的是，英帝国中央政府决定在新斯科舍的哈利法克斯建立一个新的海事法庭。此外，国王委派英国国内的法学家威廉·斯普莱（William Spry）作为新成立的海事法庭的法官。① 在与财政大臣汤森德沟通的过程中，加思提到了南卡罗来纳殖民地商人商船被扣押的事情。但是，加思认为南卡罗来纳商人在短期内不会收到任何好消息，且英帝国中央政府不会改变关于殖民地贸易以及海关关税的政策。②

在与摩尔打交道的过程中，劳伦斯认为摩尔是个"坏官员"。③ 1767年 5 月 23 日，劳伦斯派会计约翰·霍普顿（John Hopton）和乔治·福滕（George Forten）船长与摩尔商讨海关通关费用，以便让"安"号船只顺利通过查尔斯顿海港。然而，摩尔要求"安"号船只必须支付 14.26 南卡罗来纳的关税货币，以及支付 3.10 南卡罗来纳货币给海关主管。④ 劳伦斯愿意支付法律所规定的海关关税费用，但不愿支付其他额外费用。考虑到"安"号货船必须顺利离港，劳伦斯不得不向摩尔妥协，并支付所有费用。与其他商人一样，劳伦斯也成为摩尔不当行为的受害者。5 月 26 日，劳伦斯与由加布里埃尔·马尼戈特、约翰·诺伊夫维尔（John Neufville）、约翰·查普曼（John Chapman）和托马斯·雪莉（Thomas Shirley）组成的查尔斯顿商人委员会一起拜访了摩尔，并商讨费用问题。⑤ 在与摩尔会谈的过程中，马尼戈特抱怨海关费用过高，并要求海事部门对海关税收进行改革。

---

① Charles Garth to Committee of Correspondence, May 17, 1767, *The Papers of Henry Laurens*, 5: 255 – 256.

② Charles Garth to Committee of Correspondence, June 6, 1767, *The Papers of Henry Laurens*, 5: 262 – 263.

③ Henry Laurens to Ross & Mill, Charles Town, October 8, 1767, *The Papers of Henry Laurens*, 5: 339.

④ Attempt to Clear the Ann, May 23, 1767, *The Papers of Henry Laurens*, 5: 258.

⑤ 关于加布里埃尔·马尼戈特在殖民时期南卡罗来纳的商业活动的更多详情，见 Maurice A. Crouse, "Gabriel Manigault: Charleston Merchant," *South Carolina Historical Magazine*, Vol. 68, No. 4 (Oct. , 1967): 220 – 231。

然而，摩尔拒绝让步，并立场鲜明地反对改革海关关税政策。[1]

劳伦斯也表达了他对摩尔不当行为的不满。在会面期间，劳伦斯试图处理摩尔对"安"号船只收取费用的问题。于是，摩尔让劳伦斯派遣福滕去海事部门取得 14.26 南卡罗来纳货币费的账目明细表。两天后，霍普顿和福滕代表劳伦斯等着摩尔收取分项费用。不过，摩尔要求的金额比之前的费用总额更高。与此同时，艾萨克·马齐克（Isaac Madyck）和加布里埃尔·马尼戈特的侄子威廉·班伯里（William Banbury）对摩尔的行为越来越不满。5 月 29 日，在商人马齐克和班伯里的陪同下，劳伦斯对摩尔进行当面训斥。考虑到当天是一个假期，摩尔让他们下周再来。[2] 如果摩尔不免除海事费用，劳伦斯决定在海事法庭对摩尔提起诉讼，指控后者对"安"号船通关收取额外费用。[3] 6 月 9 日，劳伦斯成功地赎回了"安"号货船。考虑到摩尔不能被取保候审，且货船已归还，劳伦斯放弃了法律诉讼。

在南卡罗来纳海事法庭审理"活跃"号货船案件之前，霍克请求英国财政部支持摩尔和他本人。以防霍克会在这起诉讼案件中败诉，海事法庭的王室法官雷要求霍克提供担保人。[4] 在查尔斯顿，除摩尔外，霍克找不到其他担保人。于是，霍克请求英国财政部在这起诉讼案件上向摩尔和他本人提供更多支持。[5] 在向英帝国中央政府汇报时，霍克提到，摩尔尊重

---

[1] "Meeting of Charles Town Merchants with Daniel Moore," May 26, 1767, *The Papers of Henry Laurens*, 5: 259 – 260.

[2] Mabel L. Webber, "Death Notices from the South Carolina and American General Gazette, and Its Continuation the Royal Gazette, May 1766 – June 1782," *South Carolina Historical and Genealogical Magazine*, Vol. 16, No. 3 (Jul., 1915): 131 和他的论文, "Marriage and Death Notices from the South Carolina Weekly Gazette (Continued)," *South Carolina Historical and Genealogical Magazine*, Vol. 18, No. 2 (Apr., 1917): 87。另见 *The Papers of Henry Laurens*, 5: 258, footnote 8。

[3] "Attempt to Clear the Ann," May 23, 1767, *The Papers of Henry Laurens*, 5: 258 – 259; The Merchants of Charles Town, "A Representation of Facts Relative to the Conduct of Daniel Moore, Esquire," *The Papers of Henry Laurens*, 5: 444.

[4] 关于雷在南卡罗来纳的政治活动, 见 H. Hale Bellot, "Presidential Address: The Leighs in South Carolina," *Transactions of the Royal Historical Society*, Vol. 6 (1956): 161 – 187; Calhoon and Weir, "The Scandalous History of Sir Egerton Leigh," *William and Mary Quarterly*, Vol. 26, No. 1 (Jan., 1969): 47 – 74; Jack P. Greene, "The Political Authorship of Sir Egerton Leigh," *South Carolina Historical Magazine*, Vol. 75, No. 3 (Jul., 1974): 143 – 152。

[5] Barrow, *Trade and Empire*, 208.

南卡罗来纳商人，但当地的大部分商人却"千方百计地欺负他［摩尔］"。如果英国财政部不能向摩尔和他本人提供足够的支持，霍克暗示在南卡罗来纳殖民地工作的皇家海关官员将不能有效地执行新的海关规制政策。[①]

经过一番审理，法官雷对"活跃"号货船案件做出了裁决。在 6 月 16 日的庭审上，霍克作为原告，戈登作为被告。3 天后，雷指出英帝国所制定的新的海关规制政策不适用于殖民地内部的水上航运。于是，雷裁定："活跃"号货船的贸易完全符合当地法规，霍克不得没收船上的货物，也不得扣押货船。雷还裁定：作为英帝国政府委派的政府官员，霍克有扣押货船的合法性权力。[②] 戈登胜诉了，他要回了"活跃"号货船及船上的货物，却要支付大约 150 南卡罗来纳货币的庭审费用。相比之下，霍克虽然败诉，但他不必因为扣押商船的过失而承担任何经济赔偿。[③] 很明显，同为王室政府官员，雷在裁决时故意偏袒了霍克。

当"活跃"号货船的审判消息传到伦敦时，英帝国中央政府对雷的判罚大为不满。在阅读这个案件的审理材料后，英国财政部将其转交给律师部和检察部。由于雷没有向皇家海关官员提供足够的支持，律师部和检察部都对他的裁决不满意。如果雷不听从英帝国政府的指示，英帝国政府官员担心新贸易条例在南卡罗来纳就不会得到有效实施。因此，如果今后有类似"活跃"号货船案件出现，英帝国政府官员指示雷向皇家海关官员提供更多关照，并在庭审上向皇家海关官员提供更多照顾。[④]

---

① Extract of a Letter from Captain Hawker, June 13, 1767, Treasure Papers, I/459, foll. 170 – 171, 转引自 Barrow, *Trade and Empire*, 205。

② Henry Laurens, "Extracts from the Proceedings of the High Court of Vice – Admiralty" (Charleston, 1769), *The Papers of Henry Laurens*, 6：361；"Seizer of the Active," Charles Town, June 16, 1767, *The Papers of Henry Laurens*, 5：252 – 255；Extract from the Final Decree Pronounced on the 19th of June, 1767, by the Honourable Egerton Leigh, Esq；Judge of the High Court of Admiralty：James Gordon vs. James Hawker, *The Papers of Henry Laurens*, 5：463.

③ Daniel Moore to Customs, August 25, 1767, Treasury Papers, I/459, foll. 166 – 173；Hawker to Customs, October 25, Treasury Papers, I/461, foll. 252 – 253, 转引自 Barrow, *Trade and Empire*, 205 – 206。

④ Egerton Leigh, *The Man Unmasked* (Charleston, SC：Peter Timothy, 1769), 96；Robert M. Weir, *"The Last of American Freemen"：Studies in the Political Culture of the Colonial and Revolutionary South* (Macon：Mercer University Press, 1986), 41.

第三节 "万波"号和"布劳顿岛"号商船诉讼案

尽管对新的海关规制政策不满，劳伦斯还是前往海事部门为"万波"（Wambaw）号商船办理清关手续。5 月 29 日，摩尔指出"万波"号船上未列举的货物（non - enumerated goods）不需要保证金。随后，劳伦斯离开查尔斯顿，前往他在佐治亚的种植园。劳伦斯监督了"万波"号商船装载玉米以及 5 万块柏树瓦片（cypress shingles），后者将作为返航时的压舱物。劳伦斯派威廉·布朗（William Brown）船长去办理返回查尔斯顿海港的相关手续，以便返回查尔斯顿后快速清理船上的货物。7 月 10 日，劳伦斯获得了通行证，分别由佐治亚殖民地圣詹姆斯教区法官约翰·波尔森（John Polson）和佐治亚殖民地圣安德鲁教区法官唐纳德·麦凯（Donald Mackay）签署。① 四天后，"万波"号商船返回查尔斯顿。

"万波"号商船安全地返回查尔斯顿，却被卷入一场海事法庭的诉讼案中。虽然劳伦斯获得佐治亚殖民地两名治安法官签署的通行证，但摩尔声称这些通行证是无效的，因为它们不是南卡罗来纳殖民地海事部门颁发的。"万波"号商船已获得佐治亚殖民地海事部门的通行证，但摩尔暗示其必须获得南卡罗来纳海事部门的通行证，否则其无法驶入查尔斯顿海港。② 7 月 17 日，在接到摩尔的命令后，查尔斯顿的海关搜查人鲁佩尔扣押了"万波"号商船，因为违反了乔治三世时期第 4 条第 15、23、24、28 款，乔治三世时期第 5 条第 25、26、45 款，以及乔治三世时期第 6 条第 28、52 款海事法令。6 天后，鲁佩尔就"万波"号商船及其货物向海事法庭提起诉讼。在这种情况下，劳伦斯聘请查尔斯·平克尼作为自己的代理

---

① Allen Candler, Lucian Knight, Kenneth Coleman, and Milton Ready, *Colonial Records of the State of Georgia*, 39 vols. (Atlanta: Franklin Printing and Publishing Company, 1904 - 1937), 9: 460; 10: 429.

② Daniel Moore to Treasury, August 25, 1767, Public Record Office, Treasury Papers, I, 459, 转引自 Ubbelohde, *The Vice - Admiralty Courts and the American Revolution*, 107。

律师。由于劳伦斯不在南卡罗来纳，平克尼要求将审判推迟到 8 月 3 日。①

几乎在同一时间，劳伦斯的另一艘船只"布劳顿岛"（Broughton Island）号商船也被鲁佩尔扣押。6 月 17 日，劳伦斯和船长彼得·巴霍普（Peter Bachop）一起去海关清理"布劳顿岛"号商船上的砖头和货物，并在那里遇到了摩尔。劳伦斯表达了对摩尔的不当行为的愤怒，甚至提起了 25 年前的摩尔—艾伦争议。18 世纪 40 年代初，在巴巴多斯从事商业活动时，摩尔试图侵占南卡罗来纳种植园主安德鲁·艾伦（Andrew Allen）的部分遗产。后来，艾伦的女婿查尔斯顿的商人罗伯特·普林格挫败了摩尔的阴谋。劳伦斯当面提起这件事后，摩尔气急败坏，对劳伦斯怀恨在心。② 两天后，劳伦斯清理了"布劳顿岛"号商船上的货物。7 月初，劳伦斯和朋友埃德蒙·海德（Edmund Head）以及艾萨克·皮斯（Issack Peace）一起乘"布劳顿岛"号商船前往佐治亚殖民地。由于还有其他事务要处理，劳伦斯没有随船返回查尔斯顿。当"布劳顿岛"号商船抵达查尔斯顿港口时，摩尔指示鲁佩尔对它进行扣留，理由是木材货物没有获得通行证。

法官雷就"万波"号商船诉讼案做出了裁决。9 月 1 日，雷下令没收并出售"万波"号商船及船上的货物，因为船上的木材没有获得海关通行证。售卖所得的收益 1/3 将上交给国王，1/3 给王室总督，1/3 给鲁佩尔。更糟糕的是，劳伦斯要承担所有的诉讼费用。不过，劳伦斯并未接受这一裁决。同一天，帕森斯和平克尼作为代理律师代表劳伦斯在海事法庭提起上诉。9 月 4 日，海事法庭的罗伯特·威尔斯（Robert Wells）刊登广告说，"万波"号商船及船上的货物将在公共场所进行拍卖。③ 由于劳伦斯不想失去这艘船，他花钱在拍卖市场上回购了这艘船。④

雷还就"布劳顿岛"号商船做出了裁决。9 月 15 日，雷裁定，"布劳

① Seizure of the Wambaw, July 17, 1767, *The Papers of Henry Laurens*, 5: 273 – 274.
② *South Carolina Gazette*, Charles Town, March 23, 1767; Pringle, *The Letterbook of Robert Pringle*, 1: 418; 2: 474, 497 – 498 and 563.
③ *South Carolina and American General Gazette*, Charles Town, September 4, 1767.
④ Daniel Moore to Treasury, August 25, 1767, Public Record Office, Treasury Papers, I, 459, 转引自 Ubbelohde, *The Vice – Admiralty Courts and the American Revolution*, 107。

顿岛"号商船被非法扣押。① 此外，雷命令鲁佩尔支付 1/3 的诉讼费。雷
没有宣布"扣押原因"，这让劳伦斯有机会就"布劳顿岛"号商船的商业
损失提起民事诉讼。最终，律师们帮助劳伦斯要回了这艘船，但劳伦斯不
得不支付 2/3 的诉讼费用。②

"万波"号和"布劳顿岛"号商船的诉讼案让劳伦斯对皇家海关官员
的行为不当和腐败行为忍无可忍。劳伦斯发现，在扣押这两艘船只的过程
中，鲁佩尔"压迫、勒索"南卡罗来纳商人且"行为傲慢"，但他却在海
事法庭上胜诉了。劳伦斯指出，法官雷"虚伪、背信弃义且充满恶意"。
当南卡罗来纳商人向海事法庭提起诉讼时，雷对商人们"不慷慨、傲慢且
压迫"。如果英帝国中央政府一直任用鲁佩尔和雷这样的"坏官员"，劳伦
斯认为"没有贸易或法律知识"可以保护南卡罗来纳商人的财产。③

海事法庭审理了劳伦斯和鲁佩尔提起的上诉。9 月 14 日，考虑到总检
察长约翰·德林（John Dering）未能代表鲁佩尔提出上诉，雷拒绝了鲁佩
尔的上诉请求。9 月 26 日，鲁佩尔就"万波"号商船案和"布劳顿岛"
号商船案发表声明，要求英帝国中央政府介入此事。由于这些案件发生在
任命北美专员委员会（Board of Commissioners for America）之前，鲁佩尔
不得不向英国国内的海关委员会提出上诉。不过，在 1768 年 7 月 11 日之
前，英国海关委员会一直未给予鲁佩尔适当的"通知和指示"。④ 自此之

---

① "Appendix to the Extracts from the Proceedings of the High Court of Vice - Admiralty," *The Papers of Henry Laurens*, 6：23；James Haw, *John and Edward Rutledge of South Carolina*, 43.

② "Seizure of the Broughton Island Packet," July 31, 1767, *The Papers of Henry Laurens*, 5：275 - 277；"Condemnation of the Wambaw," September 1, 1767；"Release of the Broughton Island Packet," September 1, 1767, *The Papers of Henry Laurens*, 5：287；George Roupell to Commissioners of Customs in America, Charles Town, July 11, 1768, *The Papers of Henry Laurens*, 5：738 - 740.

③ Henry Laurens to James Penman, Charles Town, October 13, 1767, *The Papers of Henry Laurens*, 5：353 - 354.

④ Seizure of the Broughton Island Packet, July 31, 1767, *The Papers of Henry Laurens*, 5：275 - 276；Henry Laurens vs. George Roupell, August 31, 1767, *The Papers of Henry Laurens*, 5：283 - 284；Henry Laurens to James Grant, Charles Town, August 12, 1767, *The Papers of Henry Laurens*, 5：277 - 279；George Roupell to Commissioners of the Customs, Charles Town, July 11, 1768, *The Papers of Henry Laurens*, 5：739 - 740；George Roupell to the Commissioners of the Customs in London, August 6, 1768, enclosing records of all the cases against Henry Laurens, T. 1/463, ff. 23 - 25, Public Record Office, London.

后，此事一直没有下文。

劳伦斯还在南卡罗来纳的民事诉讼法庭（Court of Common Pleas）上对鲁佩尔提起诉讼。1767 年 8 月 31 日，拉特利奇代表劳伦斯在民事诉讼法庭上对鲁佩尔提起起诉，要求鲁佩尔赔偿因扣押"布劳顿岛"号商船给劳伦斯造成的商业损失。拉特利奇声称，在"布劳顿岛"号商船被扣押期间，劳伦斯损失了 5000 南卡罗来纳货币。不过，直到 1768 年 5 月 12 日，此案才得以审理。①

第四节　劳伦斯反抗皇家海关关税人员的行为不当

"活跃"号货船诉讼结束不久，摩尔再次被卷入一场诉讼案中。9 月 1 日，商人加布里埃尔·马尼戈特和约翰·纽夫维尔（John Neufville）在海事法庭上对摩尔提起诉讼。在上诉之前，马尼戈特和纽夫维尔曾向海事部门申请获得靛蓝的通行证，但摩尔趁机向他们索要额外费用。一周后，海事法庭对这个案子进行审理。帕森斯、平克尼和拉特利奇代表原告在法庭上出席。② 由于摩尔在查尔斯顿早已臭名昭著，没有律师愿意替他在法庭上进行辩护。可如果摩尔没有辩护律师的话，海事法庭就无法审理这个案子。于是，摩尔请求拉特利奇作为他的辩护律师。本来，拉特利奇不愿代表摩尔并在海事法庭上辩护。可为了让案子尽快得以审理，他最后还是同意了摩尔的请求。

在庭审上，法官雷再次做出了有利于摩尔的裁决。为了让摩尔败诉，拉特利奇在庭审前就向帕森斯和平克尼透露了辩护策略。让拉特利奇吃惊的是，摩尔居然打赢了这场官司。雷做出了这样的裁决：由于摩尔是皇室海关人员，他在操作层面上无任何过错。但是，摩尔需要为自己的行为承担一定的处罚。雷进一步指出：摩尔需支付一小部分的庭审费用，原告马

---

① Henry Laurens vs. George Roupell, August 31, 1767, *The Papers of Henry Laurens*, 5：283 - 284；Haw, *John and Edward Rutledge of South Carolina*, 43 - 44.

② The Case of the Indigo Certificates, September 1, 1767, *The Papers of Henry Laurens*, 5：286 - 287；*South Carolina Gazette*, Charles Town, September 7, 1767.

尼戈特和纽夫维尔应支付超过 20 南卡罗来纳货币的庭审费用。^① 雷之所以做出偏袒摩尔的判罚，是因为他吸取了"活跃"号货船诉讼案的教训，并听从了英帝国中央政府官员的指示。

摩尔贪得无厌导致南卡罗来纳商人继续抗议他的行为不当。随后，殖民地商人们在海事法庭上提起了一系列针对摩尔的民事诉讼。摩尔认为这背后有一场大阴谋。但是，他本人又无法应对，这迫使他不得不偷偷地离开了查尔斯顿并前往佐治亚殖民地的首府萨凡纳。不久，据查尔斯顿的报纸报道，摩尔于 1767 年 9 月 21 日登上了"老鹰"（Eagle）号商船，并试图从佐治亚殖民地的萨凡纳返回英国国内。^②

鉴于摩尔即将返回英国，南卡罗来纳商人向加思寻求帮助，并让后者向英帝国中央政府阐述他们在海事法庭上所遭遇的不公正判罚。通信委员会指出，摩尔作为公职人员，本应造福南卡罗来纳人民。但遗憾的是，摩尔借公职之名，行非法敛财之实。不仅如此，他还使用各种"专断性和强迫性的方法"让殖民地人民支付各种额外的关税费用。^③ 自 4 月以来，殖民地商人就坚决反对摩尔的非法征税和勒索行为。殖民地商人无意与英国国王所任命的皇家海关官员因关税费用而发生争执，但是，摩尔的行为不当使得殖民地商人在财产上蒙受巨大损失，这使得殖民地人民觉得有必要去抗议摩尔的不法行为。考虑到摩尔已离开查尔斯顿并前往伦敦，殖民地商人担心摩尔会扭曲事实，并采取一切方法来为他自己的不当行为进行辩护。9 月 29 日，111 名南卡罗来纳商人联名致信加思，敦促后者"采取一切方法维护南卡罗来纳商人的合法请求和商业利益"。^④

在查尔斯顿，劳伦斯组织南卡罗来纳商人们继续抗议摩尔的不当行

---

① *South Carolina and American General Gazette*, Charles Town, September 18, 1767；"Newspaper Account," Charlestown, September 18, 1767, *The Papers of Henry Laurens*, 5：304 – 305.

② "The Departure of Daniel Moore," September 3 – 8, 1767, *The Papers of Henry Laurens*, 5：287 – 288；*The South Carolina Gazette*, Charles Town, September 21, 1767；*South Carolina and American General Gazette*, Charles Town, October 30, 1767.

③ One Hundred and Eleven Merchants to Charles Garth, Esquire, Agent for the Province of South – Carolina, Charles Town, South Carolina, October 8, 1767, *The Papers of Henry Laurens*, 5：397.

④ "A Letter from the Committee of Correspondence to the Agent for the Province in London," Charles Town, South Carolina, September 29, 1767, *The Papers of Henry Laurens*, 5：395.

为。考虑到摩尔已启程返回英国，劳伦斯担心摩尔会"夸大"商人们对他提起的控诉。劳伦斯更担心的是摩尔会歪曲南卡罗来纳殖民地的海事事务，并向英帝国中央政府报告殖民地商人的负面形象。另外，劳伦斯担心英帝国中央政府会对殖民地商人制定更严格的关税政策。为了不让摩尔的阴谋得逞，劳伦斯于 10 月 8 日组织 111 名商人签署一封联名信件，详细列出摩尔来到南卡罗来纳殖民地之后的种种不当行为。在这封信里，商人们不仅痛陈摩尔的贪污腐败行为，而且指责法官雷的断案不公。在完成这份信件后，商人们请求加思全权处理此事。如果摩尔意图歪曲南卡罗来纳的海事事务和税收现状，并让英帝国中央政府做出对殖民地贸易不利的政策，商人们希望加思可以在伦敦粉碎摩尔的阴谋，并为殖民地人民争取合法利益。[1]

南卡罗来纳商人也敦促英帝国中央政府改善摩尔与商人们之间的不和谐关系。在收集了殖民地商人的文件、宣誓书和凭证之后，劳伦斯出版了《与丹尼尔·摩尔行为相关的事实陈述》，并在其中详细记载了商人们是如何跟摩尔打交道的。劳伦斯指出，殖民地人民愿意支付所有的合法关税。为了捍卫他们作为英国人的权利、自由和财产，他们有权拒绝来自海关人员的非法征税行为。劳伦斯还要求加思把殖民地商人所遭遇的不公正待遇汇报给英国财政部或其他对此类海事事务拥有司法管辖权的机构，以便英帝国中央政府能免除摩尔的职务。通过向加思提供这份小册子，劳伦斯希望加思能在英帝国中心找到"最有能力的委员会"以保护南卡罗来纳殖民地人民的合法权利和财产。[2]

在写完这本小册子后，劳伦斯还把它分发给与他保持商业联系的大西

---

[1] One Hundred and Eleven Merchants to Charles Garth, Esquire, Agent for the Province of South Carolina, Charles Town, South Carolina, October 8, 1767, *The Papers of Henry Laurens*, 5: 398, 400 - 402.

[2] The Merchants of Charles Town, "A Representation of Facts Relative to the Conduct of Daniel Moore, Esquire," *The Papers of Henry Laurens*, 5: 391 - 464. 有关原始版本，见 The Merchants of Charles Town, "A Representation of Facts Relative to the Conduct of Daniel Moore, Esquire," Charles Town, S. C., 1767; One Hundred and Eleven Merchants to Charles Garth, Esquire, Agent for the Province of South Carolina, Charles Town, South Carolina, October 8, 1767, *The Papers of Henry Laurens*, 5: 402, 435。

洋贸易商人。他们包括佛罗里达殖民地的种植园主和商人詹姆斯·哈伯沙姆、拉克兰·麦金托什（Lachlan McIntosh），费城的贵格商人威廉·费舍尔（William Fisher），伦敦商人吉尔伯特·罗斯、詹姆斯·密尔和理查德·奥斯瓦尔德，以及布里斯托尔商人威廉·弗里曼（William Freeman）。① 在一封写给查尔斯顿商人托马斯·史密斯（Thomas Smith）的信中，劳伦斯写道："南卡罗来纳殖民地的海事法庭所获得的巨大管辖权限威胁着南卡罗来纳人民子孙后代们的幸福，这比《印花税法》的诅咒要多十倍。"② 通过向这些英属北美和英帝国中心的商人发送小册子，劳伦斯提醒他们英帝国中央政府的新海关规制政策是大西洋贸易商人们共同面临的新威胁。

加思试图改善皇家海关官员和南卡罗来纳商人们之间的不和谐关系。加思把"证词和宣誓书"递交给了负责处理英属北美南部殖民地事务的国务大臣威廉·佩蒂，也称为谢尔本伯爵。谢尔本伯爵不希望看到南卡罗来纳商人和摩尔之间的各种纠纷，但是他要核实一下摩尔本人是否真的贪得无厌并向商人们非法索取海关费用。加思还指出，谢尔本伯爵还会给南卡罗来纳殖民地平民议院的通信委员会写信，以证明他很关注殖民地商人们的商业处境。③

当南卡罗来纳殖民地商人们耐心等待谢尔本伯爵的好消息时，英帝国中央政府已经通过一项新法案，并旨在进一步加强对殖民地贸易的控制。

---

① Henry Laurens to James Penman, Charles Town, October 13, 1767, *The Papers of Henry Laurens*, 5：354；Henry Laurens to James Penman, Charles Town, November 23, 1767, *The Papers of Henry Laurens*, 5：473；Henry Laurens to Lachlan McIntosh, Charles Town, October 20, 1767, *The Papers of Henry Laurens*, 5：373；Henry Laurens to William Fisher, Charles Town, October 3, 1767, *The Papers of Henry Laurens*, 5：328；Henry Laurens to Ross & Mill, Charles Town, October 8, 1767, *The Papers of Henry Laurens*, 5：339；Henry Laurens to Richard Oswald, Charles Town, October 10, 1767, *The Papers of Henry Laurens*, 5：350 - 351；Henry Laurens to William Freeman, Charles Town, October 9, 1767, *The Papers of Henry Laurens*, 5：348；Henry Laurens to William Freeman, Charles Town, December 11, 1767, *The Papers of Henry Laurens*, 5：501.

② Henry Laurens to Thomas Smith, August 8, 1769, *The Papers of Henry Laurens*, 7：116.

③ Charles Garth to Committee of Correspondence, London, November 25, 1767, *The Papers of Henry Laurens*, 5：487. 另见 Charles Garth to Committee of Correspondence, London, November 25, 1767, "Garth Correspondence（Continued）," *The South Carolina Historical and Genealogical Magazine*, Vol. 30, No. 3（Jul., 1929）：177 - 178；Charles Garth Letter Book, June 6, 1766 - May 27, 1775, 54, South Carolina Archive and Department of History, Columbia, South Carolina.

加思指出，英帝国中央政府已为英属北美的 13 个殖民地在贸易或财政税收上制定了一项新议案，它旨在让殖民地人民遵守英国议会所颁布的议会法令。否则，帝国政府会对殖民地的人民进行更严格的处罚并没收他们的财产。加思进一步指出在哈利法克斯建立的海事法庭对北美所有海事事务拥有绝对管辖权。换句话说，各个殖民地的海事法庭也要听从哈利法克斯海事法庭的指示。① 在收到这个消息后，南卡罗来纳殖民地人民发现，英帝国中央政府并没有惩罚贪婪的皇家海关官员的计划。相反，英帝国中央政府要在英属北美 13 个殖民地实行更严格的海关规制政策。

第五节　"安"号商船诉讼案

1768 年 5 月，劳伦斯 vs 鲁佩尔的诉讼案在民事诉讼法庭受审。鲁佩尔担任海关收税员将近 20 年，却找不到律师为他辩护。在这种情况下，雷成为鲁佩尔的律师。在没有任何人提供建议的情况下，鲁佩尔宣称，雷迫使他承担 1/3 的费用。对鲁佩尔来说，这是一个"艰难且残酷"的情况。② 5 月 12 日，劳伦斯赢得了陪审团的判决，获得了 1400 南卡罗来纳货币、200 南卡罗来纳货币，而鲁佩尔承担庭审费用。

劳伦斯试图在查尔斯顿港口清理他的船只"安"号，但失败了。他为"安"号商船提供了一批大米和其他列举的物品，他与费城贵格会商人威廉·费舍尔和英国国内的两位商人共同拥有这些货物。在为这艘船上的列举物品提供保证金后，他收到了在港口装载货物的许可证。由于劳伦斯计划去佐治亚处理种植园事务，他要求年轻的书记员约翰·霍普顿完成装载。劳伦斯离开后，福滕船长在船上收到了一根烟斗、一桶马德拉酒、一桶朗姆酒和一包宽松的牛角。当船长福滕在海事部门办公室缴纳列举货物保证金并请求海关收税员 R. P. H. 哈特利（R. P. H. Hatley）发放通行

---

① Charles Garth to Committee of Correspondence, London, February 29, 1768, "Garth Correspondence," *The South Carolina Historical and Genealogical Magazine*, Vol. 30, No. 4 (Oct., 1929): 215 - 235.

② George Roupell to the Commissioners of Customs in America, Charles Town, July 11, 1768, *The Papers of Henry Laurens*, 5: 739 - 740.

证时，后者故意推迟收取船上货物的保证金。6月17日，哈特利检查了这艘船，结果发现对于未清点的货物他们并未向海关申请通行证件。

由于缺乏未列举的货物的保证金，劳伦斯的商船"安"号被鲁佩尔扣押。船长福滕试图将未列举的货物清理出去，但哈特利阻止他这样做。霍普顿试图为劳伦斯签署必要的协议，但他失败了，因为他还未成年。作为劳伦斯的好朋友，商人埃德蒙·海德试图为未列举的商品提供保证金，但哈特利拒绝了他的要求。相反，哈特利派海关搜索员威廉·科茨（William Coats）向鲁佩尔通报了这一事件。6月18日，鲁佩尔正式扣押了这艘船，理由是违反了乔治三世时期第6条第52款海事法令。①

劳伦斯的朋友们尝试着把商船"安"号弄回来，但他们并没有成功。加布里埃尔·马尼戈特与鲁佩尔进行了协商，并指出鲁佩尔是出于报复而扣押了"安"号商船。6月20日，海事法庭第一次开庭。在第一次开庭之前，哈特利向劳伦斯的生意伙伴约翰·洛根（John Logan）提议，如果劳伦斯撤回对鲁佩尔的索赔，"安"号商船可以立即释放。由于劳伦斯不在查尔斯顿，洛根没有接受这种安排。②

海事法庭最终受理了"安"号商船诉讼案。在6月28日、29日，7月1日、2日和5日进行的5次庭审上，双方都陈述了理由。7月7日，为了保护鲁佩尔并保住他的职位，雷强迫鲁佩尔宣誓，宣称他的行为不是出于恶意或怨恨，而仅仅是在履行他的职责。鲁佩尔别无选择，只能接受这种安排。通过宣誓，鲁佩尔试图让南卡罗来纳人相信，他的行为是真诚的，有"足够的理由"扣押"安"号商船。③

---

① *Lloyd's Evening Post*, London, August 26 – 29, 1768; "Seizure of the Ann," June 18, 1768, *The Papers of Henry Laurens*, 5：722 – 723; Henry Laurens, "Extracts from the Proceedings of the High Court of Vice – Admiralty" (Philadelphia, November – December, 1768), *The Papers of Henry Laurens*, 6：192; *South Carolina Gazette*, Charles Town, July 11, 1768; "Newspaper Account," Charles Town, July 11, 1768, *The Papers of Henry Laurens*, 5：742 –744.

② Henry Laurens, "Extracts from the Proceedings of the High Court of Vice – Admiralty" (Charleston, 1769), February 23, 1769, *The Papers of Henry Laurens*, 6：328.

③ Henry Laurens, "Extracts from the Proceedings of the High Court of Vice – Admiralty" (Philadelphia, November – December, 1768), *The Papers of Henry Laurens*, 6：205; *South Carolina Gazette*, Charles Town, July 11, 1768; "Newspaper Account," Charles Town, July 11, 1768, *The Papers of Henry Laurens*, 5：742 – 744.

　　在接到霍普顿关于"安"号商船被扣押的消息后，劳伦斯立即从佐治亚殖民地的种植园返回查尔斯顿，以便采取法律行动。7 月初，劳伦斯聘请律师詹姆斯·帕森斯和约翰·拉特利奇替他辩护。帕森斯和拉特利奇都不接受鲁佩尔的解释。相反，他们认为鲁佩尔恶意扣押了劳伦斯的船只。

　　当时，劳伦斯的律师要求鲁佩尔支付因扣押"布劳顿岛"号商船所花费的 200 南卡罗来纳货币，但鲁佩尔负担不起。虽然摩尔已经离开了殖民地，但他敦促哈特利协助鲁佩尔。为了帮助鲁佩尔，哈特利试图通过挪用海关资金获得上级的许可，以支付赔偿金。未经上级许可，哈特利无法为鲁佩尔挪用海关资金。考虑到鲁佩尔无力支付 200 南卡罗来纳货币，劳伦斯因此指示拉特利奇推迟执行。[1]

　　雷对"安"号商船的案子做了判决。作为一名皇家海关官员，雷试图保护鲁佩尔免受另一起案件的起诉。早在 1756 年，雷娶了查尔斯顿商人弗朗西斯·布雷马尔（Francis Bremar）和玛莎·劳伦斯（Martha Laurens）的女儿玛莎·布雷马尔（Martha Bremar）为妻。玛莎·劳伦斯是亨利·劳伦斯的姐姐，玛莎·布雷马尔是亨利·劳伦斯的侄女。通过这场联姻，亨利·劳伦斯与雷成为亲戚。作为劳伦斯的朋友和亲戚，雷不想伤害劳伦斯的感情，对后者造成任何伤害。在听取了双方的争论后，雷就这个案子做出了一个判决。7 月 11 日，雷下令将"安"号商船及其船上的工具、家具以及未清点的货物归还给原告且"双方自行支付诉讼费用"。[2] 雷表面上让判决对劳伦斯有利。事实上，雷间接保护了鲁佩尔免受另一起民事诉讼。

　　雷试图做一个公平的裁决，但鲁佩尔和劳伦斯都对他的判罚不满意。[3]在指出鲁佩尔有"可能的扣押原因"的同时，雷裁定鲁佩尔应支付一半的法庭费用。听到判令后，鲁佩尔认为雷没有给他足够的支持。劳伦斯把他的船拿回来了，但他认为雷的判决存在偏见。雷试图扮演一个公平的法官

---

① 1769 年 3 月底，劳伦斯最终获得了 200 南卡罗来纳货币的赔偿金。James Haw, *John and Edward Rutledge of South Carolina*, 43, footnote 23.

② *Public Advertiser*, London, August 26, 1768; *Lloyd's Evening Post*, London, August 26 – 29, 1768. 另见 "Newspaper Account," Charles Town, July 11, 1768, *The Papers of Henry Laurens*, 5：742。

③ *South Carolina Gazette*, Charles Town, July 11, 1768.

角色，但他的判罚并不能让双方接受。

鲁佩尔不同意雷的判决，并决定对"安"号商船案提出上诉。鲁佩尔首先向海事法庭提出上诉，但雷拒绝了他的请求。7月11日，鲁佩尔请求在波士顿成立的北美海关专员委员会进行干预。① 他还试图在英国就"安"号商船案提出上诉。8月6日，鲁佩尔给英国海关专员写信，附上了案件的所有记录。然而，鲁佩尔没有得到任何答复。

北美海关专员委员会收到了鲁佩尔的上诉，但没有采取任何有效行动。北美海关专员委员会将其转交给财政部专员，而财政部专员后来将其转交给总检察长。总检察长声称雷的判罚存在问题，并将其退回北美海关专员委员会，但该委员会没有采取进一步行动。1769年10月16日，为了补偿鲁佩尔，北美海关专员委员会任命他为查尔斯顿海关副收税员。②

与鲁佩尔相比，劳伦斯首先就"安"号商船案向海事法庭提出上诉。7月9日，劳伦斯向海事法庭的登记员威廉·洛根索取与此案有关的法律记录副本。9月1日，确定了9月14日为"安"号商船案提出上诉的日期。在接受上诉三天后，雷辞去了海事法庭的法官职务。在这种情况下，劳伦斯不得不放弃上诉。③

劳伦斯在伦敦就"安"号商船案提出上诉。7月13日，他要求伦敦的朋友罗斯和密尔以适当的方式向适当的办公室、法院或董事会提起诉讼申请，让他的上诉进入或开始审理。罗斯和密尔聘请律师查尔顿·帕尔默（Charlton Palmer）提交了劳伦斯的上诉。8月26日，罗斯和密尔在《伦敦每日广告商》上刊登了他们与皇家海关官员争议的相关内容。④ 第二天，罗斯和密尔给劳伦斯写信，提到帕尔默正准备对雷做出关于"安"号商船

---

① George Roupell to Commissioners of Customs in America, Charles Town, July 11, 1768, *The Papers of Henry Laurens*, 5: 739, 741.

② George Roupell to Commissioners of Customs in America, Charles Town, July 11, 1768, *The Papers of Henry Laurens*, 5: 737 – 742; *South Carolina and American General Gazette*, October 16, 1769; Henry Laurens to William Fisher, Charles Town, August 1, 1768, *The Papers of Henry Laurens*, 6: 3, footnote 1.

③ *South Carolina Gazette*, Charles Town, September 17, 1768.

④ Henry Laurens to Rose & Mill, Charles Town, July 13, 1768, *The Papers of Henry Laurens*, 5: 749 – 750; "Appendix to the Extracts from the Proceedings of the High Court of Vice – Admiralty," *The Papers of Henry Laurens*, 7: 67 – 68; *London Daily Advertiser*, London, August 26, 1768.

案的判决提出上诉。此外，罗斯和密尔要求劳伦斯向他们提供一份针对"安"号商船案件的法律诉讼副本。①

第六节　小册子之战

被海事法庭的判罚激怒后，劳伦斯将矛头对准了"软弱且腐败"的雷。② 1768 年 11 月底或 12 月初，他首次在费城出版了一本题为《海事法庭诉讼摘要》（*Extracts from the Proceedings of the High Court of Vice – Admiralty*）的小册子。在出版之前，费城的贵格会商人威廉·费舍尔删除了劳伦斯在书中的大部分评注。③ 1769 年 2 月 23 日，在小册子中加入了自己的评语后，劳伦斯把它在查尔斯顿重新出版。之所以这样做，是因为劳伦斯认为雷的判决存在偏见。④ 不久，劳伦斯被卷入一场与雷相关的小册子大战。在阅读了《海事法庭诉讼摘要》后，雷决定为自己辩护，以捍卫自己的名誉。⑤ 4 月，雷出版了他的小册子《未戴面具的男子：或者，未受欺骗的世界》（*The Man Unmasked：Or，the World Undeceived*），嘲笑劳伦斯对英国宪法、习惯法的理解以及写作能力的低下。⑥ 8 月 1 日，劳伦斯用一本题名为《海事法庭诉讼摘要附录》的小册子对雷的攻击予以回击。⑦ 雷认为与

---

① Ross & Mill to Henry Laurens, August 27, London, 1768, *The Papers of Henry Laurens*, 6：84 – 85；Henry Laurens to Ross and Mill, Charles Town, November 16, 1768, *The Papers of Henry Laurens*, 6：164.

② Henry Laurens, "Extracts from the Proceedings of the High Court of Vice – Admiralty" (Charleston, 1769), *The Papers of Henry Laurens*, 6：383.

③ Henry Laurens, "Extracts from the Proceedings of the High Court of Vice – Admiralty" (Philadelphia, 1768), *The Papers of Henry Laurens*, 6：184；Henry Laurens, "Extracts from the Proceedings of the High Court of Vice – Admiralty" (Philadelphia, 1768), *The Papers of Henry Laurens*, 6：191 – 216.

④ Henry Laurens, "Extracts from the Proceedings of the Hight Court of Vice – Admiralty" (Charles Town, 1769), *The Papers of Henry Laurens*, 6：287 – 383.

⑤ Egerton Leigh, "*The Man Unmasked：Or，the World Undeceived*," *The Papers of Henry Laurens*, 6：455.

⑥ Leigh, "The Man Unmasked," *The Papers of Henry Laurens*, 6：450 – 568.

⑦ *South Carolina Gazette and Country Journal*, Charles Town, August 1, 1769；Henry Laurens, "An Appendix to the Extracts from the Proceedings of the High Court of Vice – Admiralty," *The Papers of Henry Laurens*, 7：112 – 114.

"一个不懂学问的商人"进行辩论是非常荒唐的。于是，他没有给劳伦斯进一步的答复。1769 年底，劳伦斯和雷之间的小册子之战悄然结束。

在小册子之战中，劳伦斯形容雷是一个"软弱且腐败"的官员，且动机不纯。劳伦斯认为，雷的"表述是不公正的"，一直在"误导"读者以便让其逃脱人民的"普遍指责"。劳伦斯还指出，雷借"正义"之名，却牺牲了"正义、公正和真理"。[①] 在海事法庭的审判中，南卡罗来纳人民的财产很可能会被没收，因为雷"恣意妄为"。[②] 作为雷行为不当的受害者，劳伦斯认为自己有义务攻击雷并揭发海事法庭的腐败行为。

劳伦斯揭示了雷在海事法庭上多重角色之间的内在冲突。[③] 在一系列诉讼中，雷既是私人律师，又是总检察长，还是法官。劳伦斯发现，雷的行为既像一个"律师"却又不像一个律师。劳伦斯暗示，雷不应该同时扮演这些角色。否则，雷在法庭上的判罚不可能不偏不倚。当雷和劳伦斯的小册子论战的新闻传到伦敦时，英帝国中央政府指示雷辞去法官或总检察长的职务。迫于政治压力，同时也为了让自己在法庭上的判罚更具有说服力，雷不得不辞去法官的职务。

在劳伦斯看来，一些新任命的皇家海关官员威胁到了英帝国中心和南卡罗来纳殖民地之间的商业和谐。英法七年战争后，英帝国中央政府指示皇家海关官员执行新的贸易法规，这些法规反映了他们的"[生活]奢侈、[生性]懒惰和[行为]放纵"。这些皇家海关官员更喜欢自己的"私人收益而不是公共福利"，并反对"不符合一般利益"的贸易计划。南卡罗来纳商人"为自己和社区其他成员都有如此有利的条件，贡献一部分利润"是"公正合理的"。然而，南卡罗来纳商人发现，他们的商业利润无

---

① Henry Laurens, "Extracts from the Proceedings of the High Court of Vice – Admiralty" (Charleston, 1769), *The Papers of Henry Laurens*, 6: 383; Henry Laurens, "Appendix to the Extracts from the Proceedings of the High Court of Vice – Admiralty," *The Papers of Henry Laurens*, 7: 22.

② Henry Laurens, "Extracts from the Proceedings of the High Court of Vice – Admiralty" (Philadelphia, 1768), *The Papers of Henry Laurens*, 6: 214 – 216; *The Papers of Henry Laurens*, 6: 372.

③ Robert M. Calhoon and Robert M. Weir, "The Scandalous History of Sir Egerton Leigh," *William and Mary Quarterly*, Vol. 26, No. 1 (Jan., 1969): 48 – 49 and 59.

法承受皇家海关官员的"懒惰"和腐败的"恶行"。①

劳伦斯指出，腐败的皇家海关官员违反了英国法律，进而造成了英帝国中心和殖民地之间的商业冲突。劳伦斯知道英国的法律是"正当的且公平的"。但如果坏人负责执法，且他们贪得无厌并存在强烈的报复心，把个人私利凌驾于公共利益之上，好的法律也会被这些人"攫取"和"误用"。长此以往，劳伦斯担心"贸易必然不可避免地萎靡不振"且英帝国中心和殖民地之间的商业和谐关系必然会被打破。② 劳伦斯宣称"坏的""贪婪的"且存在"报复心的"官员造成了英帝国中心和殖民地之间的商业矛盾，呼吁英帝国中央政府任命好官员。否则，英国和南卡罗来纳之间的商业往来将无法恢复。

由于皇家海关官员侵犯了南卡罗来纳殖民地商人的合法权益，劳伦斯希望英国宪法和法律可以保护南卡罗来纳商人的财产。他认识到，英帝国中心和南卡罗来纳殖民地"在利益和情感上是如此紧密地团结在一起"。劳伦斯依旧维持着对英国国王的忠诚，声称英国的法律是"良好和公平的"，"公平的商人""努力遵守法律"理应获得英国法律的保护。③ 他进一步指出，英帝国中心和南卡罗来纳的利益在现实中是如此紧密地绑在一起以致殖民地人民"希望维护和延续"与英帝国中心在商业和政治上的纽带。④ 考虑到南卡罗来纳人民的合法贸易在一定程度上为增加国王的收入做出了重要贡献，并增加了"英国的财富"，劳伦斯认为南卡罗来纳殖民地人民的商业活动值得英帝国中央政府提供更多法律上的保护，以防止皇家海关官员滥用权力进而非法扣押船只。⑤

劳伦斯强调他是一名英国人。他反思了自己如何被引导怀疑自己作为

---

① Henry Laurens, "Extracts from the Proceedings of the Hight Court of Vice – Admiralty" (Charles Town, 1769), *The Papers of Henry Laurens*, 6: 370 – 371.

② Henry Laurens, "Extracts from the Proceedings of the Hight Court of Vice – Admiralty" (Charles Town, 1769), *The Papers of Henry Laurens*, 6: 371 – 372.

③ Henry Laurens, "Extracts from the Proceedings of the High Court of Vice – Admiralty" (Charles Town, 1769), *The Papers of Henry Laurens*, 6: 371 – 372.

④ Henry Laurens, "Extracts from the Proceedings of the High Court of Vice – Admiralty" (Charles Town, 1769), *The Papers of Henry Laurens*, 6: 375.

⑤ Henry Laurens, "Appendix to the Extracts from the Proceedings of the High Court of Vice – Admiralty," *The Papers of Henry Laurens*, 7: 73.

英国人的"特权"和自由。劳伦斯指出，英国人的祖先尊重英国宪法和他们的"不可剥夺的出生权利"。英国人的祖先"在承认海事法庭管辖权方面非常谨慎"。在劳伦斯看来，皇家海关官员与殖民地商人之间的商业纠纷偏离了被祖先们"视为自由的堡垒"，也偏离了英国宪法的基本原则。①

劳伦斯引用了英国法学家威廉·布莱克斯通的言论来维护他作为英国人的权利和特权。在《英国法律评论》中，布莱克斯通指出，英国国民的"最超越性的特权"是"财产"和"自由"。另外，布莱克斯通声称，英国宪法"确保了英国人公正的自由"。以罗马、斯巴达和迦太基为例，布莱克斯通进一步断言，当这些帝国的臣民失去"自由和财产"时，这些帝国就在历史上消失了。劳伦斯引用了布莱克斯通关于英国法律的评论并提醒殖民地政府：如果英帝国不保护南卡罗来纳人的自由、财产和权利，殖民地人民将被迫寻求保护他们的合法权益。随着时间的推移，殖民地人民会进一步发展农业和制造业，并能够完全独立于殖民地母国。最终，英帝国将走向灭亡。② 之所以这么说，是因为劳伦斯希望英帝国中央政府尊重南卡罗来纳人民作为英国人的权利和特权。

同样，劳伦斯引用了英国法学家爱德华·柯克（Edward Coke）的言论，以抵制海事法庭日益扩大的管辖权。劳伦斯知道，英国祖先"在承认海事法院管辖权方面非常谨慎"。他注意到海事法庭的管辖权日益扩大，警告雷不要管理海关事务。在《英国法律体系的第四部分》（*The Fourth Part of the Institutes of the Laws of England*）中，柯克提到，"古老的英国法律，既有普通的，也有法规的，仅限于海上产生的事物"。如果诉讼一部分在陆地上发生，一部分在海上发生，劳伦斯指出，"整个诉讼将由普通法法院裁决"。他强调普通法法院有权处理海关事务，暗示皇家海关官员和海事法庭不应干预这些事务。③

---

① Henry Laurens, "Extracts from the Proceedings of the High Court of Vice – Admiralty" (Charles Town, 1769), *The Papers of Henry Laurens*, 6: 374 – 375.

② Henry Laurens, "Extracts from the Proceedings of the High Court of Vice – Admiralty" (Philadelphia, 1768), *The Papers of Henry Laurens*, 6: 214 – 216.

③ Henry Laurens, "Extracts from the Proceedings of the High Court of Vice – Admiralty" (Philadelphia, 1768), *The Papers of Henry Laurens*, 6: 215; Edward Coke, *The Fourth Part of the Institutes of the Laws of England* (London, 1648), 134 – 147.

此外，劳伦斯引用柯克的思想来维护他作为英国人的上诉权。在《未戴面具的男子：或者，未受欺骗的世界》中，雷指出，劳伦斯没有及时向海事法庭提起关于"安"号商船案的上诉。此外，雷指出，劳伦斯"明显忽视"了这个案件。对此，劳伦斯断言，雷"一开始就耍手段"阻止他上诉。柯克指出，所有英国人都可以以英国普通法为手段来保护自己作为英国人的权利和特权。然而，劳伦斯发现，他的上诉权被雷剥夺了。通过引用柯克的思想，劳伦斯揭示了雷如何阻碍他使用英国普通法来保护他作为英国人的合法权利和财产。①

劳伦斯引用了哲学家弗朗西斯·培根（Francis Bacon）和政治家约翰·特伦查德（John Trenchard）的作品，以证明他作为商人的诚实美德。雷指出，劳伦斯通过出版《海事法庭诉讼摘要》来诽谤他。② 为了捍卫自己的正直行为，劳伦斯首先引用了培根《论真理》中的一句话："没有什么快乐可以与站在真理的有利位置上相比：在一座不可征服的高山那里，空气总是清新的。"③ 随后，劳伦斯引用特伦查德《关于诽谤的话语》（*Discourse upon Libels*）中的一段："只有事实才会惹恼他们 ［诽谤者］；因为如果你不说真话，你可能会允许他们去说谎。"④ 通过引用这两段话，劳伦斯强调，他无意发表虚假陈述损害雷的声誉。相反，劳伦斯的目的是说服公众：他的话是值得信赖的，雷的话则不值得信赖。

与雷的小册子大战进一步加深了劳伦斯对皇家海关官员腐败的厌恶。劳伦斯知道摩尔确实向殖民地商人索要并接受某些费用。⑤ 在劳伦斯看来，

---

① Henry Laurens, "Appendix to the Extracts from the Proceedings of the High Court of Vice – Admiralty," *The Papers of Henry Laurens*, 7: 68; Leigh, "The Man Unmasked," *The Papers of Henry Laurens*, 6: 535 – 536.

② Leigh, "The Man Unmasked," *The Papers of Henry Laurens*, 6: 464.

③ Francis Bacon, *The Works of Francis Bacon*, edited by James Spedding, Robert Leslie Ellis, and Douglas Denon Heath, 14 vols. (London: Longman, 1857 – 1874), 6: 378.

④ John Trenchard, *Cato's Letters, or Essays on Liberty, Civil and Religious, and Other Important Subjects*, 4 vols. (London, 1733), 3: 293, 298; Henry Laurens, "Appendix to the Extracts from the Proceedings of the High Court of Vice – Admiralty," *The Papers of Henry Laurens*, 7: 7; *South Carolina Gazette and Country Journal*, Charlestown, July 25, 1769. 另见 "Advertisement," Charles Town, July 25, 1769, *The Papers of Henry Laurens*, 6: 598。

⑤ Henry Laurens, "Extracts from the Proceedings of the Hight Court of Vice – Admiralty" (Charles Town, 1769), *The Papers of Henry Laurens*, 6: 369.

南卡罗来纳皇家海关官员的任命培养了众多贪婪的官员，他们中的许多人"一无是处"，并因其肮脏、欺骗、虚伪的行为而让人"鄙视"。[1] 国王的官员们，劳伦斯指出，在扣押"活跃"号船、"万波"号船、"布劳顿岛"号船和其他船只时表现得异常积极。[2] 皇家海关官员有责任增加国王的收入，但他们非法抢劫了殖民地商人的财富。因此，法官雷和皇家海关官员通过"虚假陈述"，不仅让国王对他的"忠诚且尽职尽责的臣民"产生了偏见，而且在英国议会中造成了对北美殖民地人民的不信任。[3]

最终，劳伦斯放弃了在英国国内就"安"号商船案进行上诉的请求。到1770年4月，摩尔已经离开了查尔斯顿，雷已经辞去了他在海事法庭的法官职位。由于雷没有将鲁佩尔置于保证金之下并赔偿劳伦斯的损失，劳伦斯发现他无法"追回任何损失"。在这种情况下，劳伦斯不得不要求查尔顿·帕尔默撤销诉讼。[4] 与此同时，由于北美13个殖民地与英帝国之间因为征税法案产生更多分歧和矛盾，英帝国中央政府根本无暇顾及劳伦斯的上诉案件。最后，劳伦斯与王室政府官员摩尔和雷的商业纠纷不了了之。

小　结

18世纪70年代末，劳伦斯的商业遭遇帮助他认识到英帝国中心与南卡罗来纳殖民地之间存在日益激烈的商业摩擦。英法七年战争前，英帝国中心与南卡罗来纳殖民地的商业和谐促进了双方的共同繁荣。英法七年战争后，随着英帝国中央政府在南卡罗来纳实施新的海关法规，劳伦斯的商船被卷入几起诉讼案件中，其间他对英帝国中心和南卡罗来纳殖民地之间的商业不和谐极度不满。在皇家海关官员不当行为的激怒下，他带领殖民

[1] Henry Laurens, "Extracts from the Proceedings of the Hight Court of Vice – Admiralty" (Philadelphia, 1768), *The Papers of Henry Laurens*, 6: 214.

[2] Henry Laurens, "Extracts from the Proceedings of the Hight Court of Vice – Admiralty" (Charles Town, 1769), *The Papers of Henry Laurens*, 6: 318, footnote (f).

[3] Henry Laurens, "Extracts from the Proceedings of the Hight Court of Vice – Admiralty" (Philadelphia, 1768), *The Papers of Henry Laurens*, 6: 213 and 215.

[4] Henry Laurens to Charlton Palmer, Charles Town, April 10, 1770, *The Papers of Henry Laurens*, 7: 275 – 276.

地商人试图保护他们作为英国人的合法权利、贸易自由权和财产权。他首先动员殖民地商人免除摩尔的官职，随后，他将抗议目标转向了鲁佩尔和雷。如果英国议会不改善对殖民地的贸易和关税政策，劳伦斯将继续与新的海关规制政策和皇家海关官员的不当行为做斗争。

尽管存在不满，劳伦斯坚持认为英帝国中央政府将恢复帝国中心和殖民地之间的商业和谐。劳伦斯声称"坏的"、"贪婪的"和存在"报复心"的官员造成了二者之间的商业不和谐，他建议英帝国中央政府应该任命更多值得信赖的官员来恢复帝国中心与南卡罗来纳之间的商业繁荣。否则，劳伦斯警告说，盎格鲁—卡罗来纳贸易必然"不可避免地萎靡不振和衰败"。只要英帝国中央政府能够和平地处理殖民地的商业问题，他预计商业将继续蓬勃发展，人民也会变得更加富有。①

虽然认为自己是英国人，但劳伦斯逐渐成为一名商业异见人士。一方面，他对腐败的皇家海关官员的行为不当和海事法庭管辖权的扩大深感不满。他公开痛斥摩尔、鲁佩尔以及雷的不当行为。正如历史学家卡尔·乌贝洛德（Carl Ubbelohde）所指出的，劳伦斯"在家乡查尔斯顿卷入了一场与海关和海事法庭相关的私人战争，以致他愤愤不平地批评英国国王、英帝国新规制政策及其官员的行为"。②"在一个压迫性的"海事法庭的控制下，劳伦斯指出，南卡罗来纳殖民地商人在从事大西洋贸易的过程中并不自由，这与劳伦斯在 18 世纪 40 年代至 50 年代所从事大西洋贸易时的贸易形势截然不同。尽管南卡罗来纳殖民地商人的财产受到皇家海关官员和海事法庭的威胁，但他还是相信英国宪法和法律都会保护南卡罗来纳人的商业利益。③

另一方面，劳伦斯声称南卡罗来纳人民是国王乔治三世"尽职尽责且忠诚的臣民"并拒绝反抗英帝国中央政府。④ 注意到摩尔、鲁佩尔和雷等

---

① Henry Laurens, "Extracts from the Proceedings of the Hight Court of Vice – Admiralty" (Philadelphia, 1768), *The Papers of Henry Laurens*, 6: 212 and 215.

② Ubbelohde, *The Vice – Admiralty Courts and the American Revolution*, 106.

③ *South Carolina Gazette and Country Journal*, Charles Town, May 22, 1770. 另见 Meeting under the Liberty Tree, May 14, 1770, *The Papers of Henry Laurens*, 7: 292。

④ Henry Laurens, "Extracts from the Proceedings of the High Court of Vice – Admiralty" (Philadelphia, 1768), *The Papers of Henry Laurens*, 6: 213 and 215.

皇家海关官员在向英国议会的报告中曲解了殖民地事务，劳伦斯认为英帝国中央政府最终会解决英帝国中心和殖民地之间的商业混乱。1769 年 2月，当乔治·格伦维尔（George Grenville）宣布英国议会"教导"北美殖民地人民叛乱时，劳伦斯回答说：叛乱对英属北美人民来说是"最不和谐且忘恩负义"的单词。南卡罗来纳人民"痛恨叛乱的想法"。英国议会实施了一系列压迫行为，不仅"破坏了（北美殖民地人民）自己的幸福"，而且"对殖民地母国造成伤害"。劳伦斯无意挑战英国政府且冒犯国王，但他认为南卡罗来纳人民"应该对大压迫"进行些许抱怨。① 只要他们能够成功地向英帝国中央政府提出他们的商业诉求，劳伦斯相信殖民地母国将恢复与南卡罗来纳殖民地之间的商业和谐。

①　Henry Laurens to George Grenville, February 24, 1769, *The Papers of Henry Laurens*, 6：386.

第三章

亨利·劳伦斯对自我认同的质疑，1769—1775 年

1769 年末，南卡罗来纳殖民地的王室委员会、平民议院和副总督威廉·布尔二世① （William Bull II） 之间产生了一场重大的政治争执。在英国国内，伦敦的激进政治家们成立了 "权利法案支持者协会" （Society of Sup-porters for the Bill of Rights），积极帮助激进新闻记者和议员约翰·威尔克斯 （John Wilkes） 偿还债务。12 月 8 日，在响应伦敦激进政治家们的号召下，南卡罗来纳平民议院先从财政部拨款 1500 英镑，随后把这笔款项交给 "权利法案支持者协会"。但是，平民议院的这种行为造成了其与王室委员会以及布尔之间的不和谐。在 1766 年至 1773 年，南卡罗来纳殖民地的王室总督为查尔斯·格雷维尔·蒙塔古 （Charles Greville Montagu）。由于蒙塔古在英国处理政治事务，副总督威廉·布尔二世于 1768 年以及 1769 年至 1771 年担任代理总督。在没有征得布尔和王室委员会同意的情况下，平民议院从财政部挪用了这笔资金。但是，布尔和王室委员会拒绝批准这个拨款法案，借以表达对平民议院的不满。另外，布尔和王室委员会认为这种行为完全合理且合法：首先，平民议院并没有从财政部单独拨款的特权；其次，鉴于威尔克斯一直批评英帝国中央政府和国王乔治三世，平民

---

① 有关布尔家族的族谱和在南卡罗来纳定居的历史，见 "The English Ancestors of the Bull Family of South Carolina," *The South Carolina Historical and Genealogical Magazine*, Vol. 36, No. 2 （Apr. , 1935）：36 - 41； "The Bull Family of South Carolina," *The South Carolina Historical and Genealogical Magazine*, Vol. 1, No. 1 （Jan. , 1900）：76 - 90。小金诺其·布尔专门写过一本关于布尔家族的传记，见 Kinloch Bull Jr. , *The Oligarchs in Colonial and Revolutionary Charleston：Lieutenant Governor William Bull and His Family* （Columbia：University of South Carolina Press, 1991）。

议院的这个法案严重地冒犯了国王乔治三世。①

英帝国中央政府尝试打破殖民地的政治僵局，但是这场政治争端在美国革命爆发以前一直悬而未决。② 当威尔克斯基金事件传到伦敦时，英帝国中央政府于 1770 年 4 月 14 日颁布了《附加指令》（Additional Instruction），并指出平民议院没有从财政部挪用资金的绝对权力。英帝国中央政府还警告平民议院：在未征得王室委员会和王室总督同意的情况下，如果平民议院胆敢从财政部挪用资金，英帝国中央政府将对平民议院的违法行为严惩不贷。在随后的 5 年里，王室委员会、副总督和王室总督一直遵守着《附加指令》，并强迫平民议院放弃反对立场。但是，平民议院拒绝遵守《附加指令》。取而代之的是，平民议院与王室总督、副总督以及王室委员会之间进行了旷日持久的政治斗争，以便捍卫其从财政部拨款的单一特权。由于各方不肯让步，威尔克斯基金事件一直无法解决。美国革命爆发后，效忠英国国王的王室总督和王室政府官员纷纷落荒而逃，南卡罗来纳人民最终推翻了王室政府，威尔克斯基金事件最终消失在美国革命的历

---

① William Bull to the Earl of Hillsborough, Charles Town, December 12, 1769, *Records in the British Public Records Office relating to South Carolina, 1663 – 1782*, transcribed by W. Noel Sainsbury, 36 vols. (Columbia: South Carolina Department of Archives and History, 1928 – 1947), 32: 132; William Bull to the Earl of Hillsborough, Charles Town, September 8, 1770, *Records in the British Public Records Office relating to South Carolina, 1663 – 1782*, 32: 324; Edward McCrady, *The History of South Carolina under the Royal Government, 1719 – 1776* (New York: Macmillan Company, 1899), 663; George Rudé, *Wilkes & Liberty: A Social Study of 1763 – 1774* (London: Oxford University Press, 1962), 61 – 62; Henry Laurens to James Habersham, Charles Town, April 10, 1770, *The Papers of Henry Laurens*, 7: 273 – 275.

② John Drayton, *Memoirs of the American Revolution*, 2 vols. (Charleston: A. E. Miller, 1821), 1: 91 – 114; McCrady, *The History of South Carolina under the Royal Government, 1719 – 1776*, 659 – 744; William Roy Smith, *South Carolina as a Royal Province, 1719 – 1776* (New York: Macmillan Company, 1903), 368 – 387; David Duncan Wallace, *South Carolina: A Short History, 1520 – 1948* (Chapel Hill: The University of North Carolina Press, 1951), 243 – 246 and his book *The Life of Henry Laurens* (New York: G. P. Putnam's Sons, 1915), 159 – 176; Walter B. Edgar, *South Carolina: A History* (Columbia: University of South Carolina Press, 1998), 218 – 219; Jack P. Greene, "Bridge to Revolution: The Wilkes Fund Controversy in South Carolina, 1769 – 1775," *The Journal of Southern History*, Vol. 29, No. 1 (Feb., 1963): 19 – 52 and Jack P. Greeneed., *The Nature of Colony Constitutions: Two Pamphlets on the Wilkes Fund Controversy in South Carolina by Sir Egerton Leigh and Arthur Lee* (Columbia: University of South Carolina Press, 1970).

史洪流里。①

在伊丽莎白时代和美国革命之间，自由是南卡罗来纳人民和英国国内人民认同他们自己是英国人的关键要素，这已在《大宪章》、《人身保护法》、1689 年《权利法案》和英国普通法中得以确认。虽然新教信仰、商业取向、军事安全、海上扩张、知识和科学成就等都是英国人民界定自我认同不可或缺的要素。但是，在历史学家杰克·格林看来，"英国政府和法律所规定的自由构成了［英国人自我认同的］基础"。② 正如英国法学家威廉·布莱克斯通所指出的，自由包括四项重要的法律权利。它们分别是：（1）人身安全的权利；（2）自由迁徙权；（3）免受无故监禁的自由；（4）自由使用、享有和处置一切财产的权利。③ 鉴于南卡罗来纳人民与殖民地母国长期以来维持着密切的政治、经济和文化联系，南卡罗来纳人民相信他们也享有英国国内人民的自由。更重要的是，他们同意英国国内人民的看法，即英国的自由和宪法备受"世界的赞美和嫉妒"，这使得英国人民不同于世界上的其他人民。④ 因此，南卡罗来纳殖民地人民和英国国内人民都把享受英国宪法和习俗所赋予的自由当作一种工具，以维护他们的英国人自我认同。

18 世纪 60 年代末，当劳伦斯满腔热情地参与政治事务时，他对英国

---

① David Duncan Wallace, *Constitutional History of South Carolina from 1725 to 1775* (Abbeville, SC: Hugh Wilson Printer, 1899), 69 – 70.

② Jack P. Greene, "Empire and Identity from the Glorious Revolution to the American Revolution," *Oxford History of the British Empire*, 2: 208. 另见 Jack P. Greene, *Creating the British Atlantic: Essays on Transplantation, Adaptation, and Continuity* (Charlottesville: University of Virginia Press, 2013), 253 – 254。

③ William Blackstone, *Commentaries of the Laws of England*, 4 vols. (Philadelphia: Robert Ball, 1771 – 1772), 1: 126 – 140; John Trenchard and Thomas Gordon, "Cato's Letters," *The English Libertarian Heritage: From the Writings of John Trenchard and Thomas Gordon in "The Independent Whig" and "Cato's Letters"*, in David L. Jacobson ed. (Indianapolis: Bobbs – Merrill, 1965), 127 – 128. 转引自 Jack P. Greene, "Introduction: Empire and Liberty," in Jack P. Greene ed., *Exclusionary Empire: English Liberty Overseas, 1600 – 1900* (Cambridge: Cambridge University Press, 2010), 3。

④ John Phillip Reid, *The Concept of Liberty in the Age of the American Revolution* (Chicago: University of Chicago Press, 1988), 15. 有关自由在英属北美的含义，见 Elizabeth Mancke, "The Language of Liberty in British North America, 1607 – 1776," in Greene ed., *Exclusionary Empire*, 25 – 49。

人自我认同的理解变得更加政治化。他认为，南卡罗来纳人和帝国中心的英国人都是"自由民族"的成员，且自由是英国人自我认同的"本质"。和帝国中心的英国人一样，他认为南卡罗来纳人也是"自由人"，他们应该享受"自由民族"的所有权利和特权。更重要的是，他认为英国的自由和宪法都是南卡罗来纳人展示英国人自我认同的重要组成部分。①

由于政治在他的生活中发挥着更重要的作用，劳伦斯积极参加了威尔克斯基金争议的活动，其间他认识到英帝国中心和南卡罗来纳殖民地之间日益增加的政治摩擦。1769年至1771年，他支持平民议院捍卫他们在未经王室总督和王室委员会同意的情况下从财政部发放资金的唯一权力。1771年9月至1774年11月，他第三次访问英国，尽管主要目的是监督三个儿子的教育，但他还是参与了威尔克斯基金争议活动。他不仅呼吁英帝国政府撤销《附加指令》，而且试图尽最大努力说服英帝国中央政府改变对南卡罗来纳的强制政策。为了实现这些目标，他在1768年至1772年与主管殖民地事务的国务大臣威尔斯·希尔〔Wills Hill，也称希尔斯堡伯爵（Earl of Hillsborough）〕交谈，与南卡罗来纳在英帝国中心的代理人查尔斯·加思讨论，以及争取英国政治异见者的支持。在英国和南卡罗来纳往返旅行的过程中，劳伦斯逐渐发现英帝国中央政府并未尊重南卡罗来纳人作为英国人的权利和特权，以及英帝国中央政府与南卡罗来纳殖民地之间的政治关系日渐紧张且无法调和。

本章主要考察劳伦斯在参与威尔克斯基金争议的过程中如何开始怀疑自己作为英国人的自我认同。详细考察劳伦斯参与威尔克斯基金冲突的研究有助于说明：他是如何为英国宪法和习俗赋予的英国人的出生权利和特权而奋斗的，他如何试图调和英帝国中心和南卡罗来纳殖民地之间日益紧张的政治关系，以及他如何成为一个温和的政治异见者（moderate dissenter）。②

---

① Henry Laurens to James Laurens, Westminster, December 12, 1771, *The Papers of Henry Laurens*, 8：94；Henry Laurens to Alexander Garden, Westminster, May 24, 1772, *The Papers of Henry Laurens*, 8：327.

② 格林认为劳伦斯是个温和派，但他关于劳伦斯在威尔克斯基金争议活动中扮演的角色的讨论是静态的。事实上，劳伦斯对约翰·威尔克斯事件和威尔克斯基金争议活动的态度逐渐改变。见 Greene，"Bridge to Revolution，" 32.

第一节　约翰·威尔克斯与跨大西洋 激进政治运动

在 18 世纪 60 年代初，约翰·威尔克斯成为英国国内争取言论和出版自由的重要代表人物之一。威尔克斯不仅是伦敦周报《北不列颠》（*North Briton*）的主编，而且是艾莱斯伯里（Aylesbury）地区在议会的议员代表。1762 年，他在《北不列颠》上撰文并嘲笑首相约翰·斯图亚特（John Stuart）色诱国王乔治三世的母亲。1763 年 4 月 23 日，他在《北不列颠》上发行了"第 45 号"，强烈谴责国王乔治三世在继承王位时的就职演说。[①]读完"第 45 号"后，国王和他的政府官员们决定以煽动性诽谤罪对威尔克斯进行政治迫害。在没有写出被逮捕人员姓名之前，国王的新国务大臣哈利法克斯勋爵（Lord Halifax）下令全城搜捕威尔克斯。一周后，威尔克斯被捕并被囚禁在伦敦塔里。法庭庭审的结果是，主审法官曼斯菲尔德勋爵（Lord Mansfield）裁定：鉴于威尔克斯是艾莱斯伯里郡的议员，他有不受诽谤指控的特权。[②] 由于威尔克斯大胆批评英国国王和国王的政府官员们，这使得他很快成为伦敦激进政治运动的领袖人物之一。因此，帝国中心的英国人把他视为英国人民争取合法政治权利、政治自由和出版自由的重要代表人物。

当伦敦的激进政治运动风起云涌的时候，威尔克斯却遭受各种政治迫害。在 1763 年至 1765 年，约翰·蒙塔古［John Montagu，也称桑德维奇伯

---

① [John Wilkes], "Number XLV," April 23, 1763, *North Briton*, 3 vols. (London, 1763), 2: 227 – 241 and Horace Bleackley, *Life of John Wilkes* (London: John Lane Company, 1917), 91. 有关威尔克斯的传记，见 P. D. G. Thomas, *John Wilkes: A Friend to Liberty* (Oxford: Clarendon Press, 1996); Arthur H. Cash, *John Wilkes: The Scandalous Father of Civil Liberty* (New Haven: Yale University Press, 2006); John Sainsbury, *John Wilkes: The Lives of a Libertine* (Burlington: Ashgate, 2006).

② Lord Mahon, *History of England from the Peace of Utrecht to the Peace of Versailles, 1713 – 1783*, 7 vols. (London: John Murray, 1858), 5th edition, 5: 32; Norman S. Poser, *Lord Mansfield: Justice in the Age of Reason* (Montreal: McGill – Queen's University Press, 2013); James Oldham, *English Common Law in the Age of Mansfield* (Chapel Hill: University of North Carolina Press, 2004).

爵（Earl of Sandwich）］，是负责管辖英国北部的国防大臣。桑德维奇伯爵计划免除威尔克斯的议员公职，进而解除他因议员身份不受政治迫害的豁免权。在 1763 年 11 月的一场议会讨论上，桑德维奇伯爵向贵族院宣读了威尔克斯撰写的《论妇女》，并称它淫秽地模仿了亚历山大·蒲柏（Alexander Pope）的《论男人》。随后，贵族院投票裁决《论妇女》为诽谤性文本，并违反了议员特权。① 与此同时，平民院把《北不列颠》上的 "第 45 号" "视为一份煽动性诽谤的文本"。由于担心自己会被卷入一场煽动性诽谤的审判并因此而入狱，威尔克斯逃往法国。1764 年 1 月 20 日，尽管威尔克斯缺席审判，政府官员还是取消了他在平民院的议员资格。一个月后，法庭裁决威尔克斯因发表具有煽动性诽谤的 "第 45 号"，以及因发表淫秽且带有诽谤性的《论妇女》而有罪。②

威尔克斯坚持不懈地抵制专制王权使得他成为英国国内人民争取合法政治权利，并维护政治自由的卫道士。他在欧洲大陆生活了 4 年。由于负债累累，他不得不返回英国。1768 年 3 月，他成功赢得议会选举的席位。不久，英国政府以诽谤罪和发表煽动性文本而把他囚禁在监狱里。入狱后，他坚持撰写各种文章并批评英国政府及政府官员，进一步奠定了他在普通民众心中重要地位的基础。在 1769 年 2 月至 4 月，尽管米德尔塞克斯的公民 3 次选举他作为该郡在议会的代表，但中央政府否认所有的选举结果。尽管中央政府没有承认米德尔塞克斯的选举结果，但威尔克斯的支持者决定支持威尔克斯争取选举权和政治自由。不久，"威尔克斯与自由"立刻成为米德尔塞克斯、伦敦和英国国内其他城市的政治口号。③

此外，威尔克斯成为英帝国中心激进政治运动的符号。威尔克斯被囚禁后，他的支持者领导了伦敦的激进政治运动。1769 年初，威尔克斯的支

---

① Bleackley, *Life of John Wilkes*, 37 – 38, 135; John Wilkes, *An Essay on Woman*（London, 1763）; Alexander Pope, *An Essay on Man*（London, 1748）.

② Bleackley, *Life of John Wilkes*, 136 and 151.

③ Rudé, *Wilkes & Liberty*, 172 – 190. 有关威尔克斯与英国人自我认同，见 Linda Colley, *Britons: Forging the Nation, 1707 – 1837*（New Haven: Yale University Press, 1992）, 105 – 117. 有关威尔克斯激进主义和英帝国中心的抵制运动，见 Wilson, *The Sense of the People*, 206 – 236 and John Brewer, *Party Ideology and Popular Politics at the Accession of George III*（Cambridge: Cambridge University Press, 1976）, 163 – 200。

持者在伦敦成立了"权利法案支持者协会"，以偿还威尔克斯的债务。两年后，"权利法案支持者协会"采纳了更激进的政治主张，这包括要求扩大普通人的选举权利、增加普通民众在议会的代表数量、惩罚贪污腐败的政治家，以及维护演讲自由的政治权利。在拥护威尔克斯和他的政治口号的同时，威尔克斯的支持者敦促英帝国中央政府推进议会改革。与此同时，他们尝试着保护英国人生而自由的政治权利，这包括选举权、出版自由，以及其他由英国宪法和习俗所赋予的基本政治权利。

在与英帝国中央政府维持良好政治纽带的同时，南卡罗来纳人民认为他们也有权拥有跟英国国内人民一样的自由传统。更重要的是，他们跟帝国中心的英国人在这个问题上达成一致看法，即英国自由和宪法"被世界人民所羡慕和嫉妒"，这是区分英国人跟世界上的其他人民的一个重要标准。[①] 在享受由英国宪法和法律所赋予的自由时，南卡罗来纳人民和帝国中心的英国人把自由作为衡量他们是否是英国人的一个重要标准，并由此把英国人和世界上其他国家的人民区分开来。

南卡罗来纳殖民地的政治家们坚决支持威尔克斯在英帝国中心领导的争取政治自由的政治活动。跟英帝国的政治激进分子一样，南卡罗来纳殖民地的人民视威尔克斯和"第 45 号"为英国人的合法权利和政治自由的重要符号。南卡罗来纳人民还认为威尔克斯以一己之力来捍卫英国宪法和习俗所赋予英国人民的政治权利和自由。[②] 只要英国人民遭受政治压迫，他们就有权使用宪法和习俗所赋予的政治权利来表达他们的不满和反对意见。既然威尔克斯是英国人政治权利和政治自由的卫道士，南卡罗来纳人民对支持伦敦激进政治家们所领导的威尔克斯政治活动更加充满热情。

受英国国内激进政治运动的鼓舞，南卡罗来纳人民也举行了支持威尔克斯的政治活动。在查尔斯顿商人迈尔斯·布鲁顿（Miles Brewton）看来，

---

① John Phillip Reid, *The Concept of Liberty in the Age of the American Revolution* (Chicago: University of Chicago Press, 1988), 15. 有关自由在英属北美的含义，见 Elizabeth Mancke, "The Language of Liberty in British North America, 1607–1776," in Greene, ed., *Exclusionary Empire*, 25–49。

② *South Carolina Gazette*, Charles Town, October 1, 1763.

街上的人们都在叫喊"威尔克斯与自由"。① 此外，"第 45 号"俱乐部在诸多场合举行公开集会和示威活动。另外，他们以 45 为一个单位举行了一场轰轰烈烈的表演活动。在喝酒的时候，他们敬酒 45 次。当时钟指向 12 点 45 分时，他们一起摔杯子以示庆祝。② 在拥护威尔克斯政治口号的同时，南卡罗来纳殖民地人民把威尔克斯视为一个维护他们作为英国人的政治权利和自由的模范人物。

劳伦斯支持南卡罗来纳殖民地人民对威尔克斯运动的热情，但不同意他们庆祝自由的方式。1768 年 10 月，作为圣菲利普斯教区的候选人，他出席了在查尔斯顿"自由点"举行的重要会议。大约五点钟，南卡罗来纳人来到胡格诺商人艾萨克·马齐克（Isaac Mazyck）牧场里的一棵橡树下，并宣誓为"自由"而奋斗。正如他所描述的："这棵树由 45 盏灯装饰，发射了 45 枚礼花。8 点左右，整个队列按照 45 个人行进……在桌子上放 45 盏灯，有 45 个碗、45 瓶酒和 90 个杯子。"③ 跟南卡罗来纳其他政治家一样，劳伦斯认为 45 成为英国自由的象征。同时，劳伦斯认为支持威尔克斯的激进政治活动就是争取作为英国人的权利的斗争。劳伦斯支持争取政治自由的政治活动，但他觉得完全没有必要"为了真正自由的事业"而"敬酒 45 次"。④

第二节　《附加指令》的制定和执行

1720 年，当南卡罗来纳从业主殖民地转变为王室殖民地的时候，英帝国中央政府向南卡罗来纳殖民地王室政府发布了一项指令，指示后者如何

---

① Miles Brewton to Peter Manigault, January 10, 1769, Manigault Family Papers, South Caroliniana Library.

② McCrady, *The History of South Carolina under the Royal Government*, 667. 有关查尔斯顿自由之子的研究，见 Richard Walsh, *Charleston's Sons of Liberty: A Study of the Artisans* (Columbia: University of South Carolina Press, 1959); Rosemary Niner Estes, "Charles Town's Sons of Liberty: A Closer Look" (Ph. D. diss., University of North Carolina, 2005).

③ 关于艾萨克·马齐克的简介，见 Michael James Heitzler, *Goose Creek, South Carolina: A Definitive History 1670 - 2003* (Charleston: The History Press, 2005), 275; *South Carolina Gazette*, Charles Town, October 3, 1768; Newspaper Account, October 3, 1768, *The Papers of Henry Laurens*, 6: 123, footnote 7。

④ Henry Laurens to Thomas Franklin, Westminster, December 26, 1771, *The Papers of Henry Laurens*, 8: 121; Greene, "Bridge to Revolution," 27 - 28.

处理公共资金。根据这个法案，南卡罗来纳殖民地的财政部只有在征得平民议院、王室委员会和王室总督一致同意的情况下才可以制定现金法案。①1720 年之后，尽管平民议院、王室委员会和殖民地总督遵守着中央政府的指令，但是他们逐渐认为这种方法并不可行。当平民议院提出现金法案的时候，他们不得不同时征求王室总督和王室委员会的同意。当平民议院最终获得王室总督和王室委员会共同许可的时候，这会耗费很长一段时间。因此，平民议院、王室委员会和总督都同意改变这种从南卡罗来纳财政部拨款的方法。

　　到 18 世纪 60 年代后期，平民议院依旧遵守英帝国中央政府的指令，但是它采用了其他两种方法来从财政部支取现金。②首先，在征得王室总督默许的情况下，平民议院从财政部调用资金并按时归还；其次，平民议院从财政部挪用资金，随后直接还款。③长此以往，在未征求王室总督或王室委员会同意的情况下，平民议院可以直接从财政部挪用资金，这种行为被称为"默许"（sub silentio）。这种从财政部调用资金的方法违背了英帝国中央政府的指令，但是王室委员会和王室总督都默许这种操作。正如南卡罗来纳历史学家大卫·华莱士（David Wallace）所指出的，这种行为

---

① William Bull Jr. to the Earl of Hillsborough, Charles Town, December 12, 1769, *Records in the British Public Records Office relating to South Carolina, 1663 – 1782*, 32：134；Report of De Grey, February 13, 1770, *Records in the British Public Records Office relating to South Carolina, 1663 – 1782*, 32：172 – 173.

② 有关南卡罗来纳政治和法律制度，见 Jack P. Greene, *The Quest for Power：The Lower Houses of Assembly in the Southern Royal Colonies, 1689 – 1776* (Chapel Hill：University of North Carolina Press, 1963)；M. Eugene Sirmans, *Colonial South Carolina：A Political History, 1663 – 1763* (Chapel Hill：University of North Carolina Press, 1966)；George Edward Frakes, *Laboratory for Liberty：The South Carolina Legislative Committee System, 1719 – 1776* (Lexington：University Press of Kentucky, 1970), 100 – 130；Robert M. Weir, *Colonial South Carolina：A History* (Columbia：University of South Carolina Press, 1983) and "*The Last of American Freemen*"：*Studies in the Political Culture of the Colonial and Revolutionary South* (Macon, GA：Mercer University Press, 1986), 1 – 32；Jonathan Mercantini, *Who Shall Rule at Home?：The Evolution of South Carolina Political Culture, 1748 – 1776* (Columbia：University of South Carolina Press, 2007), 234 – 257；and Aaron Palmer, *Elite Political Authority and the Coming of the Revolution in the South Carolina Lowcountry, 1763 – 1776* (Leiden：Brill, 2014), 190 – 228。

③ William Bull to the Earl of Hillsborough, Charles Town, September 8, 1770, *Records in the British Public Records Office relating to South Carolina, 1663 – 1782*, 32：323.

有它的合理之处。① 否则，因为王室政府和王室委员会工作效率的低下，平民议院将无法按时从财政部提取资金。

当威尔克斯基金争议出现时，平民议院坚决反对遵守《附加指令》。首先，平民议院觉得这个法令违背了南卡罗来纳的地方传统和实践。通过制定《附加指令》，平民议院认为英帝国中央政府冒犯了其从财政部拨款的特权。② 在平民议院看来，威尔克斯基金"不是拨款资金，只是从财政部借的"，把财政部当作殖民地人民的一个信用部门，平民议院会及时向它还款。由于这种从财政部挪用资金的方法在南卡罗来纳殖民地"长久实行"且"从未遭受质疑"，平民议院拒绝遵守《附加指令》。③ 其次，平民议院认为威尔克斯基金并未冒犯国王。相反，它是为了支持英国人民争取英国宪法和习俗所赋予的正当政治权利。既然国王和国王的大臣们滥用职权，并侵犯威尔克斯的政治自由、出版自由和言论自由的权利，平民议院认为其支持威尔克斯的理由是正当的，这并没有冒犯国王。④

在参与威尔克斯基金冲突的过程中，劳伦斯支持平民议院议员捍卫从财政部拨款的权力。1770年9月7日，劳伦斯与平民议院新成立的委员会其他成员一起向布尔发出请求，要求允许平民议院休会六个月。如果布尔不承认他们从财政部拨款的"唯一和绝对"权力，劳伦斯敦促平民议院不要批准王室委员会提交的任何税收法案。布尔不能说服平民议院同意《附加指令》，他也不能恢复税收法案。因此，布尔不得不在1770年9月8日至1771年1月16日解散议会。⑤

---

① Wallace, *Constitutional History of South Carolina*, 69; Jack P. Greene, "Bridge to Revolution: The Wilkes Fund Controversy in South Carolina, 1769–1775," *Journal of Southern History*, 29 (Feb., 1963): 23.

② *South Carolina Gazette*, Charles Town, September 13, 1770.

③ Committee of Correspondence to Garth, September 6, 1770, Charles Town, *The Papers of Henry Laurens*, 7: 338–339.

④ Committee to Robert Morris, December 9, 1769, "Correspondence of Charles Garth," *The South Carolina Historical and Genealogical Magazine*, XXXI (Apr., 1930): 132–133; William Bull to Lord Hillsborough, September 8, 1770, *Records in the British Public Records Office relating to South Carolina, 1663–1782*, 32: 323; Smith, *South Carolina as a Royal Province*, 371.

⑤ *Journal of the Commons House of Assembly of South Carolina*, 38; Part 2 (November 28, 1769– September 8, 1770), 406–407, 410, 430–433, 447–448, 455–456. 另见 Henry Laurens to William Fisher, Charles Town, September 6, 1770, *The Papers of Henry Laurens*, 7: 336, footnote 9。

　　为了捍卫他们从财政部拨款的"唯一和绝对"权力，平民议院请求加思敦促英帝国中央政府撤销《附加指令》。1770 年 9 月，劳伦斯与通信委员会其他成员一起，要求加思在英格兰"真正理解"威尔克斯基金事件的实质。[①] 两个月后，加思向枢密院和贸易委员会报告了威尔克斯基金事件。[②] 收到加思的报告后，贸易委员会否认王室委员会打算干涉平民议院在制定货币法案方面的单一权力。在与贸易委员会讨论了这一事件后，枢密院拒绝了加思的请求。由于没有收到贸易委员会或枢密院的任何肯定答复，加思发现他无法说服英帝国中央政府撤销《附加指令》。[③]

　　布尔建议英帝国中央政府做出一些让步，但希尔斯堡伯爵没有听取他的建议。9 月和 10 月，布尔致信希尔斯堡伯爵，声称在短时间内很难应对困难。[④] 不过，希尔斯堡伯爵拒绝向平民议院做出任何让步。希尔斯堡伯爵声称平民议院的决议"没有根据"且"不合适"，进而指示布尔否决不符合《附加指令》的拨款法案。[⑤]

　　在立法僵局的情况下，劳伦斯阐述了他对这一争端的温和立场。在一封写给佐治亚殖民地政治家詹姆斯·哈伯沙姆（James Habersham）的信中，劳伦斯提到他没有就威尔克斯基金问题做出任何答复。如果不能"完全理解"这个事件，劳伦斯可能"永远不会做出答复"。劳伦斯认为王室委员会和平民议院都有很多话要说，但不应该"立刻发表意见"。平民议院和王室委员会之间的斗争将阻碍公共事务，但有助于防止类似的事情再

---

① Committee of Correspondence to Garth, September 6, 1770, Charles Town, *The Papers of Henry Laurens*, 7: 340.

② Charles Garth to Committee of Correspondence, London, November 24, 1770, *The Papers of Henry Laurens*, 7: 408.

③ Garth to Committee of Correspondence, March 27, 1771, and Board of Trade to Privy Council Committee on Plantation Affairs, March 27, 1771, "Garth Correspondence," *The South Carolina Historical and Genealogical Magazine*, Vol. 33 (Apr., 1932): 125 – 129, 130 – 131.

④ Charles Montagu to Hillsborough, Charles Town, September 26, 1771, *Records in the British Public Records Office relating to South Carolina, 1663 – 1782*, 33: 84 – 85; Charles Montagu to Hillsborough, South Carolina, October 21, 1771, *Records in the British Public Records Office relating to South Carolina, 1663 – 1782*, 33: 87.

⑤ Earl of Hillsborough to William Bull, Whitehall, October 19, 1770, *Records in the British Public Records Office relating to South Carolina, 1663 – 1782*, 32: 339 – 340; The Earl of Hillsborough to William Bull, Whitehall, November 15, 1770, *Records in the British Public Records Office relating to South Carolina, 1663 – 1782*, 32: 353.

次发生。①

在积极参加威尔克斯基金争议活动的同时，劳伦斯开始为自己第三次访问英格兰做安排。1771 年初，他计划帮助他的三个儿子在伦敦接受良好的教育。同年 4 月，他首先将哈里安置在查尔斯顿圣菲利普斯教堂前牧师理查德·克拉克（Richard Clarke）的家中，因为克拉克在伦敦为南卡罗来纳少年开办了一所寄宿学校。7 月 21 日，他和儿子约翰以及杰米一起去费城旅行。② 该市的贵格会商人威廉·费舍尔也计划帮助他的儿子小威廉·费舍尔在英国国内接受教育。在接了威廉之后，劳伦斯一家在 9 月初离开费城去了纽约。不久，他们登上了从纽约出发前往法尔茅斯（Falmouth）的船"哈利法克斯的 E"（E of Halifax）号。③

第三节　劳伦斯与英帝国中心的威尔克斯基金争议

1771 年 11 月抵达英国后，劳伦斯密切关注与威尔克斯相关的政治活动。④ 他观察到辉格党政治家威廉·皮特，即查塔姆第一伯爵（William Pitt, 1st Earl of Chatham），称威尔克斯"诽谤国王且亵渎上帝"。他注意到威尔克斯的支持者曾经指责威尔克斯是"一个小偷、一个骗子、一个厚颜无耻的（且）被遗弃的骗子、一个乞丐、一个恶棍、一个伪证的支持者和一个无原则的冒名顶替者"。不过，他知道威尔克斯的前追随者，如约翰·索布里奇（John Sawbridge）、詹姆斯·汤森（James Townsend）和约翰·H. 图克（John Horne Tooke）支持威尔克斯成为米

① Henry Laurens to James Habersham, Charles Town, April 10, 1770, *The Papers of Henry Laurens*, 7: 273 – 275.

② *South Carolina Gazette*, Charles Town, July 25, 1771; *Pennsylvania Chronicle and Universal Advertiser*, Philadelphia, August 5, 1771.

③ Henry Laurens to John Hopton, New York, September 4, 1771, *The Papers of Henry Laurens*, 7: 558, footnote 5; Henry Laurens to William Fisher, New York, September 5, 1771, *The Papers of Henry Laurens*, 7: 560 – 563; and *New York Gazette and Weekly Mercury*, New York, September 16, 1771.

④ Henry Laurens to William Williamson, Westminster, November 28, 1771, *The Papers of Henry Laurens*, 8: 59; Henry Laurens to John Lewis Gervais, Chelsa, November 7, 1771, *The Papers of Henry Laurens*, 8: 37 – 38.

德尔塞克斯郡 "唯一合法的议会代表"。通过承认威尔克斯是米德尔塞克斯郡的代表，他断言议会 "肯定做错了什么"。[1] 同时，他的结论是威尔克斯的前支持者是 "错误的"，暗示他们不应该支持威尔克斯作为米德尔塞克斯的合法代表。

在发现英国国内人民普遍厌恶威尔克斯后，劳伦斯对南卡罗来纳人民在未经深思熟虑的情况下支持威尔克斯深表遗憾。[2] 1771 年 12 月 26 日，他在给弟弟詹姆斯·劳伦斯的信中写道："可怜的威尔克斯！他先前是那么的受欢迎，而现在大家都痛恨他。[威尔克斯所领导的激进政治运动已] 彻底走向失败。" 他对威尔克斯的故事了解得越多，就越发现威尔克斯是一个 "可怜虫" 和 "不法分子"。他指出，威尔克斯非常渴望为自己争取一个座位，以致他把米德尔塞克斯郡变成了一个 "疯狂" 的地方。[3] 劳伦斯认为威尔克斯是一个恶棍，并指责南卡罗来纳人不应该仓促地支持他。

在关注威尔克斯事件的同时，劳伦斯对英国国内政治感到厌恶。11 月初访问切尔西时，他预测议会在 "圣诞节前不会认真办事"，"最精明的政治" 总是吵吵闹闹的。[4] 一个月后，他访问了威斯敏斯特，其间他宣称平民院是 "一个唯利是图、腐败且政治冷漠的部门"。未经米德尔塞克斯郡人民的同意，他认为平民院不应该剥夺威尔克斯代表米德尔塞克斯的 "毋庸置疑的政治权利"。英国政坛处于如此混乱的状态，劳伦斯认为威尔克斯事件和其他公共麻烦都会在议会开会时重新抬头。[5]

劳伦斯发现大多数英国国内人民对威尔克斯基金争议存在误解。据他所知，英帝国中心人民 "普遍指责" 南卡罗来纳人民向 "权利法案支持者

---

① Henry Laurens to John Lewis Gervais, Chelsa, November 7, 1771, *The Papers of Henry Laurens*, 8: 38.

② Henry Laurens to James Laurens, Westminster, December 26, 1771, *The Papers of Henry Laurens*, 8: 129.

③ Henry Laurens to Thomas Franklin, Westminster, December 26, 1771, *The Papers of Henry Laurens*, 8: 121.

④ Henry Laurens to John Lewis Gervais, Chelsea, November 7, 1771, *The Papers of Henry Laurens*, 8: 37.

⑤ Henry Laurens to Thomas Franklin, Westminster, December 26, 1771, *The Papers of Henry Laurens*, 8: 121.

协会"提供了 1500 英镑，但他们都不理解威尔克斯基金争议的实质，以及国王所颁布的《附加指令》对南卡罗来纳人民的影响。如果这些事件可以得到完整的解释，劳伦斯认为《附加指令》将被"撤回"。①

劳伦斯还发现加思并不理解平民议院和王室委员会之间的争端。劳伦斯指出，"人民自由且自愿地给予和捐赠资金的权利"不应受到王室委员会和《附加指令》的约束。令劳伦斯失望的是，加思并不明白这些。否则，劳伦斯声称，南卡罗来纳人应该早就听说到一些关于加思开导英帝国中央政府官员的消息了。②

鉴于加思没有把威尔克斯基金事件正确地汇报给英帝国中央政府，劳伦斯间接地批评了他。如果加思向英帝国中央政府适当地陈述了事实，劳伦斯认为希尔斯堡伯爵就不会要求"获得适当和明确的信息和解释"。由于希尔斯堡伯爵"固执地"要求南卡罗来纳人民遵守且服从《附加指令》，劳伦斯认为，加思没有把威尔克斯基金事件的来龙去脉向英帝国中央政府解释清楚。③ 否则，英帝国中央政府可能已经和平地处理了这一事件。

劳伦斯试图向加思解释威尔克斯基金危机的性质。劳伦斯指出，如果平民议院在处置 1500 英镑的资金方面采取了"太过分的一步"，加思必须看到英国政府在试图处置这些资金时同样采取了离谱的措施，进而让国王的臣民们受到伤害。南卡罗来纳人民是国王的臣民，但他们的"不可估量的特权"被英帝国中央政府剥夺了。在与加思交谈后，劳伦斯认为加思"必须理解"平民议院和王室委员会在威尔克斯基金问题上的意见不一致。④

劳伦斯发现，希尔斯堡伯爵是一个"被误导"的政府官员且根本不了解威尔克斯基金的冲突。希尔斯堡伯爵没有充分考虑这个问题，但他认为平民

---

① Henry Laurens to Thomas Savage, Westminster, December 5, 1771, *The Papers of Henry Laurens*, 8：77. 另见 Henry Laurens to William Williamson, Westminster, November 28, *The Papers of Henry Laurens*, 8：57。

② Henry Laurens to Thomas Savage, Westminster, December 5, 1771, *The Papers of Henry Laurens*, 8：78.

③ Henry Laurens to James Laurens, Westminster, December 12, 1771, *The Papers of Henry Laurens*, 8：93.

④ Henry Laurens to James Laurens, Westminster, December 12, 1771, *The Papers of Henry Laurens*, 8：92.

议院可能"通过并遵守"《附加指令》。① 考虑到威尔克斯基金事件对希尔斯堡伯爵而言"曲解和诽谤很多"，劳伦斯希望与其会面。② 如果能与希尔斯堡伯爵会面，劳伦斯决心"勇敢而诚实地"与他对话，帮助他了解更多详情。③ 一个月后，劳伦斯有机会向希尔斯堡伯爵解释威尔克斯纠纷的来龙去脉。④

劳伦斯做出了更多的努力来向英国国内人民解释威尔克斯基金争议。他知道大多数人"谴责［威尔克斯］基金和捐献者"，尽管他们"从来没有考虑过《［附加］指令》的性质"及其对南卡罗来纳殖民地人民的影响。观察到许多人具有同样的错误认知，劳伦斯试图解释这个问题。后来，他很高兴他们中的一些人开始"以真正的眼光看待整个事件"。⑤ 例如，一位无名的朋友告诉劳伦斯，劳伦斯已经"澄清了所有关于威尔克斯赠款的困难"。⑥ 要废止《附加指令》并不容易，但劳伦斯在说服英国国内人民理解他对这场争端的看法方面并非徒劳。

劳伦斯利用英国人的权利和特权支持平民议院反对《附加指令》。既然南卡罗来纳人和英国人都属于"自由人"，那么南卡罗来纳人民就拥有与英国国内人民同样的权利和特权。在英国国内，平民院可以持有、享有和行使其"自由人的权利和特权"。作为南卡罗来纳殖民地立法机构的一个分支，平民议院享有与平民院同样的"自由人的权利和特权"。他将英国人的权利和特权应用于南卡罗来纳人，鼓励平民议院捍卫英国宪法和习俗赋予他们的权利和特权，以便他们能够废除《附加指令》。⑦ 即使一直不

① Henry Laurens to Alexander Garden, Westminster, May 24, 1772, *The Papers of Henry Laurens*, 8：327；Henry Laurens to Gabriel Manigault, Westminster, March 2, 1772, *The Papers of Henry Laurens*, 8：204.

② Henry Laurens to William Cowles, Fludyer Street, November 25, 1771, *The Papers of Henry Laurens*, 8：52.

③ Henry Laurens to William Williamson, Westminster, November 28, 1771, *The Papers of Henry Laurens*, 8：58.

④ Henry Laurens to James Laurens, Westminster, December 12, 1771, *The Papers of Henry Laurens*, 8：92.

⑤ Henry Laurens to John Rose, Westminster, December 5, 1771, *The Papers of Henry Laurens*, 8：80.

⑥ Henry Laurens to James Laurens, Westminster, December 12, 1771, *The Papers of Henry Laurens*, 8：93.

⑦ Henry Laurens to James Laurens, Westminster, December 12, 1771, *The Papers of Henry Laurens*, 8：94.

能通过税收法案，劳伦斯也敦促他们不要屈服。①

第四节　威尔克斯基金争议的继续

平民议院试图再次从财政部拨款，但联合出纳员（joint treasurer）亨利·佩隆诺（Henry Peronneau）和本杰明·达特（Benjamin Dart）拒绝服从指示。1771 年 10 月 2 日，为了帮助丝绸制造专员购买南卡罗来纳丝绸并在英国市场上售卖，平民议院命令财政部预付 3000 南卡罗来纳货币。然而，佩隆诺和达特都拒绝了这一请求。平民议院议员警告说，他们的不服从将导致他们被免职并处以巨额罚款，但两位出纳员仍然拒绝发放这笔钱。平民议院认为出纳员的不服从是"蔑视和侵犯"平民议院的权利和特权。因此，平民议院通过法定程序把出纳员送进了监狱。②

出纳员被监禁直接引起平民议院和蒙塔古之间的矛盾。1771 年 9 月回到南卡罗来纳殖民地后，蒙塔古希望尽快解决威尔克斯基金事件。③ 只要平民议院议员不反对国王的《附加指令》，蒙塔古就会同意平民议院的拨款法案。④ 在听说两名出纳员被监禁后，蒙塔古立即释放了他们，并首次解散了议会。⑤

在访问英国时，劳伦斯获得了关于蒙塔古和平民议院之间冲突的消息。劳伦斯可能是读了《伦敦纪事报》上的新闻。⑥ 他不同意平民议院将

---

① Henry Laurens to John Rose, Westminster, December 5, 1771, *The Papers of Henry Laurens*, 8: 79 – 80; Henry Laurens to James Laurens, Westminster, December 12, 1771, *The Papers of Henry Laurens*, 8: 93.

② *South Carolina Gazette*, Charles Town, April 9, 1772; Cooper and McCord, *The Statutes at Large of South Carolina*, 4: 326 – 327; Greene, *The Nature of Colony Constitutions*, 16 and 18 – 19; Maurice A. Crouse, *The Public Treasury of Colonial South Carolina* (Columbia: University of South Carolina Press, 1977), 117 – 119.

③ *South Carolina Gazette and Country Journal*, Charles Town, September 12, 1771.

④ *South Carolina Gazette and Country Journal*, Charles Town, September 12, 1771.

⑤ *Journal of the Commons House of Assembly of South Carolina*, 38: Part 3, 584; *South Carolina and American General Gazette*, November 11, 1771; *South Carolina Gazette and Country Journal*, Charles Town, November 12, 1771.

⑥ *South Carolina Gazette*, Charles Town, November 7, 1771; *London Chronicle*, London, December 21 – 24, 1771.

出纳员送进监狱的做法，他认为这是一种"暴力且挑衅的行为"。① 劳伦斯一直维持着跟达特之间的友谊，并对后者的为人十分欣赏。他认为达特不应该受到指责。②

蒙塔古和平民议院之间的争端帮助劳伦斯进一步了解了南卡罗来纳人作为英国人的权利和特权。在劳伦斯看来，这一事件说明南卡罗来纳人民应该继续反对《附加指令》。否则，南卡罗来纳人将失去作为英国人的权利和特权。在讨论这一事件对英国国内和南卡罗来纳殖民地之间关系的影响时，他希望它能加快消除它们之间的争端。③

在南卡罗来纳，蒙塔古却强迫平民议院服从《附加指令》。如果平民议院仍然拒绝服从《附加指令》，希尔斯堡伯爵指示蒙塔古通过解散议会或宣布议会休会来阻止平民议院的行为。④ 在接到希尔斯堡伯爵的指示后，蒙塔古强调他将在《附加指令》中立场更加"强硬"。⑤ 对此，平民议院议员宣称他们将坚决维护和行使他们的"权利和特权"。⑥ 由于平民议院拒绝合作，蒙塔古于 1772 年 4 月 10 日解散了议会。⑦

在《附加指令》问题上，平民议院最终做出了让步。劳伦斯得知英帝国中央政府将取消《附加指令》的消息后，立马告诉了平民议院。在荣誉不受损害，且人民不会牺牲自由的情况下，劳伦斯希望平民议院可以全面开展工作。⑧ 收到劳伦斯从英帝国中心传来的好消息后，平民议院再次敦

---

① Henry Laurens to James Laurens, Westminster, December 26, 1771, *The Papers of Henry Laurens*, 8: 125.

② Henry Laurens to John Lewis Gervais, Westminster, December 28, 1771, *The Papers of Henry Laurens*, 8: 138.

③ Henry Laurens to James Laurens, Westminster, December 26, 1771, *The Papers of Henry Laurens*, 8: 126.

④ Earl of Hillsborough to Charles Montagu, Whitehall, January 11, 1772, *Records in the British Public Records Office relating to South Carolina, 1663 - 1782*, 33: 107 - 108.

⑤ *South Carolina Gazette and Country Journal*, Charles Town, April 7, 1772.

⑥ *South Carolina Gazette*, Charles Town, April 16, 1772.

⑦ Charles Montagu to the Earl of Hillsborough, South Carolina, April 27, 1772, *Records in the British Public Records Office relating to South Carolina, 1663 - 1782*, 33: 140 - 141.

⑧ Henry Laurens to Gabriel Manigault, Westminster, March 2, 1772, *The Papers of Henry Laurens*, 8: 204. Henry Laurens to James Habersham, Westminster, December 20, 1771, *The Papers of Henry Laurens*, 8: 108; Henry Laurens to James Laurens, Westminster, February 28, 1772, *The Papers of Henry Laurens*, 8: 200.

促加思请求英帝国中央政府撤销《附加指令》。[①] 自此之后，平民议院不再坚持认为未经王室委员会和王室总督同意就有从财政部拨款的权力。取而代之的是，平民议院宣称《附加指令》侵犯了其制定货币法案的权力。[②]

在涉及威尔克斯基金争端时，劳伦斯认为自由是他自己定义英国人认同的最重要因素。"我们认为英国人和自由人，"劳伦斯在信中提到，"享有真正的自由。"如果南卡罗来纳人温顺地忍受"自由地给予和捐赠的权利"被限制，他预测人民的金钱将会被不受宪法制约的权力所没收。更糟糕的是，南卡罗来纳人的子孙后代将失去他们引以为傲的"自由"。为了取消《附加指令》，他进一步鼓励南卡罗来纳人继续与之斗争。他甚至宣称，他已经做好了"选举、接受解散，再当选，坚强地站起来"的准备。纵然生活上可能会有不便，他相信"正义和宪法"站在南卡罗来纳人民这边。[③]

劳伦斯指责王室委员会的"坏官员"埃格顿·雷造成了英帝国中心和南卡罗来纳殖民地之间的误解。[④] 在 18 世纪 60 年代后期，劳伦斯揭示了

---

① Committee of Correspondence to Garth, April 10, 1772, in "Garth Correspondence," *South Carolina Historical and Genealogical Magazine*, XXXIII (Apr. , 1932): 136 – 138.

② Henry Laurens to Alexander Garden, Westminster, May 24, 1772, *The Papers of Henry Laurens*, 8: 327.

③ Henry Laurens to Alexander Garden, Westminster, May 24, 1772, *The Papers of Henry Laurens*, 8: 327 – 328.

④ 亚瑟·李在访问伦敦的过程中，积极参加与威尔克斯相关的激进政治活动，并与劳伦斯结为好朋友。Richard Henry Lee, *Life of Arthur Lee*, 2 vols. (Boston, 1829), 1: 186; Henry Laurens to Ross & Mill, Charles Town, September 1, 1768, *The Papers of Henry Laurens*, 6: 87; Arthur Lee, *Answer to Considerations on Certain Political Transactions of the Province of South Carolina* (London, 1774); [Egerton Leigh], *Considerations on Certain Political Transactions of the Province of South Carolina: Containing a View of the Colony Legislatures* (London, 1774); Jack P. Greene, "The Political Authorship of Sir Egerton Leigh," *South Carolina Historical Magazine*, Vol. 75, No. 3 (Jul. , 1974): 143 – 152; Robert M. Calhoun and Robert M. Weir, "The Scandalous History of Sir Egerton Leigh," *William and Mary Quarterly*, Third Series, Vol. 26, No. 1 (Jan. , 1969): 67. 李和雷的小册子都被收录在 Jack P. Greene ed. , *The Nature of Colony Constitutions: Two Pamphlets on the Wilkes Fund Controversy in South Carolina by Sir Egerton Leigh and Arthur Lee* (Columbia: University of South Carolina Press, 1970) 中。限于篇幅，本章不详细考察李和雷之间的小册子之战。对这场论战感兴趣的读者，可以参考 Henry Laurens to James Laurens, Westminster, May 12, 1774, *The Papers of Henry Laurens*, 9: 454; Henry Laurens to John Lewis Gervais, Westminster, January 24, 1774, *The Papers of Henry Laurens*, 9: 250 – 253; Henry Laurens to James Laurens, Westminster, January 27, 1774, *The Papers of Henry Laurens*, 9: 253 – 256; Henry Laurens to James Laurens, Westminster, February 17, *The Papers of Henry Laurens*, 9: 289; Henry Laurens to James Laurens, （转下页注）

雷在海事法庭上多重身份的矛盾，进而造成后者被迫辞去法官一职。1774
年 1 月，在辞去南卡罗来纳王室委员会主席职务后，雷返回伦敦，并匿名
出版了一本小册子《对南卡罗来纳某些政治活动的思考：包含殖民地观
点》，质疑平民议院拥有从殖民地财政部拨款的单一权力。看完这本小册
子之后，劳伦斯立即猜出了作者就是雷。劳伦斯自知自己的写作技巧和能
力有限，且无法反驳雷的观点。于是，劳伦斯招募了南卡罗来纳政治家拉
尔夫·伊扎德（Ralph Izard），并说服亚瑟·李（Arthur Lee）撰写了一本
小册子以回应雷对平民议院的批评和指责。为了支持亚瑟·李和伊扎德的
写作，劳伦斯负责提供书面材料。同年 4 月，在劳伦斯和伊扎德的帮助下，
亚瑟·李最终完成《对南卡罗来纳某些政治活动的思考的回复》，坚决捍
卫平民议院从财政部拨款的权利和特权。劳伦斯认为雷在多次事件中的行
为故意引起平民议院和王室委员会之间的竞争，① 进而认为雷直接加剧了
平民议院和王室委员会之间的紧张关系。

　　最终，加思说服英帝国中央政府做出政治妥协。希尔斯堡伯爵告诉加
思，英帝国中央政府无意干涉平民议院起草货币法案的特权。希尔斯堡伯
爵还向加思透露："如果观点能够以一种对平民议院不那么例外的方式生
效，他就会赞成修改。"1774 年 6 月，希尔斯堡伯爵再次通知加思，只要
平民议院能够通过一项永久的宣告法，确保不再对抗中央政府的法令，帝
国政府就会撤销《附加指令》。② 在做出这一让步之后，帝国政府希望平民
议院不要再次抱怨《附加指令》干涉其制定货币法案的权力。

（接上页注④）Westminster, March 2, 1774, *The Papers of Henry Laurens*, 9：323 – 334；
Henry Laurens to James Laurens, Westminster, April 13, 1774, *The Papers of Henry Laurens*,
9：405；Henry Laurens to Alexander Garden, Westminster, April 13, 1774, *The Papers of
Henry Laurens*, 9：400 – 402；Ralph Izard, Jr., to Edward Rutledge, May 25, 1775, Anne
Izard Deas ed., *Correspondence of Mr. Ralph Izard of South Carolina：From the Year 1774 to
1804*（New York：C. S. Frances, 1844），77。

① Henry Laurens to Alexander Garden, Westminster, May 24, 1772, *The Papers of Henry
Laurens*, 8：328.

② Garth to Committee of Correspondence, June 3, 25, 1772, and Garth's Memorial to Crown,
（June 2, 1772）, in *The South Carolina Historical and Genealogical Magazine*, XXXIII（Jul.,
1932）：238 – 244；Henry Laurens to Peter Mazyck, April 10, 1772, *The Papers of Henry
Laurens*, 8：260；The Earl of Hillsborough to Charles Montagu, Whitehall, July 1, 1772, *Re-
cords in the British Public Records Office relating to South Carolina*, *1663 – 1782*, 33：164.

　　然而，蒙塔古强迫平民议院接受《附加指令》。如果平民议院坚持反对，蒙塔古威胁把位于查尔斯顿以南约 75 英里处的博福特（Beaufort）作为临时首都。① 蒙塔古收到了希尔斯堡伯爵的一封信，信中指示蒙塔古与平民议院和解，但蒙塔古仍然指示平民议院在博福特集会。② 在博福特会议的激怒下，平民议院计划向加思发出请求，要求加思向国王陈述南卡罗来纳殖民地人民对王室总督的"最强烈的不满"，并尽最大努力免除蒙塔古的官职。③ 1772 年 11 月 9 日，蒙塔古注意到平民议院没有认真对待他的警告，第三次解散了议会，并认为是"绝对必要的"。④ 大约三个月后，蒙塔古不同意平民议院关于提名罗林斯·洛恩德斯（Rawlins Lowndes）为其议长的决议，因此第四次解散了议会。⑤ 听说南卡罗来纳殖民地的政治事务陷入"极度混乱"的状况，英帝国中央政府对蒙塔古失去耐心，迫使后者在 1773 年 3 月辞职。⑥

　　蒙塔古离开后，副总督布尔负责维护南卡罗来纳殖民地的政治秩序。自从威尔克斯基金争议活动于 1769 年 12 月爆发后，布尔发现该殖民地没有通过任何税收法案。四年后，南卡罗来纳殖民地的财政状况变得极其糟糕，这迫使布尔将注意力从《附加指令》转向税收法案。如果平民议院不通过税收法案，布尔决定不通过任何现金法案。⑦ 1773 年 3 月全体会议结束后，

---

① Charles Montagu to the Earl of Hillsborough, South Carolina, September 24, 1772, *Records in the British Public Records Office relating to South Carolina, 1663–1782*, 33：178.

② Earl of Hillsborough to Charles Montagu, Whitehall, July 1, 1772, *Records in the British Public Records Office relating to South Carolina, 1663–1782*, 33：163.

③ *Journal of the Commons House of Assembly of South Carolina*, 39：20–21.

④ *Journal of the Commons House of Assembly of South Carolina*, 39：27–29；*South Carolina Gazette*, Charles Town, November 12, 1772；Carl J. Vipperman, *The Rise of Rawlins Lowndes, 1721–1800* (Columbia：University of South Carolina Press, 1978), 156–174；Henry Laurens to John Lewis Gervais, Westminster, January 23, 1773, *The Papers of Henry Laurens*, 8：541, footnote 9；Greene, "Bridge to Revolution," 40–41.

⑤ *South Carolina Gazette*, Charles Town, January 14, 1773；*Journal of the Commons House of Assembly of South Carolina*, 39：Part 2, 7.

⑥ *London Evening Post*, London, March 9–11, 1773. 关于蒙塔古的辞职，见 Henry Laurens to John Laurens, March 9, 1773, *The Papers of Henry Laurens*, 8：604, footnote 2；Montagu to Barnard Elliott, May 1, 1773, *The South Carolina Historical and Genealogical Magazine*, XXXIII (Oct., 1932)：260–261。

⑦ *South Carolina Gazette and Country Journal*, Charles Town, March 16, 1773；*Journal of the Commons House of Assembly of South Carolina*, 39：Part 3, 5–6.

布尔注意到，平民议院的一些成员依旧"一如既往的固执"，但其他成员在《附加指令》上软化了"他们的言辞"。尽管《附加指令》被撤销的希望不大，但布尔自信地断言，他可以让平民议院服从英帝国中央政府的命令。[①]

事实证明布尔的乐观态度是没有道理的。1772 年 8 月，达特茅斯勋爵接替希尔斯堡伯爵担任负责北美殖民地事务的国务大臣。在一封写给达特茅斯的信件中，布尔报告说，平民议院决心坚持抵制《附加指令》。[②] 如果英帝国中央政府不取消《附加指令》，平民议院将"永远不会"服从它。[③] 1773 年 8 月 11 日，布尔希望平民议院对公共债务作出"有效规定"。[④] 平民议院议员没有听从布尔的建议，而是拒绝向公共债务支付任何款项，因为其仍然担心将失去从财政部拨款的单一权力。[⑤]

亨利·劳伦斯预测平民议院和王室委员会之间的对抗很快就会结束。在与加思进行两次谈话的过程中，劳伦斯得知《附加指令》给英帝国中央政府带来了麻烦。1773 年 3 月 11 日，劳伦斯知道达特茅斯勋爵希望结束平民议院和王室委员会之间的立法僵局。[⑥] 1774 年 2 月 5 日，在一封写给詹姆斯·劳伦斯的信中，亨利·劳伦斯提到枢密院的一个委员将会很快审理王室委员会和平民议院向国王提出的申诉。[⑦]

第五节　英属北美 13 个殖民地人民的政治委屈

由于对北美 13 个殖民地的政治事务越来越感兴趣，亨利·劳伦斯列席

---

① William Bull to the Earl of Dartmouth, Charles Town, March 30, 1773, *Records in the British Public Records Office relating to South Carolina, 1663－1782*, 33：225－227.

② William Bull to the Earl of Dartmouth, Charles Town, July 24, 1773, *Records in the British Public Records Office relating to South Carolina, 1663－1782*, 33：287－288.

③ Rawlins Lowndes to Peyton Randolph, July 9, 1773, *Rowlins Lowndes Papers*, South Caroliniana Library, University of South Carolina, Columbia, South Carolina.

④ *South Carolina Gazette and Country Journal*, Charles Town, August 17, 1773；*Journal of the Commons House of Assembly of South Carolina*, 39：Part 3, 35－36.

⑤ *Journal of the Commons House of Assembly of South Carolina*, 39：Part 3, 53.

⑥ Henry Laurens to James Laurens, Westminster, March 11, 1773, *The Papers of Henry Laurens*, 8：609.

⑦ Henry Laurens to James Laurens, Westminster, February 5, 1774, *The Papers of Henry Laurens*, 9：267.

了在英国枢密院举行的一次会议。早在 1773 年 6 月，马萨诸塞殖民地王室总督托马斯·哈钦森（Thomas Hutchinson）和副总督安德鲁·奥利弗（Andrew Oliver）几年前的通信信件被公布在波士顿一家报纸上。哈钦森在这些信中敦促英帝国中央政府对 13 个殖民地人民采取高压措施。富兰克林向 13 个殖民地的爱国者透露了这些私人信件的内容。哈钦森和奥利弗之间的通信内容被公之于众后，13 个殖民地人民对他们的所作所为义愤填膺。①在枢密院举行的会议上，波士顿代表请求解除哈钦森和奥利弗的官职。劳伦斯对波士顿的政治局势并不怎么了解，但通过各种途径间接听说了副检察长亚历山大·韦德伯恩（Solicitor General Alexander Wedderburne）如何强烈谴责英属北美北区副邮政常务官（Deputy Postmaster General of the Northern District in British North America）本杰明·富兰克林偷了哈钦森的信件。劳伦斯与富兰克林的两位代理律师约翰·邓宁（John Dunning）和约翰·李（John Lee）进行了交谈，并听取了他们为富兰克林辩护的意见。②由于枢密院声称请愿书是"根据虚假和错误的指控而引起的"，英帝国中央政府最终解除了富兰克林的职务。③此外，劳伦斯非常关注波士顿代表如何批评韦德伯恩。④在参与了这件事之后，他认识到英帝国中央政

①　Benjamin Franklin, Tract Relative to the Affair of Hutchinson's Letters, 1774, *The Papers of Benjamin Franklin*, 21：414.

②　Henry Laurens to James Laurens, Westminster, February 5, 1774, *The Papers of Henry Laurens*, 9：266, footnote 6; Wedderburn's Speech before the Privy Council and the Report of the Privy Council Committee, at the Council Chamber Whitehall, January 29, 1774, *The Papers of Benjamin Franklin*, 21：37 – 70 and David Ramsay, *History of the United States from their First Settlement as English Colonies in 1607 to the Year 1808* (Philadelphia, 1816), 400.

③　The Final Hearing before the Privy Council Committee for Plantation Affairs on the Petition from the Massachusetts House of Representatives for the Removal of Hutchinson and Oliver, The Report of the Privy Council Committee, at the Council Chamber Whitehall, January 29, 1774, *The Papers of Benjamin Franklin*, 21：70; Anthony Todd to Benjamin Franklin, January 31, 1774, *The Papers of Benjamin Franklin*, 21：73 – 74; Wallace, *The Life of Henry Laurens*, 196 – 197.

④　伦敦的《公共广告》分别于 1774 年 2 月 3 日、6 日、8 日和 10 日刊载了攻击伟德伯恩的信件，这些信件的署名人为"一个波士顿人"（A Bostonian），很有可能是亚瑟·李，见 *Papers of Benjamin Franklin*, 21：121, footnote 5。1775 年 2 月 18 日，亨利·劳伦斯在给约翰·劳伦斯的信中确认"波士顿人"是亚瑟·李，见 Henry Laurens to John Laurens, Westminster, February 18, 1775, *The Papers of Henry Laurens*, 9：291。阿尔温·里格斯识别出在 1772 年 10 月 20 日至 1775 年 7 月 25 日刊载在《公共广告》上的 18 篇文章的作者是亚瑟·李，见 "Arthur Lee and the Radical Whigs, 1768 – 1776" (Ph. D. diss. , Yale University, 1967)。

府与马萨诸塞州殖民地之间的政治摩擦愈演愈烈。

在得知北美殖民地抵制英国东印度公司的茶叶的消息后，劳伦斯对北美 13 个殖民地的政治事务更加关注。他认为，波士顿激进分子在处理这件事的时候并不"那么明智"。相反，他认为波士顿激进分子应该为"浸泡在盐水中"的茶叶买单。换句话说，劳伦斯并不支持波士顿茶党把茶叶倾倒在海里的行为。费城人民把东印度公司的茶叶存放在一个仓库里，但劳伦斯并不同意费城人的"冒险"。当纽约总督威廉·特雷恩（William Tryon）宣布他将"支持和确保"茶叶上岸的消息后，劳伦斯认为"民众的思想被这一过早的宣布所欺骗"。此外，他还知道南卡罗来纳人民把东印度公司的茶叶存放在海关大楼里，地板和墙壁上的水将会损坏它们。① 他特别关注南卡罗来纳参与倾茶事件后的情况，并鼓励收货人拒绝收取佣金。通过这样做，他认为南卡罗来纳人最终会因为不购买茶叶而获胜。② 由于不支持用激进方法来处理茶叶危机，劳伦斯保持了他的克制。

可以肯定的是，劳伦斯拒绝使用暴力行动来对抗英帝国中央政府的压迫。劳伦斯明确指出，"暴力最多只能用无限的危险来处理。但暴力措施的成功将是极其不确定的"。他不支持暴力行为，而是希望贵族院和平民院能放弃"让北美殖民地人民感到愤怒"的压迫行为。③ 考虑到 13 个殖民地人民"非常彻底地同意为共同防御而组成一个联盟"，劳伦斯拒绝采取针对英帝国中央政府的暴力手段。④

随着英帝国中央政府和北美 13 个殖民地之间的政治局势变得更加紧张，劳伦斯决心与南卡罗来纳人民站在一起。在劳伦斯看来，英国政府正在犯错误，"采取强制措施，而不是对北美 13 个殖民地人民不满意的原因进行冷静的调查"。在这种情况下，他更加坚定地与南卡罗来纳人民站在

---

① Henry Laurens to George Appleby, Westminster, February 15, 1774, *The Papers of Henry Laurens*, 9: 277 – 278.

② Henry Laurens to George Appleby, Westminster, February 15, 1774, *The Papers of Henry Laurens*, 9: 278; Wallace, *The Life of Henry Laurens*, 194.

③ Henry Laurens to Alexander Garden, Westminster, February 19, 1774, *The Papers of Henry Laurens*, 9: 296 – 297.

④ Henry Laurens to John Laurens, Westminster, February 21, 1774, *The Papers of Henry Laurens*, 8: 300 – 301.

一起。① 他时不时地向南卡罗来纳人民报告殖民地事务的进展情况。他提醒殖民地人民做好家庭经济遭受重大冲击的准备。② 他还提醒南卡罗来纳殖民地人民"国王非常生气"，国王的政府官员们将制定新政策，它们会直接威胁殖民地人民的政治自由。③ 劳伦斯不在南卡罗来纳殖民地，但他警告南卡罗来纳人民要为潜在的政治危险做好准备。

劳伦斯利用英国普通法和英国人的出生权利来抵制《波士顿港口法案》。1774 年 3 月，与 299 名北美殖民地人民一起，劳伦斯向平民院、贵族院和国王递交了请愿书。④ 他们认为《波士顿港口法案》"直接违背了［英国］法律和正义的每一项原则"。如果英国议会通过该法案，他们警告说，任何人都不会"享受片刻的安全"。更重要的是，他们将"自然正义的权利"和英国普通法所规定的权利视为"不可剥夺的出生权利"。⑤ 通过阐述对《波士顿港口法案》的不满，他们希望英帝国中央政府能够倾听马萨诸塞殖民地人民的声音。⑥

另外，劳伦斯自己也努力尝试废除《波士顿港口法案》。他把其中的一份请愿书交给了达特茅斯勋爵。如果议会不废除《波士顿港口法案》，劳伦斯担心从佐治亚到新罕布什尔的殖民地人民将被迫组成"抵抗联盟"。⑦ 通过指出这一点，劳伦斯希望殖民地母国与 13 个殖民地进行政治和解。

为了保护南卡罗来纳殖民地人民作为英国人的合法权利和特权，劳伦

---

① Henry Laurens to James Laurens, Westminster, February 5, 1774, *The Papers of Henry Laurens*, 9: 266.

② Henry Laurens to James Laurens, Westminster, February 5, 1774, *The Papers of Henry Laurens*, 9: 267.

③ Henry Laurens to James Laurens, Westminster, February 5, 1774, *The Papers of Henry Laurens*, 9: 269.

④ 在这些请愿者中，有 11 人来自南卡罗来纳。他们是亨利·劳伦斯、威廉·米德尔顿（William Middleton）、拉尔夫·伊扎德、艾萨克·莫特（Isaac Motte）、菲利普·尼尔（Philip Neyle）、约翰·佩隆诺（John Peronneau）、爱德华·芬威克（Edward Fenwicke）、小威廉·米德尔顿（William Middleton Jr.）、托马斯·平克尼、威廉·H. 吉比（William Hasell Gibbes）和威廉·布雷克（William Blake）。

⑤ Petition to the House of Lords, March 28, 1774, *The Papers of Henry Laurens*, 9: 370 – 372.

⑥ Petition to the King, March 31, 1774, *The Papers of Henry Laurens*, 9: 375 – 376.

⑦ To Secretaries of America, Tower of London, June 23, 1781, *The Papers of Henry Laurens*, 446; Wallace, *The Life of Henry Laurens*, 197.

斯鼓励他们不要屈服于政治压迫。"温顺地服从，"他声称，"会对我们过去所有的斗争造成最严厉的指责。""如果服从其中一个"，他补充说，北美13个殖民地人民必须做好失去作为英国人的权利、特权、自由和财产的准备。① 在劳伦斯的心目中，"智慧、毅力和耐心"对击败邪恶计划是"绝对必要的"。② 为了捍卫作为英国人的合法权利和特权，劳伦斯建议北美13个殖民地人民不要放弃他们的抵制行为。

1774 年 5 月，劳伦斯加入了 299 位请愿者，向平民院、贵族院和国王再次请愿，试图废除《行政司法法》（*Administration of Justice Act*）和《马萨诸塞政府法》（*Massachusetts Government Act*）。正如他们所阐述的：他们认为"经过他们同意进而赠予财产是个体不可分割的权利，也是英国宪法自由最神圣的堡垒。如果他们在这个问题上犯了错误，他们就被自由之爱所误导……而自由是英国最神圣的法令和议院决议所赋予的。在未经本人同意的情况下，作为自由持有者的英国主体的财产不得被剥夺"。如果帝国中央政府不废除这两项法案，请愿者担心他们作为英国人的权利、财产和政治自由会被剥夺，这将让他们倍感绝望。③ 劳伦斯认为，以温和的方式恢复殖民地母国与北美 13 个殖民地之间的和平是合理的。因此，他更愿意通过请愿而不是暴力来陈述北美 13 个殖民地人民的不满。

第六节 威尔克斯基金争议的终结

1774 年春，劳伦斯在英国国内仍致力于让英帝国中央政府废除《附加指令》。与在伦敦求学的南卡罗来纳少年托马斯·平克尼（Thomas Pinckney）交谈时，劳伦斯仍然自信地断言《附加指令》将会"被撤回"，尽管

---

① Henry Laurens to Thomas Savage, Westminster, April 9, 1774, *The Papers of Henry Laurens*, 9: 387.

② Henry Laurens to John Lewis Gervais, Westminster, April 9, 1774, *The Papers of Henry Laurens*, 9: 391.

③ Petition to the House of Commons, March 25, 1774, *The Papers of Henry Laurens*, 9: 368 - 372; Petition to the House of Lords, May 11, 1774, *The Papers of Henry Laurens*, 9: 447 - 448. 另见 Petition to the King, May 19, 1774, *The Papers of Henry Laurens*, 9: 458 - 459。

他不确定那一天什么时候到来。① 他与加思一起提醒新任命的南卡罗来纳王室总督威廉·坎贝尔（William Campbell）撤回《附加指令》。他甚至陪同坎贝尔前往达特茅斯勋爵的住所，不仅陈述南卡罗来纳人民的不满，而且敦促英帝国中央政府改善与南卡罗来纳之间的关系。坎贝尔随后认识到对《附加指令》进行进一步的解释将有助于缓和平民议院与王室总督以及王室委员会之间的紧张关系。后来，坎贝尔利用他的影响力获得了一套不包括《附加指令》的说明。②

当美国革命战争临近时，威尔克斯基金危机在南卡罗来纳殖民地和英帝国中央政府中的重要性已不那么重要，这迫使中央政府不得不调整对南卡罗来纳的政策。1774 年 6 月 20 日，达特茅斯勋爵请求国王向坎贝尔发出指示。指示中第 24 条的"实质内容"与《附加指令》没有区别。不过，英帝国中央政府警告坎贝尔不要授权平民议院从财政部直接拨款。③ 否则，坎贝尔将失去他的总督职位。当达特茅斯勋爵认识到威尔克斯基金的冲突得到了充分的保障时，他最终把《附加指令》搁置了起来。④

由于英帝国中央政府明确表示将撤销《附加指令》，劳伦斯将这一消

---

① Thomas Pinckney to Charles Cotesworth Pinckney, April 16, 1774, *The Papers of Eliza Lucas Pinckney and Harriott Pinckney Horry Digital Edition* (Charlottesville: University of Virginia Press, Rotunda, 2012), http://rotunda. upress. virginia. edu/PinckneyHorry/ELP0478, accessed June 15, 2013; Henry Laurens to John Laurens, Westminster, April 19, 1774, *The Papers of Henry Laurens*, 9: 420. 有关平克尼家族的更多信息，见 Mabel L. Webber, "The Thomas Pinckney Family of South Carolina," *South Carolina Historical and Genealogical Magazine*, Vol. 39, No. 1 (Jan., 1938): 15 - 35。

② Henry Laurens to John Laurens, Westminster, April 8, 1774, *The Papers of Henry Laurens*, 9: 381; Henry Laurens to Alexander Garden, Westminster, April 13, 1774, *The Papers of Henry Laurens*, 9: 401; To Secretaries of America, Tower of London, June 23, 1781, *The Papers of Henry Laurens*, 446, footnote 8.

③ Earl of Dartmouth, Robert Spencer, Whitshed Keene, and C. F. Greville to the King's most excellent Majesty, June 20, 1774, *Records in the British Public Records Office relating to South Carolina, 1663 - 1782*, 34: 49 - 50; The Earl of Dartmouth, Robert Spencer, Whitshed Keene, and C. F. Greville to the King with drafts of instructions for Lord William Campbell Governor of South Carolina, Whitehall, June 20, 1774, *Records in the British Public Records Office relating to South Carolina, 1663 - 1782*, 34: 73 - 74; Henry Laurens to George Austin, Sr., Westminster, April 3, 1773, *The Papers of Henry Laurens*, 8: 657, footnote 2.

④ Henry Laurens to John Lewis Gervais, April 9, 1774, *The Papers of Henry Laurens*, 9: 390; Henry Laurens to John Lewis Gervais, April 16, 1774, *The Papers of Henry Laurens*, 9: 415; Greene, "Bridge to Revolution," 49 - 50.

息传递给了南卡罗来纳人民。劳伦斯写道："在废除《附加指令》这个问题上，坎贝尔一直都很积极。"另外，达特茅斯勋爵和他的朋友们也在帮助南卡罗来纳殖民地人民废除《附加指令》。1774 年 9 月，《南卡罗来纳公报和乡村杂志》报道了《附加指令》即将被废除的消息。①

为了寻求英帝国中央政府的和解措施并结束英帝国中央政府和北美 13 个殖民地之间的政治不和谐，劳伦斯仍坚持温和立场。1774 年 10 月 22 日，他听说英帝国中央政府禁止向北美 13 个殖民地出口火药、枪炮、剑、刀和匕首等武器。他预测一场大战是不可避免的，并认为正义会站在北美 13 个殖民地人民这边。② 只要还对英帝国中央政府和北美 13 个殖民地之间实现最终和解抱有希望，劳伦斯就拒绝反抗英帝国中央政府。

布尔知道英帝国中央政府会撤销《附加指令》，但他拒绝将这一消息传递给南卡罗来纳殖民地人民，进而进一步加剧了他与平民议院之间的不和。1775 年 1 月 25 日，在收到罗林斯·洛恩德斯的信件后，布尔得知加思早已把国王要废除《附加指令》的消息告诉了南卡罗来纳殖民地人民。鉴于布尔故意隐瞒这个消息，洛恩德斯认为布尔的漠视进一步加重了对南卡罗来纳殖民地人民的政治压迫。③ 由于布尔不愿意与平民议院合作，他的政治不作为再次激怒了平民议院。

当坎贝尔于 1775 年 6 月抵达查尔斯顿的时候，他跟王室委员会和平民议院讨论了威尔克斯基金事件。鉴于南卡罗来纳殖民地的财政和税收问题已混乱不堪，坎贝尔敦促王室委员会和平民议院尽快从立法僵局中走出来。④ 否则，南卡罗来纳殖民地的财政和税收问题将无法解决。坎贝尔尝试着化解王室委员会和平民议院之间的冲突，但是他发现自己无能为力。

① *South Carolina Gazette and Country Journal*, Charles Town, September 27, 1774.
② Henry Laurens to George Appleby, Westminster, October 22, 1774, *The Papers of Henry Laurens*, 9: 598 and 600.
③ *South Carolina Gazette and Country Journal*, Charles Town, January 31, 1775; *Journal of the Commons House of Assembly of South Carolina*, 39: Part 3, 180–181.
④ Speech of Governor Lord William Campbell to the Council and Assembly of South Carolina, Charles Town, July 10, 1775, in Peter Force and M. St. Clair Clark, eds., *American Archives: A Documentary History of the English Colonies in North America*, Fourth Series, 6 vols. (Washington, D.C.: Clark and Force, 1837–1846), 2: 1618; *Journal of the Commons House of Assembly of South Carolina*, 39: Part 3, 290–291.

当南卡罗来纳殖民地与英帝国中心之间的政治危机变得越发不可协调的时候，坎贝尔发现他无法维持殖民地的政治秩序。坎贝尔指责平民议院不应不顾殖民地人民的利益，继续坚持与王室委员会和王室总督做斗争。在收到这个消息后，平民议院请求总督让其从 1775 年 11 月 1 日开始休会。由于平民议院拒绝合作，坎贝尔看不到控制殖民地政治紊乱的任何希望。[①]1775 年夏秋之交，南卡罗来纳殖民地出现了非洲奴隶暴动、山区白人效忠派的造反运动和土著印第安人起事，这使得南卡罗来纳殖民地人民生活在水深火热之中。在此情况下，坎贝尔唆使山区和平原地区的效忠派支持王室政府，并镇压以平民议院为代表的爱国者所组织的激进政治活动。当坎贝尔的阴谋被暴露后，他于 8 月 30 日解散全体会议并逃离查尔斯顿，这标志着英帝国在南卡罗来纳殖民地政治统治的结束。[②]随后，以平民议院为代表的爱国者取代了王室政府，并开始管理南卡罗来纳的政治、经济、军事和社会事务。1776 年 8 月，当《独立宣言》从费城传到查尔斯顿时，爱国者们宣布南卡罗来纳独立，并以一个独立且自由的州的名义加入新成立的美利坚合众国。自此之后，南卡罗来纳人民和政治家们不再提及《附加指令》，威尔克斯基金争议最后消失在了美国革命的洪流里。

小　结

威尔克斯基金的争议有助于劳伦斯理解他作为英国人的自我认同。通过向伦敦的"权利法案支持者协会"捐赠 1500 英镑，平民议院挑战了王室委员会和英帝国中央政府的政治权威，并逐渐获得处理地方事务的政治权力。与平民议院相比，王室委员会和王室总督逐渐失去了管理南卡罗来纳殖民地事务的政治权威。在这种情况下，南卡罗来纳人民逐渐疏远了王室政府和英帝国中央政府。取而代之的是，他们支持平民议院捍卫并争取他们作为英国人的政治自由和合法权利。在参加威尔克斯基金活动时，劳伦斯认为王室政府和英帝国中央政府都不尊重他作为英国人的权利和特

---

① *Journal of the Commons House of Assembly of South Carolina*, 39：Part 3, 301.
② *Journal of the Commons House of Assembly of South Carolina*, 39：Part 3, 314.

权，进而坚决反对《附加指令》的制定及其在南卡罗来纳的执行。

随着英帝国中心和南卡罗来纳殖民地之间的政治摩擦日益加剧，劳伦斯最终成为一个温和的政治异见者。一方面，他在政治问题上持温和立场。英帝国中央政府和殖民地之间在政治问题上越来越不和谐，但他对二者之间的政治和解仍抱有期待。毕竟，他并不希望南卡罗来纳殖民地从英帝国分离出去。如果南卡罗来纳人继续对抗英帝国中央政府，他认为最终必定"无果而终"且会让人民"颜面尽失"。① 他愿意牺牲自己的"生命和财富"来捍卫作为英国人的"真正的自由"，但他断言自己并不想加入爱国者阵营，以致鲁莽地制定一些违背英国宪法的政策。② 只要英帝国中央政府和南卡罗来纳殖民地能够在英国宪法框架内处理争端，他就不会采取激进的政治行为。

另一方面，在对王室政府和英帝国中央政府越来越不满的同时，劳伦斯鼓励南卡罗来纳人继续争取他们作为英国人的权利和特权。劳伦斯宣称，这场争端的性质事关南卡罗来纳殖民地人民是否拥有并享有作为英国人的"真正自由"。在劳伦斯心目中，南卡罗来纳人民"自愿给予和捐赠资金的权利"无须受到《附加指令》的限制，这是"毋庸置疑的"。他敦促平民议院不要售卖他们作为英国人的"出生权利"和作为选民的"最重要的特权"。即使损失全部财产，劳伦斯也愿意七年内不通过税收法案，而不是服从《附加指令》。③

---

① Henry Laurens to James Laurens, Westminster, May 7, 1774, *The Papers of Henry Laurens*, 9: 435.

② Henry Laurens to George Appleby, Westminster, May 4, 1774, *The Papers of Henry Laurens*, 9: 428.

③ Henry Laurens to James Laurens, Westminster, December 12, 1771, *The Papers of Henry Laurens*, 8: 92 - 94; Henry Laurens to Alexander Garden, Westminster, May 24, 1772, *The Papers of Henry Laurens*, 8: 327 - 328.

第四章

跨大西洋遭遇与亨利·劳伦斯对自我认同的
进一步质疑，1771—1774 年

　　1772 年 6 月，在瑞士日内瓦为他的两个儿子约翰和杰米寻找学校时，亨利·劳伦斯表达了他对英国教育、社会习俗和文化礼仪的厌恶。在劳伦斯看来，英国是"一个被奢侈和恶行所占据的王国，在那里，利益几乎是驱使人们行动的主要动机"。更糟糕的是，劳伦斯要在英国为他的孩子们找到一个尽职尽责的老师是"极其困难的"。相比之下，劳伦斯有意识地发现瑞士的老师会"在各个方面""更友好地关注"孩子们的成长。① 更重要的是，瑞士教师会向学生灌输传统美德和宗教伦理。相比英国，劳伦斯认为瑞士的教育条件和社会环境将为他的儿子们提供更好的教育。于是，他决定在日内瓦为他的孩子们寻找一所寄宿学校。

　　在 18 世纪 70 年代初，跨大西洋旅行费用昂贵、耗时多日且通常让人旅途劳累，但离开南卡罗来纳殖民地并前往英国和欧洲大陆旅行的经历让劳伦斯认识到英国和瑞士在教育、文化礼仪和社会习俗上存在重大差异。劳伦斯发现英国的老师似乎对学生们漫不经心，却期望在收入上得到可观的补偿以回报他们对"奢侈"生活的向往。劳伦斯发现英帝国

---

　　① 　Henry Laurens to James Laurens, Genève, June 22, 1772, *The Papers of Henry Laurens*, 8: 375 - 376. 约翰在英国和瑞士的教育，见 Wallace, *The Life of Henry Laurens*, 185 - 198; Gregory D. Massey, *John Laurens and the American Revolution* (Columbia: University of South Carolina Press, 2000), 25 - 69; Julie Flavell, *When London was the Capital of America* (New Haven: Yale University Press, 2010), 63 - 113。

中心的教师追求奢侈的生活，进而担心英国的教育不会为孩子们提供他们未来获得成功所必备的举止行为、知识和美德。劳伦斯注意到大部分伦敦人民的内心已被利益所占据。他担心儿子们会养成奢侈浪费的习惯，进而形成不好的世界观。跟英国的老师不同，瑞士的教师会给予他的孩子"更友好的关注"。劳伦斯希望约翰和哈里可以适应日内瓦的教育环境，以摆脱英国社会恶俗和奢侈风气的影响。劳伦斯的跨大西洋遭遇说明他欣赏瑞士的教育和社会习俗，却对英国人的奢侈作风和种种恶习深恶痛绝。

劳伦斯的跨大西洋旅行也重新塑造了他对英国人自我认同的理解。在第三次访问英国和欧洲大陆之前，他认为英帝国中心会为他的儿子们提供绅士特质的教育。他希望他的孩子们能在英帝国中心学习美德、节俭和礼貌行为，就像他大约 30 年前从克罗卡特那里学到的一样。令他吃惊的是，帝国中心的英国人的行为是粗俗的、奢侈的且不礼貌的。劳伦斯认识到英国人和南卡罗来纳人在社会礼仪和教育方面存在重大差异，进而敦促他的儿子们远离英国大都市的"奢侈和邪恶"。取而代之的是，他强烈赞赏日内瓦人的社会礼仪、教育和宗教氛围。他对英国社会礼仪和教育的厌恶程度让他开始怀疑自己作为英国人的自我认同。

本章主要关注的是劳伦斯在 1771 年至 1774 年前往英国、法国和瑞士的旅行，讨论他的跨大西洋遭遇是如何影响他的自我认同的。一方面，本章主要分析劳伦斯如何痛恨英国的社会礼仪、教育和道德；另一方面，本章探讨他如何欣赏日内瓦教育、加尔文主义新教信仰和伦理以及共和制政府和社会。此外，本章还考察他如何欣赏法国的社会礼仪、农业和商业改进活动。通过比较他在英格兰和欧洲大陆的社会遭遇，本章主要分析劳伦斯是如何进一步质疑他的英国人自我认同的。

第一节　在英国挑选学校

劳伦斯明白教育在个人成长过程中所发挥的重要作用。早在 18 世纪 40 年代中期，在克罗卡特的会计房里担任学徒的时候，他就接受了英国所能提供的"最好的教育"。① 在随后的 30 年里，他利用从克罗卡特那里学到的商业知识，不仅通过大西洋贸易和种植园投资获得了巨大的财富，而且还进入了南卡罗来纳的种植园阶层。到 18 世纪 70 年代初，他在南卡罗来纳和佐治亚殖民地拥有数个种植园，且雇用了众多非洲奴隶在种植园里从事农业耕作。劳伦斯已放弃了大西洋奴隶贸易，但他可以把种植园中收获的大米、靛蓝和棉花等作物出口到英国，继续积累巨额财富。在成长为一名声名显赫的大西洋贸易商人的过程中，劳伦斯深知教育是提高社会地位的一种重要方式。更重要的是，他知道教育帮助他形成了一种绅士气质，进而让他可以显示自己的财富、社会地位和礼仪。

但是，劳伦斯自知自己年轻时期所接受的教育非常有限。劳伦斯在克罗卡特的会计房里接受了商业训练，但并没有接受正规的学校教育，这使他认识到仍有必要继续提高自己的绅士气质。在 18 世纪 60 年代末，与埃格顿·雷的商业小册子大战让劳伦斯认识到自己的文学修养和写作技巧相当糟糕。他试图对雷的批评进行回击，可他在文学和法律领域的知识修养相当有限，且缺乏写作技巧。相比之下，雷出身官宦世家，且在英国国内接受过良好的教育。雷不仅文笔优雅，而且经常引经据典。在与劳伦斯讨论英国法律时，雷甚至嘲笑劳伦斯对法律规则和历史无知。劳伦斯无法容忍雷对自己的批评，但在揭露雷的行为不当时却无法有效地为自己辩护。尽管已成功跻身种植园主阶层，但劳伦斯发现，他还需要进一步提高自己的教育水平。另外，在模仿英帝国中心商人们的绅士气质时，劳伦斯发现仅仅模仿是不够的。此外，在没有接受英国的正规教育的情况下，习得绅士阶层的礼仪、行为准则和生活方式还不足以让他成为一名真正的绅士。1771 年，劳伦斯已经 47 岁了。他自知去英国国内获得更自由的教育对他来说是不现实的。但是，他可以鼓励他的儿子们实现他未完成的梦想，并提高劳伦斯家族的社会地位。

到 18 世纪 70 年代初，劳伦斯迫切需要考虑三个儿子的教育。在为儿子约翰、哈里和杰米寻找学校的时候，劳伦斯不希望他们在查尔斯顿接受

---

① Henry Laurens to Messieurs and Madame Laurence, February 25, 1774, *The Papers of Henry Laurens*, 9: 309, 311 - 312.

教育。他知道查尔斯顿的公立和私立学校"比以往任何时候都处于更糟糕的状况"。南卡罗来纳的父母劝阻他们的孩子远离"邪恶和可耻行为"，但他们看不到孩子们在"知识和美德"上所取得的日常进步。和这些家长一样，劳伦斯也对查尔斯顿的教育状况感到失望。考虑到教育对孩子未来事业的重要性，他不得不寻找更好的学校，进而让儿子们接受更好的教育。[①]

　劳伦斯也不认为费城可以为他的儿子们提供良好的教育。早在 1749 年，本杰明·富兰克林就建立了费城学院（Philadelphia Academy），为 8 岁至 16 岁的青年提供古典学和实用知识课程。劳伦斯想跟随其他家长把儿子送到费城学习，但是南卡罗来纳少年在那里的学习情况让他颇感失望。费城城区里蚊虫肆虐，费城人经常得黄热病等疾病。[②] 相比查尔斯顿，费城可以为孩子们提供更好的教育。但是，劳伦斯担心孩子们会感染各种疾病。为了孩子们的健康，他决定放弃把儿子们送到费城接受教育的计划。

　取而代之的是，劳伦斯更倾向让他的三个儿子在英国接受教育。在殖民时期，南卡罗来纳人"对英国的礼仪、习俗和知识有太多偏爱"。[③] 少数在英国接受教育的南卡罗来纳人已在法律和宪法等方面的知识上脱颖而出。[④] 此外，教育还强化了他们作为英国乡绅的意识。[⑤] 妻子于 1770 年 5 月 22 日去世后，劳伦斯深感悲痛，便把重心转移到孩子们的教育上来。[⑥] 他期望英国的教育能教给儿子们节俭、节制、虔诚、经济独立和文明礼仪。此外，他希望英国的教育能帮助儿子们获得绅士气质，进一步提高劳

---

①　Henry Laurens to Benjamin Elliott, September 9, 1771, *The Papers of Henry Laurens*, 7: 586; Henry Laurens to Thomas Corbett, Charles Town, April 4, 1771, *The Papers of Henry Laurens*, 7: 473.

②　Henry Laurens to Thomas Corbett, Charles Town, April 4, 1771, *The Papers of Henry Laurens*, 7: 473 – 474.

③　John Drayton, *A View of South Carolina, as Respects Her Natural and Civil Concerns* (Charleston: W. P. Young, 1802), 217.

④　Alexander Hewatt, *An Historical Account of the Rise and Progress of the Colonies of South Carolina and Georgia*, 2 vols. (London, 1779), 293.

⑤　Waterhouse, *A New World Gentry*, 69.

⑥　Henry Laurens to Richard Clarke, Charles Town, August 25, 1770, *The Papers of Henry Laurens*, 7: 326.

伦斯家族的社会地位。

　　跟一些南卡罗来纳家长一样，劳伦斯也愿意把孩子们送到英国接受教育。① 在 18 世纪 70 年代初，曾在查尔斯顿从事宗教布道的理查德·克拉克牧师（Rev. Richard Clark）已返回伦敦，并在那里建立了一所寄宿学校，专门为来自南卡罗来纳殖民地的小孩提供教育。劳伦斯先是听说本杰明·史密斯要把儿子威廉·史密斯（比利）［William Smith（Billy）］安置在克拉克牧师所兴办的学校。② 在本杰明·史密斯的哥哥托马斯·史密斯的帮助下，劳伦斯获得了关于这所学校的一些信息。劳伦斯还知道，塞缪尔·布拉尔斯福德（Samuel Brailsford）已经把儿子小塞缪尔·布拉尔斯福德送往克拉克的学校接受教育。③ 另外，把儿子罗伯特·威廉姆斯三世（Robert Williams III）送到克拉克的学校后，南卡罗来纳商人小罗伯特·威廉姆斯（Robert Williams Jr.）已于 1771 年 1 月安全地返回到查尔斯顿。④ 鉴于这么多家长已经把他们的儿子们送到克拉克学校接受教育，劳伦斯决心追随他们，并让三个儿子在克拉克的学校里接受教育。

　　事实上，克拉克是南卡罗来纳人的老朋友。克拉克出生于英国，在英国牛津大学毕业。另外，克拉克是圣公会教徒。⑤ 1753 年，负责在北美 13 个殖民地执行英国圣公会宗教使命的"对外传播福音协会"（Society for Propagating the Gospel in Foreign Parts）派遣克拉克去南卡罗来纳。当时，在南卡罗来纳圣菲利普斯教堂担任牧师的苏格兰人亚历山大·嘎登在传播

---

① Waterhouse, *A New World Gentry*, 68 – 72.

② 1770 年 7 月 29 日，本杰明·史密斯在罗得岛新港去世。当本杰明·史密斯的大女儿安妮·史密斯（Anne Smith）嫁给查尔斯顿商人艾萨克·莫特（Isaac Motte, 1738—1795）时，比利成了他们的侄子。*South Carolina Gazette*, Charles Town, August 16, 1770; Rogers, *Evolution of a Federalist*, 59.

③ 1750 年 4 月 7 日，塞缪尔·布拉尔斯福德（Samuel Brailsford, 1728—1800）娶了伊丽莎白·霍姆斯（Elizabeth Holmes, 1730—1807）。伊丽莎白为丈夫生下了四个孩子，威廉·布拉尔斯福德、伊丽莎白·布拉尔斯福德、爱德华·布拉尔斯福德和小塞缪尔·布拉尔斯福德。*South Carolina Gazette*, April 9, 1750, and May 10, 1770; John Laurens to James Laurens, April 17, 1772, Henry P. Kendall Collection, Box 8, Folder 3; Henry Laurens to James Laurens, Westminster, May 13, 1772, *The Papers of Henry Laurens*, 8: 305 – 307.

④ *South Carolina and American General Gazette*, Charles Town, January 21, February 19, 1771.

⑤ Ramsay, *History of South Carolina*, 2: 25.

英国圣公会方面发挥了重要作用。① 当克拉克到达查尔斯顿的时候，本杰明·史密斯帮助他取代了牧师嘎登在教堂的位置。②

克拉克在南卡罗来纳享有很好的社会声誉。正如殖民时期和革命时期南卡罗来纳著名历史学家大卫·拉姆齐（David Ramsay）所描述的那样，当克拉克布道时，教堂里挤满了人。拉姆齐补充说，无论是在查尔斯顿还是在伦敦，克拉克备受爱戴。③ 1759 年，克拉克出版了《论第七号》（*An Essay on the Number Seven*）和《丹尼尔和约翰的先知书推测》（*The Prophetic Numbers of Daniel and John Calculated*），其在南卡罗来纳殖民地被广泛传阅。④ 克拉克在查尔斯顿只生活了六年，但他与南卡罗来纳人民建立了深厚的友谊。

通过聆听他的布道，亨利·劳伦斯与克拉克牧师结为好友。18 世纪 50 年代中期，克拉克成立了"宗教和文学协会"（Religious and Literary Society），成员包括独立教会牧师威廉·赫斯顿（William Huston）、独立教会另一位牧师约翰·约阿希姆·祖布利（John Joachim Zubly）和苏格兰长老会牧师菲利普·莫里森（Philip Morison）。南卡罗来纳的许多基督徒也加入了这个协会，其中包括政治家和商人诸如克里斯托弗·加兹登、加布里埃尔·马

---

① 嘎登在南卡罗来纳的宗教活动，见 William Howland Kenney, III, "Alexander Garden and George Whitefield: The Significance of Revivalism in South Carolina 1738 – 1741," *South Carolina Historical Magazine*, Vol. 71, No. 1 (Jan., 1970): 1 – 16; Samuel H. Smith, "Henry Laurens: Christian Pietist," *South Carolina Historical Magazine* 100 (Apr., 1999): 12。

② *Minutes of the Vestry of St. Philip's Parish*, *1732 – 1755*, 233 – 234, cited from "Advertisement," St. Philip's Church, Charleston, South Carolina, December 8, 1759, *The Papers of Henry Laurens*, 3: 18, footnote 8. 关于克拉克和嘎登神父在宗教信仰上的区别，见 Samuel C. Smith, "Henry Laurens: Christian Pietist," *South Carolina Historical Magazine*, Vol. 100, No. 2 (Apr., 1999): 153 – 154; Lyon G. Tyler, "The Gnostic Trap: Richard Clarke and His Proclamation of the Millennium and Universal Restoration in South Carolina and England," *Anglican and Episcopal History* 58 (Jun., 1989): 146 – 168; Edmund Berkeley and Dorothy Smith Berkeley, *Dr. Alexander Garden of Charles Town* (University of North Carolina Press, 1969), 68, footnote 28, 70, and 231。

③ David Ramsay, *History of South Carolina*, 2: 251 – 252; William Buell Sprague, *Annals of the American Episcopal Pulpit*, 146 – 148. 克拉克神父对劳伦斯在宗教上的影响，见 Samuel C. Smith, "Henry Laurens: Christian Pietist," *South Carolina Historical Magazine*, Vol. 100, No. 2 (Apr., 1999): 143 – 170。

④ Richard Clarke, *An Essay on the Number Seven* (London, 1759) and *The Prophetic Numbers of Daniel and John Calculated* (Charles Town, 1759).

尼戈特、亨利·劳伦斯、詹姆斯·劳伦斯、本杰明·史密斯、丹尼尔·克劳福德等。① 与克拉克结识并成为好友后，亨利·劳伦斯经常参加"宗教和文学协会"组织的宗教活动，并聆听克拉克神父的布道。

和克拉克一样，劳伦斯也是一个虔诚的基督徒，遵守宗教原则，并经常向上帝表明自己的义务。② 劳伦斯对《圣经》"非常熟悉"。他不仅勤奋地给家人读《圣经》，而且鼓励孩子们读《圣经》。此外，他在履行宗教职责时非常"严格"。③ 在给他的朋友写信时，他坦诚地交代了他的宗教信仰："我相信有一个全能的上帝，在他的手中，国家是尘土，他掌控着政府的统治和人们行事的秩序……我因耶和华欢喜，因我救恩的神欢喜。"④ 作为一个敬业的英国圣公会教徒，他经常参加圣菲利普斯教堂的礼拜仪式，通过这些宗教活动和仪式，他相信存在一个全能的上帝。更重要的是，他认为将来会有奖惩，且上帝会拯救他。

劳伦斯不仅是一个虔诚的基督徒，也是一个"严格的道德主义者"。⑤ 他愿意为了公共利益而牺牲自己的个人利益。他相信个人的道德再生，并坚持一套严格的道德准则，试图与上帝建立更密切的关系。在一封写给约翰的信中，他坚持自己的道德原则：服从耶稣基督的戒律、对富有和尊严

---

① Ramsay, *History of South Carolina*, 2: 251; Cooper and McCord, *The Statutes at Large of South Carolina*, 3: 353; Advertisement, December 8, 1759, *The Papers of Henry Laurens*, 3: 17 – 18, footnote 8; *South Carolina Gazette*, December 8, 1759. 劳伦斯是约翰·约阿希姆·祖布利神父的好朋友，见 John Joachim Zubly, *The Journal of the Reverend John Joachim Zubly*, A. M., D. D., March 5, 1770 through June 22, 1781, Lilla Mills Hawes ed. (Savannah: Georgia Historical Society, 1989), 5 – 7; Henry Laurens to William Sykes, Charles Town, August 10, 1769, *The Papers of Henry Laurens*, 7: 120, footnote 5。

② McDonough, *Christopher Gadsden and Henry Laurens*, 30. 埃德蒙·摩根认为劳伦斯是清教伦理的代表，见 Edmund Morgan, "The Puritan Ethic and the American Revolution," *William and Mary Quarterly* 24 (Oct., 1967): 28 – 32. 有关劳伦斯的宗教观和共和思想，见 Laura P. Frech, "The Career of Henry Laurens in the Continental Congress, 1777 – 1779" (Ph. D. dissertation, University of North Carolina, Chapel Hill, 1972), 27; Samuel C. Smith, "Henry Laurens: Christian Pietist," *South Carolina Historical Magazine*, Vol. 100, No. 2 (Apr., 1999): 146。

③ Ramsay, *The History of South Carolina*, 2: 485.

④ Henry Laurens to James Habersham, Charles Town, May 25, 1769, *The Papers of Henry Laurens*, 6: 573.

⑤ Laura P. Frech, "The Republicanism of Henry Laurens," *South Carolina Historical Magazine*, Vol. 76, No. 2 (Apr., 1975): 68 – 79; Massey, *John Laurens and the American Revolution*, 29.

适度追求、节制和清醒、保持仁爱且爱邻如己。① 他不仅把这些道德准则留在心里，而且鼓励约翰培养节俭、节制、自律和仁爱。只要约翰能拥有这些美德，他就认为约翰可以抵抗不同种类的恶习。

劳伦斯相信美德、社会行为和宗教伦理是青少年成长过程中不可或缺的重要因素，并为儿子们制定了教育目标。他不仅希望他们扩大知识面，而且鼓励他们成为德才兼备的人。正如他所断言的："德行［和］自由教育可能是上帝允许我赋予我的孩子们的唯一财富。"② 这里的德行，劳伦斯指的是希望他的孩子们：善良和仁慈，节俭，痛恨欺骗和不公平的事情，并保持他们的节制。此外，他还鼓励他的孩子们要勤奋。在一封写给约翰的信中，亨利·劳伦斯指出，"与大部分同时代的人相比，一个勤劳的人在一年 12 个月的时间里不断获得收获"。如果约翰不珍惜时间，他就会在平时的玩乐中虚度光阴。此外，"睡眠与放纵"也会从约翰那里偷走大部分时间。③ 作为一个家教严格的父亲，劳伦斯希望他的孩子们能听从他的建议，按时完成教育，争取早日成才。

劳伦斯最终把儿子们的教育计划付诸实施。1771 年 4 月，劳伦斯把 7 岁的哈里送往克拉克的学校进行学习。④ 为了帮助哈里接受"自由且广泛的教育"，劳伦斯将他完全置于克拉克的监督之下。⑤ 他希望哈里学习神学、法律或商业。如果哈里想学习物理，他不会反对哈里的选择。他期望哈里不仅能提高英语阅读和写作水平，而且学习算术、法语、绘画、拉丁语语法和经典文学。此外，他还鼓励克拉克教导哈里对上帝心存敬畏。通过这样做，他期待哈里能区分善与恶、真理与错误，长大后成为一个对社

---

① Henry Laurens to John Laurens, Westminster, February 21, 1774, *The Papers of Henry Laurens*, 9：302 – 303.

② Henry Laurens to John Laurens, Charles Town, May 30, 1775, *The Papers of Henry Laurens*, 10：158.

③ Henry Laurens to John Laurens, July 1, 1772, *The Papers of Henry Laurens*, 8：388.

④ Henry Laurens to Richard Grubb, Falmouth, October 10, 1771, *The Papers of Henry Laurens*, 8：2, footnote 6；Henry Laurens to George Appleby, Charles Town, April 2, 1771, *The Papers of Henry Laurens*, 7：468 – 470.

⑤ Henry Laurens to Richard Clarke, Charles Town, August 25, 1770, *The Papers of Henry Laurens*, 7：327 – 328.

会有用的人。① 5 个月后，亨利·劳伦斯进行了一次跨大西洋航行，亲自护送约翰和杰米前往英国并接受更好的教育。②

经过 29 天的海上颠簸，亨利·劳伦斯、约翰和杰米安全抵达英国南部的法尔茅斯海港并体验了当地的社会风俗。根据亨利·劳伦斯的说法，法尔茅斯风景很美，尤其是彭德尼斯和圣马城堡（St. Maw's Castles）之间的海港入口，那儿的风景比他在此前旅行中所遇见的所有风景还要美。在访问法尔茅斯时，他发现当地民众似乎"对陌生人特别友善和有礼貌"。③ 亨利·劳伦斯和孩子们不仅欣赏了美丽的乡村风景和城市的港湾景观，而且目睹了当地民众如何向他们展示当地礼仪。

在 10 月下旬抵达伦敦后，劳伦斯开始考察学校，但他并未找到称心如意的学校。为了帮助约翰和杰米都接受一流的教育，他试图让他们在牛津大学或剑桥大学注册，但他发现这两所知名大学备受英国人民的"指责"。英国国内人民认为牛津大学的学生生活放荡。尽管牛津大学是一所举世闻名的大学，但劳伦斯认为这所大学的学生们生活腐化，并不适合约翰和杰米。在放弃剑桥大学和牛津大学后，劳伦斯随后参观了几家由私人开办的寄宿学校。遗憾的是，没有一所学校能让他感到满意。④

劳伦斯最终决定把约翰和杰米安置在克拉克的学校，并让孩子们在那里接受教育。⑤ 在克拉克的训练下，劳伦斯发现哈里的身体非常健康。哈里的个头长高了，且阅读能力也提高了不少。鉴于哈里在教育方面正在进步，劳伦斯认为克拉克是一名合格的老师。由于无法找到更合适的学校，

---

① Henry Laurens to Richard Clarke, Charles Town, April 6, 1771, *The Papers of Henry Laurens*, 7: 481 - 482.

② Henry Laurens to John Hopton, New York, September 4, 1771, *The Papers of Henry Laurens*, 7: 558, footnote 5; Henry Laurens to William Fisher, New York, September 5, 1771, *The Papers of Henry Laurens*, 7: 560 - 563; and *New York Gazette and Weekly Mercury*, New York, September 16, 1771.

③ Henry Laurens to William Fisher, Falmouth, October 12, 1771, *The Papers of Henry Laurens*, 8: 7 - 8.

④ Henry Laurens to Benjamin Elliott, Chelsea, November 4, 1771, *The Papers of Henry Laurens*, 8: 31.

⑤ *South Carolina and American General Gazette*, Charles Town, October 7, 1771; Newspaper Account, October 7, 1771, *The Papers of Henry Laurens*, 7: 588.

同时为了帮助约翰和杰米远离伦敦的道德腐败风气，劳伦斯决定把约翰和杰米都安排在同一所学校。通过这样做，他希望上帝能够"禁止这个王国[英国]的污浊氛围"腐蚀孩子们的灵魂。① 另外，三个儿子在一个地方学习，彼此之间也可以相互照应。

劳伦斯很高兴孩子们在克拉克的照顾下正取得显著进展。哈里不仅在阅读水平和社交礼仪方面取得了明显进步，而且在学习英语和法语的过程中进步明显。② 约翰在古典学和自然哲学方面也进步明显。更重要的是，约翰学习态度认真，且"渴望获得知识"。约翰"对他现在的计划非常满意"，这让亨利·劳伦斯倍感高兴。③ 同样，杰米也在快乐地学习新的科目。看到儿子们在教育方面取得了进步，亨利·劳伦斯认为他选择克拉克的学校是一个明智的决定。

第二节　英国社会和道德的腐化

随着对英国社会风俗和道德伦理认识的进一步深入，劳伦斯突然发现他无法容忍英国社会的道德腐化。1770 年，巴尔冈尼（Balgonie）的约翰·斯科特将军（General John Scott）娶了苏格兰艾罗尔公爵（Duke of Erroll）的女儿玛丽·海（Mary Hay）。他们结婚的时候，斯科特将军 45 岁，玛丽只有 18 岁。婚后不久，斯科特将军指派詹姆斯·萨瑟兰上尉（Captain James Sutherland）负责照顾玛丽。或许是因为他们之间在年龄上存在明显差异，也或许是因为他们之间的性格不合，玛丽婚后生活并不幸福，进而逐步在情感上疏离斯科特将军。或许是为了摆脱不幸的婚姻，玛丽与萨瑟兰上尉私奔了。得知这桩丑事后，斯科特将军派人追捕玛丽与萨瑟兰上尉。后来，玛丽和萨瑟兰上尉在伦敦附近的巴内特（Barnet）被抓获。劳伦斯认

---

① Henry Laurens to George Appleby, Chelsea, October 31, 1771, *The Papers of Henry Laurens*, 8：27.

② Henry Laurens to John Lewis Gervais, Chelsea, November 7, 1771, *The Papers of Henry Laurens*, 8：37.

③ Henry Laurens to Thomas Savage, Westminster, December 5, 1771, *The Papers of Henry Laurens*, 8：75

为这起负面事件有助于警示年轻人，并鼓励年轻人抵制道德堕落。他对这个丑闻感到震惊，进而提醒儿子们远离这些丑闻。①

鉴于英国国内社会风气每况愈下，且人们自甘堕落，劳伦斯逐渐发现伦敦并不适合他的孩子们继续接受教育。据他所知，英国人道德堕落且行事放荡。更令人震惊的是，他注意到英国宪法也"受到了很大的损害"。劳伦斯突然意识到，把孩子们送到英国上学，南卡罗来纳的父母花了很多的钱，但孩子们并没有学到他们所应该学的知识。由于伦敦的社会礼仪和道德比查尔斯顿还糟糕，劳伦斯深信伦敦不能为小男孩提供良好的道德教育。② 如果能找到一个好老师并严格监督孩子们的学习，劳伦斯相信孩子们在查尔斯顿接受的教育会比在英国国内好很多。③

对英国社会和社会礼仪了解越多，劳伦斯就越痛恨英国人的言语轻浮和不道德行为。在1744年至1747年，以及1748年至1749年，他曾两次前往英国。那时候，英国妇女给劳伦斯的印象是非常谦逊的，且维持着传统的社会礼仪。1771年，劳伦斯第三次访问英国，他发现女性美德处于非常糟糕的状态。在一封写给南卡罗来纳朋友的信中，劳伦斯说道："贞洁在英国肯定是过时的，女人会说另一种语言。"④ 鉴于英国妇女已抛弃传统的美德和贞洁观，劳伦斯对英国的道德和社会礼仪深表失望。他希望能尽快回到查尔斯顿，但他必须等到约翰离开克拉克的学校后才能启程。⑤

在伦敦生活的过程中，劳伦斯进一步体会到了这座城市在政治、道德和社会上的退化。在伦敦旅游期间，劳伦斯通过阅读报纸了解最新的新闻。据劳伦斯所知，伦敦报纸诸如《伦敦杂志》、《窃窃私语报》和《伦

---

① Namier and Brooke, *The House of Commons*, 3：413 - 414; Henry Laurens to James Laurens, Chelsea, November 6, 1771, *The Papers of Henry Laurens*, 8：36, footnote 6.

② Henry Laurens to Thomas Savage, Westminster, December 5, 1771, *The Papers of Henry Laurens*, 8：75.

③ Henry Laurens to James Laurens, Westminster, December 5, 1771, *The Papers of Henry Laurens*, 8：68.

④ Henry Laurens to Thomas Savage, Westminster, December 5, 1771, *The Papers of Henry Laurens*, 8：75. 英国社会的腐化，见 George Otto Trevelyan, *The American Revolution*（New York：Longmans, Greens and Co., 1899），1：18 - 23。

⑤ Henry Laurens to James Laurens, Westminster, December 5, 1771, *The Papers of Henry Laurens*, 8：69.

敦晚报》对神性、法律和政治方面的新闻报道显示了英国社会的混乱无序。通过阅读这些报纸，他发现伦敦市内白天和夜间的抢劫和谋杀案件频频发生。此外，他发现政党政治斗争使得伦敦政客不得不用"最恶搞（和）辱骂性的语言"去攻击政敌。更糟糕的是，伦敦政客们做出了"不厌其烦的努力"，且"在城里播下了分歧"的种子。[①] 然而，政客们似乎对伦敦市内的谋杀案、袭击案和其他罪案无动于衷。由于政客们只顾追求个人名利，伦敦的社会治安非常糟糕，且社会问题层出不穷。

在英国旅行时，劳伦斯特别关注王室成员的行为举止。和大多数南卡罗来纳人一样，他期待王室贵族行为优雅、穿着得体，且能展示王室礼仪，并维持贵族阶层的社会和文化品位。毕竟，作为一个自学成才的商人，劳伦斯本人对社交礼仪和宫廷习俗一无所知。由于王室是英国社会礼仪的中心，他有兴趣观察他们如何展现王室礼仪。在殖民时期，南卡罗来纳白人殖民者一直模仿着英国国内贵族们的社会礼仪和行为准则。劳伦斯认为南卡罗来纳殖民地的礼仪和社会习俗远不如伦敦，所以迫切希望可以有机会近距离观察和学习王室的礼仪和行为举止。作为一名来自殖民地的英国臣民，劳伦斯认为了解王室成员的礼仪和行为举止是自己的一种荣幸。[②]

令劳伦斯感到惊讶的是，他发现王室成员坎伯兰公爵亨利·弗雷德里克（Henry Frederick, Duke of Cumberland）卷入了一起丑闻事件。1771 年10 月，在没有获得国王同意的情况下，坎伯兰公爵与寡妇安妮·霍顿（Anne Horton）结婚。而在 18 世纪 70 年代，英国王室成员通常不会与寡妇通婚。预料到国王不会批准他们的婚姻，坎伯兰公爵带着新婚妻子于 11月 3 日越过英吉利海峡前往法国加来（Calais），以逃避王室对他的谴责和惩罚。[③] 通过阅读新闻报纸，劳伦斯得知了这桩王室婚姻事件。劳伦斯认

---

① HL to James Laurens, Westminster, December 26, 1771, *The Papers of Henry Laurens*, 8: 128 - 129.

② Shields, *Civil Tongues and Polite Letters in British America*, 37.

③ *London Chronicle*, November 5 - 7, 1771; Henry Laurens to Thomas Savage, Westminster, December 5, 1771, *The Papers of Henry Laurens*, 8: 77 and John Brooke, *King George III* (London: Constable and Co., 1972), 272 - 275, 281 - 282.

为坎伯兰公爵采取了"愚蠢的婚姻步骤"。换句话说，在未经国王同意的情况下，劳伦斯认为坎伯兰公爵不应该迎娶这位寡妇。这事件让劳伦斯发现王室成员在婚姻问题上随心所欲，且生活放荡，并让王室蒙羞。国王对公爵的这桩荒唐事件"非常生气"，但也没有办法阻止。① 然而，这起婚姻事件让劳伦斯对王室成员的道德堕落深感厌恶。

继坎伯兰公爵的婚姻事件后，劳伦斯发现另外一起婚姻丑闻对王室声誉产生了严重的负面影响。玛丽亚·沃波尔（Maria Walpole），也就是英国首相罗伯特·沃波尔（Robert Walpole）的侄女，被认为是同龄女孩中最漂亮的女人之一。1763 年，在丈夫去世后，玛丽亚成为一名寡妇，并负责照顾三个孩子。1766 年，国王的兄弟格洛斯特公爵威廉·亨利（William Henry，Duke of Gloucester）秘密地娶了玛丽亚为妻。跟坎伯兰公爵一样，格洛斯特公爵的婚姻并未经过国王的同意。大概是在 1771 年 11 月或 12 月，格洛斯特公爵在意大利身患重病，然而关于他与玛丽亚结婚的传言却四处流传。② 1772 年 9 月 13 日，考虑到玛丽亚已怀身孕，格洛斯特公爵被迫向国王承认婚外情，这让王室的声誉和形象进一步受损。

格洛斯特公爵的秘密婚姻让劳伦斯认识到王室成员并没有严格遵守基督教伦理和王室成员的行为准则。1772 年 9 月 23 日，他写信给他的朋友，提到格洛斯特公爵生活糜烂且和玛丽亚"姘居"。虽然国王警告格洛斯特公爵不要通奸并与寡妇结婚，但后者不听劝告。当格洛斯特公爵的非法婚姻关系被公众揭发后，国王被迫"将他们驱逐出宫廷，并让他们蒙羞"。格洛斯特公爵的这桩丑事让国王恼羞成怒。于是，国王于 1772 年制定了《皇家婚姻法》，以便进一步规范王室成员的婚姻，并对王室成员的行为进行约束。根据《皇家婚姻法》，未经国王许可，乔治二世的后代不准随便结婚。劳伦斯认为格洛斯特公爵的秘密婚姻不符合传统的基督徒伦理。在

---

① Henry Laurens to Thomas Franklin, Westminster, December 26, 1771, *The Papers of Henry Laurens*, 8：122.

② Brooke, *King George III*, 272, 277–281；*London Chronicle*, January 14–16, 1772；Henry Laurens to Thomas Savage, Westminster, December 5, 1771, *The Papers of Henry Laurens*, 8：77, footnote 1.

劳伦斯看来，基督教伦理应该约束王室成员的婚姻和社会行为。[①] 但是，令劳伦斯失望的是，国王和他的王室成员都没有认真承担他们的基督徒职责和义务。

在收集王室丑闻的同时，劳伦斯特别关注卡洛琳·马提达公主（Princess Caroline Matilda）的通奸行为。[②] 卡洛琳公主是乔治二世国王最小的妹妹，但她婚姻不幸。1766 年 10 月 1 日，当她 15 岁的时候，她被远嫁给表亲丹麦国王克里斯蒂安七世（King Christian VII of Denmark），后者是一个"生性放荡、抱病在床且几乎低能"的男人。由于克里斯蒂安七世常年抱病在床，且时常需要宫廷医生的医治和照顾。在成功地获取宫廷医生让·F. 斯特伦塞（Jean Frédéric Struensée）的同情后，卡洛琳皇后成为他的情妇。后来，在卡洛琳皇后的支持下，斯特伦塞在丹麦推行政治改革，这使得卡洛琳皇后疏远了她与丹麦王室成员之间的关系。1772 年 1 月 17 日，由于政治改革受阻，斯特伦塞被捕，卡洛琳皇后随后被指控通奸，并被克里斯蒂安七世囚禁在监狱。[③]

劳伦斯阐述了他对英国王室成员的道德堕落忍无可忍。当伦敦报纸广泛报道卡洛琳皇后对克里斯蒂安七世的婚姻不忠时，他向在佐治亚的朋友提起了这事件。在信中，劳伦斯提到，卡洛琳皇后"无疑被排除了与不幸的斯特伦塞进行犯罪交谈的嫌疑。这在英格兰很少被人谈论，即使在这个

---

① Henry Laurens to Samuel Wainwright, Westminster, September 23, 1772, *The Papers of Henry Laurens*, 8：473 – 474. 另见 Henry Laurens to Thomas Savage, Westminster, December 5, 1771, *The Papers of Henry Laurens*, 8：77；Henry Laurens to Thomas Franklin, Westminster, December 26, 1771, *The Papers of Henry Laurens*, 8：122；Henry Laurens to James Laurens, Westminster, December 26, 1771, *The Papers of Henry Laurens*, 8：129；Henry Laurens to James Laurens, Bristol, February 6, 1772, *The Papers of Henry Laurens*, 8：178 – 179；Henry Laurens to James Laurens, Westminster, April 1, 1772, *The Papers of Henry Laurens*, 8：239, footnote 1；Henry Laurens to Alexander Garden, Westminster, May 24, 1772, *The Papers of Henry Laurens*, 8：324。

② 卡洛琳·马提达的传记，见 C. F. Lascelles Wraxall, *Life and Times of Her Majesty Caroline Matilda, Queen of Denmark and Norway, and Sister of H. M. George III of England. From Family Document, and Private State Archives*, 3 vols. （London：Wm. H. Allen & Co., 1864）。

③ *London Chronicle*, December 5 – 7, 1771, January 30 – February 1, February 4 – 6, 1772；Henry Laurens to Alexander Garden, Westminster, May 24, 1772, *The Papers of Henry Laurens*, 8：324；Henry Laurens to James Laurens, Bristol, February 6, 1772, *The Papers of Henry Laurens*, 8：179, footnote 5；Brooke, *King George III*, 268 – 270.

地方，卡洛琳皇后也被普遍认为是无辜的"。他认为，卡洛琳皇后的婚姻非常不幸，斯特伦塞也是"一个不幸的人"。劳伦斯对卡洛琳皇后和斯特伦塞持同情的看法，但他不能接受他们之间的通奸行为。通过阅读报纸，劳伦斯知晓更多关于卡洛琳皇后的丑闻。劳伦斯认为英国是一个充满"丑闻和诽谤"的地方，进而鄙视王室成员的道德堕落和生活腐化。①

确切地说，劳伦斯前往英国的第三次跨大西洋旅行让他大失所望。到1772年9月下旬，他已知晓几桩臭名昭著的王室婚姻。这些丑闻包括坎伯兰公爵与寡妇安妮的婚姻、格洛斯特公爵常年抱病在床却秘密结婚，以及卡洛琳皇后的通奸行为。劳伦斯深知这些王室丑闻让国王深感苦恼。② 在处理这些王室丑闻时，劳伦斯认为国王并不怎么聪明。③ 这些不光彩的王室丑闻不仅让国王蒙羞，而且严重损害王室声誉。通过收集这些丑闻，劳伦斯进一步认识到英帝国中心的政治、社会和道德正在走向堕落。

劳伦斯对英国的道德、宗教伦理和社会礼仪非常反感，以致他对克拉克学校的孩子们的教育感到担忧。他期待自己的孩子在不久的将来茁壮成长。他也希望克拉克教导学生们"勤奋、专注和［遵守］纪律"。对于劳伦斯的不满，克拉克并未在意。④ 但是，通过指出这些问题，劳伦斯希望克拉克能改进教育方法，并提高教学能力。

随着越来越多的朋友对克拉克学校持负面看法，劳伦斯开始质疑克拉克的教学能力。首先，一位无名男子告诉劳伦斯克拉克学校并不是小孩接

---

① Henry Laurens to Alexander Garden, Westminster, May 24, 1772, *The Papers of Henry Laurens*, 8: 324.

② Henry Laurens to James Laurens, Bristol, February 6, 1772, *The Papers of Henry Laurens*, 8: 179, footnote 5; Henry Laurens to Alexander Garden, Westminster, May 24, 1772, *The Papers of Henry Laurens*, 8: 324; Henry Laurens to Samuel Wainwright, Westminster, September 23, 1772, *The Papers of Henry Laurens*, 8: 473 - 474, footnote 6; Brooke, *King George III*, 268 - 270. 更多的王室丑闻，见 Tillyard Stella, *A Royal Affair, George III and His Troublesome Siblings* (New York: Random House, 2006)。

③ Henry Laurens to James Laurens, Bristol, February 6, 1772, *The Papers of Henry Laurens*, 8: 179, footnote 5; Henry Laurens to Alexander Garden, Westminster, May 24, 1772, *The Papers of Henry Laurens*, 8: 324; Henry Laurens to Samuel Wainwright, Westminster, September 23, 1772, *The Papers of Henry Laurens*, 8: 473 - 474, footnote 6; Brooke, *King George III*, 268 - 270.

④ Henry Laurens to James Laurens, Westminster, January 1, 1772, *The Papers of Henry Laurens*, 8: 147.

受优良教育的地方。跟劳伦斯一样，因常年从事南卡罗来纳和英帝国之间的贸易，南卡罗来纳船长亨利・冈恩（Henry Gunn）正好访问伦敦。冈恩提醒劳伦斯，克拉克学校不是哈里接受教育的好地方。陌生人对克拉克学校的负面评价，劳伦斯可以置之不理。但是，劳伦斯无法忽视冈恩的看法。不久，在学生的管理上，劳伦斯无法认同克拉克的管理方法，且对克拉克"极为不满"。①

对克拉克学校了解越多，劳伦斯就越怀疑克拉克的教学能力。有一次，劳伦斯发现哈里的脸颊被一支蜡烛烧伤，尽管这是学校里一个顽皮的学生在与哈里打闹的过程中造成的。作为一名对孩子关爱有加的父亲，劳伦斯指出，要是不幸碰到了眼睛，哈里的眼睛肯定瞎掉了。劳伦斯很认真地对待这件事，但克拉克不仅没有给他道歉，而且没有把此事告知给他。这个事件本是一场意外，但劳伦斯并不认可克拉克的处事方式。② 于是，劳伦斯想弄清楚克拉克学校到底出了什么问题，以及克拉克是否能胜任教师一职。如果克拉克不是一个尽职尽责的教授，劳伦斯或许要考虑采取进一步行动，以便孩子们能顺利完成学习。

亨利・劳伦斯最终改变了孩子们在克拉克学校的学习计划。他想让哈里学习英语、阅读和写作，然而克拉克学校没有写作老师指导学生们的学习。由于克拉克并不怎么关心哈里的学习，劳伦斯认为克拉克是一个不合格的老师。③ 考虑到之前有朋友对克拉克学校的评价相当负面，以及克拉克在教育问题上并不怎么尽职。劳伦斯对儿子们在克拉克学校的教育并不满意。1772 年初，劳伦斯将儿子们从学校带走，并开始考虑其他替代方案。

第三节　在英国"最好的学校"接受教育

为了帮助杰米避开伦敦的"奢侈和恶行"，劳伦斯把他安置在距离伯

---

① Henry Laurens to James Laurens, Westminster, January 1, 1772, *The Papers of Henry Laurens*, 8：147.

② Henry Laurens to James Laurens, Westminster, January 1, 1772, *The Papers of Henry Laurens*, 8：147 - 148.

③ Henry Laurens to James Laurens, Westminster, January 1, 1772, *The Papers of Henry Laurens*, 8：147 - 149.

明翰约两英里远的温森格林（Winson Green）的一所寄宿学校。[1] 威廉·豪厄尔（William Howell，1714—1776）是这个学校的校长，因其能力和正直而远近知名。豪厄尔在卡马尔腾（Carmarthen）接受了教育，在萨默塞特郡当过牧师。1772 年 4 月 12 日，豪厄尔辞去了牧师的职务，投身青少年教育。在选择学校之前，劳伦斯特别关注老师的脾气、能力、教育和家庭。经过对学校的仔细考虑，他发现豪厄尔可以让他满意。他相信这个学校是他在伯明翰能找到的"唯一"能让他满意的学校。随后，劳伦斯让豪厄尔负责杰米的教育。[2]

起初，劳伦斯对豪厄尔的学校非常满意。首先，他发现学校不仅"又大又干净"，而且孩子们"完全健康且愉快"。其次，他看到学生们"干净、整洁、健康、好玩"。此外，他既没听到学生说"顽皮的话"，也没看到学生的"粗鲁的表情"。最重要的是，为了管理这所学校，豪厄尔夫妇、他们的 4 个女儿和 3 个助手对年轻学生给予了"密切关注"。劳伦斯进一步指出，豪厄尔对男孩们的管理"极其明智"：男孩们在老师面前表现出了"应有的尊重和敬畏"。在照顾好学生的同时，学校每年只对每个男孩收取 16 几内亚的费用。最后，由于老朋友亨利·卡弗、乔治·阿普比尔和乔治·奥斯汀都住在这个城市，劳伦斯可以让这些朋友照顾杰米。[3] 对劳伦斯来说，让杰米在豪厄尔的学校接受教育是一个明智的选择。

在豪厄尔先生的指导下，杰米在学习上进步明显。他在阅读、写作和语法方面取得了进步，从而"为他的老师豪厄尔先生获得巨大的荣誉，也为他自己的勤奋获得巨大的荣誉"。4 个月后，杰米已经掌握了一些英语语法，且学到的知识内容比英国国内其他同龄人要好。[4] 同时，劳伦斯鼓励

---

① Henry Laurens to James Laurens, Genève, June 22, 1772, *The Papers of Henry Laurens*, 8: 375 – 376.

② John Reynell Wreford, *Sketch of The History of Presbyterian Nonconformity in Birmingham* (Birmingham, 1832), 34 – 37; Henry Laurens to James Laurens, Westminster, May 13, 1772, *The Papers of Henry Laurens*, 8: 305; Henry Laurens to William Cowles, Westminster, May 8, 1772, *The Papers of Henry Laurens*, 8: 296, footnote 1.

③ 不过，在这封信中，劳伦斯把儿子的名字弄错了，应该是杰米而不是哈里。Henry Laurens to James Laurens, Westminster, May 13, 1772, *The Papers of Henry Laurens*, 8: 305 – 306.

④ Henry Laurens to James Laurens, Birmingham, September 1, 1772, *The Papers of Henry Laurens*, 8: 447.

杰米学习数字字表，并在英语、阅读和写作等方面继续进步。在劳伦斯看来，拉丁语语法和算术对杰米的能力来说，可能会有些困难。因此，他建议豪厄尔暂时向杰米讲授拉丁语语法。①

杰米在学习中取得的进步越多，劳伦斯对豪厄尔学校的评价就越正面。劳伦斯提到，杰米在英国"最好的学校"学习：老师会时时刻刻关心他的学习，杰米会学习"教育、道德和礼仪"。校长豪厄尔先生是一个明智的人，严谨地指导着学生们的学习。② 他非常感谢豪厄尔先生的帮助，于是将学校介绍给了南卡罗来纳的其他家长。例如，他将这所学校推荐给他的朋友查尔斯顿商人莫里斯·西蒙斯（Maurice Simmons），西蒙斯正在英国为他的两个儿子寻找学校。③

把杰米转移到豪厄尔寄宿学校后，劳伦斯听到了来自克拉克学校的一个坏消息。1772 年 5 月 10 日，亚历山大·麦奎恩（Alexander McQueen）和小布里斯福德用剑进行决斗。由于亚历山大引起了这场争吵，劳伦斯没有责怪小布里斯福德。在劳伦斯看来，这场打架斗殴非常愚蠢。④ 不久，小布里斯福德从克拉克学校退学，跟着父亲一起前往阿姆斯特丹。劳伦斯无法接受学生在学校里发生斗殴的事实。这件事也说明克拉克在学生管理上照顾不周或疏忽了学生之间的不满情绪。亚历山大和小布里斯福德之间的这场斗殴让劳伦斯更加确信克拉克不是一个合适的老师。⑤

由于痛恨伦敦的社会礼仪、道德和政治的堕落，亨利·劳伦斯决心帮助约翰和哈里在日内瓦接受教育。⑥ 历史学家格雷戈里·梅西认为，日内

---

① Henry Laurens to William Howell, Bristol, January 16, 1773, *The Papers of Henry Laurens*, 8：527.

② Henry Laurens to John Rose, Westminster, April 14, 1773, *The Papers of Henry Laurens*, 8：683.

③ Robert Bentham Simons, *Thomas Grange Simons III, His Forebears and Relations* (Charleston, S. C., 1954), 26 – 27; Henry Laurens to William Howell, Westminster, April 6, 1773, *The Papers of Henry Laurens*, 8：660, footnote 8.

④ Henry Laurens to James Laurens, Westminster, May 13, 1772, *The Papers of Henry Laurens*, 8：307.

⑤ Henry Laurens to James Laurens, Westminster, August 19, 1772, *The Papers of Henry Laurens*, 8：425.

⑥ Henry Laurens to Thomas Smith, Westminster, April 12, 1773, *The Papers of Henry Laurens*, 8：678; Henry Laurens to James Laurens, Westminster, May 13, 1772, *The Papers of Henry Laurens*, 8：306.

瓦拥有伦敦所缺乏的所有美德，似乎是"像亨利·劳伦斯这样一个严格的道德主义者让儿子们接受教育的绝佳场所"。梅西还指出：日内瓦以其勤奋和美德而闻名。法律促进了节俭和无私的公共服务；《住房法》试图防止人们沉溺于奢侈品；高级官员得到很少的报酬，但他们认真履行自己的职责。① 在访问日内瓦之前，他向朋友约翰·R. 冯瓦尔特拉弗斯（Johann Rodolph von Valltravers）询问有关日内瓦教育和社会礼仪的相关情况。冯瓦尔特拉弗斯是一位有影响力的英国裔瑞士公民，经常促进英格兰和瑞士之间的文化交流。② 冯瓦尔特拉弗斯不仅向劳伦斯提供了"一封非常有价值的介绍信"，而且还提供了很多去日内瓦旅行的建议。③ 1772 年 5 月 30 日离开伦敦后，劳伦斯和两个儿子一起开始了他们前往日内瓦的旅行。

在前往日内瓦的途中，亨利·劳伦斯途经法国，其间他观察到法国人在改进农业和商业。④ 在加来、圣奥默、巴黎和布里亚进行了几天的观察后，他们于 6 月 8 日抵达里昂。劳伦斯被农田里的老式犁所吸引，迫切希望能在自己的种植园里使用这种农业工具。在旅行的过程中，他看到了布尔博奈和布尔贡迪的人民是如何种植葡萄园的。他观察了从朗格多克到里昂的葡萄酒运输情况。他还注意到法国商人是如何用运河把葡萄酒从卢昂河运到布里亚雷，最后运到巴黎的。这条运河将卢瓦尔河和塞纳河联接起来。在行进的过程中他努力收集各种农业和商业信息，因为他认为这些信息可能会有助于南卡罗来纳人民改进相应的农业和商业活动。⑤ 农业"种植和改进"，他补充说，"出现在每一个地方"。法国人没有浪费一英亩土地，虽然土壤贫瘠，但农作物如黑麦、燕麦、豆类、大麦和葡萄看起来长

---

① Massey, *John Laurens and the American Revolution*, 29.
② Henry Laurens to John McCullogh, Westminster, May 18, 1772, *The Papers of Henry Laurens*, 8：316, footnote 6. 约翰·R. 冯瓦尔特拉弗斯的更多信息，见 G. R. de Beer, "Rodolph Valltravers, F. R. R.," *Notes and Records of the Royal Society of London*, IV（1946），216 - 226。
③ Henry Laurens to James Laurens, Westminster, May 27, 1772, *The Papers of Henry Laurens*, 8：335.
④ Henry Laurens to Elias Ball Jr., Westminster, May 30, 1772, *The Papers of Henry Laurens*, 8：357；Travel Journal, May 30, 1772, *The Papers of Henry Laurens*, 8：359.
⑤ Henry Laurens to James Laurens, Lyon, June 9, 1772, *The Papers of Henry Laurens*, 8：362 - 364.

势喜人。① 观察到法国人发明了新的农业机械，种植农产品，并在商业路线上运送商品，他钦佩法国人民的勤劳、简朴的社会方式，以及法国国内的商业繁荣。他亲眼看见了法国农业和商业的进步，希望南卡罗来纳人能够从法国人民那里学到一些东西。

亨利·劳伦斯确信约翰和哈里都从欧洲大陆的旅行中获益良多。在旅行途中，约翰练习素描等绘画技能。约翰不仅画了几幅精美的自然风景画，还对一些雕塑进行素描。② 在旅途中，哈里抓住各种机会与法国人交谈，积极练习法语。哈里经常把"半打法语单词联系在一起"，一方面是为了练习法语，另一方面是为了记住单词。尽管前往日内瓦的旅途颠簸劳累，但哈里和约翰"在理性的快乐中获得知识"，这让亨利·劳伦斯对大陆旅行感到"很满意"。③

第四节　日内瓦的美德、虔诚和教育

早在 16 世纪中叶，法国神学家约翰·加尔文（John Calvin）就在日内瓦教育中发挥了重要作用。作为基督新教改革的先驱代表人物之一，加尔文不只是倡导宗教改革，也同时改革了基督教教育。加尔文强调孩子们应在宗教虔诚、古典文学和道德等方面接受严格的训练和学习。加尔文进一步指出，孩子们应该学习传统的基督教美德，如耐心、谦卑和宽恕。在宗教改革时期的日内瓦，加尔文在城市中植入了公民共和价值观，鼓励个体利用学到的知识去改造社会，并造福社会。加尔文强调人文主义、新教伦理和公民共和主义，并用他的宗教信仰和教育理想对日内瓦教育进行改革。④ 加尔文在日内瓦的教育改革取得了显著的成就，英国和欧洲大陆其

① Henry Laurens to George Appleby, Lyon, June 10, 1772, *The Papers of Henry Laurens*, 8: 362 – 365.
② Henry Laurens to Richard Oswald, Lyon, June 10, 1772, *The Papers of Henry Laurens*, 8: 368.
③ Henry Laurens to George Appleby, Lyon, June 10, 1772, *The Papers of Henry Laurens*, 8: 362 – 365.
④ James L. Codling, *Calvin*: *Ethics*, *Eschatology*, *and Education* (Newcastle upon Tyne: Cambridge Scholars Publishing, 2010), 83 – 110.

他国家争相效仿，并传播其教育理念。

到 18 世纪 70 年代，加尔文主义仍然对日内瓦的教育产生了巨大的影响。日内瓦新教教会的一个理事会是应加尔文的要求于 1541 年成立的，且仍然用加尔文主义教育年轻的学生。1555 年以后，按照加尔文的要求，日内瓦政府成立了日内瓦学院，培训有能力的教师，鼓励教育改革，并鼓励学生接受加尔文主义的价值观。① 到 18 世纪 70 年代，加尔文主义与日内瓦的教育完美地结合在一起，这鼓励着许多信奉新教的家长把孩子送到这个城市接受教育。

日内瓦也与苏格兰和欧洲大陆的启蒙思想家建立了密切的联系。著名的日内瓦医生泰奥多·特隆钦（Théodore Tronchin）与伏尔泰和法国王室成员建立了深厚的友谊。特隆钦帮助伏尔泰于 1754 年在日内瓦定居，以便帮助后者逃避法国政府的逮捕。伏尔泰随后邀请杰出的科学家、《百科全书》的创始编辑让·达朗贝尔（Jean d'Alembert）和其他法国思想家来访问他，并宣扬启蒙思想。后来，伏尔泰依靠泰奥多的兄弟、日内瓦著名银行家让－罗伯特·特隆钦（Jean－Robert Tronchin）来管理财务。② 到了 18 世纪 60 年代，苏格兰哲学家亚当·斯密的经济思想引起了日内瓦人民的关注。在苏格兰启蒙运动的吸引下，泰奥多派儿子到格拉斯哥学习。后来，斯密成为巴克隆第三世公爵亨利·斯科特（Henry Scott, Duke of Buccleuch）的老师和朋友，并在 1765 年一起参观欧洲大陆。斯密抵达日内瓦后，泰奥多向他介绍了日内瓦哲学圈的相关代表人物。③ 此外，特隆钦兄弟积极把欧洲大陆的启蒙思想家和苏格兰启蒙思想家介绍给日内瓦人民，并加强日内瓦与苏格兰和欧洲大陆之间的联系。

亨利·劳伦斯于 1772 年 6 月顺利抵达日内瓦后，积极寻求当地朋友帮助，以便尽快找到合适的寄宿学校供两个儿子学习。最初，亨利·劳伦斯

① Wallace, *The Life of Henry Laurens*, 189; Codling, *Calvin: Ethics, Eschatology, and Education*, 41 - 42.
② Ian Davidson, *Voltaire in Exile: The Last Years, 1753 - 1778* (New York: Grove Press, 2004), 18 - 20.
③ Nicholas T. Phillipson, *Adam Smith: An Enlightened Life* (New Heaven: Yale University Press, 2010), 170.

联系了药剂师让－巴蒂斯特·托洛（Jean－Baptiste Tollot）。得知亨利·劳伦斯来日内瓦的真实意图后，托洛把乐于助人的雅克·普雷沃斯特将军（General Jacques Prevost）介绍给他。普雷沃斯特将军曾在英属北美服役数年。普雷沃斯特将军同意帮助劳伦斯给两个儿子寻找寄宿学校。在劳伦斯的心目中，普雷沃斯特将军非常"仁爱"。当这两个朋友为他提供"最亲切的建议和援助建议"时，劳伦斯决心在日内瓦为约翰和哈里制订"教育计划"。①

经过一番考察，亨利·劳伦斯选择了一家法国胡格诺新教徒开办的学校。这个学校的创办者为法国胡格诺新教徒后裔让·A. 查斯（Jean Antoine Chais）。自 1764 年以来，查斯一直居住在日内瓦，且对当地的习俗、教育和社会非常熟悉。之所以选择这个学校，亨利·劳伦斯主要考虑了两个重要因素。第一，劳伦斯家族的祖先是来自法国拉罗谢尔的胡格诺新教徒；第二，胡格诺新教徒严格遵守新教伦理和相应的行为准则。但是，如果约翰发现查斯不能胜任古典学的教学，亨利·劳伦斯叮嘱约翰把这个消息告知普雷沃斯特将军。如果约翰对学校不满意，亨利·劳伦斯可以请求普雷沃斯特将军为约翰和哈里寻找"最能干、最杰出的老师"。②

亨利·劳伦斯鼓励约翰和哈里在教育方面取得更大的进步。他鼓励约翰在学习中成为一个"勤奋的人"。他还建议两个孩子一起阅读《圣经》，练习《英格兰教会的教义》，而且把它们的内容背诵出来。哈里和约翰对基督教原则有不同的理解，亨利·劳伦斯鼓励两兄弟继续相互交流心得。③把两个儿子安置在查斯的学校后，亨利·劳伦斯试图经过瑞士、德国、荷兰、比利时和法国返回伦敦，以便进一步考察欧洲大陆各国的"农业事务和土地改善"状况。④

---

① Henry Laurens to James Laurens, Westminster, May 13, 1772, *The Papers of Henry Laurens*, 8: 306; Jacques Prevost (1725 – 1776) to Monsieur [John] Lawrence [Laurens], Breda, [present – day Netherlands], February 7, 1773, Henry P. Kendall Collection, Box 8, Folder 2, South Caroliniana Library, University of South Carolina, Columbia, South Carolina.

② Henry Laurens to John Laurens, Lausanne, June 25, 1772, *The Papers of Henry Laurens*, 8: 379.

③ Henry Laurens to John Laurens, Strasburgh, France, July 1, 1772, *The Papers of Henry Laurens*, 8: 388 – 389.

④ Henry Laurens to James Laurens, Westminster, August 6, 1772, *The Papers of Henry Laurens*, 8: 395.

在返回伦敦的旅途中，劳伦斯深刻体会到欧洲大陆人民和英国人在社会礼仪方面的不同。6 月 25 日，离开日内瓦后，亨利·劳伦斯开始返回伦敦。① 他在途中发现，法国人和瑞士人都"对陌生人非常有礼貌"，然而他们对英国游客的接待相当不友好。让劳伦斯印象深刻的是，瑞士巴塞尔的三王客栈（Three King's Inn）让英国人支付的住宿费用远远高于不是来自英国的旅客。劳伦斯推测这或许是因为英国人在穿越欧洲大陆的旅行过程中给瑞士人民留下了"虚荣和浪子"的形象。他在路上很少遇到乞丐。在劳伦斯看来，欧洲大陆的乞丐数量没有英国多。若旅客不向这些乞丐施舍，乞丐就会"默默离开"。与欧洲大陆的这些乞丐不同，劳伦斯指出，英国的乞丐总是辱骂游客，如果游客不慷慨施舍食物或金钱给他们的话。② 劳伦斯注意到欧洲大陆和英格兰在社会礼仪方面的巨大差异，这让他对英国社会礼仪更加反感。

在查斯的学校里，约翰和哈里都继续在学习上取得进步。哈里的法语每天都在进步，英语也有了更大的进步。为了加深对基督教信仰的理解，兄弟俩将教义分为四个部分，并在早上和晚上定期背诵。1772 年 8 月 19 日，在一封写给父亲的信中，约翰提到他想学习法律，并称想成为一名律师。通过选择法律，约翰认为这种选择会给父亲"最大的快乐"。③ 在听到约翰和哈里的消息后，亨利·劳伦斯满心欢喜。④

1773 年 3 月初，为了帮助哈里顺利完成学业，约翰把哈里转移到了日内瓦人大卫·乔维特（David Chauvette）开办的一所学校。约翰指出，哈里的学习受到了查斯夫妇的儿子查尔斯·查斯（Charles Chais）的阻碍，也受到了查斯夫人的"怨恨"。如果约翰为哈里转学，亨利·劳伦斯认为哈

---

① Travel Journal, June 25, 1772, *The Papers of Henry Laurens*, 8：380；Henry Laurens to James Laurens, Westminster, August 6, 1772, *The Papers of Henry Laurens*, 8：395.

② Travel Journal, June 30, 1772, *The Papers of Henry Laurens*, 8：385.

③ Henry Laurens to James Laurens, Birmingham, September 1, 1772, *The Papers of Henry Laurens*, 8：447 - 448.

④ 在日内瓦期间，约翰逐渐成为一位浪漫的理想主义者，见 Massey, *John Laurens and the American Revolution*, 31；Henry Laurens to James Laurens, Birmingham, September 1, 1772, *The Papers of Henry Laurens*, 8：448；John Laurens to James Laurens, Genevé, Switzerland, August 27, 1772, Henry P. Kendall Collection, Box 8, Folder 3, South Caroliniana Library, University of South Carolina, Columbia, South Carolina。

里"总体上会从这种改变中受益"。另外，尽管不在孩子们身边，亨利·劳伦斯认为约翰做得非常好，并表扬约翰关心哈里的教育。① 由于约翰离哈里不远，亨利·劳伦斯认为哈里可以和约翰继续练习英语阅读。②

亨利·劳伦斯对日内瓦在政治和商业方面的成功感到好奇，要求哈里和约翰为他寻找答案。③ 日内瓦人没有自己的主营商业，但他们坚持发展与法国、普鲁士和地中海国家之间的贸易。劳伦斯观察到，日内瓦人不仅"挣面包"，而且还"通过［南］卡罗来纳人所不知道的方式获得财富"。④日内瓦很小，但却成了一个"了不起的共和国"。此外，日内瓦防止了来自欧洲"强大国家"的军事入侵，保护了人民的财产，并坚持宗教信仰自由。为了探求日内瓦商业繁荣和政治稳定背后的原因，亨利·劳伦斯鼓励哈里从贸易、宪法和政体中寻找答案。⑤ 后来，为了更好地理解瑞士宪法，亨利·劳伦斯指示约翰考虑日内瓦公民的利益。⑥ 亨利·劳伦斯被日内瓦的共和政府和商业繁荣所吸引，并希望弄清楚日内瓦为什么会成功。只要儿子们能找出日内瓦成功的原因，他相信南卡罗来纳人就会从日内瓦人中获得某些启示。

---

① 查尔斯是查斯先生的儿子。和哈里一样，南卡罗来纳的男孩，比如加布里埃尔·马尼戈特、比利·史密斯和弗朗西斯·金洛赫（Francis Kinloch）都在大卫·乔维特（David Chauvette）的学校学习。Henry Laurens to John Laurens, Westminster, March 9, 1773, *The Papers of Henry Laurens*, 8：603 – 604；Henry Laurens to David Chauvette, June 2, 1773, *The Papers of Henry Laurens*, 9：53 – 55；Gabriel Manigault to Mrs. Manigault, Geneva, Oct. 24, 1775, Manigault Family Papers, South Caroliniana Library, University of South Carolina, Columbia, South Carolina；Gabriel Manigault to Benjamin Stead, Geneva, Oct. 24, 1775, Manigault Family Papers, Columbia, South Caroliniana Library, University of South Carolina, Columbia, South Carolina.

② Henry Laurens to John Laurens, Westminster, March 9, 1773, *The Papers of Henry Laurens*, 8：604；Henry Laurens to James Laurens, Westminster, March 11, 1773, *The Papers of Henry Laurens*, 8：608.

③ 在 17 世纪和 18 世纪，日内瓦的政治稳定和商业繁荣依赖欧洲大陆的势力均衡。Richard Whatmore, *Against War and Empire：Geneva, Britain and France in the Eighteenth Century* (New Haren：Yale University Press, 2012), 21 – 53, 98 – 136.

④ Henry Laurens to Henry Laurens Jr., April 5, 1774, *The Papers of Henry Laurens*, 9：378.

⑤ Henry Laurens to Henry Laurens Jr., April 5, 1774, *The Papers of Henry Laurens*, 9：378 – 379；Frech, "The Republicanism of Henry Laurens," 72.

⑥ Henry Laurens to John Laurens, Westminster, May 10, 1774, *The Papers of Henry Laurens*, 9：440, footnote 8.

亨利·劳伦斯支持约翰学习法律。亨利·劳伦斯与查尔斯顿商人托马斯·科尔贝特（Thomas Corbett）交谈时，请求他为约翰的法律研究提供建议。科尔贝特建议约翰仔细研究英国法律。科尔贝特还建议，约翰应该首先认真阅读英国法学家和法官威廉·布莱克斯通的《英国法律评注》。不过，科尔贝特指出，阅读爱德华·柯克的《英国法律体系》对约翰的研究将是"最有用的"。在科尔贝特的建议下，亨利·劳伦斯购买了布莱克斯通的《英国法律评注》，以及一位匿名作家写的《英国和爱尔兰的贵族、男爵和骑士》。[①] 亨利·劳伦斯向约翰提供了这些书，他希望约翰在法律研究方面取得更大的进步。

在瑞士宪法和共和国法律的启发下，亨利·劳伦斯赞成在英国政治选举中进行"频繁选举"和自由投票。由于英国国内人民经常无法选出合适的代表，他发现贿赂和腐败在英国政坛普遍存在。受瑞士选举的启发，劳伦斯认为"频繁选举"和自由投票可以杜绝政治腐败和暗箱操作，进而保护英国人民的合法权利。当平民院采用这种方法并"由选票选出的专职委员会决定有争议的选举"时，他宣称这对政治选举来说是"一个极大的改进"。更重要的是，他声称这种方法可以"纠正"英国政治的"恶习"。[②]

劳伦斯欣赏瑞士人的社会礼仪和美德。在第一次访问日内瓦期间，他遇到了查尔斯顿商人弗朗西斯·胡格（Francis Huger），胡格于 1772 年 6 月开始在欧洲大陆旅行。跟劳伦斯一样，胡格认为"日内瓦是一个迷人的地方"。[③] 两年后，当儿子们在学习上取得显著进展时，劳伦斯对日内瓦的社会风俗发表了更加正面的评价。正如他在 1774 年 4 月 5 日给哈里的信中写道："生活在这样一个国家的人，他们是多么的快乐。但最值得尊敬的

---

① Henry Laurens to John Laurens, October 8, 1773, *The Papers of Henry Laurens*, 9：120 – 121；Henry Laurens to John Laurens, Westminster, January 14, 1774, *The Papers of Henry Laurens*, 9：228；William Blackstone, *Commentaries on the Laws of England*, 4 vols.（Oxford, 1765 – 1769）；Edward Coke, *Institutes of the Laws of England*, 4 vols.（London, 1628 – 1644）.《英国和爱尔兰的贵族、男爵和骑士》有诸多不同版本，不太清楚亨利给约翰购买的是哪个版本。

② Henry Laurens to John Laurens, Westminster, February 21, 1774, *The Papers of Henry Laurens*, 9：303.

③ *South Carolina Historical Magazine*, XII（1911）, 8 – 9；Henry Laurens to James Laurens, Genève, June 22, 1772, *The Papers of Henry Laurens*, 8：376, footnote 4.

是那些即使面对不利情况和各种诱惑，也依然保持坦诚和正直品格的人。在最坏的时代却依然保持诚实，英国人民在喝酒时向他们举杯庆祝。"① 劳伦斯认识到日内瓦人非常重视诚实、幸福、正直和其他传统美德，因此高度赞赏他们的社会习俗、礼仪和价值观。

处理完儿子们的教育事务后，劳伦斯计划返回到查尔斯顿。到 1774 年 11 月，他对孩子们的进步感到非常满意。杰米住在温森格林，豪厄尔继续在那里指导他的学习。1772 年 5 月，约翰去了日内瓦并在那里学习。1774 年 8 月，约翰离开日内瓦前往伦敦的律师学院学习法律。同年 9 月，约翰将哈里从瑞士转到威斯敏斯特学校，这是伦敦最具影响力的学校之一。通过做出这些安排，亨利希望约翰能好好照顾他的弟弟们。② 在英帝国中心待了大约三年后，他决定回到南卡罗来纳殖民地处理自己的种植园事务和商业事务。另外，作为平民议院的一个代表，劳伦斯也需要处理各种政治事务。11 月 7 日，他登上了"德斯盆斯"（Despenser）号船，离开法尔茅斯前往查尔斯顿。③

小　结

1771 年至 1774 年，劳伦斯的跨大西洋遭遇帮助他认识到英国国内人民和南卡罗来纳人民在教育、社会礼仪、道德、政治和宗教方面上的差异。通过这些差异，他开始质疑英国人的自我认同。在第三次跨大西洋航行到英国之前，他很欣赏英国人的绅士气质、精英教育、宗教虔诚以及良好的行为举止和社交礼仪。通过把孩子送到英国，他希望孩子们能接受绅士教育，以便他们日后成才。他试图为他们选择牛津大学、剑桥大学等名校，但他发现这些大学无法让他满意。在监督儿子的教育时，他看到了英国社会礼仪、道德、教育和宗教伦理的堕落。后来，他不再欣赏英帝国中

---

① Henry Laurens to Henry Laurens Jr. , April 5, 1774, *The Papers of Henry Laurens*, 9: 378.

② Henry Laurens to Alexander Garden, Westminster, April 21, 1774, *The Papers of Henry Laurens*, 9: 420.

③ Henry Laurens to John Laurens, Charles Town, December 12, 1774, *The Papers of Henry Laurens*, 10: 1.

心和南卡罗来纳殖民地之间在文化和社会上的亲和性，而是试图与英帝国中心保持距离。

劳伦斯的跨大西洋遭遇还说明他对英国教育、道德、社会礼仪和宗教伦理的厌恶迫使他不得不改变对孩子们的教育计划。在把孩子们安排在克拉克的学校之前，他相信克拉克是一位优秀的教师。通过把孩子们送到伦敦，他希望他们不仅能接受良好的教育，而且能学会良好的礼仪和行为举止。由于伦敦政客们相互争斗、教育质量低下且社会风气每况愈下，劳伦斯逐渐发现这座城市并不是儿子们接受教育的最佳选择。在发现克拉克是个不合格的家庭教师后，他不得不把杰米转移到伯明翰的另外一家寄宿学校。此外，他把约翰和哈里从伦敦转移到了日内瓦。

最后，劳伦斯在欧洲大陆的旅行也使他进一步质疑他的英国人自我认同。在访问欧洲大陆期间，他钦佩法国的社会礼仪，以及法国人民所从事的农业和商业改善。同时，他赞赏瑞士的教育、共和政府、宗教虔诚和淳朴的风俗。他越是钦佩欧洲大陆的社会礼仪、商业和农业条件、教育环境和新教伦理，就越厌恶英国人的道德、教育、政治和宗教。这段在英国和欧洲大陆的旅行经历让劳伦斯发现他与英国国内的人在价值观、社会风俗和礼仪、道德和宗教伦理上存在明显的差异，也让他进一步怀疑自己作为英国人的自我认同。

| 第五章 |

自我认同的转变，1774—1777 年

1776 年 8 月 5 日，在一封写给法国南特商人的信中，亨利·劳伦斯就英属北美 13 个殖民地与英帝国的政治分离阐述了自己的看法。"英属北美的殖民地人民"，他写道，"并没有肆意要脱离英帝国"，但他们"被迫且被驱使与［他们的］老朋友和弟兄们进行分离"。据劳伦斯所知，6 个月前，"分离的声音"对北美殖民地人民来说是"苛刻且忘恩负义的"。"即使在这个特定时候"，他进一步解释道，推动北美 13 个殖民地转变为"自由且独立的州"的《独立宣言》给北美人民的生活造成了诸多困难。但是，"不受［英国］法律约束的必要性迫使［北美殖民地人民］冒着一切风险去支持我们自己以及我们后代人的权利"。[①] 和英属北美 13 个殖民地的大部分人一样，他不希望北美 13 个殖民地从英帝国分离，但英帝国与13 个殖民地之间的政治冲突迫使他支持美国独立。

劳伦斯的政治遭遇说明南卡罗来纳从英帝国的一个王室殖民地逐渐转变为新成立的美利坚合众国的一个自由且独立的州，尽管英帝国直到 1783 年才正式承认美国独立。在《独立宣言》发表之前，南卡罗来纳人民迫切希望与英帝国中央政府维持政治和谐的纽带。尽管对英国议会和国王乔治三世的大臣们的压迫行为越来越不满，他们还是希望与国王、国王的大臣们以及英国国内的人民保持和平并维持友谊。《独立宣言》发表后，北美

---

① Henry Laurens to Babut & Co. , Charles Town, August 5, 1776, *The Papers of Henry Laurens*, 11: 220.

13个殖民地人民立场坚定地脱离英帝国。更重要的是，他们已推动南卡罗来纳成为新成立的美利坚合众国的一个自由且独立的州。在美国革命时期，劳伦斯的政治遭遇说明南卡罗来纳政治正在发生重大转变。

劳伦斯的政治观点也表明他对自我认同的看法随英帝国和南卡罗来纳之间关系的变化而逐渐发生转变。在美国独立前夕，他认为英帝国中央政府应该尊重并保护南卡罗来纳人的政治权利、私有财产和自由。只要南卡罗来纳人民能够获得作为英国人的政治权利和特权，他预测英帝国中央政府将修复与南卡罗来纳之间的政治裂痕并维持政治和平状态。然而，美国独立迫使劳伦斯将自我认同从英国人转变为美国人。从此以后，他不再是英国臣民。取而代之的是，他将是美国公民。

通过采用大西洋视野，这一章主要考察亨利·劳伦斯在南卡罗来纳革命前夕的政治和商业遭遇。这样做的理由有以下几个方面。首先，在美国革命前夕，亨利·劳伦斯就与英国国内商人艾萨克·金（Isaac King）、理查德·奥斯瓦尔德和威廉·曼宁等人保持着商业联系，并从这些商人那里获得了来自英国国内的商业和政治消息。其次，约翰·劳伦斯在伦敦接受教育，不仅为亨利·劳伦斯提供了来自英国国内的政治新闻，而且他们经常就北美13个殖民地和英帝国中心的政治事务进行讨论。此外，当亨利·劳伦斯寻求与英帝国中央政府进行政治和解时，他时常向南卡罗来纳的商人和政治家阐述他对英帝国中央政府和南卡罗来纳之间政治关系的看法。由于亨利·劳伦斯在南卡罗来纳的政治活动并未与英帝国中心的政治事务完全脱离，把他的革命经历置于大西洋的背景下就显得尤为必要。

本章主要考察英帝国中心和南卡罗来纳之间政治关系的不断变化是如何塑造劳伦斯对自我认同的理解的。它不仅分析南卡罗来纳如何从英帝国的殖民地转变为美利坚合众国的州，而且探讨劳伦斯如何将自我认同从英国人转变为美国人。此外，本章重点探讨效忠派、土著印第安人和非洲奴隶向英帝国提供的政治援助如何迫使劳伦斯更加积极地参加革命运动。详细考察劳伦斯在美国革命时期的政治经历既有助于加深对他如何成为一个不情愿的革命者的认识，也有助于进一步理解英帝国中心和南卡罗来纳之间在政治和经济关系上的转变。

第一节 不准进口和不准出口

1774 年 12 月，当亨利·劳伦斯回到查尔斯顿时，他发现英属北美 13
个殖民地和英帝国之间的关系逐渐恶化。同年 9 月，大陆会议在费城举行
并号召 13 个殖民地人民抵抗英国议会的强制法案。[1] 经过反复讨论，大陆
会议发表了《权利宣言》，重申他们对国王乔治三世的忠诚，却质疑英国
议会对北美殖民地人民征税的权利。大陆会议还通过了《章程》，呼吁 13
个殖民地从 12 月 1 日开始停止从英国进口货物。[2] 如果英帝国中央政府不
改善 13 个殖民地人民的不满情绪，大陆会议宣布他们将于 1775 年 5 月 10
日再次召开会议，且 13 个殖民地将于 1775 年 9 月 10 日停止向英国出口货
物。[3] 在伦敦寻求英帝国中央政府对南卡罗来纳人民进行政治和解的过程
中，劳伦斯逐渐认识到 13 个殖民地"坚决反对"英国议会通过的且旨在
"奴役"北美殖民地人民的各种政治措施。[4]

劳伦斯发现南卡罗来纳人民支持不准进口决议，且坚决反对进口英国
商品。[5] 当南卡罗来纳在大陆会议的代表亨利·米德尔顿、托马斯·林奇

---

[1] 佐治亚殖民地没有派代表去费城。在与土著印第安人做斗争时，佐治亚殖民地依靠英国
人提供军事武器。第一届大陆会议于 1774 年 9 月 5 日至 10 月 26 日举行。第二届大陆会
议从 1775 年 5 月 10 日持续到 1789 年 3 月 2 日。

[2] 在革命前夕的时代，T. H. 布林认为，北美殖民地人民利用抵制从英国进口货物作为政治
武器。布林主要讨论的是新英格兰、纽约和费城地区的消费政治，对南部殖民地，特别
是南卡罗来纳并未予以关注。T. H. Breen, *The Marketplace of Revolution: How Consumer
Politics Shaped American Independence* (Oxford: Oxford University Press, 2004), 224, 243 –
246, 255, 263, 267 – 271, 275, 323 – 325.

[3] Worthington C. Ford ed., *Journal of the Continental Congress*, *1774 – 1780*, 34 vols. (Wash-
ington, D. C.: Government Printing Office, 1904 – 1937), 1: 41; Jerrilyn Greene Marston,
King and Congress: The Transfer of Political Legitimacy, *1774 – 1776* (Princeton, N. J.: Prin-
ceton University Press, 1987), 100 – 130. 另见 Arthur Meier Schlesinger, *The Colonial Mer-
chants and the American Revolution*, *1763 – 1776* (New York: Columbia University Press, 1918),
473 – 503。

[4] Henry Laurens to John Laurens, Charles Town, December 12, 1774, *The Papers of Henry
Laurens*, 10: 3; Henry Laurens to Thomas Green, Charles Town, December 17, 1774, *The
Papers of Henry Laurens*, 10: 6.

[5] 革命时期查尔斯顿人民的政治动员，见 Benjamin Carp, *Rebels Rising: Cities and the Ameri-
can Revolution* (Oxford: Oxford University Press, 2007), 143 – 171.

（Thomas Lynch）、克里斯托弗·加兹登、约翰·拉特利奇和爱德华·拉特
利奇（Edward Rutledge）从费城返回查尔斯顿时，他们鼓励南卡罗来纳殖
民地人民执行《联合条款》（Articles of Association）。① 如果英国议会不放弃
针对北美 13 个殖民地的政治压迫行为，南卡罗来纳人民将主动停止从英国
进口货物。② 1774 年 11 月，南卡罗来纳全体人民大会（General Meeting）
呼吁于 1775 年 1 月在查尔斯顿召开地方会议（Provincial Congress）。③ 在 1
月 11 日至 17 日的第一届会议上，地方会议通过了大陆会议的决议。不久，
《联合条款》和大陆会议的决议副本在南卡罗来纳广为传播。④

当南卡罗来纳人民对英帝国实施商业抵制时，劳伦斯发现他遭受了巨
大的财产损失。他试图向伯明翰商人托马斯·格林（Thomas Green）提供
商业服务和商品，但严峻的政治局势迫使他推迟了这一计划。⑤ 由于大陆
会议的第二条明确禁止进口奴隶，他被迫放弃大西洋奴隶贸易。⑥ 更糟糕
的是，他注意到欧洲大米市场的行情并不好。如果低迷的大米价格一直持

---

① *South Carolina and American General Gazette*, February 24, 1775; James Haw, *John and Edward Rutledge of South Carolina*, 65, 71, 73, 以及他的文章 "The Rutledges, the Continental Congress, and Independence," *South Carolina Historical Magazine*, Vol. 94, No. 4 (Oct., 1993): 232 – 251。另见 Paul A. Horne Jr., "Forgotten Leaders: South Carolina's Delegation to the Continental Congress, 1774 – 1789" (Ph. D. diss., University of South Carolina, 1988), 53 – 183; Francis W. Ryan Jr., "The Role of South Carolina in the First Continental Congress," *South Carolina Historical Magazine*, Vol. 60, No. 3 (Jul., 1959): 147 – 153。

② Henry Laurens to Thomas Green, Charles Town, December 17, 1774, *The Papers of Henry Laurens*, 10: 6; Henry Laurens to John Laurens, Charles Town, January 4, 1775, *The Papers of Henry Laurens*, 10: 18.

③ 第一届地方会议议员于 1775 年 1 月 11 日至 17 日在查尔斯顿组织了第一届会议，并于 1775 年 6 月 1 至 1775 年 6 月 22 日在查尔斯顿组织了第二届会议。1775 年 8 月 1 日第二届地方会议议员决定于 1775 年 11 月 1 日至 1776 年 3 月 26 日举行会议。

④ *South Carolina and American General Gazette*, Charles Town, November 11, 1774. 有关南卡罗来纳政治家参加大陆会议的历史，见 Christopher Gould, "The South Carolina and Continental Associations: Prelude to Revolution," *South Carolina Historical Magazine*, Vol. 87, No. 1 (Jan., 1986): 30 – 48。

⑤ Henry Laurens to Thomas Green, Charles Town, December 17, 1774, *The Papers of Henry Laurens*, 10: 6.

⑥ Henry Laurens to Rose & Mill, Charles Town, January 3, 1775, *The Papers of Henry Laurens*, 11: 10; William Edwin Hemphill and Wylma Anne Wates eds. (Columbia: University of South Carolina Press, 1960), 16.

续下去，他不得不推迟，甚至被迫放弃从商业伙伴那里购买大米。① 他为商业伙伴储存了大约 1318 桶大米，却无法把它们从查尔斯顿运往布里斯托尔。到 1775 年 1 月中旬，他从债务人那里收到的南卡罗来纳货币不超过 112 英镑。可由于政治和公共事务"处于混乱状态"，他担心自己的财产会遭受进一步损失。②

然而，劳伦斯观察到南卡罗来纳人民满腔热情地支持不准进口政策。例如，1776 年 12 月 26 日，当大量货物从英国抵达查尔斯顿时，南卡罗来纳人民禁止进口。由于没有业主提出异议，1774 年至 1775 年 6 月成为事实上的政府的全体委员会（General Committee）把这些商品在公共场所进行出售。③ 在接下来的两个月里，全体委员会拍卖了抵达查尔斯顿的在公共市场上出售的大部分进口商品。④ 1775 年 2 月，随着全体委员会继续拍卖货物，只有三艘船只抵达港口。抵达不久后，一艘船只随后立刻离开。另外两艘船的商品包括 3844 蒲式耳的盐、35 吨煤、45500 块瓦片和 2 吨土豆，但收货人却将它们直接倒进大西洋里。⑤

更糟糕的是，劳伦斯发现著名的激进爱国者克里斯托弗·加兹登鼓励南卡罗来纳人同时通过不准进口和不准出口协议。⑥ 此外，加兹登敦促南卡罗来纳人民禁止商人偿还对英国商人的债务。⑦ 只要地方会议采纳他的建议，加兹登推测，美国革命爆发后，指挥英国军队的将军托马斯·盖奇在北美登陆后会立即撤退。⑧ 只要南卡罗来纳人民坚决抵制与英国商人的

---

① Henry Laurens to Reynolds, Getly & Co., Charles Town, December 17, 1774, *The Papers of Henry Laurens*, 10: 7.

② Henry Laurens to Reynolds, Getly & Co., Charles Town, January 19, 1775, *The Papers of Henry Laurens*, 10: 32 - 33.

③ *South Carolina Gazette*, Charles Town, December 26, 1774.

④ *South Carolina Gazette*, Charles Town, December 19 and 26, 1774.

⑤ *South Carolina Gazette*, Charles Town, February 27, 1775 and March 6, 1775.

⑥ 理查德·沃尔什认为在革命时期的南卡罗来纳，"加兹登并不激进"，见 Richard Walsh "Christopher Gadsden: Radical or Conservative Revolutionary?" *South Carolina Historical Magazine*, Vol. 63, No. 4 (Oct., 1962): 195 - 203。

⑦ Henry Laurens to John Laurens, Charles Town, January 18, 1775, *The Papers of Henry Laurens*, 10: 29.

⑧ David Ramsay, *History of South Carolina, from Its First Settlement in 1670 to the Year 1808*, 2 vols. (1809, repr., Newberry, S.C., 1858), 1: 253 - 254; Edward Ireland Renick, *Christopher Gadsden* (Harrisburg, PA: Harrisburg Publishing Company, 1898), 251.

贸易，加兹登有理由相信英国国王、议会和大臣会放弃所有针对南卡罗来纳人民的政治和商业压迫行为。

考虑到商业抵制会摧毁南卡罗来纳的贸易，劳伦斯强烈反对加兹登的不准出口建议。在劳伦斯看来，不准出口提议既不"公正"，也不"明智"。① 如果南卡罗来纳采纳了加兹登的建议，劳伦斯预测这可能会导致"贸易完全停滞"。一旦执行不准出口决议，劳伦斯担心南卡罗来纳人民的商业贸易会立刻陷入混乱，且人民要遭受严重的财产损失。②

考虑到大米是南卡罗来纳的主要出口商品，大多数商人主张在执行不准出口政策时豁免从事大米贸易的商人。③ 加兹登坚持抵制与英国的贸易，但大多数商人拒绝接受他的建议。特别是托马斯·林奇、爱德华·拉特利奇和约翰·拉特利奇等商人拒绝接受不准出口协议，除非地方会议对大米贸易作出一些规定。经过近三天的讨论，地方会议以 87 票对 75 票的投票结果作出决定，免除了大米在 9 月 10 日之后的不准出口政策。④

加兹登最终接受了劳伦斯的建议。当地方会议批准大米、靛蓝、烟草、木材和焦油的豁免时，商人们发现他们在所谓的豁免大米的不准出口政策中遭受了明显的商业损失。如果大米在 9 月 10 日之后继续作为可出口商品，他们认为地方会议将不得不赔偿那些被限制出口农产品的商人。加兹登发现大米出口对南卡罗来纳人民有利，不会伤害其他种植园主，于是决定接受劳伦斯的建议，并豁免大米贸易。⑤

---

①　William Edwin Hemphill and Wylma Anne Wates eds. , *Extracts from the Journal of South Carolina Provincial Congress*, *1775 - 1776* (Columbia: University of South Carolina Press, 1960), 21 - 26; Drayton, *Memoirs of the American Revolution*, 1: 171 - 174; Henry Laurens to John Laurens, Charles Town, January 18, 1775, *The Papers of Henry Laurens*, 10: 29 - 30, footnote 12.

②　Henry Laurens to John Laurens, Charles Town, January 8, 1775, *The Papers of Henry Laurens*, 10: 25, 29.

③　关于殖民时期南卡罗来纳的大米贸易，见 Kenneth Morgan, "The Organization of the Colonial American Rice Trade," *William and Mary Quarterly*, Vol. 52, No. 3 (Jul. , 1995): 433 - 452; Daniel C. Littlefield, *Rice and Slaves*: *Ethnicity and the Slave Trade in Colonial South Carolina* (Baton Rouge: Louisiana State University, 1981), 74 - 114。

④　Henry Laurens to John Laurens, Charles Town, January 8, 1775, *The Papers of Henry Laurens*, 10: 28 - 29.

⑤　Henry Laurens to John Laurens, Charles Town, January 18, 1775, *The Papers of Henry Laurens*, 10: 28 - 29; Godbold, *Christopher Gadsden and the American Revolution*, 126.

劳伦斯支持大米在不准出口政策中豁免，在某种程度上说是因为他主要考虑了自己在大西洋贸易中的利益。由于大陆会议已经禁止贩卖奴隶，他被禁止从利润丰厚的奴隶贸易中积累财富。如果南卡罗来纳禁止大米出口，他就不得不遭受更多的商业损失，因为大米是革命前夕南卡罗来纳人民最赚钱的商品。1775 年 1 月 5 日，他用一艘船载满 106 桶大米，并运送给布里斯托尔商人。① 两个月后，伦敦商人艾萨克·金从劳伦斯那里订购了大约 860 桶大米，但劳伦斯发现他的种植园无法为他在英国的商业伙伴提供足够的大米。虽然他向金运送了部分大米，但他还是无法按时履行合同。② 3 月下旬，他从布劳顿岛和新希望种植园收获了 558 桶大米和 70.5 桶大米，以及萨凡纳种植园的 101 桶大米，但他仍需要向金运送更多的大米。③

在与英国国内的商人维持着商业联系的同时，劳伦斯对南卡罗来纳和英帝国中心之间的商业不和谐有自己的看法。他反对英国政府对北美 13 个殖民地实行的商业压迫政策。他也不同意北美 13 个殖民地人民采取的不准出口政策。④ 虽然他被卷入了不准出口的纠纷，但他仍保持着耐心。考虑到双方都执行了错误的政策，他建议英帝国中央政府悉心倾听北美殖民地人民内心的不满。此外，在期待英帝国中央政府恢复与南卡罗来纳之间的政治和商业和谐时，他既不希望南卡罗来纳人民，也不希望英帝国中央政府采取极端行动，进而加剧二者之间的紧张局势。⑤ 只要双方都保持克制，

---

① Henry Laurens to Bush and Elton, January 5, 1775, Microfilm of the Papers of Henry Laurens in the Collections of the South Carolina Historical Society, 19 Reels, Charleston, South Carolina Historical Society.

② Henry Laurens to Isaac King, Broughton Island, March 4, 1775, *The Papers of Henry Laurens*, 10: 83.

③ Henry Laurens to John Laurens, Sunbury, Georgia, March 27, 1775, *The Papers of Henry Laurens*, 10: 89; Henry Laurens to Isaac King, March 13, 1775, Microfilm of the Papers of Henry Laurens in the Collections of the South Carolina Historical Society, 19 Reels, Charleston, South Carolina Historical Society; Henry Laurens to Isaac King, March 15, 1775, Microfilm of the Papers of Henry Laurens in the Collections of the South Carolina Historical Society, 19 Reels, Charleston, South Carolina Historical Society.

④ Henry Laurens to William Manning, Charles Town, January 21, 1775, *The Papers of Henry Laurens*, 10: 38.

⑤ Henry Laurens to John Laurens, Charles Town, January 22, 1774, *The Papers of Henry Laurens*, 10: 42.

他认为南卡罗来纳终将恢复与英帝国的友好关系。

第二节 英帝国中央政府与南卡罗来纳殖民地之间的关系

鉴于英帝国和北美13个殖民地之间的政治关系日趋紧张，亨利·劳伦斯鼓励正在伦敦律师学院（Inns of Court）接受法律教育的约翰细心观察英帝国中央政府将如何应对北美13个殖民地的政治事务。亨利要求约翰弄清楚英帝国中央政府是如何看待大陆会议的不准出口和不准进口决议的。通过提出不准出口和不准进口的决议，北美13个殖民地人民将坚定地反对英国政府"奴役"他们的各种措施。① 于是，劳伦斯想知道英帝国中央政府是如何看待大陆会议所提出的这些决议的。由于约翰在英国学习法律，亨利希望约翰可以弄清楚英帝国中央政府对北美殖民地人民的政治立场及其有可能采取的政治措施，以便南卡罗来纳人民可以适当采取相应措施进行应对。

亨利敦促约翰保持温和的政治立场。在亨利看来，约翰是个政治"狂热者"且行为鲁莽。由于亨利不希望约翰卷入英帝国中央政府和北美13个殖民地之间的政治争端，他警告约翰不要卷入政治冲突中。② 此外，他还建议约翰保持耐心："为你的国家的召唤保住你的生命，但要等待召唤。"③ 之所以这么说，一方面是因为亨利希望约翰在律师学院专心学习，另一方面是因为英属北美13个殖民地和英国军队在军事战场上的结果胜负难料，在最终的结果还未明朗前，亨利不希望约翰卷入政治漩涡中。

约翰向亨利分享了他对英帝国与北美13个殖民地之间的政治冲突的看法。约翰认为，结束政治争端有四种不同的选择。首先，最好的方案是诺斯勋爵做出在北美撤军的决定；其次，北美13个殖民地人民不会维持

---

① Henry Laurens to John Laurens, Charles Town, December 12, 1774, *The Papers of Henry Laurens*, 10：3 - 4.

② Henry Laurens to John Laurens, Charles Town, December 12, 1774, *The Papers of Henry Laurens*, 10：3 - 4.

③ Henry Laurens to John Laurens, February 6, 1775, *The Papers of Henry Laurens*, 10：57 - 58.

"现在强大的联盟"，最终的结果会是英国军队获胜，北美殖民地人民被迫接受英帝国中央政府的政治安排；再次，英国政府和 13 个殖民地都将继续坚定地坚持各自的立场且拒绝让步，这将会造成一场血腥且持久的内战；最后，英国政府采纳相应的措施以恢复英帝国与 13 个殖民地之间的政治和谐。在分析这些方案后，约翰断言他更喜欢最后一个。① 由于英帝国与北美 13 个殖民地之间的政治关系日益紧张，约翰认为保持政治幻想并不现实。

在得知英帝国中央政府决定加强对北美殖民地进行政治控制的消息后，约翰敦促北美 13 个殖民地人民武装自己。约翰提醒父亲英国将派遣更多士兵和军官前往北美 13 个殖民地并加强对 13 个殖民地的控制。约翰要求他的父亲对英国军队的潜在危险保持谨慎。约翰希望北美 13 个殖民地人民里有"足够的爱国者"，以维护北美殖民地人民的利益，进而抵抗英国军队的进攻。② 如果北美殖民地人民采取任何极端措施，约翰认为英帝国政府会将他们的行为解释为叛乱，并执行"政府制裁"。鉴于政治局势不久将会失控，约翰鼓励北美殖民地人民武装起来且"做好最坏的打算"的准备。③

随着紧张局势的进一步升级，约翰决定反抗英国政府。他知道国王更愿意"通过一项恩典法案，赦免所有参加叛乱的人，只要他们放弃反叛并宣誓效忠"。④ 然而，约翰并没有向国王表示忠诚，而是希望 13 个殖民地尽快与英帝国"分离"。约翰宣称自己是个反叛者，他想把自己的自我认同从一个英国人转变为一个美国人。正如约翰坦率地宣称的那样："如果能成为一名美国人，我将感到无比光荣。"因此，约翰鼓励北美殖民地人民为独立而奋斗，以便保护自己的"财富"和"自由"。⑤

---

① John Laurens to Henry Laurens, Bristol, January 3, 1775, *The Papers of Henry Laurens*, 10: 11 – 12.

② John Laurens to Henry Laurens, London, January 20, 1775, *The Papers of Henry Laurens*, 10: 33 – 34.

③ John Laurens to Henry Laurens, London, January 20, 1775, *The Papers of Henry Laurens*, 10: 37.

④ John Laurens to Henry Laurens, London, February 18, 1775, *The Papers of Henry Laurens*, 10: 78.

⑤ John Laurens to Henry Laurens, London, March 1, 1775, *The Papers of Henry Laurens*, 10: 81.

然而，亨利并不同意约翰对英国政府和北美13个殖民地之间政治关系的判断。1775年1月25日，亨利给他的法国商业伙伴约翰·德拉加耶（John Delagaye）写了一封信。德拉加耶曾经在南卡罗来纳博福特生活，并最终于1769年4月在尼姆斯（Nimes）重新定居。在信中，劳伦斯坚持认为北美13个殖民地应该与英帝国政府进行政治和解。他希望英帝国采取明智的政策，恢复北美殖民地的"和平与平静"，恢复双方的"相互和谐与互利"。但如果英帝国中央政府继续"不公正和违宪"，且向南卡罗来纳派遣更多的军队，南卡罗来纳人民将奋起反抗以捍卫自由。[①] 但是，由于相信南卡罗来纳殖民地与英帝国中央政府最终会和解，劳伦斯并没有反抗英帝国中央政府的计划。

在亨利·劳伦斯看来，北美殖民地人民被剥夺了作为英国人的政治权利、自由和财产权，这是英帝国中心和南卡罗来纳殖民地政治冲突日渐紧张的根源所在。他认为，北美殖民地人民受到英帝国的"不公正"对待。[②] 他还认为，英帝国中央政府已经"删除"了"古代土地的痕迹 & 他们的自由和财产的边界"，这把殖民地人民"逼疯"。[③] 如果北美殖民地人民不能获得他们在1763年之前享有的"那些权利和特权"，他们就不会对英帝国中央政府保持"服从"，尽管与英帝国的斗争会给殖民地人民带来"无限的麻烦和痛苦"。[④] 北美殖民地人民几乎没有力量抵抗英国军队，但劳伦斯鼓励他们捍卫自己作为英国人的生命、"自由与财产"。[⑤]

约翰和亨利·劳伦斯都关心英帝国和北美13个殖民地之间的关系，但他们的政治立场却大不相同。约翰支持政治分离，但亨利拒绝这样做。约

---

① Henry Laurens to John Delagaye, Charles Town, January 25, 1775, *The Papers of Henry Laurens*, 10: 49.

② Henry Laurens to William Manning, Charles Town, January 4, 1775, *The Papers of Henry Laurens*, 10: 20.

③ Henry Laurens to John Laurens, Charles Town, January 22, 1775, *The Papers of Henry Laurens*, 10: 41 - 42; Henry Laurens to John Delagaye, Charles Town, January 25, 1775, *The Papers of Henry Laurens*, 10: 50.

④ Henry Laurens to Richard Oswald, Charles Town, January 4, 1775, *The Papers of Henry Laurens*, 10: 22.

⑤ Henry Laurens to Thomas Denham, Charles Town, February 7, 1775, *The Papers of Henry Laurens*, 10: 63.

翰希望放弃他作为英国人的权利和特权，然而亨利却寻找合法的方法来保护北美殖民地人民作为英国人的政治权利、自由和财产权。约翰决定造反，但亨利坚持认为可以用和平的方式来解决政治冲突。约翰拒绝了"英国宪法的原则和精神"，决心献身于"自由的神圣事业"。① 由于担心英帝国和北美 13 个殖民地之间的战争会对他的大西洋贸易造成更大的损害，亨利并不急于独立。

第三节　成为一名政治领袖

回到查尔斯顿后不久，亨利·劳伦斯积极参加各种政治活动。1774 年 12 月 19 日，南卡罗来纳人组织了教区和地区的选举。1775 年 1 月 9 日，圣菲利普斯和圣迈克尔教区的选民举行会议，选出了 30 名地方会议代表。② 两天后，南卡罗来纳人民推举他为代表，参加第一届地方会议。

在等待与英帝国中央政府和解的同时，劳伦斯特别关注诺斯首相的提议。2 月 20 日，诺斯在"分离且征服"的原则基础上"调和与北美 13 个殖民地的分歧"。只要一个殖民地宣誓服从英帝国，诺斯就提议免除这个殖民地的关税和税收。③ 南卡罗来纳的报纸报道说诺斯倾向于将英国在北美军事战场上的军队人数增加到 1 万人，并派遣一支强大的舰队封锁北美殖民地的港口。④ 听到这个消息后，劳伦斯认为这个计划将"更有效地奴役"南卡罗来纳人民。⑤

劳伦斯注意到大多数南卡罗来纳人民拒绝拿起武器与国王作战，尽管

---

① John Laurens to Henry Laurens, London, February 18, 1775, *The Papers of Henry Laurens*, 10: 75.

② *South Carolina Gazette*, November 21, 1774 and January 2, 1775; Henry Laurens to John Laurens, Charles Town, January 4, 1775, *The Papers of Henry Laurens*, 10: 18, footnote 17.

③ William Cobbett ed., *The Parliamentary History of England from the Earliest Period to the Year 1803*, 36 vols. (London, 1806–1820), 18: 319–335; David Hartley, *Letters on the American War* (London, 1779), 18–19.

④ *South Carolina Gazette and Country Journal*, Charles Town, April 25, 1775.

⑤ Henry Laurens to John Laurens, Charles Town, April 22, 1775, *The Papers of Henry Laurens*, 10: 104.

他们对英国在北美的军事活动深表不满。① 例如，尽管医生亚历山大·嘎登声称，他愿意与南卡罗来纳人民团结在一起"反对英国议会滥用权力"的行动，但嘎登拒绝拿起武器反对国王。同样，大多数殖民地人民坚持认为，只有国王才能统治他们，且他们坚决反对英国士兵掠夺他们的土地和财富。②

劳伦斯强调，南卡罗来纳人民仍然希望维持与英帝国的政治纽带。据他所知，南卡罗来纳人民不希望南卡罗来纳从英帝国独立出去。确切地说，南卡罗来纳人民希望回到对英帝国"依赖且从属"的状态。特别是，他们希望促进英帝国的"荣誉和尊严"，以及双方之间的"利益和幸福"。③ 和大多数殖民地人民一样，劳伦斯仍然期待着英帝国和南卡罗来纳殖民地之间进行政治和解。④

当北美殖民地民兵和英国红衫军在列克星敦和康科德交火后，13 个殖民地就不可能与英国政府和解了，但劳伦斯并没有放弃友好谈判的希望。4 月 18 日晚，国王指示托马斯·盖奇将军镇压在马萨诸塞殖民地发起的反叛。弗朗西斯·史密斯（Francis Smith）中校和海军少校约翰·皮特凯恩（John Pitcairn）命令大约 700 名英国士兵占领康科德的军火库。第二天，英国军队正式向北美 13 个殖民地的民兵宣战。当这一消息传到南卡罗来纳时，威廉·穆特里将军感到"和解的希望已经破灭，诉诸武力是最后的唯一手段"。⑤ 与穆特里将军不同的是，劳伦斯强烈建议与英帝国进行和解，以便把英帝国和南卡罗来纳殖民地从毁灭中拯救出来。⑥

---

① 乔治三世在美国革命时期所扮演的角色，见 Andrew Jackson O'Shaughnessy, "'If Others Will Not Be Active, I Must Drive': George III and the American Revolution," *Early American Studies: An Interdisciplinary Journal* 2 (2004): 1 – 46，和他的著作 *The Men Who Lost America: British Leadership, the American Revolution, and the Fate of the Empire* (New Haven: Yale University Press, 2013), 17 – 46。

② Henry Laurens to John Laurens, Charles Town, May 15, 1775, *The Papers of Henry Laurens*, 10: 119 – 120.

③ Henry Laurens to John Laurens, Charles Town, April 22, 1775, *The Papers of Henry Laurens*, 10: 105.

④ Henry Laurens to John Laurens, Charles Town, May 27, 1775, *The Papers of Henry Laurens*, 10: 155.

⑤ William Moultrie, *Memoirs of the American Revolution, So Far as It Related to the States of North and South Carolina, and Georgia* (New York, 1802), 59.

⑥ Henry Laurens to John Laurens, Charles Town, May 9, 1775, *The Papers of Henry Laurens*, 10: 115.

随着政治局势变得更加危险，劳伦斯在政治事务中发挥更重要的作用。5 月 1 日，他接替保守派政治家查尔斯·平克尼担任全体委员会主席。一周后，当列克星敦和康科德战役推进到查尔斯顿时，全体委员会不仅将 6 月 1 日定为地方会议第二届会议开会时间，还推举劳伦斯担任地方会议主席。在担任这些职务后，劳伦斯成为南卡罗来纳革命时期最有影响力的领导人之一。

在希望与英帝国中央政府和解的同时，劳伦斯坚决反对英国议会滥用职权并压迫南卡罗来纳殖民地人民。到 5 月中旬，英国议会煽动南卡罗来纳山区的切诺基印第安人和克里克印第安人攻击爱国者，并在南卡罗来纳山区的效忠派中煽动叛乱，鼓动非洲奴隶反对他们的主人。"来自外部的任意强加的威胁"和"来自内部煽动叛乱的恐惧"促使南卡罗来纳人民武装起来。在这种情况下，劳伦斯敦促南卡罗来纳人民"在宗教与荣誉"的纽带下团结起来以抵御敌人的进攻。只要南卡罗来纳人民能够摧毁英国议会的策略，他相信南卡罗来纳殖民地人民就最终会在英帝国内获得"自由与安全"。①

劳伦斯承认英国军队威胁到南卡罗来纳人民的政治自由。据他说，英国国内人民和南卡罗来纳的臣民都呼吸着同样的空气，他们应该彼此分享"同样的自由原则"。然而，英帝国中央政府向北美派兵，限制了北美殖民地人民的自由。如果英国士兵的目的是征服北美殖民地人民，他推测几年后英帝国中央政府将不得不向北美派遣更多的军队。他预测英国在这 13 个殖民地的军事活动对英帝国没有任何好处。他希望英帝国中央政府放弃压迫行为，以便北美殖民地人民能够享有与英国国内人民相同的自由。②

劳伦斯敦促诺斯尊重南卡罗来纳人民作为英国人的权利和特权，他们希望帝国政府给予"正义与宪法自由"。如果北美殖民地人民永远不向英国军队屈服，诺斯声称他可以迫使"英属北美殖民地人民遵守任何条款"。诺斯不知道有 4 万多名北美殖民地人民已拿起武器开始反抗。诺斯也没有

---

① Henry Laurens to John Laurens, Charles Town, May 15, 1775, *The Papers of Henry Laurens*, 10：118 - 120.

② Henry Laurens to Johann Rodolph Von Valltravers, Charles Town, May 22, 1775, *The Papers of Henry Laurens*, 10：133.

意识到，北美殖民地人民可以在没有英帝国中央政府帮助的情况下生产大炮、步枪、火药和火枪球。如果诺斯不恢复北美殖民地人民作为英国人的权利和特权，劳伦斯警告说，殖民地人民"不会允许他粗暴地发号施令"。①

一些爱国者提议关闭查尔斯顿港口以避免来自英国海军的军事攻击，但劳伦斯拒绝接受这一激进的提议。如果南卡罗来纳关闭港口，劳伦斯警告南卡罗来纳人民在查尔斯顿的所有地产价值可能会贬值，且这座城市的贸易将会遭受重大打击。据劳伦斯所知，荷兰独立战争期间位于荷兰谢尔特河上连接安特卫普的港口受到效忠西班牙国王菲利普二世的军队的两次袭击。1585 年，当荷兰人封锁谢尔特河的入口时，安特卫普的贸易受到了严重影响，自此之后再也没有恢复其往日的活力。以安特卫普的事件为例，劳伦斯提醒南卡罗来纳人民应该从安特卫普这个城市衰落的历史中吸取教训。否则，他认为查尔斯顿将重复安特卫普的命运，南卡罗来纳也将失去其商业活力。② 考虑到这一政策对南卡罗来纳经济的长期负面影响，劳伦斯拒绝了封港的提议。在劳伦斯的干预下，南卡罗来纳人民最终拒绝了这一"疯狂计划"。③

可以肯定的是，劳伦斯准备使用武力保护南卡罗来纳人民作为英国人的权利和特权。6 月 1 日，在召开地方会议时，他提出了召开会议的四个理由。首先是英国军队和北美殖民地民兵在马萨诸塞爆发"内战"；其次是需要保护查尔斯顿免受军事攻击；再次是英帝国中央政府正在煽动奴隶叛乱和土著印第安人造反；最后一个是英帝国中央政府努力以武力而不是"理性和正义法则"来平息北美事务。为了捍卫南卡罗来纳人民作为英国人的"共同且不可剥夺的权利"，劳伦斯向全体委员会提出了以下建议：建立一支军事力量；成立由南卡罗来纳人民组成的政治协会；创建安全委员会作为最高行政权力机构。④ 如果英帝国中央政府不改变对北美殖民地

① Henry Laurens to William Manning, Charles Town, May 26, 1775, *The Papers of Henry Laurens*, 10：146.

② Ernst H. Kossmann, *The Low Countries, 1780 - 1940* (Oxford：Oxford University Press, 1978), 14 - 15, 21.

③ Henry Laurens to John Laurens, Charles Town, May 30, 1775, *The Papers of Henry Laurens*, 10：159 - 160.

④ Drayton, *Memoirs of the American Revolution*, 1：252 - 255.

人民的军事政策，劳伦斯将带领南卡罗来纳人民抵抗英帝国政府的武力压迫。

第四节　来自土著印第安人、效忠派和非洲奴隶的威胁

在 6 月 17 日的邦克山战役中取得胜利后，英国军队意识到在北美军事战场上有一场真正的战斗。英国军队期待着在南部殖民地迅速开展运动，因为那里的抵抗力量是最弱的，且效忠国王的效忠派的势力最强。英国军队认为，占领萨凡纳和查尔斯顿等南部港口城市将有助于镇压殖民地人民的叛乱，用效忠派扩大英国军队队伍，剩下的就只有弗吉尼亚和新英格兰地区未被征服。因此，英国军队选择了直接接近查尔斯顿的港口。①

1775 年的夏秋之交，劳伦斯不得不带领爱国者为英国军队可能发动的袭击做准备。他组织了地方政府发行 100 万英镑纸币，并建立了三个军团。他还鼓励地方会议设立安全委员会并掌握军队的指挥。在制定好南卡罗来纳的防务计划后，他指示新成立的安全委员会执行这些决议和方案。

劳伦斯发现，英国政府有计划地鼓动山区的土著印第安人反抗爱国者。在拦截了印第安人事务总监约翰·斯图尔特（John Stuart）和他的副手亚历山大·卡梅伦（Alexander Cameron）之间的信件后，爱国者证实，英国政府将煽动克里克和切诺基印第安人对他们采取行动。② 7 月 2 日，约翰·纽夫维尔和秘密委员会主席威廉·H. 德雷顿（William Henry Drayton）等爱国者从邮递员杰维斯·史蒂文斯（Javis Stevens）那里截获了 26 封政

---

① 有关美国革命时期的南方战场，见 Walter Edgar, *Partisans and Redcoats: The Southern Conflict that Turned the Tide of the American Revolution* (New York: Harper Perennial, 2001), 26 – 47, 以及他的著作 *South Carolina: A History* (Columbia: University of South Carolina Press, 1998), 226 – 244, 另见 Piecuch, *Three Peoples, One King*, 36 – 92。

② John Richard Alden, *John Stuart and the Southern Colonial Frontier* (New York: Gordian Press, 1966), 140, 187; Henry Laurens to John Laurens, Charles Town, June 23, 1775, *The Papers of Henry Laurens*, 10: 188 – 189, footnote 10; John L. Nichols, "Alexander Cameron, British Agent among the Cherokee, 1764 – 1781," *South Carolina Historical Magazine*, Vol. 97, No. 2 (Apr., 1996): 94 – 114.

府信件。① 在检查了这些信件后，爱国者发现负责处理北美13个殖民地事务的国务卿达特茅斯勋爵向南部殖民地的王室官员发出了几封信。在这些信件中，达特茅斯勋爵给佐治亚殖民地总督詹姆斯·赖特发了五封信，给南卡罗来纳副总督威廉·布尔二世发了一封，给北卡罗来纳总督约西亚·马丁（Josiah Martin）发了一封。② 这些官方信件表明，英国政府打算雇用土著印第安人以便让南部殖民地的叛乱者服从英国议会的宪法权威。③

爱国者不得不应对来自南卡罗来纳山区的土著印第安人的潜在起义。在阅读了达特茅斯勋爵与王室官员之间的通信后，爱国者认识到斯图尔特和马丁都计划在山区煽动土著印第安人起义。④ 当爱国者发现这个阴谋时，斯图尔特不得不先撤退到萨凡纳，然后撤退到圣奥古斯丁。斯图尔特逃跑后，秘密委员会将他的家人软禁并威胁斯图尔特：如果斯图尔特继续鼓动克里克和切诺基印第安人反抗爱国者，爱国者将杀死他的妻子和孩子。⑤

---

① 有关威廉·H. 德雷顿的政治观点，见 J. Russell Snapp，"William Henry Drayton：The Making of a Conservative Revolutionary," *The Journal of Southern History*, Vol. 57, No. 4 (Nov., 1991)：637 – 658；William Dabney and Marion Dargan, *William Henry Drayton and the American Revolution* (Albuquerque：University of New Mexico Press, 1962)；Keith Krawczynski, *William Henry Drayton：South Carolina Revolutionary Patriot* (Baton Rouge：Louisiana State University Press, 2001)。

② 有关这些王室政府官员的传记和家庭史，见 Andrea Lynn Williams, "Sir James Wright in Georgia：Local and Imperial Conflict in the American Revolution" (Ph. D. diss., College of William and Mary, 2012)；Greg Brooking, "My Zeal for the Real Happiness of Both Great Britain and the Colonies：The Conflicting Imperial Career of Sir James Wright" (Ph. D. diss., Georgia State University, 2013)；Kinloch Bull, *The Oligarchs in Colonial and Revolutionary Charleston：Lieutenant Governor William Bull II and His Family* (Columbia：University of South Carolina Press, 1991)；Vernon O. Stumpf, *Josiah Martin：The Last Royal Governor of North Carolina* (Durham, NC：Carolina Academic Press, 1986)。

③ William Campbell to Lord Dartmouth, July 2, 1775, enclosure, CO 5/396, Public Record Office；Drayton, *Memoirs of the American Revolution*, 1：309 – 310, 338 – 346. 南卡罗来纳安全委员会命令情报委员会把这些截获的信件副本转交给北卡罗来纳的爱国者和南卡罗来纳在大陆会议上的代表。*Collections of the South Carolina Historical Society*, 2：30 – 31；Henry Laurens to John Laurens, Charles Town, July 14, 1775, *The Papers of Henry Laurens*, 10：220, footnote 8.

④ Philip M. Hamer, "John Stuart's Indian Policy During the Early Months of the American Revolution," *The Mississippi Valley Historical Review*, Vol. 17, No. 3 (Dec., 1930)：351 – 366；George B. Jackson, "John Stuart：Superintendent of Indian Affairs for the Southern District," *Tennessee Historical Magazine*, Vol. 3, No. 3 (September, 1917)：165 – 191.

⑤ Henry Laurens to John Laurens, Charles Town, August 14, 1776, *The Papers of Henry Laurens*, 11：232 – 233.

后来，马丁被迫逃离，撤退到他岳父居住的纽约长岛。

几乎在同一时间，在南卡罗来纳山地的 96 区（Ninety Six District），经常与土著印第安人进行贸易的商人罗伯特·古迪（Robert Gouedy）报告说，效忠派约翰·万恩（John Vann）煽动切诺基印第安人与爱国者作战。据古迪说，一个名叫柯欧韦（Keowee）的切诺基印第安人提到，土著印第安人收到了效忠派赠送的酒。切诺基印第安人声称，效忠派是在鼓励切诺基人攻击爱国者。为了帮助切诺基印第安人，卡梅伦向他们提供了朗姆酒。然而，切诺基印第安人告诉万恩，他们不能与爱国者开战，因为"他们没有弹药"，这意味着英国军队应该向他们提供军事武器。否则，切诺基印第安人就不会加入英国军队，进而对爱国者采取行动。①

通过向克里克和切诺基印第安人提供食品和弹药，爱国者和平地处理了印第安人事务。为了从克里克和切诺基印第安人那里获得"和平与友谊"，地方会议任命乔治·加尔芬（George Galphin）和罗伯特·雷（Robert Rae）等印第安人委员与土著印第安人进行协商。② 加尔芬和雷都声称殖民地人民和英帝国中央政府之间的冲突是"家庭争吵"，他们警告土著印第安人不要加入任何一方。③ 11 月，在与土著印第安人进行一系列会谈后，爱国者向大陆会议报告说，土著印第安人似乎"和平地消失了"。④

除了担心土著印第安人的袭击外，劳伦斯还担心山区的效忠派会与爱国

① Robert Gouedy Deposition, July 10, 1775, South Caroliniana Library, University of South Carolina.

② Extracts from the Proceedings of the Congress, July 12, 1775, in Miscellaneous Papers of the General Committee, Secret Committee and Provincial Congress, 1775, *The South Carolina Historical and Genealogical Magazine*, Vol. 9, No. 1 (Jan., 1908): 11; The Council of Safety of South Carolina to George Galphin, Charles Town, October 24, 1775, in Papers of the First Council of Safety of the Revolutionary Party in South Carolina, June – November, 1775, *The South Carolina Historical and Genealogical Magazine*, Vol. 2, No. 2 (Apr., 1901): 99 – 100. 另见 Kathryn E. Holland Braund, *Deerskins and Duffels: The Creek Indian Trade with Anglo – America, 1685 – 1815* (Lincoln, NE: University of Nebraska Press, 1993), 165 – 169; Michael P. Morris, *George Galphin and the Transformation of the Georgia – South Carolina Backcountry* (Lanham, MD: Lexington Books, 2014), 82, 88, 137。

③ "A Talk to the Indians," July 13, 1775, Henry P. Kendall Collection, Box 7, Folder 13, South Caroliniana Library, University of South Carolina, Columbia, South Carolina.

④ "Copy, Letter from Comm[issione]rs, Southern departm[en]t on Indian affairs at Salisbury, to the Hon[ora]ble the Continental Congress, [Philadelphia, Pennsylvania]," Salisbury, North Carolina, Nov[embe]r 13, 1775, Henry P. Kendall Collection, Box 7, Folder 13, South Caroliniana Library, University of South Carolina, Columbia, South Carolina.

者作战。① 效忠派的托马斯·弗莱查尔（Thomas Fletchall）、罗伯特和帕特里克·坎宁安（Robert and Patrick Cunningham）、约瑟夫·罗宾逊（Joseph Robinson）等建立了一个协会。1775 年的夏天和秋天，英国政府在山区的效忠派中挑起了一场危险的叛乱。为了解决这个问题，安全委员会首先指示威廉·H. 德雷顿和查尔斯顿独立教会牧师威廉·田南（William Tennent）向山区的普通大众解释英帝国中心与南卡罗来纳人民之间不愉快的实质、努力解决人民之间的一切政治争端、让山区恢复平静并与山区的效忠派联盟的必要性。② 7 月 26 日，安全委员会派遣浸信会牧师奥利弗·哈特（Oliver Hart）加入德雷顿和田南，试图说服边境上的浸信会教徒不要对爱国者采取行动。③

    为了确保山区的和平，劳伦斯尽最大努力说服弗莱查尔加入爱国者。④

---

① 有关对效忠派托马斯·布朗（Thomas Brown）的研究，见 Gary D. Olson，"Loyalists and the American Revolution: Thomas Brown and the South Carolina Backcountry, 1775 – 1776," *South Carolina Historical Magazine*, Vol. 68, No. 4 (Oct., 1967): 201 – 219; "Loyalists and the American Revolution: Thomas Brown and the South Carolina Backcountry, 1775 – 1776 (Continued)," *South Carolina Historical Magazine*, Vol. 69, No. 1 (Jan., 1968): 44 – 56; Edward J. Cashin, *The King's Ranger: Thomas Brown and the American Revolution on the Southern Frontier* (Athens: University of Georgia Press, 1989)。关于南卡罗来纳效忠派的更多信息，见 Robert S. Lambert, *South Carolina Loyalists in the American Revolution* (Columbia: University of South Carolina Press, 1987); Robert M. Calhoon, *The Loyalists in Revolutionary America, 1760 – 1781* (New York: Harcourt Brace Jovanovich, 1973); Robert M. Calhoon, Timothy M. Barnes and Robert S. Davis, *Tory Insurgents: The Loyalist Perception and Other Essays, Revised and Expanded Edition* (Columbia: University of South Carolina Press, 2010)。
② Henry Laurens to John Laurens, Charles Town, July 30, 1775, *The Papers of Henry Laurens*, 10: 257; Henry Laurens to Oliver Hart, July 26, 1775, *The Papers of Henry Laurens*, 10: 58 and 64. 有关田南于 1775 年 8 月 2 日至 9 月 15 日在西部边疆地区的旅行，见 William Tennent, *Travel Journal and Album of Collected Papers of William Tennent III*, 1740 – 1777, South Caroliniana Library, Columbia, South Carolina。
③ 有关哈特在西部边疆地区试图劝服效忠派和中立派的使命，见 Oliver Hart Diary, July 31 – September 6, 1775, in Oliver Hart Papers, South Caroliniana Library, Columbia, South Carolina; Hart's journal has been decoded and published in *Journal of the South Carolina Baptist Historical Society*, 1 (Nov., 1975): 18 – 30。另见 James H. O'Donnell, "A Loyalist View of the Drayton – Tennent – Hart Mission to the Upcountry," *South Carolina Historical Magazine*, Vol. 67, No. 1 (Jan., 1966): 15 – 28。
④ "American Loyalists: Transcripts of the Manuscript Books and Papers of the Commission of Enquiry into the Losses and Services of the American Loyalists, 1783 – 1790" (American Loyalist Transcripts, microfilm), 60 vols. (New York: New York Public Library), 57: 223 – 239; Henry Laurens to Thomas Fletchall, Charles Town, July 14, 1775, *The Papers of Henry Laurens*, 10: 214, footnote 1.

劳伦斯断言，英帝国中央政府迫使北美殖民地人民服从的议会法案是建立在"不公正"基础之上的，这些法案不符合"［英国］宪法的理性或原则"。如果弗莱查尔加入爱国者，他将加入"捍卫整个英帝国自由的光荣事业"。否则，弗莱查尔会成为英国议会和国王"教唆"的工具。① 后来，弗莱查尔没有听从劳伦斯的建议，而是煽动了不少于 2500 名白人效忠派成员与爱国者作战。②

爱国者试图与山区的效忠派和解，但在 96 区爆发了战争。安德鲁·威廉姆森（Andrew Williams）上校领导了大约 560 名爱国者士兵与约瑟夫·罗宾逊少校和帕特里克·坎宁安少校领导的效忠派军队作战。战斗持续了三天，直到 1775 年 11 月 22 日双方同意签署《九十六条约》才结束。后来，领导另一支爱国者部队的理查德·理查德森（Richard Richardson）上校下令打击效忠派。12 月中旬，南卡罗来纳和北卡罗来纳的联合力量在雷迪河击败了效忠派。到年底，爱国者已经征服了这个地区。③

1775 年夏季来临之前，劳伦斯认为英帝国中心和南卡罗来纳之间的冲突仅限于南卡罗来纳殖民地和英帝国中心的政治精英之间。通过支持平民议院，他抵制英国议会打算对他的财富征税的措施，以及英帝国政府的政治权威。在参与威尔克斯基金冲突活动的情况下，劳伦斯无意反抗英帝国中央政府。1775 年 1 月，劳伦斯在给一个英国国内的朋友写信时声称，殖民地的政治家只寻求英帝国内部的"合理自由"。他强调，"独立不是北美殖民地人民的想法"。④ 劳伦斯认为，为了纠正他们的不满，一些殖民者更喜欢用武器反抗帝国政府，但也有人愿意保持他们的"服从"。然而，劳伦斯认为，大多数殖民地人民仍然是非暴力的，尽管他们正在为他们作为

---

① Henry Laurens to Thomas Fletchall, Charles Town, July 14, 1775, *The Papers of Henry Laurens*, 10: 214 – 215.

② Henry Laurens to John Laurens, Charles Town, July 30, 1775, *The Papers of Henry Laurens*, 10: 256.

③ 有关九十六区战役，见 Marvin L. Cann, "Prelude to War: The First Battle of Ninety Six: November 19 – 21, 1775," *South Carolina Historical Magazine*, Vol. 76, No. 4 (Oct., 1975): 197 – 214; Marvin L. Cann, "War in the Backcountry: The Siege of Ninety Six, May 22 – June 19, 1781," *South Carolina Historical Magazine*, Vol. 72, No. 1 (Jan., 1971): 1 – 14.

④ Henry Laurens to Johann Rodolph Von Valltravers, May 22, 1775, *The Papers of Henry Laurens*, 10: 134.

英国人与生俱来的权利而奋斗。[①]

当英国政府鼓励非洲奴隶反抗他们的白人种植园主和奴隶贸易商时，劳伦斯开始担心奴隶起义。[②] 在收到伦敦的情报后，全体委员会发现，英国政府鼓励非洲奴隶对他们采取行动。[③] 在拦截北卡罗来纳总督约西亚·马丁 1775 年 6 月 26 日给该殖民地王室委员会成员刘易斯·德罗塞特（Lewis De Rosset）的一封信后，地方会议证实了这一情报。马丁在信中提到，"国王臣民的实际且公开的叛乱"迫使他鼓动非洲奴隶反抗爱国者。[④] 在看完这封信后，劳伦斯发现马丁总督计划鼓励"黑人起义"。[⑤] 因此，劳伦斯不得不领导南卡罗来纳的爱国者处理这个问题。

为了保护自己不受奴隶叛乱的影响，劳伦斯严厉惩罚了那些密谋反抗白人主人的非洲黑人。在对查尔斯顿自由黑人托马斯·杰瑞米耶的审判中，劳伦斯坚持判处他死刑，他涉嫌密谋引导皇家海军船只进入查尔斯顿港口，并在非洲奴隶中播下叛乱种子。杰瑞米耶拥有奴隶，积累了一笔估计为 1000 英镑的财富。在劳伦斯心目中，杰瑞米耶生活奢侈、虚荣心强且具有野心。尽管杰瑞米耶表现出负罪感，但劳伦斯认为必须对他处以死刑。1775 年 8 月 18 日，爱国者将杰瑞米耶吊死在麦格兹因屋前的一个脚手架上。后来，绞死杰瑞米耶后，爱国者将他的尸体放下来并烧成灰烬。[⑥] 劳伦斯公开处决杰瑞米耶，并当场焚烧他的尸体，是要给非洲奴隶发出强

[①] Henry Laurens to Richard Oswald, January 4, 1775, *The Papers of Henry Laurens*, 10：22.

[②] 罗伯特·奥尔威尔认为非洲奴隶叛乱使得保守的政治家在政治立场上转向激进，见 Robert A. Olwell, "Domestick Enemies: Slavery and Political Independence in South Carolina, May 1775 – March 1776," *Journal of Southern History* 55 (Feb., 1989): 21 – 48。另见 Robert Olwell, *Masters, Slaves, and Subjects: The Culture of Power in the South Carolina Low Country, 1740 – 1790* (Ithaca: Cornell University Press, 1998), 221 – 270。

[③] General Committee to General Committee at Philadelphia, Charles Town, May 8, 1775, *The Papers of Henry Laurens*, 10：113 – 114, footnote 5.

[④] William L. Saunders ed., *The Colonial Records of North Carolina* (Raleigh: State of North Carolina, 1886 – 1890), 10：138.

[⑤] Henry Laurens to John Laurens, Charles Town, July 30, 1775, *The Papers of Henry Laurens*, 10：260 – 261, footnote 13.

[⑥] Henry Laurens to John Laurens, Charles Town, May 15, 1775, *The Papers of Henry Laurens*, 10：118; Henry Laurens to John Laurens, Charles Town, August 20, 1775, *The Papers of Henry Laurens*, 10：321 – 322. 关于审判托马斯·杰瑞米耶的更多信息，见 Harris, *The Hanging of Thomas Jeremiah*, 119 – 151; Ryan, *The World of Thomas Jeremiah*, 51 – 62。

烈的信息，警告他们不要加入英国军队，不要对爱国者采取行动。否则，他们将跟杰瑞米耶的下场一样。

爱国者还严厉惩罚了效忠派。8 月，南卡罗来纳约翰逊堡的炮手乔治·沃克（George Walker）对爱国者的政治活动恶言相向。随后，爱国者对沃克进行了残酷惩罚。据《南卡罗来纳公报》的出版商彼得·蒂莫西回忆说，爱国者把沃克捆绑起来，在查尔斯顿的几乎每一条街道上进行游街示众。在每个效忠派的住所门前，爱国者强迫沃克收回他对爱国者的诅咒。① 爱国者残酷地惩罚沃克，借以警告效忠派不要加入英国军队。

除土著印第安人、效忠派和非洲黑人外，爱国者还与王室总督威廉·坎贝尔做斗争。早在 1773 年，英国政府就任命坎贝尔为王室总督，但他直到 1775 年 6 月 18 日才来到查尔斯顿就职。② 随后，他积极煽动效忠派、非洲奴隶和土著印第安人反抗爱国者，这使得他很快就与南卡罗来纳人民为敌。9 月 8 日，一艘名为"切诺基"号的英国军舰在查尔斯顿港口加入了国王的"H. M. S. 塔马"（H. M. S. Tamar）号，这让爱国者非常焦虑。9 月 13 日晚，坎贝尔命令皇家军队在位于港口以南的军事要塞约翰逊堡卸下大炮，并摧毁爱国者的武器装备。两名登上"H. M. S. 塔马"号军舰的海员向爱国者报告，另有三艘军舰和一艘载满弹药的军舰正在前往查尔斯顿的路上。在这种情况下，爱国者封锁了港口的航运通道，加强了沙利文岛的军事防御，以防止来自英国军队的突然袭击。两天后，当爱国者占领约翰逊堡时，坎贝尔逃到"H. M. S. 塔马"号军舰上避难。坎贝尔离开查尔斯顿标志着英国在南卡罗来纳统治的正式结束。③

---

① Drayton, *Memoirs of the American Revolution*, 2：17；Commons House of Assembly to Lord William Campbell, Charles Town, August 18, 1775, *The Papers of Henry Laurens*, 10：305, 307；*South Carolina and American General Gazette*, August 25, 1775.

② Drayton, *Memoirs of the American Revolution*, 1：257.

③ Governor Lord William Campbell to Lord Dartmouth, September 19, 1775, in William Legge Dartmouth (2d Earl of), *The Manuscripts of the Earl of Dartmouth：Prepared by the Historical Manuscript Commission of Great Britain*, 3 vols. （reprint, Boston：Gregg Press, 1972）, 2：382；Lord William Campbell to Henry Laurens, Tamar, September 30, 1775, *The Papers of Henry Laurens*, 10：442；Ramsay, *The History of the American Revolution* （Philadelphia：R. Aitken & son, 1789）, 1：255；and Drayton, *Memoirs of the American Revolution* （Charleston：A. E. Miller, 1821）, 2：3.

坎贝尔离开后，劳伦斯对南卡罗来纳人民采取的"仓促的步骤"深表遗憾。他对南卡罗来纳人民采取的每一个轻率政策感到"抱歉和悲痛"。他"厌恶、憎恶"英国政府的措施，但他内心保持"平静"且保持耐心，并反对"每一项错误的措施"。① 他与南卡罗来纳人民站在一起，却在政治上保持着温和立场。

第五节 自我认同的转变

在推翻王室政府后，劳伦斯发现爱国者很难处理政治和社会问题。如果没有正规的政府制度和正式的政府机构，南卡罗来纳的政治就无法运转。他认识到南卡罗来纳需要更合理的政策来确保"和平与良好秩序"。因此，他敦促地方会议考虑南卡罗来纳人民需要制定哪些条例。②

由于其他殖民地也遇到了与南卡罗来纳相同的问题，大陆会议代表马萨诸塞的约翰·亚当斯提议，每个殖民地都应建立自己的政府。1775 年 11 月 4 日，大陆会议通过决议，敦促南卡罗来纳爱国者建立自己的政府。③ 回到查尔斯顿，南卡罗来纳的代表，如克里斯托弗·加兹登、约翰·拉特利奇和亨利·米德尔顿在地方会议中占有席位，并试图将大陆会议的决议付诸实施。

根据大陆会议的指示，加兹登提议南卡罗来纳完全独立于英帝国，但劳伦斯拒绝跟随他。加兹登带了三本托马斯·潘恩（Thomas Paine）的《常识》回到查尔斯顿，并提出了"分离与独立"的建议。④ 加兹登深受潘恩的激进政治思想的影响，一心主张独立，听不进任何反对意见。劳伦斯认为，潘恩的政治思想强大且容易蛊惑人，将鼓励殖民地人民接受"共

---

① Henry Laurens to John Laurens, Charles Town, September 18, 1775, *The Papers of Henry Laurens*, 10：396 - 397.

② Drayton, *Memoirs of the American Revolution*, 2：172 - 173.

③ Drayton, *Memoirs of the American Revolution*, 2：171.

④ Henry Laurens to Georgia Council of Safety, Charles Town, February 13, 1776, *The Papers of Henry Laurens*, 11：100；Henry Laurens to John Laurens, Charles Town, February 22, 1776, *The Papers of Henry Laurens*, 11：115. 另见 McDonough, *Christopher Gadsden and Henry Laurens*, 182；Godbold and Woody, *Christopher Gadsden and the American Revolution*, 147 - 153, 160.

和原则"。劳伦斯拒绝接受潘恩的激进主张，以及加兹登的独立建议。[1]

和劳伦斯一样，大多数爱国者还没有准备好将南卡罗来纳从英帝国分离出去。1776 年 2 月 11 日，地方会议敦促一个由 11 名政治领导人组成的委员会起草宪法。在这些政治家中，查尔斯·利特斯沃思·平克尼（Charles Cotesworth Pinckney）[2]、约翰·拉特利奇、查尔斯·平克尼、亨利·劳伦斯、罗林斯·洛恩德斯、亨利·米德尔顿、托马斯·比（Thomas Bee）和小托马斯·海沃德（Thomas Heyward Jr.）都是温和的革命者。另外三人是激进的革命者加兹登、亚瑟·米德尔顿和小托马斯·林奇。加兹登声称，新宪法应该宣布殖民地完全独立于英国。然而，劳伦斯认为，几乎每个人都希望英帝国政府提供"和解与和平"。[3] 因此，爱国者拒绝了加兹登的分离提议。[4]

1776 年 3 月 26 日，爱国者颁布了新宪法，宣称他们希望与英帝国中央政府实现最终和解。根据大陆会议的决议，宪法表达了殖民地人民与英国"和平与和解"的强烈愿望。在序言中，爱国者们坚持他们制定宪法的理由，劳伦斯认为宪法是"暂时的，也是必要的权宜之计"。根据宪法，南卡罗来纳仍然是殖民地，首席执行官获得的是主席头衔，而不是王室总督的头衔。与此同时，爱国者选择约翰·拉特利奇为第一任主席，亨利·劳伦斯为副主席。爱国者认为主席职位为临时职位且期待国王不久会为南卡罗来纳人民任命新总督。为了寻求与英帝国中央政府的最终和解，他们没有赋予主席任何休会、暂停或解散议会的权力。[5]

注意到英帝国政府针对"北美殖民地人民的自由"进行迫害，劳伦斯

---

[1] Henry Laurens to John Laurens, Charles Town, February 22, 1776, *The Papers of Henry Laurens*, 11：115.

[2] 主席查尔斯·科特斯沃思·平克尼是一个坚定的温和派。Wallace, *The Life of Henry Laurens*, 221；McDonough, *Christopher Gadsden and Henry Laurens*, 175.

[3] Henry Laurens to John Laurens, Charles Town, February 22, 1776, *The Papers of Henry Laurens*, 11：118.

[4] Ramsay, *History of South Carolina Since Its Settlement in 1607 to 1808*, 163；Drayton, *Memoirs of the American Revolution*, 2：172 – 173.

[5] Henry Laurens to John Laurens, Charles Town, March 28, 1776, *The Papers of Henry Laurens*, 194；A. S. Salley, Jr. ed., *Journal of the General Assembly of South Carolina*, March 26, 1776 – April 11, 1776（Columbia：The Historical Commission of South Carolina, 1906）, 3；"Constitution of South Carolina, March 26, 1776," *The Statutes at Large of South Carolina*, 1：128 – 134.

宣称南卡罗来纳人民应该"偶尔且适当地反抗"英帝国的政治压迫。他指出，南卡罗来纳人民遭受了一系列迫害，包括遭受英国士兵和战船的攻击、土著印第安人的起事、非洲奴隶的造反等。由于英帝国政府继续迫害北美殖民地人民，劳伦斯鼓励殖民地人民继续与英帝国的压迫做斗争。①

由于害怕奴隶加入英国军队以换取他们的自由，劳伦斯于 1776 年 5 月 1 日访问了他在佐治亚州的种植园。尽管许多非洲奴隶逃离了种植园并加入了英国军队，但劳伦斯很高兴他的奴隶们并未离开，而是"强烈跟随着"他。他甚至向儿子夸口说，没有一个奴隶试图加入英国军队。② 而事实上，负责照顾劳伦斯新希望种植园的管家乔治·阿伦（George Aaron）带着另外 5 名奴隶逃往了佛罗里达。③

由于南卡罗来纳民兵和英国军队之间的战争不可避免，劳伦斯宣称英国军队是所有南卡罗来纳人民的"敌人"。早在 1776 年 6 月 1 日，劳伦斯就在查尔斯顿观察到，南卡罗来纳人民正在为英国军队可能在沙利文岛发动的袭击做准备。④ 6 月 23 日，英国军队试图发动进攻，但由于遭遇逆风，不得不推迟了军事计划。在威廉·穆特里（William Moultrie）上校的指挥下，爱国者为英国军队的海军轰炸和陆地攻击做准备。

在殖民地人民和民兵的支持下，爱国者最终赢得了与英国军队的战斗。1776年 6 月 28 日晚，一支由英国海军上将彼得·帕克（Peter Parker）指挥的舰队和一支由亨利·克林顿（Henry Clinton）将军指挥的约 3000—4000 人的军队袭击了沙利文岛，标志着沙利文岛战役（Battle of Sullivan's Island）的爆发。⑤ 战

① Henry Laurens to Oliver Hart & Elhanan Winchester, Charles Town, March 30, 1776, *The Papers of Henry Laurens*, 11: 198 – 199.

② Henry Laurens to John Laurens, Charles Town, August 14, 1776, *The Papers of Henry Laurens*, 11: 223 – 224, footnote 4.

③ Lachlan McIntosh Jr., to Lachlan McIntosh, August 14, 1776, *Collection of Georgia Historical Society*, 12: 54 – 55.

④ Henry Laurens to John Laurens, Charles Town, August 14, 1776, *The Papers of Henry Laurens*, 11: 223.

⑤ Henry Laurens to Lachlan McIntosh, Charles Town, August 2, 1776, *The Papers of Henry Laurens*, 11: 214; *Collections of New – York Historical Society*, 5: 219 – 221; Edward Langworthy, *Memoirs of the Life of the Late Charles Lee*, *Esq.* (London, 1792), 17 – 18; *South Carolina American and General Gazette*, August 2, 1776, in Robert W. Gibbes, ed., *Documentary History of the American Revolution* (New York: Appleton, 1855), 12 – 19.

图 1　威廉·穆特里（William Moultrie, 1730 – 1805），查尔斯·W. 皮尔（Charles Willson Peale, 1741 – 1827）绘画。国家肖像画廊（National Portrait Gallery），华盛顿特区，美国。编号：NPG. 65. 57

争爆发后，南部殖民地的大陆军队在查尔斯·李（Charles Lee）将军领导下奋力抵抗英国军队的进攻。由于军舰遭到严重破坏，英国军队不得不撤退。随后，英国军队煽动山区的效忠派和土著印第安人与爱国者作战。结果，爱国者赢得了战斗，表明民兵的小部队能够迫使英国军队撤退。

沙利文岛战役后不久，爱国者证实英国军队继续煽动效忠派攻击他们。爱国者成功地截获了英帝国政府官员发给山区效忠派的几封信件。其中一封被拦截的信件是由负责北美南部印第安人事务副总监（British Deputy Superintendent for Indian Affairs in the Southern Department）亨利·斯图尔特（Henry Stuart）于 1776 年 5 月 19 日所写，并发给沃陶加河（Watauga River）和诺利卡基河（Nolichucky River）附近的居民。据爱国者称，斯图尔特敦促这些地区的居民"签署一份书面文件，承认他们效忠乔治三世国王陛下"。爱国者还认识到，英国军队将在西佛罗里达登陆，并与克里克和奇卡索（Chickasaw）印第安人联盟，进而行军北上。①

劳伦斯支持殖民地民兵与土著印第安人作战。长期以来，克里克印第安人与爱国者和平相处。劳伦斯希望克里克印第安人能维持与殖民地人民的和平状态。然而，英国政府"贿赂和煽动"克里克印第安人加入切诺基印第安人进而"屠杀并暗杀"爱国者。② 如果南卡罗来纳人民能够赢得与切诺基印第安人的战斗，劳伦斯认为，克里克和其他印第安部落将继续是英国军队和南卡罗来纳民兵之间军事冲突的"简单观众"。但如果他们无法赢得这场战斗，劳伦斯担心爱国者会受到来自土著印第安人四面八方的攻击。③

爱国者和切诺基印第安人之间的战争帮助劳伦斯明白了亨利·斯图尔特和亚历山大·卡梅伦等英国官员是多么令人憎恨。在沙利文岛战役之前，切诺基印第安人向爱国者承诺，他们将遵守"最庄严的中立承诺"。④在斯图尔特和卡梅伦的刺激下，切诺基印第安人袭击了爱国者的几个定居点，烧毁了几栋房屋，并杀害了大约60名妇女和儿童。假设切诺基印第安人"可能在一个协调一致的计划下"与英国军队一起行动，劳伦斯宣布，斯图尔特和卡梅伦将"永远在南卡罗来纳令人厌恶"。⑤

爱国者最终平息了切诺基印第安人的起义。1761年，安德鲁·威廉姆森上校参加了远征切诺基印第安人的战役。土著印第安人造反后，他领导着一支由民兵、大陆军队和卡托巴（Catawba）印第安人组成的1000—

---

① Force, *American Archives*, *Fourth Series*, 6: 1228 – 1230, 1554; O'Donnell, *Southern Indians in the American Revolution* (Knoxville: University of Tennessee Press, 1973), 37 – 38; George Galphin to Henry Laurens, March 13, 1776, *The Papers of Henry Laurens*, 11: 157; Henry Laurens to John Laurens, Charles Town, August 14, 1776, *The Papers of Henry Laurens*, 11: 228 – 229, footnote 9.

② Henry Laurens to Hope & Co., Charles Town, August 17, 1776, *The Papers of Henry Laurens*, 11: 248.

③ Henry Laurens to John Laens, Charles Town, August 14, 1776, *The Papers of Henry Laurens*, 11: 230.

④ Henry Laurens to Hope & Co., Charles Town, August 17, 1776, *The Papers of Henry Laurens*, 11: 248.

⑤ Henry Laurens to John Laurens, Charles Town, August 14, 1776, *The Papers of Henry Laurens*, 11: 229; Henry Laurens to John Laurens, Charles Town, August 21, 1776, *The Papers of Henry Laurens*, 11: 259 – 260.

1800 人的军队。7 月下旬，威廉姆森上校袭击了切诺基下城。在北卡罗来纳的格里菲思·卢瑟福准将的帮助下，威廉姆森上校从弗吉尼亚进军到南卡罗来纳的山区。爱国者部队摧毁了切诺基中间定居点，如塞内卡（Sennecca）、基欧韦（Keowee）、瓦拉奇（Warrachy）、斯塔托诃（Statohee）、托塔瓦（Totawa）等据点，将切诺基印第安人赶进森林。① 到 10 月初，威廉姆森上校解除了切诺基印第安人对爱国者的威胁。1762 年 5 月 20 日，切诺基印第安人在德威特角（DeWitt's Corner）向佐治亚州和南卡罗来纳爱国者投降，标志着南卡罗来纳爱国者最终平息了土著印第安人起义。②

劳伦斯认识到英国议会和政客都在窃取爱国者的财产，这迫使爱国者不得不切断与英帝国的政治联系。在近代早期，英国商人先是把被奴役的非洲人带到加勒比海地区和北美，然后把他们当作奴隶卖给北美殖民地人民。大多数爱国者拥有奴隶，且一直把非洲奴隶当作自己的财产。随着爱国者和英国军队之间的冲突继续，英国议会承诺向任何逃离爱国者的奴隶提供自由和土地。得知英国议会的这一政策后，一些非洲奴隶加入了英国军队，以获得自由。在爱国者看来，英国议会的这一战时政策，偷走了"那些来自北美殖民地的黑人"。劳伦斯评论说，英国商人和政治家都会在西印度群岛出售那些逃跑的奴隶，他们将"再次成为英国人的财产"。因此，劳伦斯谴责英国议会窃取北美殖民地人民的财产："多么卑劣啊！这一幕中出现了多么复杂的邪恶！哦，英格兰，怎么变了！多么堕落！"劳伦斯指出了英国商人和政客的"卑劣"、"邪恶"和腐败，从而进一步将自己与"英国人"区分开来。③

对英国政府军事和政治战略的愤怒，使得劳伦斯宣布南卡罗来纳人民

---

① O' Donnell, *Southern Indians in the American Revolution*, 44 - 47; Colin G. Calloway, *The American Revolution in Indian Country*, *Crisis and Diversity in Native American Communities* (Cambridge, UK: Cambridge University, 1995), 49.

② Henry Laurens to John Laurens, Charles Town, February 3, 1777, *The Papers of Henry Laurens*, 11: 294 - 295; John Wells Jr. to Henry Laurens, Charles Town, June 23, 1777, *The Papers of Henry Laurens*, 11: 388; John Lewis Gervais to Henry Laurens, Charles Town, July 29, 1777, *The Papers of Henry Laurens*, 11: 412.

③ Henry Laurens to John Laurens, Charles Town, August 14, 1776, *The Papers of Henry Laurens*, 11: 224.

决心更新他们与国王和国王的政府官员们之间的关系。到 8 月，英帝国和南卡罗来纳之间的不愉快争执达到了"公开且血腥战争"的顶峰。① 劳伦斯仍然认为，"没有一个清醒的人"希望南卡罗来纳与英帝国进行分离。南卡罗来纳人民也不认为分离会比在英帝国的荫庇下更幸福。但他认识到南卡罗来纳"没有失去与国王和他的大臣们续约的一切倾向"的人民越来越少。②

当《独立宣言》传播到查尔斯顿时，许多南卡罗来纳人对这一消息表示热烈欢迎。当大陆会议于 1776 年 7 月 4 日宣布脱离英国独立时，南卡罗来纳的代表，如爱德华·拉特利奇、小托马斯·海沃德、小托马斯·林奇和亚瑟·米德尔顿，都衷心地支持了这一决定。③ 五天后，在费城参加会议的南卡罗来纳代表团通知约翰·拉特利奇大陆会议已正式通过了《独立宣言》。④ 8 月 5 日，当消息传到查尔斯顿时，南卡罗来纳人民满腔热情地庆祝《独立宣言》。颁布的同一天，由主席、将军、议员、文职和军官等组成的游行队伍出席了庆祝活动。⑤

劳伦斯也热情地坚持《独立宣言》。他声称，英国议会不仅"在任何情况下约束英属北美的殖民地人民"，而且还通过军事力量执行法律。英帝国中央政府不仅撤销了对英属北美 13 个殖民地的保护，而且还对 13 个殖民地发动了残酷的战争。他指责议会推动不愿独立的殖民地人民放弃与英帝国之间的联系，这造成了英帝国与 13 个殖民地之间的内战。在这种情况下，他认为《独立宣言》变得"必要且不可避免"。⑥ 劳伦斯不愿意看

---

① Henry Laurens to Babut & Co. , Charles Town, August 5, 1776, *The Papers of Henry Laurens*, 11：219 – 220；Henry Laurens to Henry Laurens Jr. , August 17, 1776, *The Papers of Henry Laurens*, 11：249.

② Henry Laurens to John Laurens, Charles Town, August 14, 1776, *The Papers of Henry Laurens*, 11：228；Henry Laurens, Appendix, Containing Documents, Letters, relating to Mr. Laurens's Imprisonment in the Tower, *Collections of the South Carolina Historical Society*, 1：70.

③ Ramsay, *History of South Carolina since Its Settlement in 1607 to 1808*, 164.

④ Letter from the Delegates of This State in the Continental Congress to His Excellency the President, Philadelphia, July 9, 1776, Correspondence of Thomas Lynch, Esq. , South Caroliniana Library, University of South Carolina, 53.

⑤ Henry Laurens to John Laurens, Charles Town, August 14, 1776, *The Papers of Henry Laurens*, 11：228.

⑥ Ramsay, *History of South Carolina Since Its Settlement in 1607 to 1808*, 71；and Henry Laurens to John Laurens, Charles Town, August 14, 1776, *The Papers of Henry Laurens*, 11：234.

到南卡罗来纳与英帝国分离，但还是期待着分离会给英国和 13 个"自由且独立的州"带来巨大的好处。①

小 结

劳伦斯的商业遭遇表明他不能接受激进派政治家所提出的那些经济政策。当时，爱国者并不是一个单一的群体。相反，他们是许多个完全不同的群体，存在不同的利益诉求，经常分裂成相互竞争的派别。② 爱国者执行了不准出口和不准进口的决议，但他们在大米豁免问题上产生争执。经过多次辩论，他们达成妥协，将大米排除在不准出口名单之外。此外，他们还同意赔偿在大米豁免中遭受商业损失的其他商人。劳伦斯不仅考虑了这些决议对他个人的利害关系，而且分析了它们对南卡罗来纳经济的长期影响。他既不同意加兹登的不准出口政策，也不同意关闭查尔斯顿港口，以反对英帝国中央政府的压迫行为。为了寻求与英帝国中央政府的商业和谐，他拒绝采取那些短视且激进的政策。

与此同时，劳伦斯的政治遭遇表明他成为一个不情愿的革命者。加兹登主张南卡罗来纳完全独立于英帝国，但劳伦斯不愿意接受分离。在通过南卡罗来纳宪法后，加兹登再次提议与英帝国完全分离，但劳伦斯在政治上保持温和立场。只要没有失去和平解决的最终希望，劳伦斯就拒绝反抗英帝国中央政府。毕竟，如果英帝国和南卡罗来纳之间爆发血腥战争，他

① Henry Laurens to Martha Laurens, Charles Town, August 17, 17776, *The Papers of Henry Laurens*, 11: 253.

② 罗伯特·M. 维尔（Robert M. Weir）认为南卡罗来纳政治家在政治立场上是一致的，且内部没有重大的分歧和冲突，见他的论文 "'The Harmony We Were Famous For': An Interpretation of Pre - revolutionary South Carolina Politics," *William and Mary Quarterly*, Vol. 26, No. 4（Oct., 1969）: 473 - 501。另见 Robert M. Weir, "'The Harmony We Were Famous For': An Interpretation of Pre - revolutionary South Carolina Politics," *"The Last of American Freemen"*: *Studies in the Political Culture of the Colonial and Revolutionary South*（Macon, GA: Mercer University Press, 1986）, 1 - 32。艾玛·哈特（Emma Hart）不同意维尔的观点，进而指出，南卡罗来纳政治家并不是一个和谐的团体，工匠和种植园主并不是天然的盟友。见哈特的专著，*Building Charleston*: *Town and Society in the Eighteenth Century British Atlantic World*（Charlottesville: University of Virginia Press, 2010）, 157。

担心南卡罗来纳人民会遭受更多的损失。为了南卡罗来纳人民的利益，他拒绝采取极端行为。

劳伦斯的政治活动也说明英帝国中央政府和南卡罗来纳之间不断变化的关系，迫使他将自己的自我认同从英国人转变为美国人。由于不愿意看到南卡罗来纳与英帝国分离，他维持了对英帝国中央政府的温和立场。随后，他成为南卡罗来纳革命时期最有影响力的政治领袖之一，但他仍期待着与英帝国中央政府和解。只要英帝国中央政府能够尊重南卡罗来纳人民作为英国人的政治权利、自由和财产权，他就认为英帝国中央政府会恢复与南卡罗来纳的和平。当土著印第安人发起反叛、效忠派发动起义、非洲奴隶发动暴乱，以及大陆军队与英国红衫军在军事战场上发生冲突的时候，他逐渐发现英帝国中央政府和南卡罗来纳之间不会再有和解。在这种情况下，他不得不重新考虑英帝国和南卡罗来纳之间的关系。直到1776年8月5日，当在大陆会议上通过的《独立宣言》传播到查尔斯顿时，他才最终失去了和解的希望。在这种情况下，他转而支持南卡罗来纳与英帝国分离，进而转变了自我认同。

第六章

捍卫美国人的自我认同，1779—1784 年

    1782 年 12 月 24 日，在巴黎推动英国和美国签署最终的和平协议时，美国和平谈判代表亨利·劳伦斯给他的伦敦朋友威廉·曼宁写了一封信。"我热切地希望和平，"劳伦斯在信中写道，"但你们必须做好准备与美国握手，就像你们在战争结束时与法国、西班牙、普鲁士或任何其他独立国家的国民握手一样。""你们必须习惯与美国和解"，他进一步解释，正如"你们会有接受与任何其他独立大国和解的想法一样。你们必须考虑向美国派遣外交大使，不论他驻足在［大陆］会议的哪个地方，他必须视美国为一个主权［国家]"。劳伦斯不仅宣称美国是一个自由且独立的国家，而且强调他本人代表着新成立的美利坚合众国，并迫切期待英国正式承认美国的国家主权。①

    参与英美和平谈判的经历有助于劳伦斯进一步理解美国国家的形成。英国和美国和平谈判代表都已经在 1782 年 11 月 30 日签署了和平条约草案，但英国政府坚持拒绝承认美国主权。如果英国政府不正式承认美国独立，劳伦斯明白新成立的共和国将不会获得"值得尊敬的、诚实的（和）永久的和平"。相反，美国只是从英国获得"一个独立且不光彩的和平条约"而已。②

---

① Extract to a Merchant [William Manning] in London, December 24, 1782, enclosed in Henry Laurens to South Carolina Delegate, Paris, December 24, 1782, *The Papers of Henry Laurens*, 16: 102.

② Extract to a Merchant [William Manning] in London, December 24, 1782, enclosed in Henry Laurens to South Carolina Delegate, Paris, December 24, 1782, *The Papers of Henry Laurens*, 102 – 103.

在欧洲历史上，英国曾多次与法国、西班牙和普鲁士发生战争。战争结束后，英国与它们分别签订条约，并相互承认各自的政治主权。在劳伦斯看来，新成立的美利坚合众国和法国、西班牙以及普鲁士一样，也是一个独立的主权国家。因此，劳伦斯敦促英国政府承认美利坚合众国是一个自由且独立的国家，正如英国在以往的战争结束后对待法国、西班牙和普鲁士一样。

　　劳伦斯的外交遭遇也说明美国的国家形成影响了他对自我认同的看法。早在1764年3月，劳伦斯和曼宁都是英国的臣民，且在大西洋贸易中相互合作。18世纪60年代初，曼宁居住在加勒比海地区的圣基茨，并与劳伦斯建立了大西洋贸易联系。大约在1767年，曼宁返回伦敦，成为伦敦商人约翰·巴尼斯特（John Banister）和詹姆斯·哈蒙德（James Hammond）的合伙人。① 18年后，美国和英国正忙于缔结英美和平条约，以便结束美国革命战争。在维持与曼宁的私人友谊的同时，劳伦斯清楚地认识到，他的自我认同与曼宁已截然不同。曼宁仍然坚持英国臣民身份并坚决效忠英国国王乔治三世，但劳伦斯却立场坚定地抛弃他的英国臣民身份。取而代之的是，劳伦斯立场坚定地捍卫他作为美国人的自我认同。劳伦斯把国家利益置于个人利益之上，致力于让美国成为一个自由且独立的主权国家。尽管英国政府没有正式承认美国主权，劳伦斯还是展示了他作为新共和国的公民的义务。

　　本章主要关注的是劳伦斯在1779年至1784年的跨大西洋旅行，不仅考察他如何认识美国的国家形成，而且讨论他如何捍卫美国人的自我认同。在被关押在伦敦塔的过程中，劳伦斯不仅想象自己作为美国人的自我认同，而且斩钉截铁地拒绝恢复英国人的自我认同和英国臣民身份。取而代之的是，在参加英美和平谈判的过程中，劳伦斯坚定地维护自己作为美国人的自我认同。因此，对劳伦斯跨大西洋遭遇的详细分析有助于理解他在美国革命后期如何捍卫作为美国人的自我认同以及他在美国革命时期所

---

① Henry Laurens to William Manning, Charles Town, March 2, 1764, *The Papers of Henry Laurens*, 4：198 - 199；Henry Laurens to Banister, Hammond, Manning, Charles Town, May 25, 1768, *The Papers of Henry Laurens*, 5：695 - 696.

做出的重要政治贡献。

第一节　承担公民义务

在美国革命时期，劳伦斯认为美利坚合众国是一个"想象的政治共同体"。正如美国学者本尼迪克特·安德森（Benedict Anderson）所指出的，国家是"一个想象的政治共同体——被想象为既是内在有限的，又是有主权的"。安德森主要探讨了二战后民族主义在新兴民族国家中的起源和传播，但他对民族国家的定义有助于解释劳伦斯对美国国家形成的理解。对劳伦斯来说，新共和国既是想象的，也是真实存在的。他认为新共和国是真实的，尽管美国还没有与西班牙、法国和英国划定边界。他还把美利坚合众国想象成一个主权国家，尽管英国并未承认美国的独立主权。此外，他还将其想象为一个共同体，在这个共同体里，尽管在文化、族裔、语言、社会习俗和宗教信仰方面存在差异，美国人却是统一的，因为他们生活在一起，为独立而斗争，且共同反对英帝国的政治压迫。①

在美国革命前夕和美国革命时期，劳伦斯对激进政治思想家的政治小册子非常熟悉。② 在革命前夕，劳伦斯阅读过托马斯·潘恩的《常识》，并被其中的激进政治理念所吸引。此外，劳伦斯还阅读了英国国内政治异见者理查德·普莱斯（Richard Price）的两本政治小册子。一本是普莱斯于 1776 年出版的《论公民自由的本质、政府原则以及英帝国对美洲殖民地战争的正义性及政策》（*Observations on the Nature of Civil Liberty*，*the Principles*

---

① 本尼迪克特·安德森认为，"印刷资本主义"通过出版书籍、报纸、杂志增加了民族意识的传播，但他没有考虑到移动的主体如何想象自我认同。见 Benedict Anderson，*Imagined Communities*：*Reflections on the Origin and Spread of Nationalism*（London：Verso，1983），6 - 7。

② 在 1750 年和 1776 年，大约有 400 个政治小册子在北美殖民地出版。Bernard Bailyn，*Pamphlets of the American Revolution*，*1750 - 1776*（Cambridge：Harvard University Press，1965）and *The Ideological Origins of the American Revolution*（Cambridge：The Belknap Press of Harvard University Press，1992），1 - 21；Merrill Jensen ed.，*Tracts of the American Revolution*，*1763 - 1776*（Indianapolis，IN：Bobbs - Merrill，1967），xiii - lxix。

of Government, and the Justice and Policy of the War with America），① 另一本是普莱斯于 1777 年出版的《公民自由的本质、政府原则以及英帝国对美洲殖民地战争的正义性及政策附论》（Additional Observations on the Nature of Civil Liberty, the Principles of Government, and the Justice and Policy of the War with America）。② 作为一个笃信政治自由的政治异见者，普莱斯强烈反对英帝国中心镇压北美 13 个殖民地的政治起义。潘恩和普莱斯都是美国革命的同情者，前者支持北美殖民地人民争取政治独立，后者则鼓励英国国内的激进分子和荷兰激进政治家向美国革命者提供政治支持。由于潘恩、普莱斯都支持美国革命，劳伦斯喜欢阅读他们的政治小册子。③ 1778 年 10 月 6日，在阅读了普莱斯关于英国国债的小册子之后，大陆会议代表甚至邀请他访问费城，以便对新共和国的财政问题提出适当的财政建议和政策。而在做出这个邀请的时候，劳伦斯正是大陆会议的主席。不过，遗憾的是，普莱斯拒绝了这个热情的邀请。④

在《论公民自由的本质、政府原则以及英帝国对美洲殖民地战争的正

---

① Richard Price, *Observations on the Nature of Civil Liberty, the Principles of Government, and the Justice and Policy of the War with America*, to which is added, an Appendix and Postscript, containing, *A State of the National Debt, an Estimate of the Money Drawn from the Public by the Taxes, and an Account of the National Income and Expenditure since the Last War*, the 9th edition, London: Edward and Charles Dilly and Thomas Cadell, 1776, http://oll.libertyfund.org/titles/price – observations – on – the – nature – of – civil – liberty, accessed August 20, 2016.

② Richard Price, *Observations on the Nature of Civil Liberty, the Principles of Government, and the Justice and Policy of the War with America*, in D. O. Thomas ed., *Price: Political Writings* (Cambridge: Cambridge University Press, 1991), 20 – 75.

③ 劳伦斯与普莱斯之间建立了深厚的私人友谊。劳伦斯被囚禁在伦敦塔期间，普莱斯时不时地把自己的政治小册子送给劳伦斯阅读。1783 年，在正式出版《公共债务的状态》（*The State of the Public Debts*）之前，普莱斯托富兰克林把这份初稿转交给劳伦斯，供后者阅读。Richard Price, *The State of the Public Debts* (London, 1783). Richard Price to Benjamin Franklin, June 12, 1783, Bernard Peach and David Oswald Thomas eds., *The Correspondence of Richard Price: March 1778 – February 1786*, 185. 劳伦斯从欧洲返回查尔斯顿后，普莱斯与劳伦斯继续保持联系，并向劳伦斯赠送了六份《美国革命重要性的观察》。在收到这份小册子之后，劳伦斯把它分发给南卡罗来纳全体议会成员。Richard Price, *Observations on the Importance of the American Revolution* (London, 1784); Henry Laurens to Richard Price, February 1, 1785, *The Papers of Henry Laurens*, 16: 532.

④ Benjamin Franklin, Arthur Lee and John Adams to Richard Price, Passy, October 7, 1778, *The Revolutionary Diplomatic Correspondence of the United States*, 2: 853; Richard Price, *An Appeal to the Public on the Subject of the National Debt* (London, 1772).

义性及政策》和《公民自由的本质、政府原则以及英帝国对美洲殖民地战争的正义性及政策附论》中，普莱斯详细阐述了他支持美国革命分子的原因。第一，普莱斯认为英帝国与北美 13 个殖民地之间所造成的政治冲突是由英帝国中央政府的专制统治一手造成的。英帝国政府认为北美殖民地人民为叛乱分子，这是完全不对的。英帝国政府应该保护北美殖民地人民的宗教和政治自由，而不是对他们进行政治压迫。第二，他断定英帝国与北美殖民地之间的政治和军事冲突将会让英帝国付出惨重代价，且英帝国政府绝不可能赢得最后的胜利。第三，他还指出英帝国之所以是错误的，主要是因为英帝国中央政府误解了这些要点：英帝国的政治权威来自人民；政府形式是否正当取决于它对人民的治理是否合适。第四，受约翰·洛克等人政治思想的影响，普莱斯贬斥天赋神权学说。他进一步指出，统治者的政治权威来自人民与统治者之间所缔结的社会契约。每个团体有权治理他们自己。换句话说，北美殖民地人民追求政治自由的权利神圣不可侵犯。如果统治者试图剥夺北美殖民地人民的合法政治权利，殖民地人民有权反抗专制统治。[1]

需要指出的是，普莱斯支持英属北美殖民地人民争取他们的合法政治权利和政治自由，但他并不希望北美 13 个殖民地从英帝国分离出去。在普莱斯看来，每个社团都是平等的且拥有处理社团内部事务的自主权。普莱斯还认为，北美殖民地的人民有权脱离英帝国中央政府的统治并获得政治独立。但是，普莱斯并不想看到英帝国分崩离析。相反，他期待英帝国的殖民地能组成一个政治社会的邦联，每个政治社会都以平等的身份参加政治活动，并同意英帝国中央政府有处理各个政治社会所面临重大问题的联邦权威（federal authority）。但是，如果北美殖民地人民不愿意接受这种方式，普莱斯认为殖民地人民有权宣布政治独立。[2] 正如此，普莱斯成为英帝国国内支持美国独立运动的重要代表人物之一。

在英属北美 13 个殖民地，普莱斯的政治小册子迅速成为畅销读物。在争取政治自由的过程中，殖民地人民发现普莱斯通过出版政治小册子阐述

[1] "Introduction," in D. O. Thomas ed., Price: Political Writings, xvi.
[2] "Introduction," in D. O. Thomas ed., Price: Political Writings, xvi.

了他们的政治诉求。得知普莱斯满腔热情地支持美国独立运动后，殖民地人民争相传阅普莱斯的政治小册子。例如，在写给一位朋友的信件中，弗吉尼亚政治家托马斯·尼尔森（Thomas Nelson）提到他把普莱斯的几个政治小册子邮寄给了给他的朋友。① 此外，托马斯·杰斐逊（Thomas Jefferson）将普莱斯的《论公民自由的本质、政府原则以及英帝国对美洲殖民地战争的正义性及政策》邮寄给了弗吉尼亚政治家理查德·H. 李（Richard Henry Lee）。② 在一封写给美国革命时期的军事领袖霍拉蒂奥·盖茨（Horatio Gates）的信中，富兰克林提到他把《论公民自由的本质、政府原则以及英帝国对美洲殖民地战争的正义性及政策》邮寄给了一位朋友。③ 普莱斯的政治小册子在北美的广泛传播不仅让殖民地人民直接了解他的政治思想，而且鼓励着殖民地人民进一步为争取政治自由而奋斗。

与此同时，受普莱斯激进政治思想的影响，荷兰贵族约翰·德克·范德卡佩伦（Johan Derk van der Capellen，1741－1784）推动了普莱斯的政治作品在荷兰的出版。范德卡佩伦组织专人翻译普莱斯的政治小册子，并向荷兰读者介绍普莱斯的政治思想。1776 年，他组织翻译了《论公民自由的本质、政府原则以及英帝国对美洲殖民地战争的正义性及政策》。1777年，他组织翻译了普莱斯的《公民自由的本质、政府原则以及英帝国对美洲殖民地战争的正义性及政策附论》。④ 范德卡佩伦甚至为这两本小册子写了一个序言。在序言里，他引用政治理论家和道德哲学家如约翰·洛克、弗朗西斯·赫奇森（Francis Hutcheson）和詹姆斯·伯格（James Burgh）的政治反抗思想。在观察到美国爱国者所遭受的苦难之后，范德卡佩伦大胆地宣称："英属北美的殖民地人民完全没必要遵守腐朽不堪的英国宪法，

---

① Thomas Nelson to John Page, Philadelphia, July 16th 1776, *Letters of Delegates to Congress*, 4: 473.

② Julian P. Boyd ed, *The Papers of Thomas Jefferson*, *1760－1776*（Princeton: Princeton University Press, 1950）, 1: 471; Thomas Jefferson to Richard Henry Lee, Philadelphia July 29, 1776, *Letters of Delegates to Congress*, 4: 562.

③ Benjamin Franklin to Horatio Gates, Philadelphia, August 28, 1776, *Letters of Delegates to Congress*, 5: 77.

④ J. D. van der Capellen to Richard Price, Zwol, December 14, 1777, *The Correspondence of Richard Price*, 1: 262－263, footnote 4 and 10.

他们的选择绝对正确。"①

　　范德卡佩伦积极支持美国革命人士争取政治独立。1775 年，范德卡佩伦出版了《应英帝国国王陛下的请求约翰·德克·范德卡佩伦所提出的建议》（*Advice by Esquire Johan Derk van der Capellen upon the Request of His Majesty the King of Great Britain*）的政治小册子。在吸取普莱斯的政治思想之后，范德卡佩伦公开反对英国政府雇用苏格兰军队（Scots Brigade）以镇压美国革命。1777 年，范德卡佩伦声称殖民地人民是"勇敢的人，他们以温和、虔诚、谦恭的方式来捍卫他们［持有的权利］"并"像男人一样为革命而战斗"。范德卡佩伦认为"美国革命分子的政治斗争"将鼓励那些权利被侵犯的人进行革命反抗。于是，他建议荷兰政府支持北美殖民地人民脱离英帝国。②

　　范德卡佩伦支持美国革命还有其他因素的考虑。首先，鉴于北美殖民地人民争取政治独立与荷兰人民争取政治自由的革命精神是一致的，他非常同情美国革命分子。在 1568 年至 1648 年，为了反抗宗教和政治压迫，尼德兰清教徒掀起了反抗西班牙帝国统治的政治运动，也称荷兰独立战争。经过多场战役后，尼德兰人民最终于 1648 年从西班牙帝国独立出来，建立了荷兰共和国。在范德卡佩伦看来，北美殖民地人民争取政治独立运动与尼德兰人民争取政治独立运动在革命原则和理念上是一致的。因此，他愿意支持美国人民反抗英帝国的专制统治。

　　其次，对范德卡佩伦来说，支持英属北美殖民地反叛就是为荷兰洗雪国耻。在 17 世纪中后期，为了争夺海上霸权，荷兰与英国分别在 1652—1654 年、1665—1667 年和 1672—1674 年爆发过三次英荷战争。战争期间，两国互有胜负，但双方实力都受到不同程度的削弱。这三场战争持续了 20 多年，英国最终战胜荷兰并由此确立了海上霸主地位。相比之下，荷兰国力日渐衰退。对范德卡佩伦和其他荷兰人民来说，这三场战争是奇耻大辱。

---

① J. D. van der Capellen to Richard Price, Zwol, December 14, 1777, *The Correspondence of Richard Price*, 1: 265.

② J. D. van der Capellen to Richard Price, Zwol, December 14, 1777, D. O. Thomas and W. Bernard Peach ed., *The Correspondence of Richard Price*, 3 vols. (Durham: Duke University Press, 1983 – 1994), 262 and 267.

因此，支持美国革命是荷兰人民报效祖国的一种方式。

此外，商业利益也是范德卡佩伦支持美国革命的一种动力。作为贵族，范德卡佩伦在荷兰国内拥有大量地产。另外，通过发放贷款和从事商业贸易，他积累了巨额财富。美国革命爆发后，荷兰贵族和商人在海外追求贸易和金融投资受到影响。为了追求商业利润，范德卡佩伦迫切需要寻找潜在的贷款客户。在争取政治独立的同时，殖民地人民也需要争取商业贷款。显然，范德卡佩伦早已看准美国革命背后的商机。既然支持殖民地人民反叛英帝国中央政府，范德卡佩伦向北美殖民地人民提供商业贷款也就顺理成章了。

美国革命前夕，本杰明·富兰克林曾尝试着在荷兰争取政治联盟和商业贷款，但他的外交努力并不成功。1775 年 11 月 29 日，大陆会议成立了由五人组成的秘密通信委员会（Secret Committee of Correspondence）。自从秘密通信委员会成立后，委员们便负责与欧洲支持美国革命的朋友们保持密切联系，以便大陆会议及时了解欧洲各国对美国革命的态度。作为秘密通信委员会主席，富兰克林对此更是责无旁贷。早在 18 世纪 60 年代，当富兰克林在欧洲旅行的时候，他就与旅居在莱顿和海牙的荷兰商人查尔斯·杜马斯（Charles Guillaume Frédéric Dumas）① 建立了深厚的个人友谊。那时，富兰克林亲眼见识了杜马斯的多才多艺和对自由的热爱。美国革命爆发后，富兰克林深知杜马斯热心支持美国革命。于是，富兰克林认为杜马斯非常适合作为美利坚合众国在海牙的秘密特使。在接受来自大陆会议的这份工作邀请后，杜马斯就负责搜集欧洲大陆的军事和政治情报，并向大陆会议进行汇报。另外，杜马斯积极宣传美国革命并试图唤起荷兰商业阶层对美国革命事业的同情。富兰克林和杜马斯在荷兰争取外交援助和商业贷款的活动并未取得实质性的进展，但这为荷兰激进派的后续努力奠定了重

---

① 杜马斯（1721—1796）出生在德国，但他的父母是法国人。1756 年，他们一家移民到荷兰海牙。自 1775 年后，他一直担任美国革命分子在海牙的秘密特使。亚当斯出使荷兰后，杜马斯担任亚当斯在海牙的顾问和秘密特使。Benjamin Franklin to Charles Guillaume Frédéric Dumas，25 July 1768，William B. Willcox ed.，*The Papers of Benjamin Franklin*，January 1 through December 31，1768（New Haven：Yale University Press，1972），15：178 – 180.

要基础。①

　　范德卡佩伦试图与富兰克林取得联系，以便支持北美殖民地人民争取政治独立。范德卡佩伦知道富兰克林已出版一些政治小册子并在其中讨论了殖民地人民的政治权利、英国宪法，以及英国下议院的腐败。于是，范德卡佩伦尝试与富兰克林联系，以便询问荷兰和美国之间政治联盟的可行性。1778 年 4 月 26 日，在一封写给富兰克林的信中，范德卡佩伦公开声明他支持美国革命。当他得知大陆军队在萨拉托加军事战役中俘获英国将军约翰·布尔戈恩（John Burgoyne）并取得重大胜利的时候，他对此满心欢喜。另外，鉴于法国已与美利坚合众国结成政治联盟的事实，范德卡佩伦鼓励爱国者们继续反抗英国军队，以早日获得政治独立。②

　　跟范德卡佩伦一样，荷兰商人格斯维勒斯·范俄可勒斯（Gosuinus van Erkelens）也支持美国独立运动。一方面，范俄可勒斯反对英国政府镇压北美 13 个殖民地的独立运动；另一方面，他迫切希望向美国革命分子提供商业贷款以便能获得相应的商业受益。在 1777 年 5 月 15 日写给大陆会议第一任主席约翰·汉考克（John Hancock）的一封信里，范俄可勒斯摘抄了一本小册子中的内容。范俄可勒斯计划把这本小册子在荷兰出版，并呼吁荷兰人民向美国革命分子提供 200 万英镑的商业贷款。于是，范俄可勒

① "Benjamin Franklin to Charles Guillaume Frédéric Dumas, Philadelphia, March 1776," in William B. Willcox ed. , *The Papers of Benjamin Franklin*, March 23, 1775, through October 27, 1776 (New Haven and London: Yale University Press, 1982), 22: 374 – 375; ("Charles Guillaume Frédéric Dumas to the Committee of Secret Correspondence, the Hague, 30 April [9 May 1776]," in William B. Willcox ed. , *The Papers of Benjamin Franklin*, March 23, 1775, through October 27, 1776 (New Haven and London: Yale University Press, 1982), 22: 403 – 412; "Charles Guillaume Frédéric Dumas to the Committee of Secret Correspondence, The Hague, 14 May [6 June 1776]," in William B. Willcox ed. , *The Papers of Benjamin Franklin*, March 23, 1775, through October 27, 1776 (New Haven and London:: Yale University Press, 1982), 22: 433 – 436; "Charles Guillaume Frédéric Dumas to Benjamin Franklin, the Hague, 4 August 1776," in William B. Willcox, ed. , *The Papers of Benjamin Franklin*, March 23, 1775, through October 27, 1776 (New Haven and London: Yale University Press, 1982), 22: 548 – 550.

② J. D. van der Capellen to Benjamin Franklin, Zwol, April 26, 1778, *The Papers of Benjamin Franklin*, 26: 349.

斯把大陆会议写给范德卡佩伦的文件，连同这份小册子一起寄到荷兰。①
在此情况下，康涅狄格州反叛总督老乔纳森·特兰伯尔（Jonathan Trumbull
Sr.）把范俄可勒斯的这个计划转告给了南卡罗来纳政治家亨利·劳伦斯。
那时候，劳伦斯正好接替汉考克担任大陆会议的主席。② 为了促成这项商
业贷款的完成，范德卡佩伦的表弟雅各布·格哈德·德里克（Jacob Ger-
hard Dirik）担任范俄可勒斯的个人使者。遗憾的是，大陆会议拒绝了范俄
可勒斯的提议。③

　　尽管不能促成荷兰向美国提供商业贷款，范德卡佩伦支持美国革命的
热情丝毫未减。1778 年，范德卡佩伦尝试着把他的政治小册子的英文版寄
给富兰克林。他先是从巴黎发了第一封信。接着，他在西印度群岛把原稿
一式两份发给了富兰克林。在把这些信件发出去之后，范德卡佩伦没有收
到来自富兰克林的任何回复。后来，应劳伦斯和其他大陆会议代表的请
求，范俄可勒斯向大陆会议提交了范德卡佩伦的信。当老特兰伯尔把这个
消息告诉范德卡佩伦的时候，范德卡佩伦推测其中一定有什么不测。不然
的话，范德卡佩伦认为富兰克林早就收到了那些信件。1778 年 9 月 6 日，
范德卡佩伦在原信中添加了一个后记，并将原信一式三份，寄给富兰克
林。之所以这么做，是因为范德卡佩伦想要敦促富兰克林接受来自荷兰商

① Gosuinus van Erkelens to the President of Congress John Hancock, Philadelphia, May 15, 1777,
   United States Dept. of State Bureau of Rolls and Library, *Catalogue of the Papers of the Continen-
   tal Congress: Miscellaneous Index* (Washington: Department of State, 1893), 59; Worthington
   C. Ford ed., *Journals of the Continental Congress*, Monday, October 26, 1778, 34 vols.,
   Washington, D. C.: Government Printing Office, 1904 – 1937, 12: 1062; John Jay to Benja-
   min Franklin, Philadelphia, January 3, 1779, *The Papers of Benjamin Franklin*, 28: 334;
   Dumas to Benjamin Franklin, La Haie, 24e. Juin 1779 au matin, *The Papers of Benjamin Frank-
   lin*, 29: 728 – 729.
② 有关劳伦斯在大陆会议的政治活动，见 McDonough, *Christopher Gadsden and Henry Laurens:
   The Parallel Lives of Two American Patriots*, 202 – 236; Frech, "The Career of Henry Laurens in
   the Continental Congress, 1777 – 1779"。
③ *Journals of the Continental Congress*, 11: 507, 509; *Journals of the Continental Congress*, 12:
   1106, 1246 – 1247; Gosuinus van Erkelens to Henry Laurens, Hartford, Connecticut, October
   18, 1778, *The Papers of Henry Laurens*, 14: 418 – 420; Henry Laurens to Gosuinus Erkelens,
   Philadelphia, November 6, 1778, Paul H. Smith et al. eds., *Letters of Delegates to Congress*,
   26 vols. (Washington, D. C.: United States Government Printing Office, 1976 – 2000), 11:
   180; Andrew Adams to Jonathan Trumbull, Sr., Philadelphia, August 11, 1778, *Letters of
   Delegates to Congress*, 10: 419, footnote 2.

人们的商业贷款。①

在争取美国革命分子支持的同时，范德卡佩伦鼓励荷兰国内商人向北美殖民地人民提供财政援助。在法国商人亨利·菲策（Henri Fizeaux）和让·J. 霍内卡（Jean Jacques Horneca）所创办的霍内卡—菲策合资公司（Horneca，Fizeaux & Co.）里，范德卡佩伦投资了大约 2 万里弗尔，以支持这家公司向美国革命分子发放贷款。另外，范德卡佩伦鼓励荷兰国内的其他商人向美国革命分子提供商业援助。②

范德卡佩伦还建议荷兰国会支持美国革命者。他希望荷兰国会"能够平抚荷兰人民内心的躁动并向荷兰人民保证"：无论国家会采纳怎样的政策以应对英国，也无论英国与荷兰之间会签订怎样的条约，荷兰政府的第一条条款应该确保荷兰商业债务的利益和政治原则。范德卡佩伦还希望荷兰国会能够"承认美国独立"。为了帮助"北美殖民地人民争取他们的自由"，范德卡佩伦甚至要求富兰克林告诉他"北美洲殖民地事务的**真实情况**"。③

由于迟迟不能向美国革命者提供商业贷款，范德卡佩伦尝试着再次接触富兰克林。1779 年 11 月，由于联系不上富兰克林，范德卡佩伦要求普莱斯牵线，并把自己介绍给富兰克林。普莱斯愿意向富兰克林介绍范德卡佩伦，但是他知道那几乎是不可能的事情。④ 收到富兰克林于 1779 年底写的信件后，范德卡佩伦提醒富兰克林用别名来发送信件。范德卡佩伦再三嘱咐富兰克林不要把他的真实姓名写在信封上。否则，范德卡佩伦担心英国军队会截获富兰克林的信件。⑤

同样，老乔纳森·特兰伯尔在推进荷兰共和国和美国之间的金融贷款

---

① J. D. van der Capellen to Benjamin Franklin, Zwol, September 6, 1778, *The Papers of Benjamin Franklin*, 27：366 - 369.
② J. D. van der Capellen to Benjamin Franklin, Zwol, September 6, 1778, *The Papers of Benjamin Franklin*, 27：366 - 369.
③ 斜粗体字引自原文，非笔者强加。J. D. van der Capellen to Benjamin Franklin, Zwol, September 6, 1778, *The Papers of Benjamin Franklin*, 27：366 - 369.
④ *The Correspondence of Richard Price*, 2：38.
⑤ 范德卡佩伦是以法语的形式书写这封信的。J. D. van der Capellen to Benjamin Franklin, Zwol, November 8, 1779, *The Papers of Benjamin Franklin*, 31：47.

和外交联盟方面发挥了重要作用。① 1779 年 9 月 6 日，老特兰伯尔给劳伦斯写了一封信，并附上荷兰与美利坚合众国之间政治联盟相关的几份文件。这包括老特兰伯尔在 1777 年 6 月 27 日写给范德卡佩伦的信，范德卡佩伦在 1778 年 12 月 7 日从荷兰寄给老特兰伯尔的答复信。另外，老特兰伯尔还附上了范德卡佩伦于 1778 年 4 月 26 日和 9 月 6 日写给身在巴黎的富兰克林的信件，以及 1779 年 8 月 31 日老特兰伯尔写给范德卡佩伦的信，并在其中论述了北美 13 个殖民地从殖民时代到革命时期的历史。②

老特兰伯尔继续努力，争取促成荷兰商人向美国提供商业贷款。由于老特兰伯尔没有收到大陆会议的任何回复，他直接与劳伦斯联系。在收到老特兰伯尔的信件包裹后，劳伦斯让大陆会议的代表请专人翻译范德卡佩伦的信件。10 月 13 日，预感到该计划不容易执行，劳伦斯把范德卡佩伦的信件以及老特兰伯尔写给大陆会议的信件送到了《独立宣言》签字人塞缪尔·亨廷顿（Samuel Huntington）的手中。那时，亨廷顿正取代劳伦斯为大陆会议的新任主席。③ 与此同时，老特兰伯尔建议大陆会议不要忽视来自荷兰的商业贷款，并任命一位外交专员全权负责协调两国之间的商业贷款及友好条约的签署。④

英帝国与北美 13 个殖民地之间不断变化的关系影响了劳伦斯对自我认同的理解。一方面，由于英帝国在北美的政治和军事势力日渐衰退，他愿意抛弃自己的英国臣民身份；⑤ 另一方面，注意到 13 个殖民地逐渐转变为

---

① Samuel F. Bemis, *The Diplomacy of the American Revolution* (Bloomington: Indiana University Press, 1957), 159.

② Jonathan Trumbull Sr. to Henry Laurens, Lebanon, [Connecticut], September 6, 1779, Henry W. Kendall Collection of Laurens Papers, Box 5, Folder 4, South Caroliniana Library, University of South Carolina, Columbia, South Carolina; J. D. van der Capellen to Benjamin Franklin, Zwol, April 26, 1778, *The Papers of Benjamin Franklin*, 26: 349 – 354; J. D. van der Capellen to Benjamin Franklin, Zwol, September 6, 1778, *The Papers of Benjamin Franklin*, 27: 366 – 370.

③ Henry Laurens to Jonathan Trumbull Sr., Philadelphia, September 26, 1779, *Letters of Delegates to Congress*, 13: 560 – 561.

④ Henry Laurens to Jonathan Trumbull Sr., Philadelphia, October 19, 1779, *The Papers of Henry Laurens*, 15: 190, footnote 2.

⑤ P. J. Marshall, *The Making and Unmaking of Empires: Britain, India, and America, c.*1750 – 1783 (Oxford: Oxford University Press, 2005), 273 – 379.

美国的自由且独立的州，他决心追求并捍卫自己作为美国人的自我认同。正如美国历史学家道格拉斯·布拉德本（Douglas Bradburn）所指出的，在美国革命时期，英国人的臣民身份代表了"永久忠诚和自卑的封建地位"。与英国人的臣民身份相比，美国公民象征着"平等且自由"的现代地位，是"新秩序"的标志。更具体地说，英帝国中央政府和 13 个殖民地之间不断变化的联系促使美国革命分子使用基于自然权利哲学的公民身份概念来取代英国封建的政治义务传统。和北美大多数人一样，劳伦斯愿意将自己的自我认同从英国人转变为美国人。①

　　劳伦斯相信自己是"想象中的政治共同体"中的成员，明白自己作为美国人的自我认同是想象的。虽然《独立宣言》赋予了他某些不可剥夺的权利，包括生命、自由和追求幸福，但他不能要求这些权利。一方面，这些不可剥夺的权利相当抽象；另一方面，由于新成立的共和国还不是一个独立的主权国家，因此新成立的国家无法保障劳伦斯的这些自然权利。劳伦斯认为自己作为美国公民的自我认同并不真实，但他想把这种自我认同转变成现实。②

　　劳伦斯愿意承担他作为新共和国的公民的义务，进而展示其作为美国人的自我认同。1777 年 1 月 10 日，他当选为南卡罗来纳在大陆会议的代表，积极参与政治事务。同年 11 月 1 日，他取代约翰·汉考克成为大陆会议主席，进而走向了国家政治舞台的中心。他帮助推动了促进美国独立的法美同盟。然而，随着他对一些大陆会议议员的腐败行为越来越不满，他在1778 年 12 月辞去大陆会议的主席以示抗议。尽管存在不满，他仍担任南

---

① Douglas Bradburn, *The Citizenship Revolution: Politics and the Creation of the American Union*, *1774 - 1804* (Charlottesville: University of Virginia Press, 2009), 11; 19 - 60. James H; Kettner, *The Development of American Citizenship*, *1608 - 1870* (Chapel Hill: University of North Carolina Press, 1978), 10: 173 - 212. 通过采用大西洋视角，内森·普尔 - 罗森塔尔（Nathan Perl - Rosenthal）讨论了海员在美国革命时期如何追寻公民身份的历史，见 *Citizen Sailors: Becoming American in the Age of Revolution* (Cambridge: Harvard University Press, 2015)。

② Eliga H. Gould, *Among the Powers of the Earth: The American Revolution and the Making of a New World Empire* (Cambridge: Harvard University Press, 2012), 111 - 144; Marshall, *The Making and Unmaking of Empires*, 353 - 379.

卡罗来纳在大陆会议的代表，继续为新成立的美国做贡献。①

　　由于英帝国拒绝承认美国主权，大陆会议不得不寻求欧洲大陆国家的外交和财政援助。到1779年9月，法国政府已经承认美国是一个独立国家，但其他欧洲国家并不希望卷入美国革命。美国革命者知道，美国独立不是将自己与英帝国分离的单方面行动。相反，他们需要欧洲其他国家的正式承认。因此，9月27日，大陆会议任命约翰·杰伊出访西班牙，并代表美国商谈外交和平条约。11月1日，大陆会议决定派遣亨利·劳伦斯与

图2　亨利·劳伦斯，约翰·S. 科普利（John Singleton Copley）绘画，1782年。国家肖像画廊，华盛顿特区，美国。编号：NPG. 65. 45

---

① 劳伦斯在大陆会议上的政治活动，见 Wallace, *The Life of Henry Laurens*, 226 – 354; Mc-Donough, *Christopher Gadsden and Henry Laurens*, 202 – 236。

荷兰政府谈判一项友好和商业条约。① 大陆会议向西班牙和荷兰派遣外交专员，试图获得这两个国家对美国主权的承认。之所以优先选择这两个国家，主要是因为自近代以来英国多次与西班牙和荷兰爆发战争。对新成立的美利坚合众国来说，要获得英国正式承认主权独立并不容易。但是，新成立的共和国可以优先争取荷兰和法国的承认，因为英国的敌人可以成为新共和国的朋友。

劳伦斯出访荷兰的外交使命对新共和国来说相当重要。正如大陆会议为处理国际事务而设立的外交事务委员会所强调的那样："我们比你们更依赖你们为改善我们的货币状况而进行的所有努力。"② 由于新共和国需要财政援助，大陆议会鼓励劳伦斯尽快完成任务。在这种情况下，劳伦斯决定前往荷兰，并争取荷兰向新成立的美利坚合众国提供商业贷款，支持新共和国的财政和经济发展。通过承担外交任务，劳伦斯决心为新共和国服务。一旦出使荷兰，劳伦斯知道他在南卡罗来纳和佐治亚的种植园将会遭受诸多损失。但是，考虑到国家利益比个人利益更重要，他将"不顾一切危险"承担他的个人义务。③ 鉴于新成立的共和国在财政上的困境，他毫不犹豫地接受了这一外交任务。

在前往阿姆斯特丹之前，劳伦斯决定返回南卡罗来纳一趟。一方面，他不得不处理他的种植园事务；另一方面，由于不知何时能从欧洲返回，他想探望他的家人和朋友。从 11 月 9 日至 12 月 10 日，他从费城前往查尔

---

① Election to Negotiate Dutch Loan, Philadelphia, October 21, 1779, *The Papers of Henry Laurens*, 15：192；Samuel Huntington to Henry Laurens, Philadelphia, October 30, 1779, *The Papers of Henry Laurens*, 15：198；Nomination to Negotiate Dutch Treaty, October 30, 1779, *Journal of Continental Congress*, 15：1230；Election to Negotiate Dutch Treaty, November 1, 1779, *Journal of Continental Congress*, 15：1230, 1232；Henry Laurens to Jonathan Trumbull Sr., Philadelphia, October 19, 1779, *The Papers of Henry Laurens*, 15：190, footnote 2；Committee Report on Negotiation of Dutch Treaty, November 1, 1779, *The Papers of Henry Laurens*, 15：200 – 201；*Journal of Continental Congress*, 15：1235 – 1236.

② Committee for Foreign Affairs to Henry Laurens, Philadelphia, December 11, 1779, *The Papers of Henry Laurens*, 15：212 – 213.

③ Henry Laurens to James Lovell, Charles Town, January 24, 1780, *The Papers of Henry Laurens*, 15：229；Henry Laurens to Nathaniel Peabody, Charles Town, February 5, 1780, *The Papers of Henry Laurens*, 15：234.

斯顿。[①] 在处理完个人事务后，他决定前往欧洲。在接下来的四个月里，他试图前往阿姆斯特丹，但没有成功，主要是因为从南卡罗来纳前往欧洲的商船受到英国海军的威胁。[②] 但是，为了完成外交任务，劳伦斯不得不耐心地等待，以便搭乘前往欧洲的商船。

在输掉萨拉托加战役后，英国军队开始围攻查尔斯顿，并开辟了南方战场。由于南卡罗来纳和佐治亚存在许多效忠英国国王的臣民，英国军队认为南方殖民地的效忠派会援助他们，进而镇压爱国者的反叛。英国军队总司令亨利·克林顿爵士认为，利用南部殖民地的白人效忠派为英国军队服务有助于尽快平定南部的政治反叛。英国海军驶向佐治亚的萨凡纳后，大陆军队被迫向南卡罗来纳撤退。1779 年秋天，在攻下萨凡纳后，英国军队大受鼓舞，计划挥师北上，进而控制南卡罗来纳。萨凡纳沦陷后，南卡罗来纳的爱国者纷纷撤退。[③]

在查尔斯顿的大陆军队服役的约翰·劳伦斯提醒父亲，英国军队和大陆军队之间的战争不可避免。1780 年 3 月下旬，约翰的军营与英国军队发生了小冲突。当英国舰队经过查尔斯顿港口时，大陆军队不得不设置障碍，禁止敌人通过该航道。同时，大陆军队不得不在穆特里堡做准备。[④] 当英国军队开始穿越阿什利河时，约翰所服务的轻步兵营被派去侦查敌人。后来，约翰和亨利·海恩少校（Major Henry Hyrne）一起前进，向英国军队发起攻击。[⑤] 只要英国军队继续威胁南卡罗来纳人民，约翰和大陆军队的将军和士兵将对敌人予以还击。

在准备前往阿姆斯特丹的同时，亨利·劳伦斯发现英国军队对南卡罗

---

① "Appendix A：Journal of Stages between Philadelphia, Pennsylvania and Charleston, South Carolina," November 9 – December 9, 1779, *The Papers of Henry Laurens*, 15：607 – 610.

② 美国革命时期的法美联盟，见 William C. Stinchcombe, *The American Revolution and the French Alliance* (Syracuse：Syracuse University Press, 1969)，14 – 47。

③ 美国革命时期的南方战场，见 Edgar, *Partisans and Redcoats*, 26 – 65 and 122 – 146；Piecuch, *Three Peoples, One King*, 174 – 227；O'Shaughnessy, *The Men Who Lost America*, 207 – 246。

④ John Laurens to Henry Laurens, Charles Town, March 25, 1780, *The Papers of Henry Laurens*, 15：254 – 255.

⑤ John Laurens to Henry Laurens, Charles Town, March 31, 1780, *The Papers of Henry Laurens*, 15：263.

来纳人民造成了严重损害。由于战争持续多年，他发现南卡罗来纳人民流离失所，且妻离子散。他还注意到英国军队正在武装非洲奴隶，煽动他们逃离奴隶主的种植园。更糟糕的是，他指出，战争让农业遭受巨大损失。亲眼看见南卡罗来纳人民所遭受的苦难后，他无意向英国的政治迫害和军事威胁屈服。①

令劳伦斯失望的是，南卡罗来纳的大陆军队已向英国军队投降。1780 年 2 月，英国主要将领之一查尔斯将军，也称康沃利斯勋爵，在查尔斯顿以南登陆后，带领 8500 名英国士兵控制了南卡罗来纳。在接下来的几个月里，康沃利斯将军将他的兵力增加到了 1 万人。② 与英国军队不同的是，大陆军队少将本杰明·林肯（Benjiamin Lincoln）领导了大约 5000 名南方爱国者。当大陆军被围困后，林肯将军不得不在 5 月 12 日向英国军队投降。③ 林肯投降的消息传开后，爱国者诸如安德鲁·威廉姆森准将（Brig. Gen. Andrew Williamson）和安德鲁·皮肯斯上校（Col. Andrew Pickens）也纷纷向英国军队投降。④

经过多次不懈的努力，劳伦斯最终踏上了前往荷兰的船只。4 月初，由于英国在南卡罗来纳军事控制的范围进一步扩大，他从南卡罗来纳的乔治敦（Georgetown）撤离到北卡罗来纳的威尔明顿（Wilmington）。他在威尔明顿待了大约六个星期，积极寻找前往阿姆斯特丹的船只，依旧没有成功。⑤

---

① Henry Laurens to Richard Henry Lee, Georgetown, South Carolina, March 10, 1780, *The Papers of Henry Laurens*, 15：247.

② 关于康沃利斯将军在美国革命南部战役中扮演的角色，请参见 Andrew O'Shaughnessy, *The Men Who Lost America*。

③ Clinton to Cornwallis, Camp before Charles Town, South Carolina, May 8 and 10, 1780, *The Cornwallis Papers: The Campaigns of 1780 and 1781 in the Southern Theatre of the American Revolutionary War*, Ian Saberton ed., 6 vols. (Uckfield: Naval & Military Press, 2010), 1：22; Cornwallis to Clinton, Camp at Manigold's Plantation, May 18, 1780, *The Cornwallis Papers*, 1：43 – 44.

④ Edgar, *South Carolina: A History*, 233; William R. Reynolds Jr., *Andrew Pickens: South Carolina Patriot in the Revolutionary War* (Jefferson, NC: McFarland, 2012), 147 – 148; Edward J. Cashin, *The King's Ranger: Thomas Brown and the American Revolution on the Southern Frontier* (Athens: University of Georgia Press, 1989), 108.

⑤ Henry Laurens to Moses Young, Wilmington, North Carolina, April 7, 1780, *The Papers of Henry Laurens*, 15：268; Henry Laurens to Benjamin Lincoln, Wilmington, North Carolina, April 19, 1780, *The Papers of Henry Laurens*, 15：280.

南卡罗来纳沦陷后，他不得不返回费城，以便向大陆会议解释外交任务延迟的事宜。[1] 考虑到劳伦斯的外交使命对新共和国的重要性，大陆会议再次敦促他早日前往荷兰完成外交使命。[2] 劳伦斯不仅明白新共和国需要荷兰的商业贷款，而且知道荷兰人的支持对美国人争取独立非常重要。在美国国家利益的驱使下，他于 8 月 13 日登上了前往阿姆斯特丹的"水星"（Mercury）号。[3]

　　大陆军队和英国军队在南部殖民地日益激烈的军事冲突直接影响了劳伦斯作为美国公民的自我认同的想象。在费城和查尔斯顿之间来回移动的时候，他观察到英国军队加强了在佐治亚和南卡罗来纳的军事控制。在寻找一艘船只前往阿姆斯特丹时，他注意到南卡罗来纳人民是如何遭受英国军队造成的损失的。南卡罗来纳人民所遭受的各种苦难让劳伦斯迫切希望早日完成自己的外交使命，进而早日结束美国革命。对劳伦斯来说，成为美国公民不仅要承担个体对新共和国的公民义务，而且需要牺牲个人利益以实现国家利益。

第二节　自我认同的考验

　　不幸的是，在前往荷兰的旅途中，劳伦斯被英国海军抓获。9 月 3 日，"水星"号船在纽芬兰海岸附近的公海上被英国海军的"维斯特尔"（Vestal）号船抓获。[4] 在被关押之前，他试图销毁外交文件，尤其是他出访荷兰的外交文件。他把这些文件扔到海里，但英国水手却从水中把它们打捞了上

---

footnotes① Henry Laurens to Committee for Foreign Affairs, Philadelphia, July 1, 1780, *The Papers of Henry Laurens*, 15：309 – 310.

② *Journal of Continental Congress*, 17：590.

③ Journal and Narrative of Capture and Confinement in the Tower of London, August 1, 1780 – April 4, 1782, *The Papers of Henry Laurens*, 15：331；Henry Laurens, "A Narrative of the Capture of Henry Laurens of His Confinement in the Tower of London, & c., 1780, 1781, 1782," *Collections of the South Carolina Historical Society* (Charleston：S. G. Courtenay & CO., 1857), 1：18 – 68；"Appendix, Containing Documents, Letters, & c., relating to Mr. Laurens's Imprisonment in the Tower," *Collections of the South Carolina Historical Society*, 1：69 – 83.

④ Henry Laurens, Journal and Narrative of Capture and Confinement in the Tower of London, September 3, 1779, *The Papers of Henry Laurens*, 15：333 – 335.

来。后来，他携带的这些文件成为英国政府向荷兰宣战的借口，荷兰共和国被迫参加第四次英荷战争。劳伦斯随后被带到伦敦，并在枢密院接受审查。当英国政府发现荷兰与美国之间正在协商政治友好和商业条约的时候，英国政府把劳伦斯囚禁在伦敦塔，并拒绝向他提供外交豁免权。劳伦斯被指控涉嫌叛国，不仅因为他在荷兰的外交任务，而且还因为他在《独立宣言》上签了名。英国政府错误地认为劳伦斯是《独立宣言》的签名者。而事实上，劳伦斯并没有在上面签上自己的名字。① 由于英国还没有正式承认美国独立，英国政府以叛国罪的罪名控告劳伦斯，并阻止劳伦斯与其他被囚禁在美国的英国战俘进行交换。在随后的 15 个月里，劳伦斯被监禁在伦敦塔里。②

在被囚禁在伦敦塔之前，劳伦斯与英国海军少将理查德·爱德华兹（Rear – Admiral Richard Edwards）的遭遇帮助劳伦斯认识到他的自我认同与爱德华兹截然不同。③ 大约是 9 月 14 日，也可能是在 9 月 15 日，当"维斯特尔"号船停泊在纽芬兰圣约翰港的时候，爱德华兹邀请劳伦斯共进晚餐。晚饭后，爱德华兹向乔治三世敬酒，以展示他对英国国王的忠心。而劳伦斯拒绝向乔治三世敬酒，取而代之的是，劳伦斯决定向乔治·华盛顿将军敬酒。劳伦斯解释了他采取这一行动的原因："我曾经是一个很好的英国臣民，但在英国拒绝听取我们的请愿和把我们排除在她的保护

---

① "Appendix D: Commitment to Tower of London," London, October 6, 1780, *The Papers of Henry Laurens*, 15: 617.

② "Appendix B: List of Papers Found on Board Mercury," September 3, 1780, *The Papers of Henry Laurens*, 15: 611 – 613; John Adams to J. D. van der Capellen, Amsterdam, November 20, 1780, *The Revolutionary Diplomatic Correspondence of the United States*, Francis Wharton ed. , 4: 157; A Member of the House of Shirley and Hastings, *The Life and Times of Selina*, *Countess of Huntingdon*, 2 vols. (London: William Edward Painter, Strand, 1841), 2, 271.

③ 琳达·科利讨论了他者如何塑造了英国人的自我认同。科利指出，在宗教信仰上，欧洲大陆的法国人大部分信仰天主教，而英国人则信奉新教，宗教信仰上的差异使得英国人发现，他们在自我认同上与法国人并不相同。此外，在一系列与法国的重大战争中，英国人逐渐意识到他们在自我认同上与法国人截然不同。见 Linda Colley, "Britishness and Otherness: An Argument," *Journal of British Studies* 31, No. 4 (October, 1992): 316 和她的专著 *Britons: Forging the Nation*。格林也讨论了他者的语言如何塑造了英国人认同，见 Jack P. Greene, "Outposts of 'Loose Vagrant People': The Language of Alterity in the Construction of Empire," *Evaluating Empire and Confronting Colonialism in Eighteenth – Century Britain*, 51。新英帝国史学家凯瑟琳·霍尔讨论了英帝国中心的殖民者在与牙买加殖民地人民的遭遇过程中通过想象和区分他者进而探索他们的英国人认同的故事，见 Catherine Hall, *Civilising Subjects*, 13 – 20, 84 – 164。

之外以后，我努力履行我［作为美国人的］义务。"在美国革命之前，北美殖民地和英国国内的臣民都对国王乔治三世忠心耿耿。然而，一旦国王让美国人"独立，将他们从她的保护中赶出来，并在海洋和土地上对他们实施敌对行动"后，劳伦斯拒绝效忠国王乔治三世。① 劳伦斯与爱德华兹在敬酒上的交锋显示出他对自我认同的理解与爱德华兹完全不同。爱德华兹维持着自己的英国人自我认同，而劳伦斯拒绝英国人自我认同。取而代之的是，劳伦斯立场坚定地捍卫自己作为一个美国人的尊严。

不过，由于还没有正式承认美国独立，英国政府仍将劳伦斯视为英国臣民。英国政府认识到劳伦斯对国王的不忠，没有给他任何作为英国人的基本权利和自由。正如劳伦斯在日记中记录的那样，英国政客命令"每晚都要把我关起来，让我处在两个狱警的监护下，不要让我一天不在他们的视线范围内，不允许我与任何人自由地交谈，也不允许任何人与我交谈，剥夺我使用笔墨的机会，不让我收取信件，也不允许我写信"。② 更糟糕的是，英国政府将劳伦斯视为政治犯，不允许用他交换被关押在美国的英国军官。如果劳伦斯不对国王宣誓效忠，英国政府将继续惩罚并囚禁他。

在监禁期间，劳伦斯捍卫美国人自我认同的决心遭受各种考验。曾担任英国政府临时代理人的前商业伙伴理查德·奥斯瓦尔德请求劳伦斯重新效忠英国国王。只要劳伦斯为英帝国服务且恢复英国人自我认同，奥斯瓦尔德就会帮助他获得保释。1781 年 2 月 26 日，在探望劳伦斯时，奥斯瓦尔德说道，"只要你在目前与［13 个］殖民地的争端中指出任何有利于英国的事情"，英国政府就会允许你被保释。"如果我是一个无赖，"劳伦斯回答说，"我可能很快就会走出塔楼，［但］我不是……我不会随时间的变化而改变［我的政治立场］，我的行为一直一致且今后也将如此。"③ 由于劳伦斯无意恢复他的英国人自我认同，他拒绝向国王宣誓。

---

① "Journal and Narrative of Capture and Confinement in the Tower of London," December 31, 1781, *The Papers of Henry Laurens*, 15: 336–337.

② "Journal and Narrative of Capture and Confinement in the Tower of London," August 1, 1780–April 4, 1782, *The Papers of Henry Laurens*, 15: 333 and 340–342.

③ "Journal and Narrative of Capture and Confinement in the Tower of London," February 26, 1781, *The Papers of Henry Laurens*, 15: 355–356.

　　曼宁希望劳伦斯再次效忠国王，但劳伦斯毫不犹豫地回绝了这个请求。曼宁首先试图说服劳伦斯，并指出美国人在目前与英帝国的竞争中"站在了错误的一边"。如果劳伦斯同意申请赦免，曼宁确信没有人会"谴责"他。劳伦斯希望出狱，但他宣称"永远不会要求也不会接受英国政府的赦免"。① 1781 年 6 月 27 日，曼宁再次努力说服他为英国政府服务，但劳伦斯再次拒绝了这一请求。劳伦斯在回复曼宁的一封信时直言不讳地宣称："我不会承认我的行为有罪进而让你们羞辱我。""监禁甚至是死亡"，劳伦斯进一步解释，"不会让我屈服，也不会动摇我的政治立场"。② 劳伦斯没有接受英国政府的赦免，而是决定继续捍卫美国人的自我认同。

　　大陆会议将劳伦斯视为美国公民，并试图拯救他。1781 年 6 月 14 日，来自南卡罗来纳州大陆会议的代表约翰·马修斯（John Mathews）提出了一项提议，提议用英国将军约翰·布尔戈恩交换劳伦斯，并以压倒性的优势获得批准。③ 大陆会议随后"授权并委托"富兰克林用布尔戈恩将军交换劳伦斯。④ 在承担这一任务后，富兰克林鼓励英国辉格党政治家埃德蒙·伯克（Edmund Burke）说服英国政府推进二者的交换。⑤ 大陆会议的政治代表认为，新成立的美利坚合众国有义务保护美国公民。不然，只要类似劳伦斯这样的政治人物继续被关押在伦敦塔里，英国就会继续羞辱美国，且美国人民的尊严也会继续遭受英国政府的羞辱。从某种意义上说，拯救劳伦斯就是为了捍卫美利坚合众国作为一个主权国家的基本尊严。

① "Journal and Narrative of Capture and Confinement in the Tower of London," March 22, 1781, *The Papers of Henry Laurens*, 15: 363.
② "Journal and Narrative of Capture and Confinement in the Tower of London," June 27, 1781, *The Papers of Henry Laurens*, 15: 368.
③ *Journal of Continental Congress*, 20: 647–648. 约翰·马修斯在大陆会议的政治活动，见 Hazlehurst Smith Beezer, "John Mathews: Delegate to Congress from South Carolina 1778–1782," *South Carolina Historical Magazine*, Vol. 103, No. 2 (Apr., 2002): 153–172。
④ *Journal of Continental Congress*, 20: 647–648; Paul H. Smith et al., eds., *Letters of Delegates to Congress, 1774–1789*, 26 vols. (Washington, D.C.: United States Government Printing Office, 1976–2000), 17: 380; Samuel Huntington to Benjamin Franklin, Philadelphia, July 5, 1781, *The Papers of Benjamin Franklin*, 35: 221。
⑤ Benjamin Franklin to Edmund Burke, Passy, Oct. 15, 1781, *The Papers of Benjamin Franklin*, 35: 362–365; *Journal of Continental Congress*, 20: 647–648; Benjamin Franklin to John Adams, Passy, October 5, 1781, *Papers of John Adams*, 12: 4.

劳伦斯继续捍卫自己作为一名美国人的同时，进一步表达了他对英国人自我认同的厌恶。1780年查尔斯顿被英国军队再次占领后，南卡罗来纳的爱国者如加布里埃尔·马尼戈特和亨利·米德尔顿被迫恢复了对英国国王的忠诚，进而恢复了他们作为英国人的自我认同。11月，曼宁再次努力将劳伦斯带出伦敦塔。在英国政府恢复南卡罗来纳正式文官政府的时候，曼宁希望劳伦斯改变他的政治立场。鉴于马尼戈特和米德尔顿已重新宣誓效忠英国国王，曼宁建议劳伦斯效仿他们。针对曼宁的建议，劳伦斯一口回绝。①劳伦斯没有效仿马尼戈特和米德尔顿，而是仍然拒绝向英国国王效忠。

由于亨利·劳伦斯拒绝宣誓效忠国王，英国政府不允许约翰去探望他。约翰试图看望父亲，但他"被拒绝了这一非常合理且自然的要求"。1781年11月2日，约翰请求希尔斯堡伯爵给他一份准许令，以便他可以探望父亲。然而，两名军官告诉约翰："对于这份申请，答案只有一个，就是严肃拒绝！"②只要亨利·劳伦斯不恢复对英国国王的忠诚，他就无法享有基本的政治权利和自由。

在监禁期间，劳伦斯敦促英国政府接受在英格兰被监禁的囚犯、臣民和军官作为美国公民的事实。由于英国政府无意承认美国主权，他们仍然把劳伦斯这样的爱国者视为英国国民。劳伦斯声称美国和英国囚犯应该平等地交换，并要求英国政府平等地对待他们。③如果英国政府同意与美国政府交换战俘，劳伦斯认为英国政府会承认美国的主权。但是，英国政府不仅不同意交换劳伦斯这样的政治犯，而且拒绝承认美国的主权。

如果美国政府无法拯救被关押在英国的美国人，大陆会议认识到英国政府不会承认美国的主权。大陆会议的政治代表人物突然意识到，劳伦斯和相当多的军事囚犯"仍然受到［英国政府的］严厉监禁，且在其他方面

① "Journal and Narrative of Capture and Confinement in the Tower of London," November 5, 1781, *The Papers of Henry Laurens*, 15: 382; John Rutledge to S. C. Delegates in Congress, December 8, 1780, Joseph W. Barnwell ed., "Letters of John Rutledge (Continued)," *The South Carolina Historical and Genealogical Magazine*, Vol. 18, No. 1 (Jan., 1917): 44-45.
② *London Courant Westminster Chronicle and Daily Advertiser*, London, England, Thursday, November 22, 1781.
③ Petition to the House of Commons, Tower of London, December 1, 1781, *The Papers of Henry Laurens*, 15: 456-457.

受到羞辱和残忍对待"。① "作为一个拥有主权且政治独立的国家，美国的尊严以及对美国公民的正义诉求，"大陆会议的政治代表认为，"要求政府采取有效措施，使他们摆脱目前的苦难。"12 月 3 日，大陆会议决议：如果亨利·劳伦斯不能获得保释，美国政府就拒绝向英国战俘提供保释。与此同时，大陆会议指示战争部长以同样的方式对待英国战俘。通过这些决议，大陆会议决定对英国政府施加压力，直到劳伦斯和其他美国囚犯能够适时地交换，或解除他们作为叛国者的罪名。② 与此同时，大陆会议将交换战俘视为一种宣传，借以促进美国获得政治独立。

英国政府起初同意用劳伦斯交换布尔戈恩将军。由于布尔戈恩将军是一名中将，大陆军队中没有这样级别的军官，英国政府放弃了用劳伦斯交换他的计划。到美国革命后期，考虑到布尔戈恩将军已经获得假释，伯克提议英国政府应该用劳伦斯换取康沃利斯勋爵。③ 经过一系列的谈判，1782 年 12 月 31 日，英国政府最终同意用劳伦斯交换康沃利斯勋爵并允许劳伦斯被保释，后者于 1781 年 10 月在约克镇战役失败后向大陆军队投降。同时，英国政府允许劳伦斯继续在英国从事外交工作。④

在离开伦敦塔之前，劳伦斯自豪地宣称自己是美国公民。在监禁的最后一天，劳伦斯断言，"我坚持认为自己是北美自由且独立的合众国的公民"，而不是英国公民。在与劳伦斯交谈的过程中，英国军官多次重复"我们的君主［乔治三世］"，有意识地强调其作为英国人的个人认同。与英国军官不同的是，劳伦斯回答说乔治三世"不是我的君主"。之所以这样说，是因为劳伦斯想有意斩断与英国国王乔治三世的个人情感以及北美13 个殖民地与英国之间的政治联系。因此，他在伦敦塔与英国军官的遭遇强化了他作为美国人的自我认同。⑤

---

① *Journal of Continental Congress*, 21: 1150.
② *Journal of Continental Congress*, 21: 1150.
③ Edmund Burke, *The Works of the Right Honourable Edmund Burke*, 4 vols. (London: Longman, Hurst Rees etc., 1816), 2: 304, 307.
④ *London Chronicle*, London, December 29, 1781 - January 1, 1782; *The Papers of Henry Laurens*, 15: 461.
⑤ "Journal and Narrative of Capture and Confinement in the Tower of London," December 31, 1781, *The Papers of Henry Laurens*, 15: 397.

第三节　争取国家利益

到美国革命后期，英国政府不得不与美国人进行和平谈判。1781 年 11 月，英国军队在约克镇投降的消息传到伦敦后，乔治三世不得不调整他对北美 13 个殖民地的军事政策。在接下来的几个月里，法国和西班牙海军在西印度群岛成功占领了几个岛屿，似乎要驱逐那里的英国海军。在这种情况下，英国外交部不得不结束与美国人的军事冲突，寻求与美国人建立和平关系，尽管它无意承认美国是一个独立的主权国家。①

为了与美国人实现和平，英国政治家威廉·麦库洛奇与劳伦斯进行了接触。麦库洛奇承认了英国政府的"傲慢压迫"，但他坚持认为，英国政府有权统治，或至少参与美国事务。麦库洛奇提议在英国政府领导下建立所有殖民地的联盟。根据这一计划，美国人将享有英国臣民"自然期待的权利、自由和法律"。② 通过起草这一提案，英国政府仍然将美国人视为英国国民。③ 此外，英国政府强调，它仍然拥有统治北美 13 个殖民地的权力。

劳伦斯希望实现"持久和平"，但他对英美和平的理解与麦库洛奇不同。劳伦斯声称英国人是北美殖民地的"入侵者"和"压迫者"，认为美国人"不会再乞讨，不再请愿，也不再把自己置于压迫者的权力管辖范围之内"。④ 考虑到美国人希望脱离英帝国，他敦促英帝国承认美国主权。否则，劳伦斯则认为英美两国之间签订和平条约是不可能的。

英国军队在加勒比海地区的桑特海峡战役（Battle of the Saintes）中获胜后，英国政府主动推迟了英国和美国之间和平条约的谈判进程。诺斯于 3 月

---

① Andrew Jackson O'Shaughnessy, *An Empire Divided*: *The American Revolution and the British Caribbean* (Philadelphia: University of Pennsylvania Press, 2000), 185 – 259.

② Henry Laurens to William McCulloch, Westminster, March 9, 1782, *The Papers of Henry Laurens*, 15: 470, footnote 2.

③ Henry Laurens to William McCulloch, Westminster, March 9, 1782, *The Papers of Henry Laurens*, 15: 470, footnote 1; William McCulloch to Henry Laurens, February 20, 1780, Microfilm of the Papers of Henry Laurens in the Collections of the South Carolina Historical Society, South Carolina Historical Society.

④ Henry Laurens to William McCulloch, Westminster, March 9, 1782, *The Papers of Henry Laurens*, 15: 471.

20 日辞职后，威廉·佩蒂［William Petty，也称谢尔本伯爵（The Earl of Shelburne）］成为国务大臣，并负责处理英国内政、殖民地和爱尔兰事务。谢尔本伯爵在组建的联合政府内阁中占据了中心位置，但英美和平谈判几乎陷入停滞状态。[①] 4 月 12 日，乔治·罗德尼（George Rodney）上将率领英国海军赢得了桑特海峡战役，不仅迫使法国和西班牙海军的联合舰队放弃了对牙买加的入侵计划，而且成功地解除了直布罗陀海峡的防务困境。听到这个消息后，谢尔本认为英国政府可以避免美国独立。[②] 富兰克林认为，谢尔本的计划是"为国王保留主权"，让北美人民成立"一个独立的议会"。英国政府没有承认美国主权，而是故意推迟了与美国和平谈判者之间的和平谈判。[③]

重新获得自由后不久，劳伦斯以非正式的身份接触英美和平谈判。3 月 30 日，谢尔本就英美实现和平的可能性征求他的意见。[④] 不久，谢尔本指示担任英国和平谈判代表的奥斯瓦尔德访问巴黎，并开始与富兰克林进行非正式的和平谈判。[⑤] 通过与富兰克林交谈，奥斯瓦尔德断言，英国政府希望开始和平谈判。但如果美国的条件不可接受，奥斯瓦尔德警告说，英国将继续在北美开战。[⑥] 通过奥斯瓦尔德，劳伦斯知晓了更多有关英美签订和平条约的相关内容。不过，劳伦斯不知道自己已被美国政府任命为驻欧洲的特使，且其外交任务就是与英国和欧洲大陆其他国家商谈和平条

[①] 有关谢尔本在英美和谈过程中的作用，见 C. R. Ritcheson，"The Earl of Shelburne and Peace with America，1782 – 1783：Vision and Reality，" *International History Review*，Vol. 3，No. 3（Aug.，1983）：322 – 345。

[②] O'Shaughnessy，*The Men Who Lost America*，313 – 319.

[③] Benjamin Franklin to Benjamin Vaughan，Passy，July 11，1782，*The Papers of Benjamin Franklin*，37：621 – 622.

[④] Richard Brandon Morris，*The Peacemakers：The Great Powers and American Independence*（New York：Harper & Row，1965），257 – 261；Elias and Finch，*Letters of Thomas Attwood Digges*，365 – 367；Sir John Fortescue ed.，*The Correspondence of King George the Third from 1760 to December 1783*，6 vols.（London：Macmillan，1927 – 1928），5：430 – 432；Benjamin Vaughan to Henry Laurens，London，March 30，1782，*The Papers of Henry Laurens*，15：475，footnote 2.

[⑤] Lord Shelburne to Benjamin Franklin，London，April 6，1782，*The Emerging Nation：A Documentary History of the Foreign Relations of the United States under the Articles of Confederation，1780 – 1789*，in Mary A. Giunta ed.，3 vols.（Washington，D.C.：National Historical Publications and Records Commission，1996），1：329.

[⑥] Notes of Conversation between Benjamin Franklin and Richard Oswald，April 18，1782，*The Emerging Nation*，1：341 – 342.

约，以便结束美国革命，并让欧洲各国承认美国主权。

在与其他外交特使取得联系后，劳伦斯才得知自己是美国的外交特使，且还有外交使命要完成。早在 1781 年 6 月，大陆会议就选举劳伦斯、杰斐逊、亚当斯、杰伊和富兰克林组成一个委员会，与英格兰谈判和平条约。① 大陆会议指示美国和平特使不接受任何条约，除非他将"有效地确保 13 个州的独立和 ［美国］ 主权"。② 在与富兰克林取得联系后，劳伦斯知道他有责任谈判英美和平条约。为了让英国承认美国主权，劳伦斯决定加入其他外交特使，共同完成外交任务。在富兰克林看来，美国接受休战或和平条约的前提是英国政府必须承认美国独立。③ 在和平条约问题上，劳伦斯完全同意富兰克林的看法。

早在 1780 年 6 月，劳伦斯被关押在伦敦塔时，大陆会议就委托约翰·亚当斯担任美国驻荷兰的外交专员。大陆会议敦促亚当斯与荷兰政府谈判商业贷款，并设法完成劳伦斯未完成的任务。此外，亚当斯还负责说服荷兰政府承认美国独立。考虑到劳伦斯已被监禁且无法推进在荷兰的外交使命，亚当斯在荷兰的外交任务就显得非常有必要。④

重新获得政治自由后，劳伦斯仍然惦记着他未完成的外交任务，于是在 1782 年 4 月访问了荷兰。4 月 14 日，在与亚当斯交谈时，劳伦斯发现亚当斯把自己"当成了公民同胞，而不是外交特使或同事"。⑤ 4 月 16 日，

---

① Francis Wharton ed. , *The Revolutionary Diplomatic Correspondence of the United States*, 6 vols. (Washington: Government Printing Office, 1889), 4: 478 – 481; *Journal of Continental Congress*, 20: 648, 653; *Letters of Delegates to Congress*, 17: 320 – 322; Benjamin Franklin to Henry Laurens, Passy, France, April 12, 1782, *The Papers of Henry Laurens*, 15: 482 – 483, footnote 1; Marquis de Lafayette to General Nathanael Greene, C ［lel］ Dandriges, June 21, 1781, Richard K. Showman et al. , *The Papers of General Nathanael Greene*, 13 vols. (Chapel Hill: University of North Carolina Press, 1976 – 2005), 8: 434 – 435.

② *Journal of Continental Congress*, 20: 651.

③ Henry Laurens to Benjamin Franklin, April 30, 1782, *The Papers of Benjamin Franklin*, 37: 243 – 244; Benjamin Franklin to Henry Laurens, Passy, France, April 12, 1782, *The Papers of Henry Laurens*, 15: 482 – 483.

④ *Journal of Continental Congress*, 17: 535.

⑤ J. W. Schulte Nordholt, *The Dutch Republic and American Independence*, trans. Herbert H. Rowen (Chapel Hill: University of North Carolina Press, 1982), 214 – 215; John Adams to Benjamin Franklin, April 16, 1782, *The Papers of Benjamin Franklin*, 37: 161 – 162; Henry Laurens, Memorandum of a Conversation with John Adams, April 14, 1782, （转下页注）

亚当斯在给富兰克林写信时提到,荷兰共和国的盖尔德兰州有望承认美国独立。4 月 19 日,荷兰共和国议会通过投票,承认亚当斯为美国驻荷兰特使。[①] 由于亚当斯在荷兰争取美国独立的斗争中发挥着主导作用,劳伦斯认识到亚当斯不欢迎他参与在荷兰的外交事务。考虑到无法收回大陆会议所交代的外交任务,劳伦斯决定返回伦敦。

亚当斯最终促成了荷兰与美国之间的政治联盟和商业合作。1782 年初,当英军于约克镇向法美联军投降的消息传到荷兰的时候,荷兰政府和商人对此兴奋不已。2 月末,在亚当斯的多番游说之下,荷兰共和国的弗里斯兰德省正式承认美利坚合众国为一个主权国家。受此消息的鼓舞,亚当斯到荷兰共和国的其他省市进行政治游说并鼓励当地政府承认美国独立。[②] 同年 4 月 19 日,在亚当斯的一番努力下,荷兰成为继法国之后正式承认美国独立的第二个欧洲国家,并任命范德卡佩伦担任荷兰驻美国大使。与此同时,荷兰正式接待亚当斯为美利坚合众国驻海牙的外交大使。6 月 11 日,在同 3 家阿姆斯特丹银行进行谈判后,亚当斯为美利坚合众国在美国获得了一笔利息为 5%,总价值为 500 万荷兰盾(guilders)的商业贷款。[③]

返回伦敦后,劳伦斯试图说服谢尔本承认美国独立。他在 4 月 24 日与谢尔本交谈时指出,国王可能不会轻易地承认美国独立。如果英美和平条

(接上页注⑤) *The Papers of Henry Laurens*, 15:487, footnote 3;John Adams to Benjamin Franklin, April 16, 1782, *Papers of John Adams*, 12:410 – 412;Henry Laurens' Memorandum of a Conversation with John Adams, April 18, 1782, *Papers of John Adams*, 12:418 –420.

① J. W. Schulte Nordholt, *The Dutch Republic and American Independence*, trans. Herbert H. Rowen(Chapel Hill:University of North Carolina Press, 1982), 214 – 215;John Adams to Benjamin Franklin, April 16, 1782, *The Papers of Benjamin Franklin*, 37:161 – 162;Henry Laurens, Memorandum of a Conversation with John Adams, April 14, 1782, *The Papers of Henry Laurens*, 15:487, footnote 3;John Adams to Benjamin Franklin, April 16, 1782, *Papers of John Adams*, 12:410 – 412;and Henry Laurens' Memorandum of a Conversation with John Adams, April 18, 1782, *Papers of John Adams*, 12:418 – 420.

② John Adams to Francis Dana, Amsterdam, March 15, 1782, *Papers of John Adams*, 12:323 – 325.

③ Herman van Bracht to John Adams, Dort, April 30, 1782, *Papers of John Adams*, 12:472 – 474;John Adams to Robert R. Livingston, June 9, 1782, *Papers of John Adams*, 13:108 – 110;Final Text of the Dutch – American Treaty of Amity and Commerce:A Translation, September 6, 1782, *Papers of John Adams*, 13:348 – 381;Ryerson, *John Adams's Republic:The One, the Few, and the Many*, 260.

约不考虑美国的国家利益，劳伦斯认为和谈最终将"无果而终"。①

在参加英美和平谈判时，劳伦斯决定辞去他的和平特使职务。之所以作出这个决定，主要有以下几个原因。首先，亚当斯已接替劳伦斯的外交使命且在荷兰发挥着更重要的作用。其次，劳伦斯认为亚当斯不尊重自己，所以对亚当斯存在不满。此外，在未获得自己同意的情况下，劳伦斯对大陆会议派遣亚当斯出访荷兰也存在不满。在劳伦斯看来，亚当斯、杰伊和富兰克林都有"超凡的能力"。考虑到三位代表足以代表美国完成最后的和平谈判，劳伦斯认为自己再加入和平谈判显得有些多余。如果他要成为第四位和平谈判的外交特使，劳伦斯担心自己无法充分地为美国人民服务，且会感到内疚。② 因此，他决定放弃和平特使的职位。

在收到大陆议会关于劳伦斯辞去和平特使职务的指示之前，劳伦斯决定前往海牙，试图为亚当斯在荷兰寻求商业贷款提供帮助。毕竟，他仍然关心自己未完成的外交使命。③ 即使继续牺牲家庭幸福，劳伦斯也愿意承担自己的公民义务。④ 因此，5月下旬，他前往海牙。

由于曾被关押在伦敦塔，劳伦斯被迫将他在荷兰的外交使命推迟了近两年，但他仍然希望完成自己未完成的事业。抵达海牙后，他告诉亚当斯，他准备继续完成自己的外交任务。亚当斯表面上接受了劳伦斯的提议。但在第二次碰面后，亚当斯坦率地指出，亚当斯本人已经采取了必要的措施，且已雇用适当的商业公司为美国借款。⑤ 由于亚当斯已经接替了劳伦斯的职位，劳伦斯不得不放弃自己的外交任务。尽管无法完成自己的外交任务，劳伦斯还是断言："美国的荣誉和利益将永远在他的眼里。"⑥

---

① Henry Laurens, Memorandum of a Conversation with Lord Shelburne, London, April 24, 1782, *The Papers of Henry Laurens*, 15: 492.
② Henry Laurens to President of Congress, Amsterdam, May 30, 1782, *The Papers of Henry Laurens*, 15: 521, footnote 5.
③ Henry Laurens to President of Congress, Amsterdam, May 30, 1782, *The Papers of Henry Laurens*, 15: 521 – 522.
④ Henry Laurens to Martha Laurens, Ostend, May 18, 1782, *The Papers of Henry Laurens*, 15: 508.
⑤ Henry Laurens to President of Congress, Amsterdam, May 30, 1782, *The Papers of Henry Laurens*, 15: 522.
⑥ Henry Laurens to President of Congress, Amsterdam, May 30, 1782, *The Papers of Henry Laurens*, 15: 525; Henry Laurens to Edward Bridgen, Brussels, June 11, 1782, *The Papers of Henry Laurens*, 15: 528 – 529.

　　劳伦斯的跨大西洋旅行进一步帮助他认识到自己是美国公民。对劳伦斯来说，成为美国人意味着他仍然负责与荷兰共和国谈判美国人的商业贷款，也意味着他应该推动英国和美国政府之间签订永久的和平条约，此外还意味着他应该说服英国政府正式承认美国独立。在英国和欧洲大陆旅行期间，他继续为美国的国家利益而奋斗。

第四节　英美和平谈判

　　劳伦斯不能在荷兰执行外交任务，但他决心进一步推动欧洲国家承认美国独立。在约克镇战役获胜后，美利坚合众国的政治独立似乎曙光初现。但是，1782 年 4 月 9 日至 12 日，英国在加勒比海地区的桑特海峡战役中取得重大胜利，恢复了在该地区的海军控制权，并解除了法国对附近英国殖民领地的军事威胁。桑特海峡战役获胜后，英国政府有意拖延与美国之间的和平谈判。劳伦斯希望英国政客们和外交大臣们认识到"他们国家的真正利益"，且坚持认为英国军队在西印度群岛的"稍作成功［不会］使他们能够在北美大陆上实现他们的重大目标"。换句话说，劳伦斯认为英国军队不能扭转在北美军事战场上的不利局势，且相信大陆军队会最终打败英国军队。① 1782 年 5 月，劳伦斯和其他和平特使一起起草了英美《和平条约》的初稿。此外，他还敦促英国政府通过一项法案，授权英国国王乔治三世正式承认美利坚合众国的主权独立。②

　　1782 年 7 月 4 日正式成为首相后，谢尔本授权奥斯瓦尔德与富兰克林商谈英美和平条约。③ 7 月 9 日，富兰克林给了奥斯瓦尔德"一些提示"。

---

① Henry Laurens to Edward Bridgen, Brussels, June 11, 1782, *The Papers of Henry Laurens*, 15: 529 – 530.
② Henry Laurens to Edward Bridgen, Brussels, June 11, 1782, *The Papers of Henry Laurens*, 15: 530, footnote 4.
③ 美国革命后期，英国首相一职出现重大变动。诺斯担任英国首相的任期始于 1770 年 1 月 28 日，结束于 1782 年 3 月 27 日。在 1782 年 3 月 27 日至 7 月 1 日，查尔斯·沃森－温特沃斯（Charles Watson – Wentworth, 1730—1782），即罗金厄姆侯爵二世（2nd Marquess of Rockingham）担任首相一职。在 1782 年 7 月 4 日至 1783 年 4 月 2 日，谢尔本接替沃森－温特沃斯成为英国新任首相。

虽然有些"对他们来说是必要的"，但另一些"为了和解和他未来的利益，英格兰最好提出"。富兰克林认为"必要的"的条款包括："全面且彻底的"美国独立；所有英国士兵撤离北美；边界的协商；加拿大的边界仅限于1774年《魁北克法》之前的边界；纽芬兰河岸附近的美国人的捕鱼和捕鲸权。正如富兰克林所提议的那样，四条"可行的"条款分别是：英国赔偿北美人民在美国革命时期的财产损失；对美国造成的伤害进行公开道歉；互惠的自由贸易特权；还有"放弃整个加拿大"。① 谢尔本也认为，双方应将"必要的"条款作为和平谈判条约的基础，但他拒绝接受后面四条"可行性"的条款。②

在英国这边，谢尔本伯爵的非官方使者本杰明·沃恩（Benjamin Vaughan）建议英国政府不要拖延和平谈判。③ 早在1776年10月，威廉·曼宁的女儿玛莎·曼宁（Martha Manning）就嫁给了亨利·劳伦斯的儿子约翰·劳伦斯。1781年6月，与玛莎·曼宁的妹妹莎拉·曼宁（Sarah Manning）结婚后，本杰明·沃恩与亨利·劳伦斯之间存在亲属关系。在英美和平谈判期间，沃恩在伦敦与劳伦斯和谢尔本伯爵保持联系。与此同时，沃恩与巴黎的富兰克林、杰伊和亚当斯之间保持沟通。沃恩7月31日致函谢尔本，强调如果美国人不能获得独立，美国和平特使不会接受与英国签订的任何和平条约。④ 9月，英国政府最终与美国的和平谈判或休战达成一致。⑤ 作为英国政

① Richard Oswald to Lord Shelburne, Paris, July 10, 1782, *The Emerging Nation*, 1: 88–89.

② David Schoenbrun, *Triumph in Paris: The Exploits of Benjamin Franklin* (New York: Harper & Row, 1976), 369–370; Walter Nugent, *Habits of Empire: A History of American Expansionism* (New York: Alfred A. Knopf, 2008), 28–29; Stockley, *Britain and France at the Birth of America*, 58; Stacy Schiff, *A Great Improvisation: Franklin, France, and the Birth of America* (New York: Henry Holt, 2005), 309.

③ Massey, *John Laurens and the American Revolution*, 68, 72, and 78–79.

④ Benjamin Vaughan to William Petty, Paris, July 31, 1782, Benjamin Vaughan Papers, American Philosophical Society, Philadelphia, PA. 另见 Benjamin Franklin to Benjamin Vaughan, Passy, July 11, 1782, *The Papers of Benjamin Franklin*, 37: 621–622; Benjamin Vaughan to Benjamin Franklin, Paris, August 9, 1782, *The Papers of Benjamin Franklin*, 37: 719–725。

⑤ "Copy of His Britannic Majesty's Commission to Richard Oswald, Esquire, to Agree upon & Conclude Peace or Truce with the United States of America," September 21, [1782,] Henry P. Kendall Collection, Box 15, Folder 6, South Caroliniana Library, University of South Carolina, Columbia, South Carolina.

府的和平特使，奥斯瓦尔德将行使与美国代表谈判和平条约的权力。①

　　费城的大陆会议不得不讨论劳伦斯于 1782 年 5 月 30 日在信中提出辞去和平特使职务的问题。在阅读完劳伦斯于 1781 年 12 月 1 日向英国平民院提交的请愿书后，詹姆斯·麦迪逊指出：如果劳伦斯真的写了并提交了请愿书，他就损害了“美国的荣誉和尊严”，也就不适合继续执行外交任务。麦迪逊建议大陆会议撤销劳伦斯的外交使命和和平特使职务。② 经过多次辩论，大陆会议否决了麦迪逊的提议，仍然任命劳伦斯为他们的全权代表之一，并负责代表美国与英国政府商讨和平条约。③ 与此同时，大陆会议决定，劳伦斯、亚当斯、富兰克林和杰伊应该“出席并协助”和平谈判。④ 劳伦斯牢记美国的国家利益，再次加入美国和平委员会。11 月初，他收到亚当斯的一封信，信中附有大陆会议的决议。之所以这样做是因为亚当斯希望鼓励劳伦斯尽快加入美国和平委员会，一起为美国的国家利益共同奋斗。⑤

　　亚当斯还附上了一封关于约翰·劳伦斯在 1782 年 8 月 27 日的一场小规模军事冲突中不幸去世的信。⑥ 听到儿子去世的消息后，亨利·劳伦斯悲痛万分，但他向亚当斯承诺会尽快加入其他同事，继续为美国独立而奋斗。⑦ 可能是在 11 月 20 日，劳伦斯开始了从伦敦前往巴黎的旅行，最终加入了

---

① Earl of Shelburne to Benjamin Franklin, London, April 6, 1782, *The Papers of Benjamin Franklin*, 37: 102 – 103.

② William T. Hutchinson and William M. E. Rachel et al., *The Papers of James Madison*, *Congressional Series*, 17 vols. (Chicago: University of Chicago Press, 1962 – 1991), 5: 140 – 147.

③ Secret Journals of Congress, Henry Laurens' Appointment as Negotiator of Peace, September 17, 1782, *The Revolutionary Diplomatic Correspondence of the United States*, 5: 730 – 731; *Journal of Continental Congress*, 23: 584 – 585, 593; *Letters of Delegates to Congress*, 19: 188 – 191.

④ *Journal of Continental Congress*, 23: 585; *The Papers of Henry Laurens*, 15: 518 – 526; *Journal of Continental Congress*, 23: 584 – 585; *Letters of Delegates to Congress*, 19: 159 – 160.

⑤ John Adams to Henry Laurens, Paris, November 6, 1782, *The Papers of Henry Laurens*, 16: 53.

⑥ Letter Re Death of John Laurens, Ashley Hill, S. C. August 30, 1782, *The Papers of Henry Laurens*, 15: 605; Henry Laurens to James Laurens, London, November 15, 1782, *The Papers of Henry Laurens*, 16: 62; Townsend, *An American Soldier*, 216 – 218.

⑦ Henry Laurens to John Adams, London, November 12, 1782, *The Papers of Henry Laurens*, 16: 55. 另见 William Hodgson to Benjamin Franklin, London, November 14, 1782, *The Papers of Benjamin Franklin*, 38: 305 – 306; Henry Laurens Jr. to James Laurens, London, November 12, 1782, *The Papers of Henry Laurens*, 16: 56。

美国和平委员会。大约一周后，美国和平特使与英国代表奥斯瓦尔德就《和平条约》的初步条款达成一致。目前尚不清楚劳伦斯是哪一天到达巴黎的，但毫无疑问，劳伦斯在 11 月 29 日之前加入了美国和平委员会。①

图 3　约翰·劳伦斯上校，查尔斯·W. 皮尔（Charles Willson Peale，1741 – 1827）
绘画。国家肖像画廊，华盛顿特区，美国。编号：NPG. 2009. 111

在英美和平谈判期间，劳伦斯就有关美国对纽芬兰渔业权利的第 3 条条款发表了自己的看法。他认为，美国和平特使应继续讨论有关渔业权利的这些条款。② 劳伦斯通过从事大西洋贸易而富甲一方，自然理解商业条约对两国经贸往来的重要性。劳伦斯与其他和平特使合作，最终成功地获得了在纽芬兰附近的捕鱼权以及美国人民在密西西比河以西的航行权。③

---

① 劳伦斯抵达巴黎的具体日期已无从考证。但毫无疑问，他在 11 月 29 日之前已顺利抵达巴黎并加入了美国和平委员会。Benjamin Franklin to Comte de Vergennes，Passy，November 29，1782，*The Papers of Benjamin Franklin*，38：378.

② 南卡罗来纳代表分别是约翰·L. 杰韦斯（John Lewis Gervais）、拉尔夫·艾扎德（Ralph Izard）、大卫·朗姆西（David Ramsay）和约翰·拉特里奇。Henry Laurens to South Carolina Delegates，Paris，December 16，1782，*The Papers of Henry Laurens*，16：79.

③ Henry Laurens to Thomas Day，Paris，December 23，1782，*The Papers of Henry Laurens*，16：95；Henry Laurens to James Laurens，Paris，December 17，1782，*The Papers of Henry Laurens*，15：84.

劳伦斯特别关注南卡罗来纳和纽约的难民和效忠派。[1] 劳伦斯认为纽约和查尔斯顿有大约 1 万名效忠派。到 1782 年 8 月，英国政府有 4200 多名效忠派计划离开南卡罗来纳。为了安全地从南卡罗来纳撤离他们，英国政府需要运送大约 25000 吨货物才能将效忠派以及他们的财产运走，其中包括 7200 名奴隶。[2] 纽约的效忠派士兵及其家属大约有 29000 人，他们将于 1783 年离开。从南卡罗来纳流亡的效忠派大部分将在东佛罗里达和牙买加定居。至于从纽约撤离的效忠派，他们中的大多数人将前往加拿大。除加拿大和牙买加外，一些效忠派会返回英国，并在那里建立自己的家园。[3]

劳伦斯重点关注了第 5 条条款中关于弥补英国难民和效忠派在北美的财产损失，并提出了自己的看法。英国政府声称，美国将弥补效忠派和难民在美国革命战争中所遭受的财产损失。[4] 一些美国和平谈判者没怎么在意这个条款，但劳伦斯希望最终的和平条约可以对目前的模糊之处进行更详细的解释。[5] 经过大量讨论，该协议要求美国政府偿还私人债务并保证不再没收效忠派和难民的财产。后来，大陆会议将"认真建议"各州立法机构向"真正的英国臣民"和那些没有拿起武器反抗爱国者的难民和效忠派提供赔偿。[6]

劳伦斯还就有关难民和效忠派的第 7 条条款发表了自己的看法。1782

---

[1] Henry Laurens to Edward Bridgen, Nantes, August 10, 1782, *The Papers of Henry Laurens*, 15: 554 – 555.

[2] Robert S. Lambert, *South Carolina Loyalist in the American Revolution* (Columbia: University of South Carolina Press, 1987), 254.

[3] 有关美国革命时期的效忠派的相关研究，见 Oscar Theodore Barck Jr., *New York City during the War for Independence* (New York: Columbia University Press, 1931), 215; Ruma Chopra, *Unnatural Rebellion: Loyalists in New York City during the Revolution* (Charlottesville: University of Virginia Press, 2011) and *Choosing Sides: Loyalists in Revolutionary America* (Lanham, MD: Rowman & Littlefield Publishers, 2013), 197 – 222; Maya Jasanoff, *Liberty's Exiles: American Loyalists in the Revolutionary World* (New York: Alfred A. Knopf, 2011)。

[4] Richard Oswald to the American Commissioners, Paris, November 4, 1782, *The Papers of Benjamin Franklin*, 38: 276.

[5] Henry Laurens to South Carolina Delegates, Paris, December 16, 1782, *The Papers of Henry Laurens*, 16: 79 – 80.

[6] Henry Laurens to Edward Bridgen, Nantes, August 10, 1782, *The Papers of Henry Laurens*, 15: 556; Mary Beth Norton, *The British Americans: The Loyalist Exiles in England, 1774 – 1789* (Boston: Little, Brown, and Company, 1972), 173 – 180; Morris, *The Peacemakers*, 270, 277, 288, 296, 300, 366 – 368, 376 – 380, 417 – 419.

234 \\ 追寻自我认同：亨利·劳伦斯的跨大西洋遭遇，1744—1784年

年 12 月 16 日，在一封写给出席大陆会议的南卡罗来纳州代表的信中，劳伦斯自豪地写道："我敦促增加第 7 条条款的后半部分，禁止带走黑人或其他财产，我希望这些财产将为今后的索赔奠定基础。"考虑到其他和平特使对这一问题关注甚少，亚当斯强烈支持劳伦斯的提议。经过大量讨论，初步条约第 7 条最终要求立即停止敌对行动，双方释放战俘，并保证"在不造成任何破坏"的情况下，英国军队不得带走非洲奴隶或美国人的其他财产，并撤出北美。①

最重要的是，劳伦斯与其他和平谈判者一起成功地获得了美国从英帝国的政治独立。经过一系列谈判，英国政府不仅同意从北美撤军，而且承认美国是一个自由且独立的主权国家。1782 年 11 月 30 日，劳伦斯与杰伊、富兰克林和亚当斯一起与英国代表奥斯瓦尔德签署了和平协议的初稿。②

在签署《巴黎条约》的初稿后，劳伦斯返回英国，继续为英美和平谈判四处奔走。他频繁地会见了英国政府成员，包括波特兰公爵（Duke of Portland）、查尔斯·J. 福克斯（Charles James Fox）、大卫·哈特利（David Hartley）和伯克，寻求进一步谈判，以恢复美国、英国和英属西印度群岛之间的贸易。他在巴斯和伦敦的报纸上积极地发表了他对英美和平条约的

---

① Henry Laurens to South Carolina Delegates, Paris, December 16, 1782, *The Papers of Henry Laurens*, 16: 79 – 80; Henry Laurens to James Laurens, Paris, December 17, 1782, *The Papers of Henry Laurens*, 15: 84; John Adams, Proposed Article Regarding Article 7 of the Preliminary Peace Treaty, April 28, 1783, *Papers of John Adams*, 14: 456; Preliminary Articles of Peace between the United States and Great Britain, Paris, November 30, 1782, *The Emerging Nation*, 1: 697 – 701; Peggy J. Clark, "Henry Laurens's Role in the Anglo – American Peace Negotiations," (M. A. Thesis, University of South Carolina, 1991), 114 – 117. 另见 Preliminary Articles of Peace, Paris, November 30, 1782, *The Papers of Benjamin Franklin*, 38: 382 – 388。

② Henry Laurens to South Carolina Delegates, Paris, December 16, 1782, *The Papers of Henry Laurens*, 16: 79 – 80; John Adams, B［enjamin］Franklin, John Jay, and Henry Laurens to the Hon［ora］ble Robert R. Livingston, Esq［ui］r［e］, Secretary for Foreign Affairs, Paris, ［France］, December 14, 1782, Henry P. Kendall Collection, Box 15, Folder 6, South Caroliniana Library, University of South Carolina, Columbia, South Carolina; The American Peace Commissioners to Robert R. Livingston, Paris, ［France］, December 14, 1782, *Papers of John Adams*, 14: 128 – 130; John Adams, Benjamin Franklin, and John Jay to Francis Dana, Paris, December 12, 1782, *The Revolutionary Diplomatic Correspondence of the United States*, 6: 131。

图 4 英国和美国和平特使正在起草《巴黎条约（草案）》，本杰明·韦斯特（**Benjamin West**）绘画。由于英国代表拒绝摆出姿态让画家描绘，韦斯特从未完成这幅画，但这份绘画手稿保存了下来。温特塞博物馆（**Winterthur Museum**），温特塞，特拉华州，亨利·弗兰西斯·杜邦（**Henry Francis du Pont**）的捐赠

看法。① 他还利用各种机会告诉英国人民，充分承认美国独立 "符合并最终有助于促进英国真正利益的获得"。②

---

① Henry Laurens to Edward Bridgen, Bath, October 11, 1782, *The Papers of Henry Laurens*, 16: 33; Henry Laurens to Edward Bridgen, October 10, 1782, Henry P. Kendall Collection, South Caroliniana Library, University of South Carolina, Columbia, South Carolina; Henry Laurens to Robert R. Livingston, London, March 15, 1783, *The Papers of Henry Laurens*, 16: 162 – 163; Henry Laurens to Robert R. Livingston, London, April 5, 1783, *The Papers of Henry Laurens*, 16: 174, 177 – 179; Henry Laurens to Robert R. Livingston, London, April 10, 1783, *The Papers of Henry Laurens*, 16: 182; Henry Laurens to Elias Vanderhorst, Bath, July 14, 1783, *The Papers of Henry Laurens*, 16: 237; Henry Laurens to American Ministers at Paris, London, August 9, 1783, *The Papers of Henry Laurens*, 16: 250 – 251; George Herbert Guttridge, *David Hartley, M. P: An Advocate of Conciliation, 1774 – 1783* (Berkeley: University of California Press, 1926), 305.

② Henry Laurens to Robert R. Livingston, Paris, December 15, 1782, *The Papers of Henry Laurens*, 16: 76 – 78.

在英国这边，议员哈特利负责与美国和平特使就和平条约进行最后的谈判。① 在英美和平谈判的后期，英国政治发生重大变化。1783 年，谢尔本辞职。同年 4 月，福克斯—诺斯联盟在首相威廉·卡文迪什－本廷克（William Cavendish－Bentinck，1738—1809），即波特兰公爵三世（3rd Duke of Portland）的领导下成立。② 不久，哈特利取代奥斯瓦尔德成为英国和平谈判的全权代表。③ 4 月 24 日，哈特利拿着自己起草并得到福克斯批准的草案，抵达巴黎，以便为"开放英国和美国的共同商业港口"、"在互惠基础上做出贸易安排"以及"签订最终的和平条约"做准备。④ 5 天后，富兰克林、亚当斯、劳伦斯和杰伊提出了哈特利亲自同意的某些主张：一旦英国军队从美国撤离，两国的人民和商品就应该自由地进入对方的港口；美国政府会释放被囚禁在美国的效忠派，同样，英国政府会释放被俘的美国军官、政治家和士兵。⑤

在英国和法国缔结和平条约之前，英美之间的和平条约是非正式的。富兰克林向法国外交部部长夏尔·格拉维耶［Charles Gravier，也称韦尔热讷伯爵（Comte de Vergennes）］透露了英美和平协议，后者对该协议的获取方式持反对意见。然而，韦尔热讷伯爵愿意接受该协议，将其作为更广泛和平谈判的一部分。此外，应富兰克林的请求，韦尔热讷伯爵同意向美国提供一笔金融贷款。由于西班牙和法国都未能从英国海军手中夺取直布罗陀的控制权，韦尔热讷伯爵说服西班牙政府也加入了和平谈判。1783 年 1 月 20 日，西班牙、法国、英国和美国代表签署了一项临时和平条约，宣布结束针对彼此的敌对行动。⑥

---

① Namier and Brooke, *The House of Commons*, 2：593.
② 威廉·卡文迪什－本廷克在 1783 年 4 月 2 日至 12 月 18 日担任英国首相。
③ Benjamin Franklin to Robert R. Livingston, Passy, April 15, 1783, *Emerging Nation*, 1：825；John Adams to Robert R. Livingston, Paris, May 24, 1783, *The Papers of John Adams*, 14：490 - 491. 另见 John Adams to Robert R. Livingston, Paris, May 24, 1783, *The Emerging Nation*, 2：132 - 133。
④ Guttridge, *David Hartley*, 306；Namier and Brooke, *House of Commons*, 2：593.
⑤ Guttridge, *David Hartley*, 306.
⑥ English Commissioners' Declaration of the Cessation of Hostilities, Paris, January 20, 1783, *The Revolutionary Diplomatic Correspondence of the United States*, 6：224 and *Journal of Continental Congress*, April 11, 1783, 24：238 - 241.

9 月 3 日，结束英国和美国战争的《巴黎条约》正式签署。英国代表哈特利与亚当斯、富兰克林和杰伊一起签署了官方条约。通过签署这份条约，英帝国正式承认美利坚合众国的独立，但保留了加拿大。英国政府不仅允许美国人进入纽芬兰从事捕鱼和贸易，而且打开了密西西比河与美国之间的航行通道。由于英国政府允许美国债权人收债，美国政府因此敦促这 13 个州公平对待效忠派，并退还效忠派被没收的财产。[①]

由于劳伦斯没有及时收到在巴黎的美国和平特使们的通知，他因此没有出席和签署最后的《巴黎条约》。8 月 26 日，杰伊通知劳伦斯，最终的和平条约将很快签署，不过日期还没有最终确定。[②] 9 月 5 日，在一封写给杰伊的回信中，劳伦斯提到，"我没有焦虑，因为我没必要出席那个仪式"。[③] 尽管认为《巴黎条约》的正式文件不过是对英美和平代表先前签订的草案的重新确认，劳伦斯还是对没有在《巴黎条约》上签名感到遗憾。1784 年 1 月 14 日，暂时位于马里兰州安纳波利斯的大陆会议批准了《巴黎条约》，正式将美国确立为一个独立的主权国家。[④]

在完成外交任务后，劳伦斯于 1784 年 8 月返回美国。在外漂泊 4 年后，他于 8 月 3 日抵达纽约。随后，他在费城停留，计划在大陆会议上报告自己在荷兰、法国和英格兰的外交活动。[⑤] 令他失望的是，大陆会议已于 6 月 3 日在马里兰州安纳波利斯休会，而要等到 11 月 29 日才会再次开会。11 月 16 日，在一封写给大陆会议主席理查德·H. 李（Richard Henry Lee）的信中，劳伦斯提到，如果大陆会议召开，他应该在适当的时候出席。[⑥] 不过，考虑到自己有诸多私人事务要处理，他以致函大陆会议的形

---

① Definitive Peace Treaty between the United States and Great Britain, Paris, September 3, 1783, *Papers of John Adams*, 15: 245 – 250; David Hartley to the American Peace Commissioners, Paris, September 4, 1783, *Papers of John Adams*, 15: 251 – 254.

② John Jay to Henry Laurens, Passy, August 26, 183, *The Papers of Henry Laurens*, 16: 271.

③ Henry Laurens to John Jay, September 5, 1783, John Jay Collection, Columbia University Library, New York.

④ *Journal of Continental Congress*, January 14, 1784, 26: 23 – 31.

⑤ Henry Laurens to President of Congress, Trenton, New Jersey, November 3, 1784, *The Papers of Henry Laurens*, 16: 518.

⑥ Henry Laurens to President of Congress, Trenton, November 16, *The Papers of Henry Laurens*, 16: 522.

式提交了报告。① 11 月 17 日离开费城后，他踏上了返回查尔斯顿的旅程。

小　结

　　1779 年至 1784 年的跨大西洋旅行帮助劳伦斯认识到美国国家形成的重要性。美国革命爆发后，北美 13 个殖民地试图脱离英帝国而宣布政治独立。在一致通过《独立宣言》的同时，美国革命分子发现英国政府仍然拒绝承认他们的政治主权。英国政府提议建立一个在英帝国统治下且包含所有殖民地的联盟，赋予美国人权利、自由和法律，"这对效忠于英国国王的臣民来说是自然的"，但劳伦斯拒绝了这些提议。为了与英国政府建立"永久和平"关系，他要求英国政府首先承认美国为一个独立的主权国家。② 如果新成立的美利坚合众国不能获得实质意义上的国家主权，劳伦斯深知英国和美国之间的和平将不会持久。因此，他迫切希望英国政府正式承认美国独立。

　　劳伦斯的跨大西洋遭遇也反映出他对自我认同的追求与美国的国家形成密切相关。通过前往荷兰执行外交任务，劳伦斯为了争取国家利益，牺牲了他的个人利益。对劳伦斯来说，成为美国公民意味着他应该对新共和国承担公民责任。在囚禁期间，奥斯瓦尔德和曼宁等英国政客请求劳伦斯为英国服务，但劳伦斯毫不犹豫地拒绝效忠英国国王，并坚决抵制恢复英国臣民的身份。通过将自己与爱德华兹、奥斯瓦尔德和曼宁等英国人的自我认同区分开来，他进一步捍卫自己作为美国人的自我认同。后来，他以和平特使的身份加入了英美两国之间的和平谈判，并进一步为美国的国家利益而四处游走。他不但努力争取美国独立，还积极参加英美和平谈判。

　　最后，劳伦斯的故事说明美国独立需要在 18 世纪大西洋世界的大背景下进行理解。通常，欧美历史学家认为美国独立是一场英帝国与北美 13 个殖民地之间的政治和军事冲突。劳伦斯的经历说明美国独立不仅包括大陆

---

① Henry Laurens to President of Congress, Trenton, New Jersey, November 3, 1784, *The Papers of Henry Laurens*, 16: 518 – 519.

② Henry Laurens to William McCulloch, Westminster, March 9, 1782, *The Papers of Henry Laurens*, 15: 470 and 472 – 473.

军队和英国红衫军队在北美军事战场上的军事冲突，而且与法国、荷兰和西班牙的外交、军事和经济援助纠结在一起。如果没有普莱斯、潘恩和范德卡佩伦等激进政治思想家和激进分子的支持，劳伦斯、亚当斯和富兰克林等人就不会尝试在欧洲争取各种援助；如果没有欧洲大陆国家的财政和外交支持，美国的政治独立几乎是不可能的。因此，从跨国或跨大西洋的视角来理解美国革命是必不可少的。

结　语

亨利·劳伦斯回到查尔斯顿后，南卡罗来纳人民兴高采烈地欢迎他的归来。尽管遭遇了"最恶劣的天气"，走了"最糟糕的道路"，他还是于1785年1月14日顺利抵达查尔斯顿。南卡罗来纳的报纸视他为"杰出的政治家"，并赞扬他在美国建国时期一系列重要的政治和外交事务上"如此突出地展示了"他的"智慧和爱国主义"。把劳伦斯当作南卡罗来纳的重要代表人物，南卡罗来纳人民"尊重"他并高度颂扬他对新成立的美利坚合众国所做出的重要政治贡献。①

南卡罗来纳人民向劳伦斯提供了政府官职，但他拒绝继续从政。人们先是选举他为州议会议员，接着"非常强烈地敦促和请求"他担任州长职务。② 由于《邦联条例》无法有效地处理国家债务、贸易、外交和国防问题，大陆会议呼吁各州代表于1787年5月在费城召开代表制宪会议。在此情况下，南卡罗来纳人民推选他作为该州在大陆会议上的代表。③ 1788年，他被推选为代表并出席南卡罗来纳制宪会议。尽管华盛顿已平定由退伍军人丹尼尔·谢斯（Daniel Shays）所领导的农民起义，也称为谢斯起义（Shays' Rebellion），但劳伦斯深知联邦政府权力不够集中，且无法有效地处理财政、税收和平民起义等问题。劳伦斯明白强大的中央政府对新成立

---

① *South Carolina Gazette and Public Advertiser*, Charleston, January 15 – 19, 1785; *South Carolina State Gazette and Daily Advertiser*, Charleston, January 18, 1785.

② Henry Laurens to Edward Bridgen, Charleston, January 29, 1785, *The Papers of Henry Laurens*, 16: 526 – 527.

③ *Charleston Morning Post and Daily Advertiser*, Charleston, March 10, 1787.

的美利坚合众国的重要性，也迫切希望联邦政府和州政府可以妥善地处理好中央与地方之间的权力分配问题。但是，劳伦斯立场坚定地拒绝了这些官职。①

之所以决定离开政坛，是因为劳伦斯主要考虑了以下几个因素。首先，在美国革命时期，劳伦斯常年在费城和欧洲奔波，很少有机会处理他在佐治亚和南卡罗来纳的种植园事务。美国革命后，他迫切需要重建自己的种植园，不仅包括修葺房屋，而且包括种植各种农作物，同时加强对种植园内部的管理等。其次，约翰·劳伦斯的去世让亨利·劳伦斯备受打击，这使得他愿意花更多时间回归家庭生活。此外，在从欧洲返回美国后，劳伦斯备受风湿病的困扰。由于腿脚不便，劳伦斯不得不远离政治舞台。最后，劳伦斯年事已高，已无力继续处理联邦和南卡罗来纳政治事务。由于决心把更多的时间花在家庭和种植园事务上，他最终决定淡出政坛。② 随后，他在梅普金种植园过起了退休生活，从事农业耕种并度过余生。③

劳伦斯的跨大西洋经历说明英帝国和南卡罗来纳殖民地/州之间的关系随着时间的推移而改变。1744 年至 1765 年，二者之间的商业和谐和互惠互利关系鼓励着劳伦斯从事大西洋贸易，并积累商业财富和投资种植园。到 18 世纪 60 年代末，英帝国政府的新海关规制政策对南卡罗来纳殖民地商人的贸易活动施加了更多限制。与此同时，查尔斯顿港口皇家海关官员的贪污腐败行为和行为不端使得劳伦斯期望英帝国中央政府调整其对南卡罗来纳殖民地的商业政策。为了寻找南卡罗来纳殖民地与英帝国中心

① 关于制定《联邦宪法》的研究，见 Woody Holton, *Unruly Americans and the Origins of the Constitution* (New York: Hill and Wang, 2007) and Richard Beeman, *Plain, Honest Men: The Making of the American Constitution* (New York: Random House, 2009); David Waldstreicher, *Slavery's Constitution: From Revolution to Ratification* (New York: Hill and Wang, 2010) and Pauline Maier, *Ratification: The People Debate the Constitution, 1787 – 1788* (New York: Simon & Schuster, 2011)。
② Henry Laurens to Edward Bridgen, Charleston, January 29, 1785, *The Papers of Henry Laurens*, 16: 527; Henry Laurens to William Bell, Mepkin Plantation, February 7, 1785, *The Papers of Henry Laurens*, 16: 536.
③ 劳伦斯在 1785 年至 1792 年的政治活动，见 Wallace, *The Life of Henry Laurens*, 420 – 431; McDonough, *Christopher Gadsden and Henry Laruens*, 267 – 283。

在商业上的共同繁荣，他不仅带领殖民地商人抗议新的海关法规政策，而且试图在英国国内阐述南卡罗来纳人民在商业上所遭遇的不公正待遇。1769 年至 1775 年，他参与威尔克斯基金争议活动，并认识到英帝国中央政府和南卡罗来纳殖民地之间日益增加的政治不和谐。在美国革命时期，当北美 13 个殖民地与英帝国进行政治和解的努力宣告失败后，他先是支持南卡罗来纳从英帝国分离，接着为让英国承认美国的主权独立而奋斗。劳伦斯的故事表明，英帝国和南卡罗来纳之间的关系从来都不是静态的，而是不断变化着的。

　　随着英帝国中央政府和南卡罗来纳之间的政治和商业关系的不断变化，劳伦斯不断地探寻自己的自我认同。1744 年至 1765 年，他认为英帝国的人民信奉新教、发展商业、具有海洋取向、追求自由，且坚持各种传统礼仪。作为英国国王乔治三世的臣民，他认为南卡罗来纳殖民地人民拥有与英国国内人民一样的政治权利和特权，并把自己视为英国人。到 18 世纪 60 年代末，当他成为商业异见人士的时候，他试图捍卫自己作为英国人的财产权、贸易自由权以及与英国国内商人一样的政治权利。在革命前夕和革命时期的南卡罗来纳，起初他尝试着寻求南卡罗来纳殖民地与英帝国之间的政治和解。随后，他从一个温和的政治异见者转变为一个不情愿的革命者，并不断质疑他作为英国人的自我认同，进而转变自我认同且坚定地追求作为美国人的自我认同。1779 年至 1784 年，他在大陆会议上担任南卡罗来纳的代表，在国家层面和跨大西洋层面捍卫自己作为美国人的自我认同。劳伦斯的故事说明他的自我认同并非一成不变。相反，它是不稳定的且流动的。随着时间的推移以及英帝国中心与南卡罗来纳之间在政治和经济关系上的逐渐变化，劳伦斯逐渐将自我认同从英国人转变为美国人。

　　劳伦斯的跨大西洋遭遇有助于重新认识国家（nation）、帝国、州（state）和殖民地等术语在南卡罗来纳历史上的有效性及不足之处。在南卡罗来纳历史上，国家、帝国、州和殖民地有助于历史学家从不同视角来分析南卡罗来纳的政治和历史。在美国革命之前，由于南卡罗来纳是英帝国的殖民地，其历史主要反映了英帝国在北美的扩张和衰落。美国革命后，南卡罗来纳成为美利坚合众国的一个独立且自由的州。作为分析单位，国家、帝国、州和殖民地对于分析南卡罗来纳从英国殖民地向新共和国的州的转变是不可或缺的。然而，这些术语在分析南卡罗来纳历史时存在明显的局限性。1779 年至 1784 年，由于美利坚合众国已宣告政治独立，且南卡罗来纳已加入邦联政府，殖民地和英帝国的视角不能准确地解释劳伦斯的跨大西洋遭遇。同样，在殖民时期的南卡罗来纳，由于美国尚未建国，且南卡罗来纳尚未批准《邦联条例》，国家和州的视角不适合解释劳伦斯在这一时期的政治和商业事务。[①] 国家、帝国、州和殖民地等术语在南卡罗来纳历史上有合理性，但也有它们明显的局限性。由于劳伦斯的遭遇正好贯穿殖民时期、美国革命时期和美国革命之后，片面地从帝国、殖民地、州或国家视角来认识他的各种经历存在明显的局限。因此，劳伦斯在 1744 年至 1784 年的跨大西洋遭遇必须从地方的、国家的以及大西洋的层面来进行整体解读。

[①]　在历史研究中，国家作为一个分析单位存在明显的局限性，见 Thomas Bender, "Introduc-tion: Historians, the Plenitude Nation, and of Narratives," in Thomas Bender ed. , *Rethinking American History in a Global Age* (Berkeley: University of California Press, 2002), 10。

参考文献

一 英文文献

原始手稿

American Philosophical Society

Benjamin Vaughan Papers

David Library of the American Revolution, PA

Papers of Henry Laurens in the Collections of the South Carolina Historical Socie-
 ty (microfilm), 19 Reels.

Elmer Holmes Bobst Library, New York University

Accessible Archives Database

Georgia Historical Society

Coleman, Kenneth and Milton Ready eds. , *Colonial Records of the State of
 Georgia*, 32 vols. (Atlanta: Franklin Printing and Publishing, 1904 – 1916).

Firestone Memorial Library, Princeton University

Records in the British Public Record Office Relating to South Carolina, 1663 –
 1782, 36 vols.

South Caroliniana Library

Accessible Archives Database

Henry W. Kendall Collection of Laurens Papers

Lee Family Papers, 1742 – 1795 (microfilm), Paul P. Hoffman ed., 8 vols.

Manigault Family Papers

Robert Gouedy Deposition, July 10, 1775.

Correspondence of Thomas Lynch, Esq.

Oliver Hart Papers

Mazyck Family Papers

Charles Lee Letterbook

South Carolina Historical Society

Peter Manigault Papers

Charles Garth Letterbook, June 6, 1766 – May 27, 1775.

Collections of South Carolina Historical Society, 5 vols.

South Carolina Department of Archives and History

Records in the British Public Record Office Relating to South Carolina, 1663 – 1782, 36 vols.

Journal of the South Carolina Royal Council

Journal of the Commons House of Assembly of South Carolina

Frank Melville Jr. Memorial Library, Stony Brook University

Lee Family Papers, 1742 – 1795 (microfilm), Paul P. Hoffman ed., 8 vols.

The 17th & 18th Century Burney Collection Newspapers Digital Archive (Gale)

The Papers of Henry Laurens, 16 vols.

Sabin Americana (Gale)

The South Carolina Gazette, and Public Advertiser (microfilm)

South Carolina State Gazette and Daily Advertiser (microfilm)

官方档案

Cobbett, William and T. C. Hansard eds. , *The Parliamentary History of England from the Earliest Period to the Year 1803*, 36 vols. (London: T. C. Hansard, 1806 – 1820).

Cooper, Thomas and David James McCord ed. , *The Statutes at Large of South Carolina*, 13 vols. (Columbia: A. S. Johnston, 1836 – 1875).

Ford, Worthington C. ed. , *Journals of the Continental Congress*, 34 vols. (Washington, D. C. : Government Printing Office, 1904 – 1937).

Fortescue, John ed. , *The Correspondence of King George the Third from 1760 to December 1783*, 6 vols. (London: Macmillan, 1927 – 1928).

Hemphill, William Edwin, Wylma Anne Wates and R. Nicholas Olsberg eds. , *Journals of the General Assembly and House of Representatives, 1776 – 1780* (Columbia: University of South Carolina Press, 1970).

Hemphill, William E. and Wylma A. Wates eds. , *Extracts from the Journals of the Provincial Congresses of South Carolina, 1775 – 1776* (Columbia: South Carolina Archives Department, 1960).

Namier, Lewis and John Brooke eds. , *The House of Commons, 1754 – 1790*, 3 vols. (London: HMSO, 1964).

Smith, Paul H. et al. eds. , *Letters of Delegates to Congress, 1774 – 1789*, 26 vols. (Washington, D. C. : United States Government Printing Office, 1976 – 2000).

Wharton, Francis ed. , *The Revolutionary Diplomatic Correspondence of the United States*, 6 vols. (Washington: Government Printing Office, 1889).

数据库

David Eltis et al. , Voyages: The Trans – Atlantic Slave Trade Database, http://wwwslavevoyages. org.

The Papers of Benjamin Franklin, http://franklinpapers. org/franklin//; Digital Edition by The Packard Humanities Institute; Sponsored by both the American Philosophical Society and Yale University.

报纸

Boston Gazette, Boston, MA.

South Carolina and American General Gazette, Charles Town, South Carolina.

South Carolina Gazette, Charles Town, South Carolina.

South Carolina Gazette and Country Journal, Charles Town, South Carolina.

South Carolina General Gazette, Charles Town, South Carolina.

Gazetteer and New Daily Advertiser, London.

Public Advertiser, London.

London Courant and Westminster Chronicle, London.

London Chronicle, London.

London Daily Advertiser, London.

London Evening Post, London.

Monthly Review, London.

Middlesex Journal and Evening Advertiser, London.

Morning Chronicle and London Advertiser, London.

Morning Post and Daily Advertiser, London.

The South – Carolina Gazette, and Public Advertiser.

South Carolina State Gazette and Daily Advertiser.

英文期刊

Anglican and Episcopal History Review

Georgia Historical Quarterly

Journal of Southern History

Pennsylvania Magazine of History and Biography

The South Carolina Historical and Genealogical Magazine

South Carolina Historical Magazine

Virginia Magazine of History and Biography

William and Mary Quarterly

Jamaican Historical Review

Journal of British Studies

Western Pennsylvania Historical Magazine

已出版的原始手稿文献

A Member of the House of Shirley and Hastings, *The Life and Times of Selina*, *Countess of Huntingdon*, 2 vols. (London: William Edward Painter, Strand, 1841).

Beckford, William, *Memoirs of William Beckford of Fonthill*, 2 vols. (London: Charles J. Skeet, 1859).

Burke, Edmund, *The Works of the Right Honourable Edmund Burke*, 4 vols. (London: Longman, Hurst Rees etc. , 1816).

Botta, Charles, *History of the War of Independence of the United States of America*, trans. George Alexander Otis, 2 vols. (Boston: Harrison Gray, 1826).

Carter, Philip, *Men and the Emergence of Polite Society*, *Britain 1660 – 1800* (London: Pearson, 2001).

Copeland, Thomas W. ed. , *The Correspondence of Edmund Burke*, 10 vols. (Cambridge: Cambridge University Press, 1958 – 1978).

Cooper, Thomas J. , and David J. McCord eds. , *The Statutes at Large of South Carolina*, 10 vols. (Columbia, S. C. , 1837 – 1841).

Davies, K. G. ed. , *Documents of the American Revolution*, *1770 – 1783* (Colonial Office Series), 21 vols. (Shannon: Irish University Press, 1972 – 1982).

Deas, Anne Izard ed. , *Correspondence of Mr. Ralph Izard of South Carolina: From the Year 1774 to 1804* (New York: C. S. Francis, 1844).

Donnan, Elizabeth ed. , *Documents Illustrative of the History of the Slave Trade to America*, 4 vols. (Washington, D. C. , 1930 – 1950).

Edgar, Walter B. ed. , *The Letterbook of Robert Pringle*, 2 vols. (Columbia: University of South Carolina Press, 1972).

Elias, Robert H. and Eugene D. Finch eds. , *Letters of Thomas Attwood Digges* (*1742 – 1821*) (Columbia: University of South Carolina Press, 1982).

Fitzpatrick, John C. ed. , *The Writings of George Washington*, 39 vols.

(Washington, D. C. : U. S. Government Printing Office, 1931 – 1944).

Force, Peter and M. St. Clair Clark eds. , *American Archives*: *A Documentary History of the English Colonies in North America*, Fourth Series, 6 vols. (Washington, D. C. : Clark and Force, 1837 – 1846).

Garth, Charles and Joseph W. Barnwell, "Garth Correspondence," *The South Carolina Historical and Genealogical Magazine*, Vol. 28, No. 4 (Oct. , 1927): 226 – 235.

Garth, Charles and Joseph W. Barnwell, "Garth Correspondence (Continued)," *The South Carolina Historical and Genealogical Magazine*, Vol. 29, No. 1 (Jan. , 1928): 41 – 48.

Garth, Charles and Joseph W. Barnwell, "Garth Correspondence (Continued)," *The South Carolina Historical and Genealogical Magazine*, Vol. 29, No. 2 (Apr. , 1928): 115 – 132.

Garth, Charles and Joseph W. Barnwell, "Garth Correspondence (Continued)," *The South Carolina Historical and Genealogical Magazine*, Vol. 31, No. 1 (Jan. , 1930): 46 – 62.

Garth, Charles and Joseph W. Barnwell, "Garth Correspondence (Continued)," *The South Carolina Historical and Genealogical Magazine*, Vol. 29, No. 4 (Oct. , 1928): 295 – 305.

Garth, Charles and Joseph W. Barnwell, "Garth Correspondence (Continued)," *The South Carolina Historical and Genealogical Magazine*, Vol. 30, No. 4 (Oct. , 1929): 215 – 235.

Garth, Charles and Joseph W. Barnwell, "Garth Correspondence (Continued)," *The South Carolina Historical and Genealogical Magazine*, Vol. 29, No. 3 (Jul. , 1928): 212 – 230.

Garth, Charles and Joseph W. Barnwell, "Garth Correspondence (Continued)," *The South Carolina Historical and Genealogical Magazine*, Vol. 30, No. 3 (Jul. , 1929): 168 – 184.

Garth, Charles and Joseph W. Barnwell, "Garth Correspondence (Continued)," *The South Carolina Historical and Genealogical Magazine*, Vol.

31, No. 3 (Jul., 1930): 228 – 255.

Garth, Charles and Joseph W. Barnwell, "Garth Correspondence (Continued)," *The South Carolina Historical and GenealogicalMagazine*, Vol. 31, No. 4 (Oct., 1930): 283 – 291.

Garth, Charles and Joseph W. Barnwell, "Garth Correspondence (Continued)," *The South Carolina Historical and Genealogical Magazine*, Vol. 33, No. 3 (Jul., 1932): 228 – 244.

Garth, Charles and Joseph W. Barnwell, "Garth Correspondence (Continued)," *The South Carolina Historical and Genealogical Magazine*, Vol. 33, No. 4 (Oct., 1932): 262 – 280.

Garth, Charles, Joseph W. Barnwell and Charles Shinner, "Garth Correspondence (Continued)," *The South Carolina Historical and Genealogical Magazine*, Vol. 30, No. 1 (Jan., 1929): 27 – 49.

Garth, Charles and Theodore D. Jervey, "Garth Correspondence (Continued)," *The South Carolina Historical and Genealogical Magazine*, Vol. 33, No. 2 (Apr., 1932): 117 – 139.

Garth, Charles, Joseph W. Barnwell and James Donavan, "Garth Correspondence (Continued)," *The South Carolina Historical and Genealogical Magazine*, Vol. 30, No. 2 (Apr., 1929): 105 – 116.

Garth, Charles, "Correspondence of Charles Garth (Continued)," *The South Carolina Historical and Genealogical Magazine*, Vol. 31, No. 2 (Apr., 1930): 124 – 153.

Greene, Jack P. ed., *The Nature of Colony Constitutions: Two Pamphlets on the Wilkes Fund Controversy in South Carolina by Sir Egerton Leigh and Arthur Lee* (Columbia: University of South Carolina Press, 1970).

Hamer, Philip M. et al., *The Papers of Henry Laurens*, 16 vols. (Columbia: University of South Carolina Press, 1968 – 2003).

Hartley, David, *Letters on the American War* (London, 1779).

Hemphill, William Edwin, and Wylma Anne Wates eds., *Extracts from the Journal of South Carolina Provincial Congress, 1775 – 1776* (Columbia:

University of South Carolina Press, 1960).

Hewatt, Alexander, *An Historical Account of the Rise and Progress of the Colonies of South Carolina and Georgia*, 2 vols. (London, 1779; reprint, Spartanburg, 1959).

Howe, George, *History of the Presbyterian Church in South Carolina*, 2 vols. (Columbia, S. C. : Walker, Evans & Cogswell Press, 1870 – 1883).

Hutchinson, William T. and William M. E. Rachel et al. , *The Papers of James Madison*, *Congressional Series*, 17 vols. (Chicago: University of Chicago Press, 1962 – 1991).

"Izard – Laurens Correspondence: From South Carolina Historical Society Collections," *The South Carolina Historical and Genealogical Magazine*, Vol. 22, No. 1 (Jan. , 1921): 1 – 11.

"Izard – Laurens Correspondence: From South Carolina Historical Society Collection (Continued) ," *The South Carolina Historical and Genealogical Magazine*, Vol. 22, No. 2 (Apr. , 1921): 39 – 52.

"Izard – Laurens Correspondence: From South Carolina Historical Society Collections (Continued) ," *The South Carolina Historical and Genealogical Magazine*, Vol. 22, No. 3 (Jul. , 1921): 73 – 88.

Johnston, Henry P. ed. , *The Correspondence and Public Papers of John Jay*, 4 vols. (New York: G. P. Putnam's Sons, 1890 – 1893).

Labaree, Leonard W. et al. eds. , *The Papers of Benjamin Franklin*, 40 vols. (New Haven: Yale University Press, 1959 – 2011).

Lee, Richard Henry, *Life of Arthur Lee*, 2 vols. (Boston, 1829).

Lee, Arthur, *Answer to Considerations on Certain Political Transactions of the Province of South Carolina* (London, 1774).

Leigh, Egerton, *Considerations on Certain Political Transactions of the Province of South Carolina: Containing a View of the Colony Legislatures* (London, 1774).

Mahon, Lord. , *History of England from the Peace of Utrecht to the Peace of Versailles, 1713 – 1783*, 7 vols. (London: John Murray, 1858).

McIntosh, Lachlan, *Lachlan McIntosh Papers in the University of Georgia Libraries*, in Lilla Mills Hawes ed. (Athens: University of Georgia Press, 1968).

Morgan, William J. ed., *Naval Documents of the American Revolution*, 10 vols. (Washington, D. C. : U. S. Government Printing Office, 1964 – 1996).

Moultrie, William, *Memoirs of the American Revolution*, *So Far as It Related to the States of North and South Carolina*, *and Georgia* (New York, 1802).

Pocock, J. G. A., *Virtue*, *Commerce and History* (Cambridge: Cambridge University Press, 1985).

Prince, Carl E. et al. eds. , *The Papers of William Livingston* (Trenton: New Jersey Historical Commission, 1979 – 1988).

Pinckney, Elise ed. , *The Letterook of Eliza Lucas Pinckney*, *1739 – 1762* (Chapel Hill: University of North Carolina Press, 1972).

Saberton, Ian ed. , *The Cornwallis Papers: The Campaigns of 1780 and 1781 in the Southern Theatre of the American Revolutionary War*, 6 vols. (Uckfield: Naval & Military Press, 2010).

Salley, A. S. Jr. ed. , *Register of St. Philip's Parish*, *Charles Town*, *South Carolina*, *1720 – 1758* (Columbia: University of South Carolina Press, 1971).

Salley, A. S. Jr. ed. , *Journal of the General Assembly of South Carolina*, March 26, 1776 – April 11, 1776 (Columbia: The Historical Commission of South Carolina, 1906),

Saunders, William L. ed. , *The Colonial Records of North Carolina*, 10 vols. (Raleigh: State of North Carolina, 1886 – 1890).

Sher, Richard B. , *Church and University in the Scottish Settlement* (Edinburgh: Edinburgh University Press, 1985).

Showman, Richard K. et al. , *The Papers of General Nathanael Greene*, 13 vols. (Chapel Hill: The University of North Carolina Press, 1976 – 2005).

Smith, D. E. Huger and A. S. Salley, Jr. eds. , *Register of St. Philip's Parish*, *Charles Town*, *South Carolina*, *1754 – 1810* (Charleston, S. C. , 1927).

Smith, Paul H. et al. eds. , *Letters of Delegates to Congress*, *1774 – 1789*, 26 vols. (Washington, D. C.: United States Government Printing Office, 1976 – 2000).

Taylor, Robert J. et al. eds., *Papers of John Adams*, 17 vols. (Cambridge: Harvard University Press, 1977 – 2014).

"The Bull Family of South Carolina," *The South Carolina Historical and Genealogical Magazine*, Vol. 1, No. 1 (Jan., 1900): 76 – 90.

"The English Ancestors of the Bull Family of South Carolina," *The South Carolina Historical and Genealogical Magazine*, Vol. 36, No. 2 (Apr., 1935): 36 – 41.

Thomas, D. O. and W. Bernard Peach eds., *The Correspondence of Richard Price*, 3 vols. (Cardiff: University of Wales Press, and Durham, NC: Duke University Press, 1983 – 1994).

Thomson, Adam, *A Discourse on the Preparation of the Body for the Small – Pox* (Philadelphia, 1750).

Vickery, Amanda, *The Gentleman's Daughter: Women's Lives in Georgian England* (New Haven: Yale University Press, 1998).

Webber, Mabel L., "Death Notices from the South Carolina and American General Gazette, and Its Continuation the Royal Gazette, May 1766 – June 1782," *The South Carolina Historical and Genealogical Magazine*, Vol. 16, No. 3 (Jul., 1915): 129 – 133.

Webber, Mabel L., "Marriage and Death Notices from the South Carolina Weekly Gazette (Continued)," *The South Carolina Historical and Genealogical Magazine*, Vol. 18, No. 2 (Apr., 1917): 87 – 93.

Wharton, Francis ed., *The Revolutionary Diplomatic Correspondence of the United States*, 6 vols. (Washington: Government Printing Office, 1889).

William T. and William M. E. Rachel et al., *The Papers of James Madison, Congressional Series Hutchinson*, 17 vols. (Chicago: University of Chicago Press, 1962 – 1991).

Zubly, John Joachim, *The Journal of the Reverend John Joachim Zubly, A. M., D. D.*, March 5, 1770 through June 22, 1781, in Lilla Mills Hawes ed.

（Savannah: Georgia Historical Society, 1989）.

未出版的硕士和博士论文

Brooking, Greg, "My Zeal for the Real Happiness of Both Great Britain and the Colonies: The Conflicting Imperial Career of Sir James Wright" （Ph. D. diss., Georgia State University, 2013）.

Clark, Peggy J., "Henry Laurens's Role in the Anglo – American Peace Negotiations" （M. A. Thesis, University of South Carolina, 1991）.

Frech, Laura P., "The Career of Henry Laurens in the Continental Congress, 1777 – 1779" （Ph. D. diss., University of North Carolina Press, 1972）.

Moore, Warner O. Jr, "Henry Laurens: A Charleston Merchant in the Eighteenth Century, 1747 – 1771" （Ph. D. diss., University of Alabama, 1974）.

Riggs, Alvin R. "Arthur Lee and the Radical Whigs, 1768 – 1776" （Ph. D. diss., Yale University, 1967）.

Williams, Andrea Lynn, "Sir James Wright in Georgia: Local and Imperial Conflict in the American Revolution" （Ph. D. diss., College of William and Mary, 2012）.

著作

Alden, John Richard, *John Stuart and the Southern Colonial Frontier* （New York: Gordian Press, 1966）.

Anderson, Benedict, *Imagined Communities: Reflections on the Origin and Spread of Nationalism* （London: Verso, 1983）.

Anderson, Virginia DeJohn, *New England's Generation: The Great Migration and the Formation of Society and Culture in the Seventeenth Century* （Cambridge: Cambridge University Press, 1991）.

Armitage, David, *The Ideological Origins of the British Empire* （Cambridge: Cambridge University Press, 1996）.

Armitage, David and Michael J. Braddick eds., *The British Atlantic World, 1500 – 1800* （New York: Palgrave Macmillan, 2002）.

Bacon, Francis, *The Works of Francis Bacon*, edited by James Spedding, Robert Leslie Ellis, and Douglas Denon Heath, 14 vols. (London: Logman, 1857 – 1874; Repr. , New York: Garrett, 1968).

Bailyn, Bernard, *Pamphlets of the American Revolution, 1750 – 1776* (Cambridge, MA: Harvard University Press, 1965).

Bailyn, Bernard, *Atlantic History: Concept and Contours* (Cambridge: Harvard University Press, 2005).

Bailyn, Bernard, *The Ideological Origins of the American Revolution*, Enlarged ed. (Cambridge: The Belknap Press of Harvard University Press, 1992).

Baird, Charles Washington, *History of the Huguenot Emigration to America*, 2 vols. (New York: Dodd, Mead & Company, 1885).

Barck, Oscar Theodore Jr. , *New York City during the War for Independence* (New York: Columbia University Press, 1931).

Barrow, Thomas C. , *Trade and Empire: The British Customs Service in Colonial America 1760 – 1775* (Cambridge: Harvard University Press, 1967).

Bearss, Edwin C. , *The Battle of Sullivan's Island and the Capture of Fort Moultrie* (Washington, D. C. : National Park Service, 1968).

Bemis, Samuel F. , *The Diplomacy of the American Revolution* (Bloomington: Indiana University Press, 1957).

Berkeley, Edmund and Dorothy Smith Berkeley, *Dr. Alexander Garden of Charles Town* (Chapel Hill: University of North Carolina Press, 1969).

Breen, T. H. , *The Marketplace of Revolution: How Consumer Politics Shaped American Independence* (Oxford: Oxford University Press, 2004).

Brewer, John, *The Sinews of Power: War, Money and the English State, 1688 – 1783* (London: Unwin Hyman, 1989).

Brewer, John, *Party Ideology and Popular Politics at the Accession of George III* (Cambridge: Cambridge University Press, 1976).

Bull, Kinloch Jr. , *The Oligarchs in Colonial and Revolutionary Charleston: Lieutenant Governor William Bull and His Family* (Columbia: University of South Carolina Press, 1991).

Burke, John and Sir John Bernard Burke ed. , *The Extinct and Dormant Baronetcies of England* (London, 1838).

Burnard, Trevor, *Mastery, Tyranny, and Desire: Thomas Thistlewood and His Slaves in the Anglo-Jamaican World* (Chapel Hill: University of North Carolina Press, 2004).

Burnard, Trevor, *Creole Gentlemen: The Maryland Elite, 1691 – 1776* (London: Routledge, 2002).

Bushman, Richard L. , *The Refinement of America: Persons, Houses, Cities* (New York: Alfred A. Knopf, 1992).

Black, Jeremy, *The British Seaborne Empire* (New Haven: Yale University Press, 2004).

Blackstone, William, *Commentaries of the Laws of England*, 4 vols. (Philadelphia: Robert Ball, 1771 – 1772).

Bleackley, Horace, *Life of John Wilkes* (London: John Lane Company, 1917).

Bradburn, Douglas, *The Citizenship Revolution: Politics and the Creation of the American Union, 1774 – 1804* (Charlottesville: University of Virginia Press, 2009).

Brooke, John, *King George III* (London: Constable and Co. , 1972).

Burton, Antoinette, *Burdens of History: British Feminists, Indian Women, and Imperial Culture, 1865 – 1915* (Chapel Hill: University of North Carolina Press, 1994).

Burton, Antoinette, *At the Heart of the Empire: Indians and the Colonial Encounter in Late-Victorian Britain* (Berkeley: University of California Press, 1998).

Burton, Antoinette, *Empire in Question: Reading, Writing, and Teaching British Imperialism* (Durham: Duke University Press, 2011).

Burton, Antoinette, *After the Imperial Turn: Thinking with and through the Nation* (Durham, NC: Duke University Press, 2003).

Burton, Antoinette and Tony Ballantyne eds, *Bodies in Contact: Rethinking Co-*

lonial Encounters in World History (Durham: Duke University Press, 2005).

Butler, Jon, *The Huguenots in America: A Refugee People in New World Society* (Cambridge: Cambridge University Press, 1983).

Calhoon, Robert M. , *The Loyalists in Revolutionary America, 1760 - 1781* (New York: Harcourt Brace Jovanovich, 1973).

Calhoon, Robert M. , Timothy M. Barnes and Robert S. Davis, *Tory Insurgents: The Loyalist Perception and Other Essays, Revised and Expanded Edition* (Columbia: University of South Carolina Press, 2010).

Calloway, Colin G. , *The American Revolution in Indian Country, Crisis and Diversity in Native American Communities* (Cambridge, UK: Cambridge University, 1995).

Candler, Allen D. ed. , *The Revolutionary Records of the State of Georgia*, 3 vols. (Atlanta, GA: Franklin-Torner, 1908).

Canny, Nicholas, *Europeans on the Move: Studies on European Migration, 1500 - 1800* (New York: Clarendon, 1994).

Carlo, Paula Wheeler, *Huguenot Refugees in Colonial New York: Becoming American in the Hudson Valley* (Portland: Sussex Academic Press, 2005).

Carp, Benjamin L. , *Rebels Rising: Cities and the American Revolution* (Oxford: Oxford University Press, 2007).

Carroll, B. R. , *Historical Collections of South Carolina*, 2 vols. (New York: Harper and Brothers, 1836).

Cash, Arthur H. , *John Wilkes: The Scandalous Father of Civil Liberty* (New Haven: Yale University Press, 2006).

Cashin, Edward J. , *The King's Ranger: Thomas Brown and the American Revolution on the Southern Frontier* (Athens: University of Georgia Press, 1989).

Cassedy, James H. , "Medical Men and the Ecology of the Old South," Ronald L. Numbers and Todd L. Savitt eds. , *Science and Medicine in the Old South* (Baton Rouge: Louisiana State University Press, 1989).

Chalmers, Alexander, *The British Essayist, with Prefaces, Historical and Biographical*, 45 vols. (London, Printed for J. Johnson, 1802 - 1803).

Chopra, Ruma, *Unnatural Rebellion: Loyalists in New York City during the Revolution* (Charlottesville: University of Virginia Press, 2011).

Chopra, Ruma, *Choosing Sides: Loyalists in Revolutionary America* (Lanham, MD: Rowman & Littlefield Publishers, 2013).

Clarke, Richard, *An Essay on the Number Seven* (London, 1759).

Clarke, Richard, *The Prophetic Numbers of Daniel and John Calculated* (Charles Town: 1759).

Clark, J. C. D. , *The Language of Liberty, 1660 – 1852* (Cambridge: Cambridge University Press, 1994).

Clark-Kennedy, E. , *Stephen Hales* (Cambridge: Cambridge University Press, 1929).

Clowse, Converse, *Economic Beginnings in Colonial South Carolina, 1670 – 1730* (Columbia: University of South Carolina Press, 1971).

Coclanis, Peter A. , *The Shadow of a Dream: Economic Life and Death in the South Carolina Low Country, 1670 – 1920* (New York: Oxford University Press, 1989).

Claydon, Tony, and Ian McBride eds. , *Protestantism and National Identity: Britain and Ireland, c. 1650 – c. 1850* (Cambridge: Cambridge University Press, 1998).

Coclanis, Peter ed. , *The Atlantic Economy during the Seventeenth and Eighteenth Centuries: Organization, Operation, Practice, and Personnel* (Columbia: University of South Carolina Press, 2005).

Cohen, Sheldon Samuel. , *British Supporters of the American Revolution, 1775 – 1783: The Role of the "Middling – Level" Activists* (Suffolk: The Boydell Press, 2004).

Cokayne, George Edward ed. , *Complete Baronetage*, 6 vols (Exeter W. Pollard, & Co. , 1900 – 1909).

Coke, Edward, *The Fourth Part of the Institutes of the Laws of England* (London, 1648).

Codling, James L. *Calvin: Ethics, Eschatology, and Education* (Newcastle upon Tyne: Cambridge Scholars Publishing, 2010).

Colley, Linda, *Captives: Britain, Empire, and the World, 1600 - 1850* (London: Anchor, 2004).

Colley, Linda, *The Ordeal of Elizabeth Marsh: A Woman in World History* (New York: Pantheon Books, 2007).

G. M. Ditchfield, *Britons: Forging the Nation: 1707 - 1837* (London: Pimlico, 1992).

Cooper, David and James McCord ed. , *The Statutes at Large of South Carolina*, 13 vols. (Columbia: A. S. Johnston, 1836 - 1875).

Corner, George W. ed. , *The Autobiography of Benjamin Rush: His " Travels through Life" together with His Commonplace Book for 1789 - 1813* (Princeton: Princeton University Press, 1948).

Crary, Catherine S. ed. , *The Price of Loyalty: Tory Writings from the Revolutionary Era* (New York: McGraw Hill, 1973).

Crèvecoeur, J. Hector St. John de. , *Letters from an American Farmer and Sketches of Eighteenth - Century America*, ed, Albert E. Stone (New York: Penguin Books, 1986).

Crouse, Maurice A. , *The Public Treasury of Colonial South Carolina* (Columbia: University of South Carolina Press, 1977).

Dalrymple, John, *The Address of the People of Great - Britain to the Inhabitants of America* (London, 1775).

Davis, Natalie Zemon, *The Return of Martin Guerre* (Cambridge: Harvard University Press, 1983).

Davis, Natalie Zemon, *Trickster Travels: A Sixteenth Century Muslim between Worlds* (New York: Hill and Wang, 2006).

Deas, Anne Simmons, *Recollections of the Ball Family of South Carolina and Comingtee Plantation* (Summerville, S. C. : Alwyn Ball Jr. , 1909).

Dickerson, Oliver M. , *The Navigation Acts and the American Revolution* (Philadelphia: University of Pennsylvania Press, 1951).

Dierksheide, Christa, *Amelioration and Empire: Progress and Slavery in the*

Plantation Americas (Charlottesville: University of Virginia Press, 2014).

Dickerson, Oliver M., *The Navigation Acts and the American Revolution* (Philadelphia: University of Pennsylvania Press, 1951).

Donnan, Elizabeth ed., *Documents Illustrative of the History of the Slave Trade to America*, 4 vols. (Washington, D. C., 1932).

Doty, Joseph, *The British Admiralty Board as a Factor in Colonial Administration* (Philadelphia, 1930).

Drayton, John, *Memoirs of the American Revolution*, 2 vols. (Charleston: A. E. Miller, 1821).

Earle, Peter, *The Making of the English Middle Class: Business, Society, and Family Life in London, 1660 – 1730* (London: Mathuen, 1989).

Easterby, J. Harold and Ruth S. Green eds., *The Journal of the Commons House of Assembly*, March 28, 1749 – March 19, 1750 (Columbia: South Carolina Department of Archives and History, 1962).

Edgar, Walter, *Partisans and Redcoats: The Southern Conflict That Turned the Tide of the American Revolution* (New York: William Morrow, 2001).

Edgar, Walter, *South Carolina: A History* (Columbia: University of South Carolina Press, 1989).

Edgar, Walter ed., *The Letterbook of Robert Pringle*, 2 vols. (Columbia: University of South Carolina Press, 1972).

Edelson, S. Max, *Plantation Enterprise in Colonial South Carolina* (Cambridge: Harvard University Press, 2006).

Elias, Norbert, *The Court Society*, trans. Edmund Jephcott (New York: Pantheon, 1983).

Elizabeth Seymour Percy Northumberland (Duchess of), *The Diaries of a Duchess: Extracts from the Diaries of the First Duchess of Northumberland*, James Creig ed. (London: George H. Doran Company, 1926).

Fisher, H. E. S., *The Portugal Trade: A Study of Anglo – Portuguese Commerce, 1700 – 1770* (London: Mcthucn & Co., 1971).

Flavell, Julie, *When London was Capital of America* (New Haven: Yale University Press, 2010).

Frakes, George Edward, *Laboratory for Liberty: The South Carolina Legislative Committee System, 1719 – 1776* (Lexington: University Press of Kentucky, 1970).

Fox, Frank Bird, *Two Huguenot Families: Deblois, Lucas* (Cambridge, Mass.: private printing, University Press, 1949).

Gay, Paul du, Jessica Evans and Peter Redman eds. , *Identity: A Reader* (London: Sage Publications, 2000).

Gibbes, Robert W. ed. , *Documentary History of the American Revolution* (New York: Appleton, 1855).

Gillespie, Joanna Bowen, *The Life and Times of Martha Laurens Ramsay, 1759 – 1811* (Columbia, South Carolina: University of South Carolina Press, 2001).

Ginzburg, Carlo, *The Cheese and the Worms: The Cosmos of a Sixteenth Century Miller*, trans. John Tedeschi and Anne Tedeschi (Baltimore, MD: Johns Hopkins University Press, 1980).

Ginzburg, Carlo, *The Night Battles: Witchcraft and Agrarian Cults in the Sixteenth and Seventeenth Centuries*, trans. John and Anne Tedeschi (Baltimore: Johns Hopkins University Press, 1983).

Goodfriend, Joyce D. , *Before the Melting Pot: Society and Culture in Colonial New York City, 1664 – 1730* (Princeton: Princeton University Press, 1992).

Glover, Lorri, *All Our Relations: Blood Ties and Emotional Bonds among the Early South Carolina Gentry* (Baltimore: Johns Hopkins University Press, 2000).

Griffis, William Elliot, *Brave Little Holland: And What She Taught Us* (Boston and New York: Houghton, Mifflin and Company, 1901).

Gould, Eliga H. , *The Persistence of Empire: British Political Culture in the Age of the American Revolution* (Chapel Hill, NC: University of North Carolina Press, 2000).

Grassby, Richard, *The Business Community of Seventeenth Century England* (Cambridge: Cambridge University, 1995).

Greene, Jack P. ed. , *Exclusionary Empire: English Liberty Overseas, 1600 – 1900* (Cambridge: Cambridge University Press, 2010).

Greene, Jack P. , *Early American Histories: Creating the British Atlantic: Essays on Transplantation, Adaptation, and Continuity* (Charlottesville: University of Virginia Press, 2013).

Greene, Jack P. , *Evaluating Empire and Confronting Colonialism in Eighteenth – Century Britain* (Cambridge: Cambridge University Press, 2013).

Greene, Jack P. , *The Constitutional Origins of the American Revolution* (Cambridge: Cambridge University Press, 2010).

Greene, Jack P. , *The Intellectual Construction of America: Exceptionalism and Identity From 1492 to 1800* (Chapel Hill: University of North Carolina Press, 1993.

Greene, Jack P. , *The Quest for Power: The Lower Houses of Assembly in the Southern Royal Colonies, 1689 – 1776* (Chapel Hill: University of North Carolina Press, 1963).

Gipson, Lawrence Henry, *The British Empire before the American Revolution*, 15 vols. (New York: Alfred A. Knopf, 1939 – 1970).

Giunta, Mary A. ed. , *The Emerging Nation: A Documentary History of the Foreign Relations of the United States under the Articles of Confederation, 1780 – 1789*, 3 vols. (Washington, D. C. : National Historical Publications and Records Commission, 1996).

Guttridge, George Herbert, *David Hartley, M. P. : An Advocate of Conciliation, 1774 – 1783* (Berkeley: University of California Press, 1926).

Hague, Stephen, *The Gentleman's House in the British Atlantic World, 1680 – 1780* (Basingstoke: Palgrave Macmillan, 2015).

Hall, Catherine, *Civilising Subjects: Metropole and Colony in the English Imagination 1830 – 1867* (Chicago: University of Chicago Press, 2002).

Hall, Catherine, *Macaulay and Son: Architects of Imperial Britain* (New Haven: Yale University Press, 2012).

Hall, Catherine ed. , *Cultures of Empire, A Reader: Colonizers in Britain and the Empire in the Nineteenth and Twentieth Centuries* (Manchester: Manchester University Press, 2000).

Hall, Catherine and Sonya Rose eds. , *At Home with the Empire: Metropolitan Culture and the Imperial World* (Cambridge: Cambridge University Press, 2006).

Hancock, David, *Citizens of the World: London Merchants and the Integration of the British Atlantic Community, 1735 – 1785* (Cambridge: Cambridge University Press, 1995).

Haw, James, *John and Edward Rutledge of South Carolina* (Athens: University of Georgia Press, 1997).

Harris, J. William, *The Hanging of Thomas Jeremiah: A Free Black Man's Encounter with Liberty* (New Heaven: Yale University Press, 2009).

Hart, Emma, *Building Charleston: Town and Society in the Eighteenth Century British Atlantic World* (Charlottesville: University of Virginia Press, 2009).

Heitzler, Michael James, *Goose Creek, South Carolina: A Definitive History 1670 – 2003* (Charleston: The History Press, 2005).

Hevia, James L. , *Cherishing Men from Afar: Qing Guest Ritual and the Macartney Embassy* (Durham: Duke University Press, 1995).

Hill, Christopher, *The World Turned Upside Down: Radical Ideas during the English Revolution* (London: Penguin, 1972).

Hirsch, Arthur Henry, *The Huguenots of Colonial South Carolina* (Durham: Duke University Press, 1928).

Hoffman, Ronald, Mechal Sobel and Fredrika Teute eds. , *Through a Glass Darkly: Reflections on Personal Identity in Early America* (Chapel Hill: University of North Carolina Press, 1997).

Howe, Stephen, *The New Imperial Histories Reader* (London: Routledge, 2009).

Howell, Thomas Jones, William Cobbett and David Jardine, *A Complete Collection of State Trials and Proceedings for High Treason and Other Crimes and Misdemeanors from the Earliest Period to the Present Time* (London: T. C.

Hansard，1813）.

Jackson，Harvey H. ，*Lachlan McIntosh and the Politics of Revolutionary Georgia* （Athens：The University Of Georgia，1979）.

Jakes，John. *Charleston* （New York：Dutton，2002）.

Jasanoff，Maya，*Liberty's Exiles*：*American Loyalists in the Revolutionary World* （New York：Alfred A. Knopf，2011）.

James，C，L. R. ，*Black Jacobins*：*Toussaint L'Ouverture and the San Domingo Revolution* （New York：Vintage Books ，1963）.

Kaplan，Sidney，*The Black Presence in the Era of the American Revolution*，*1770 – 1800* （New York：Graphic Society Ltd. ，1973）

Kettner，James H. ，*The Development of American Citizenship*，*1608 – 1870* （Chapel Hill：University of North Carolina Press，1978）.

Kidd，Colin，*British Identities before Nationalism*：*Ethnicity and Nationhood in the Atlantic World*，*1600 – 1800* （Cambridge：Cambridge University Press，1999）.

Kirkpatrick，James，*An Essay on Inoculation*，*Occasioned by the Smallpox Being Brought Into South Carolina in the Year 1738* （London，1743）.

Kirkpatrick，James，*The Analysis of Inoculation*：*Comprising the History*，*Theory*，*and Practice of It*；*With an Occasional Consideration of the Most Remarkable Appearances in the Small – Pox* （London，1754）.

Klein，Rachel N. ，*Unification of a Slave State*：*The Rise of the Planter Class in the South Carolina Backcountry*，*1760 – 1808* （Chapel Hill：University of North Carolina Press，1990）.

Lambert，Robert S. ，*South Carolina Loyalist in the American Revolution* （Columbia：University of South Carolina Press，1987）.

Langford，Paul，*Englishness Identified*：*Manners and Character*，*1650 – 1850* （Oxford：Oxford University Press，2000）.

Landsman，Ned C. ，*From Colonials to Provincials*：*American Thought and Culture*，*1680 – 1760* （New York：Twayne Publishers，1997）.

Landsman，Ned C. ，*Scotland and Its First American Colony*，*1683 – 1765*

(Princeton: Princeton University Press, 1985).

Langford, Paul. , *A Polite and Commercial People: England, 1727 – 1783* (Oxford: Clarendon, 1989).

Levine, Philippa, *Gender and Empire* (Oxford: Oxford University Press, 2007).

Lillywhite, Bryant, *London Coffee Houses: A Reference Book of Coffee Houses of the Seventeenth, Eighteenth and Nineteenth Centuries* (London: George Allen & Unwin, 1963).

Littlefield, Daniel C. , *Rice and Slaves: Ethnicity and the Slave Trade in Colonial South Carolina* (Baton Rouge: Louisiana State University Press, 1981).

Lipscomb, Terry W. ed. , *The Colonial Records of South Carolina: The Journal of the Commons House of Assembly: October 6, 1757 – May 19, 1758* (Columbia: University of South Carolina Press, 1996).

Marshall, P. J. , *The Making and Unmaking of Empires: Britain, India, and America c. 1750 – 1783* (Oxford: Oxford University Press, 2005).

Marston, Jerrilyn Greene, *King and Congress: The Transfer of Political Legitimacy, 1774 – 1776* (Princeton, N. J. : Princeton University Press, 1987).

Massey, Gregory D. , *John Laurens and the American Revolution* (Columbia: University of South Carolina Press, 2000).

Matthews, Marty D. , *Forgotten Founder: The Life and Times of Charles Pinckney* (Columbia: University of South Carolina Press, 2004).

McCrady, Edward. , *The History of South Carolina Under the Royal Government, 1719 – 1776* (New York: The Macmillan Co. , 1899).

Edward McCrady, *History of South Carolina under the Proprietary Government, 1670 – 1719* (New York: The Macmillan Co. , 1897) .

McDonough, Daniel J. , *Christopher Gadsden and Henry Laurens: The Parallel Lives of Two American Patriots* (Sellinsgrove, PA: Susquehanna University Press; 2000).

McInnis, Maurie and Angela D. Mack, *In Pursuit of Refinement: Charlestonians Abroad, 1740 – 1860* (Columbia: University of South Carolina Press,

1999) .

Mercantini, Jonathan, *Who Shall Rule at Home? The Evolution of South Carolina Political Culture*, *1748 – 1776* (Columbia: University of South Carolina Press, 2007).

Morgan, Kenneth, *Slavery*, *Atlantic Trade and the British Economy*, *1660 – 1800* (Cambridge: Cambridge University Press, 2000).

Morris, Michael P. , *George Galphin and the Transformation of the Georgia – South Carolina Backcountry* (Lanham, MD: Lexington Books, 2014).

Morris, Richard B. , *The Peacemakers: The Great Powers and American Independence* (New York: Harper & Row, 1965).

Murdoch, Alexander, *British History*, *1660 – 1832: National Identity and Local Culture* (New York: St Martin's Press, 1998).

Nechtman, Tillman W. , *Nabobs: Empire and Identity in Eighteenth – Century Britain* (Cambridge: Cambridge University Press, 2010).

Newson, Linda A. and Susie Minchin, *From Capture to Sale: The Portuguese Slave Trade to Spanish South America in the Early Seventeenth Century* (Leiden: Brill, 2007).

Nordholt, Jan Willem Schulte, *The Dutch Republic and American Independence*, trans. H. H. Rowen (Chapel Hill: University of North Carolina Press, 1982).

Norton, Mary Beth, *The British Americans: The Loyalist Exiles in England*, *1774 – 1789* (Boston: Little, Brown, and Company, 1972).

Nugent, Walter, *Habits of Empire: A History of American Expansionism* (New York: Alfred A. Knopf, 2008).

Obeyesekere, Gananath, *The Apotheosis of Captain Cook: European Mythmaking in the Pacific* (Princeton: Princeton University Press, 1992).

O'Brien, Denis, *A Defence of the Right Honorable the Earl of Shelburne* (London, 1782).

O'Donnell, James H. , *Southern Indians in the American Revolution* (Knoxville: University of Tennessee Press, 1973).

Oldham, James, *English Common Law in the Age of Mansfield* (Chapel Hill: University of North Carolina Press, 2004).

Olwell, Robert, *Masters, Slaves, and Subjects: The Culture of Power in the South Carolina Low Country, 1740 – 1790* (Ithaca: Cornell University Press, 1998).

O'Malley, Gregory, *Final Passages: The Intercolonial Slave Trade of British America, 1619 – 1807* (Chapel Hill: University of North Carolina Press, 2014).

O'Shaughnessy, Andrew Jackson, *An Empire Divided: The American Revolution and the British Caribbean* (Philadelphia: University of Pennsylvania Press, 2000).

O'Shaughnessy, *The Men Who Lost America: British Leadership, the American Revolution, and the Fate of the Empire* (New Haven: Yale University Press, 2013).

Page, Anne Dunan ed. , *The Religious Culture of the Huguenots, 1660 – 1750* (Aldershot: Ashgate, 2006).

Palmer, Aaron, *Elite Political Authority and the Coming of the Revolution in the South Carolina Lowcountry, 1763 – 1776* (Leiden: Brill, 2014).

Parsons, Usher, *The Life of Sir William Pepperrell, Bart: The Life of Sir William Pepperrell, Bart, the Only Native of New England Who Was Created a Baronet during Our Connection with the Mother Country* (Boston: Little, Brown & Co. , 1856).

Paul, Jenny Balfour, *Indigo* (London: British Museum, 1998).

Pettigrew, William A. , *Freedom's Debt: The Royal African Company and the Politics of the Atlantic Slave Trade, 1672 – 1752* (Chapel Hill: University of North Carolina Press, 2013).

Piecuch, Jim. , *Three Peoples, One King: Loyalists, Indians, and Slaves in the American Revolutionary South, 1775 – 1782* (Columbia, SC: University of South Carolina Press, 2008).

Price, Richard, *An Appeal to the Public on the Subject of the National Debt,*

(London, 1772).

Price, Richard, *Observations on the Importance of the American Revolution* (London, 1784).

Pope, Alexander, *An Essay on Man* (London, Printed for J. and P. Knapton, 1748).

Poser, Norman S, *Lord Mansfield: Justice in the Age of Reason* (Montreal: McGill – Queen's University Press, 2013).

Prakash, Gyan, *After Colonialism: Imperial Histories and Postcolonial Displacements* (Princeton, N. J. : Princeton University Press, 1995).

Quarles, Benjamin, *Lord Dunmore as Liberator*, William and Mary Quarterly, Vol. 15, No. 4 (Oct. , 1958): 494 – 507.

Ramsay, David, *History of the United States from their First Settlement as English Colonies in 1607 to the Year 1808* (Philadelphia, 1816).

Ramsay, David, *The History of South – Carolina: From Its First Settlement in 1670 to the Year 1808*, 2 vols. (Charleston: David Longworth, 1809).

Ramsey, William L. , *The Yamasee War: A Study of Culture, Economy, and Conflict in the Colonial South* (Lincoln: University of Nebraska Press 2008) .

Ravenel, Harriott Horry, *Charleston: The Place and the People* (New York: The Macmillan Company, 1912).

Rawley, James A. , *London, Metropolis of the Slave Trade* (Columbia: University of Missouri Press, 2003).

Reid, John Phillip, *The Concept of Liberty in the Age of the American Revolution* (Chicago: University of Chicago Press, 1988).

Renick, Edward Ireland, *Christopher Gadsden* (Harrisburg, PA: Harrisburg Publishing Company, 1898).

Richardson, David, Anthony Tibbies, and Suzanne Schwarz eds. , *Liverpool and Transatlantic Slavery* (Liverpool: Liverpool University Press, 2007).

Ruymbeke, Bertrand van and Randy J. Sparks eds. , *Memory and Identity: The Huguenots in France and the Atlantic Diaspora* (Columbia: University of

South Carolina Press, 2003).

Ryan, William R., *The World of Thomas Jeremiah: Charles Town on the Eve of the American Revolution* (Oxford: Oxford University Press, 2010).

Rogers, George C. Jr., *Evolution of a Federalist: William Laughton Smith of Charleston, 1758 – 1812* (Columbia: University of South Carolina Press, 1962).

Rediker, Marcus, *Between the Devil and the Deep Blue Sea: Merchant Seamen, Pirates, and the Anglo – American Maritime World, 1700 – 1750* (Cambridge: Cambridge University Press, 1987).

Rediker, Marcus, *The Slave Ship: A Human History* (New York: Viking, 2007).

Rediker, Marcus and Peter Linebaugh, *The Many – Headed Hydra: Sailors, Slaves, Commoners and the Hidden History of the Revolutionary Atlantic* (London: Verso, 2000).

Reich, Jerome R., *British Friends of the American Revolution* (Armonk, N. Y. : M. E. Sharpe, 1998).

Rosenthal, Nathan Perl, *Citizen Sailors: Becoming American in the Age of Revolution* (Cambridge: Harvard University Press, 2015).

Rozbicki, Michael J., *The Complete Colonial Gentleman: Cultural Legitimacy in Plantation America* (Charlottesville: University Press of Virginia, 1998).

Rudé, George, *Wilkes and Liberty: A Social Study of 1763 – 1774* (Oxford: Oxford University Press, 1962).

Ruymbeke, Bertrand Van and Randy J. Sparks eds. , *Memory and Identity: The Huguenots in France and the Atlantic Diaspora* (Columbia: University of South Carolina Press, 2003).

Sainsbury, John, *John Wilkes: The Lives of a Libertine* (Burlington: Ashgate, 2006).

Sainsbury, John, *Disaffected Patriots: London Supporters of Revolutionary America, 1769 – 1782* (Montreal: McGill – Queens University Press, 1987).

Salley, Alexander S. Jr. , *Narratives of Early Carolina* (New York: Barnes & Noble, Inc. , 1939).

Samuel, Raphale ed. , *Patriotism: The Making and Unmaking of British National Identity: Britain and Ireland c. 1650 – 1850* (Cambridge: Cambridge University Press, 1998).

Schiff, Stacy, *A Great Improvisation: Franklin, France, and the Birth of America* (New York: Henry Holt, 2005).

Schlesinger, Arthur Meier, *The Colonial Merchants and the American Revolution, 1763 – 1776* (New York: Columbia University Press, 1918).

Schwarz, Suzanne, *Slave Captain: The Career of James Irving in the Liverpool Slave Trade* (Wrexham: Bridge Books, 1995).

Shields, David S. , *Civil Tongues and Polite Letters in British America* (Chapel Hill: University of North Carolina Press, 1997).

Simms, William Gilmore, *The History of South Carolina, from Its First European Discovery to Its Erection into a Republic* (New York: Redfield, 1860).

Simmons, Richard C. , *The American Colonies: From Settlement to Independence* (New York: W. W. Norton & Co. , 1976).

Simons, Robert Bentham, *Thomas Grange Simons III, His Forebears and Relations* (Charleston, S. C. , 1954).

Schermerhorn, Richard Jr. , *Schermerhorn Genealogy and Family Chronicles* (New York: Tobias A. Wright, 1914).

Schoenbrun, David, *Triumph in Paris: The Exploits of Benjamin Franklin* (New York: Harper & Row, 1976).

Sheridan, Richard B. , *Doctors and Slaves: A Medical and Demographic History of Slavery in the British West Indies, 1680 – 1834* (Cambridge: Cambridge University Press, 1985).

Sirmans, M. Eugene, *Colonial South Carolina, A Political History 1663 – 1763* (Chapel Hill: University of North Carolina Press, 1966).

Smith, Alice R. Huger and Daniel Elliott Huger Smith, *The Dwelling Houses of Charleston, South Carolina* (Philadelphia and London: J. B. Lippincott

Company, 1917).

Smith, William Roy, *South Carolina as a Royal Province*, *1719 – 1776* (New York: Macmillan Company, 1903).

Sosin, Jack M. , *Agents and Merchants* (Lincoln: University of Nebraska Press, 1965).

Stange, Marion, *Vital Negotiations: Protecting Settlers' Health in Colonial Louisiana and South Carolina* (Göttingen: V & R Unipress, 2012).

Stella, Tillyard, *A Royal Affair*, *George III and His Troublesome Siblings* (New York: Random House, 2006).

Stinchcombe, William C. , *The American Revolution and the French Alliance* (Syracuse: Syracuse University Press, 1969).

Stockley, Andrew. , *Britain and France at the Birth of America: The European Powers and the Peace Negotiations of 1782 – 1783* (Exeter: University of Exeter Press, 2001).

Stumpf, Vernon O. , *Josiah Martin: The Last Royal Governor of North Carolina* (Durham, NC: Carolina Academic Press, 1986).

Sparks, Randy J. , *The Two Princes of Calabar: An Eighteenth – Century Atlantic Odyssey* (Cambridge, MA: Harvard University Press, 2004).

Smith, S. D. Slavery, *Family and Gentry Capitalism in the British Atlantic: The World of the Lascelles*, *1648 – 1834* (Cambridge: Cambridge University Press, 2006).

Smith, William Roy, *South Carolina as a Royal Province*, *1719 – 1776* (New York: Macmillan Company, 1903).

Stoler, Ann Laura and Frederick Cooper eds. , *Tensions of Empire: Colonial Cultures in a Bourgeois World* (Berkeley: University of California Press, 1997).

Thomas, P. D. G. , *John Wilkes: A Friend to Liberty* (Oxford: Clarendon Press, 1996).

Thompson, E. P. , *The Making of the English Working Class* (New York: Random, 1963).

Trevelyan, George Otto, *The American Revolution* (New York: Longmans, Greens and Co., 1899).

Townsend, Sara Bertha, *An American Soldier, The Life of John Laurens* (Raleigh, NC: Edwards & Broughton, 1958).

Trenchard, John and Thomas Gordon, *Cato's Letters*, in *The English Libertarian Heritage: From the Writings of John Trenchard and Thomas Gordon in "The Independent Whig" and "Cato's Letters,"* David L. Jacobson ed. (Indianapolis: Bobbs – Merrill, 1965).

Ubbelohde, Carl, *The Vice – Admiralty Courts and the American Revolution* (Chapel Hill: University of North Carolina Press, 1960).

United States Bureau of the Census, *The Statistical History of the United States from Colonial Times to the Present* (Stamford, Connecticut: Fairchild Publishers, Inc., 1965).

Vaughan, Alden T., *Transatlantic Encounters: American Indians in Britain, 1500 – 1776* (Cambridge: Cambridge University Press).

Vipperman, Carl J., *The Rise of Rawlins Lowndes, 1721 – 1800* (Columbia: University of South Carolina Press, 1978).

Wallace, David Duncan, *Constitutional History of South Carolina from 1725 to 1775* (Abbeville, SC: Hugh Wilson Printer, 1899).

Wallace, David Duncan, *South Carolina: A Short History, 1520 – 1948* (Chapel Hill: The University of North Carolina Press, 1951).

Wallace, David Duncan, *The Life of Henry Laurens* (New York: G. P. Putnam's Sons, 1915).

Walsh, Richard, *Charleston's Sons of Liberty: A Study of the Artisans* (Columbia: University of South Carolina Press, 1959).

Waring, Joseph Ioor, *A History of Medicine in South Carolina, 1670 – 1825* (Charleston: South Carolina Medical Association, 1964).

Waterhouse, Richard., *A New World Gentry: The Making of a Merchant and Planter Class in South Carolina, 1670 – 1770* (New York: Garland, 1989).

Whatmore, Richard, *Against War and Empire: Geneva, Britain and France in the Eighteenth Century* (New Haven: Yale University Press, 2012).

Weir, Robert M., *"The Last of American Freemen": Studies in the Political Culture of the Colonial and Revolutionary South* (Macon: Mercer University Press, 1986).

Wilkes, John, *An Essay on Woman* (London, 1763).

Wilson, Kathleen, *The Island Race: Englishness, Empire and Gender in the Eighteenth Century* (New York: Routledge, 2003).

Wilson, Kathleen, *The Sense of the People: Politics, Culture and Imperialism in England, 1715 – 1785* (Cambridge: Cambridge University Press, 1995).

Wilson, Kathleen ed. , *A New Imperial History: Culture, Identity and Modernity in Britain and the Empire, 1660 – 1840* (Cambridge: Cambridge University Press, 2004).

Wood, Peter H. , *Black Majority: Negroes in Colonial South Carolina from 1670 through the Stono Rebellion* (New York: W. W. Norton & Company, 1974).

Wraxall, C. F. Lascelles, *Life and Times of Her Majesty Caroline Matilda, Queen of Denmark and Norway, and Sister of H. M. George III of England. From Family Document; and Private State Archives*, 3 vols. (London: Wm. H. Allen & Co. , 1864).

Wreford, John Reynell, *Sketch of The History of Presbyterian Nonconformity in Birmingham* (Birmingham, 1832).

期刊论文

Andrade, Tonio, "A Chinese Farmer, Two African Boys, and a Warlord," *Journal of World History*, Vol. 21, No. 4 (De. , 2010): 573 – 591.

Bailyn, Bernard, "The Idea of Atlantic History," *Itinerario: The Journal of the History of European Expansion and Global Interaction* 20 (1996): 9 – 44.

Bargar, B. D. , "Charles Town Loyalism in 1775: The Secret Reports of Alexander Innes," *South Carolina Historical Magazine*, LXIII (Jul. , 1962): 125 – 136.

Barnwell, Joseph W. ed., "Letters of John Rutledge (Continued)," The *South Carolina Historical and Genealogical Magazine*, Vol. 18, No. 1 (Jan., 1917): 42 – 49.

Beer, G. R. de., "Rodolph Valltravers, F. R. R.," *Notes and Records of the Royal Society of London*, IV (1946): 216 – 226.

Breen, T. H., "An Empire of Goods: The Anglicization of Colonial America, 1690 – 1776," *Journal of British Studies* 25 (1986): 467 – 499.

Brock, Helen, "North America, a Western Outpost of European Medicine," in Andrew Cunningham and Roger French, ed., *The Medical Enlightenment of the Eighteenth Century* (Cambridge: Cambridge University Press, 1990), 197 – 198.

Burnard, Trevor, "Slave Medicine in Jamaica: Thomas Thistlewood's 'Receipts for a Physick', 1750 – 1786," *Jamaican Historical Review* 17 (1991): 1 – 18.

Barnard, Trevor, "'The Countrie Continues Sicklie': White Mortality in Jamaica, 1655 – 1780," *Social History of Medicine* 12 (1999): 45 – 72.

Calhoun, Robert M. and Robert M. Weir, "The Scandalous History of Sir Egerton Leigh," *The William and Mary Quarterly*, Third Series, Vol. 26, No. 1 (Jan., 1969): 47 – 74.

Cann, Marvin L., "Prelude to War: The First Battle of Ninety Six: November 19 – 21, 1775," *South Carolina Historical Magazine*, Vol. 76, No. 4 (Oct., 1975): 197 – 214.

Cann, Marvin L., "War in the Backcountry: The Siege of Ninety Six, May 22 – June 19, 1781," *South Carolina Historical Magazine*, Vol. 72, No. 1 (Jan., 1971): 1 – 14.

Cassedy, James H., "Medical Men and the Ecology of the Old South," Ronald L. Numbers and Todd L. Savitt eds., *Science and Medicine in the Old South* (Baton Rouge: Louisiana State University Press, 1989).

Chesnutt, David R., "South Carolina's Penetration of Georgia in the 1760s: Henry Laurens as a Case Study," *South Carolina Historical Magazine*, Vol.

73, No. 4 (Oct. , 1972): 194 – 208.

Colley, Linda, "Britishness and Otherness: An Argument," *The Journal of British Studies*, Vol. 31, No. 4 (Oct. , 1992): 309 – 329.

Conway, Stephen, "From Fellow – Nationals to Foreigners: British Perceptions of the Americans, Circa 1739 – 1785," *William and Mary Quarterly*, 3d Ser. , LIX (2002): 65 – 100.

Crane, Verner W. , "The Club of Honest Whigs: Friends of Science and Liberty," *The William and Mary Quarterly*, 3rd Ser. , XXIII (1966): 210 – 233.

Crouse, Maurice A. , "Gabriel Manigault: Charleston Merchant," *South Carolina Historical Magazine*, Vol. 68, No. 4 (Oct. , 1967): 220 – 231.

Curtin, Philip D. , "Epidemiology and the Slave Trade," *Political Science Quarterly*, Vol. 83, No. 2 (Jun. , 1968): 190 – 216.

Claire Gherini, "Rationalizing Disease: James Kilpatrick's Atlantic Struggles With Smallpox Inoculation," *Atlantic Studies*, Vol. 7, No. 4 (2010): 421 – 446.

David, Huw, "James Crokatt's 'Exceeding Good Counting House': Ascendancy and Influence in the Transatlantic Carolina Trade," *South Carolina Historical Magazine*, Vol. 111, No. 3/4 (July – October 2010): 151 – 174.

Duffy, John. "Yellow Fever in Colonial Charleston," *South Carolina Historical Magazine*, No. 52 (Oc. , 1951): 189 – 197.

Dunn, Richard S. , "The English Sugar Islands and the Founding of South Carolina," *South Carolina Historical Magazine*, Vol. 101, No. 2 (Apr. , 2000): 142 – 154.

Frech, Laura P. , "The Republicanism of Henry Laurens," *South Carolina Historical Magazine*, Vol. 76, No. 2 (Apr. , 1975): 68 – 79.

Greene, Jack P. , "Bridge to Revolution: The Wilkes Fund Controversy in South Carolina, 1769 – 1775," *Journal of Southern History* 29 (1963): 19 – 52.

Greene, Jack P. , "The Political Authorship of Sir Egerton Leigh," *South Carolina Historical Magazine*, Vol. 75, No. 3 (Jul. , 1974): 143 – 152.

Greene, Jack P. , "Empire and Identity from the Glorious Revolution to the A-merican Revolution," *The Oxford History of the British Empire* 2 (1998): 208 – 230.

Gould, Christopher, "The South Carolina and Continental Associations: Prelude to Revolution," *South Carolina Historical Magazine*, Vol. 87, No. 1 (Jan. , 1986): 30 – 48.

Hamer, Philip M. , "John Stuart's Indian Policy During the Early Months of the American Revolution," *The Mississippi Valley Historical Review*, Vol. 17, No. 3 (Dec. , 1930): 351 – 366.

Jackson, George B. , "John Stuart: Superintendent of Indian Affairs for the Southern District," *Tennessee Historical Magazine*, Vol. 3, No. 3 (Sep. , 1917): 165 – 191.

Johnson, Paul E. , "Reflections: Looking Back at Social History," *Reviews in American History*, Vol. 39, No. 2 (Jun. , 2011): 379 – 388.

Kelley, Sean, "Scrambling for Slaves: Captive Sales in Colonial South Carolina," *Slavery & Abolition: A Journal of Slave and Post – Slave Studies*, Vol. 34, Issue 1 (2013): 1 – 21.

Kenney, William Howland, III , "Alexander Garden and George Whitefield: The Significance of Revivalism in South Carolina 1738 – 1741," *South Carolina Historical Magazine*, Vol. 71, No. 1 (Jan. , 1970): 1 – 16.

Krebsbach, Suzanne, "The Great Charlestown Smallpox Epidemic of 1760," *South Carolina Historical Magazine*, Vol. 97, No. 1 (Jan. , 1996): 30 – 37.

Landsman, Ned, "John Witherspoon and the Problem of Provincial Identity in Scottish Evangelical Culture," in Richard B. Sher and Jeffrey R. Smitten eds. , *Scotland and America in the Age of the Enlightenment* (Princeton: Princeton University Press, 1990): 29 – 45.

Landsman, Ned, "The Provinces and the Empire: Scotland, the American Colonies and the Development of British Provincial Identity," in Lawrence Stone ed. , *An Imperial State at War: Britain from 1689 to 1815* (London:

Routledge, 1994), 258 – 287.

Littlefield, Daniel C. , "Charleston and Internal Slave Redistribution," *South Carolina Historical Magazine* 87 (Apr. , 1986): 93 – 105.

Littlefield, Daniel C. , "Plantations, Paternalism, and Profitability: Factors Affecting African Demography in the Old British Empire," *The Journal of Southern History*, Vol. 47, No. 2 (May, 1981): 167 – 182.

Lovejoy, David S. , "Rights Imply Equality: The Case Against Admiralty Jurisdiction in America, 1764 – 1776," *William and Mary Quarterly*, Third Series, Vol. 16, No. 4 (Oct. , 1959): 459 – 484.

Maier, Pauline, "John Wilkes and American Disillusionment with Britain," *The William and Mary Quarterly*, Third Series, Vol. 20, No. 3 (Jul. , 1963): 373 – 395.

Manigault, Ann and Mabel L. Webber, "Extracts from the Journal of Mrs. Ann Manigault: 1754 – 1781," *South Carolina Historical and Genealogical Magazine*, Vol. 20, No. 2 (Apr. , 1919): 128 – 141.

Massey, Gregory D. , "The Limits of Antislavery Thought in the Revolutionary Lower South: John Laurens and Henry Laurens," *The Journal of Southern History*, Vol. 63, No. 3 (Aug. , 1997): 495 – 530.

May, W. E. , "The Surveying Commission of Alborough, 1728 – 1734," *American Neptune*, XXI (1961): 260 – 278.

Morgan, Kenneth, "Slave Sales in Colonial Charleston," *Review* 113 (1998): 905 – 927.

Morgan, Kenneth, "Remittance Procedures in the Eighteenth – Century British Slave Trade," Vol. 79, Issue 4 (Winter, 2005): 715 – 749.

Mustakeem, Sowande, "'I Never Have Such a Sickly Ship Before': Diet, Disease, and Mortality in 18th – Century Atlantic Slaving Voyages," *The Journal of African American History*, Vol. 93, No. 4 (Fall, 2008): 474 – 496.

Nash, R. C. , "The Organization of Trade and Finance in the British Atlantic Economy, 1600 – 1830," in Peter A. Coclanis ed. , *The Atlantic Economy* during the Seventeenth and Eighteenth Centuries: Organization, Operation, Practice, and Personnel (Columbia: University of South Carolina Press, 2005).

Nash, R. C., "South Carolina Indigo, European Textiles, and the British Atlantic Economy in the Eighteenth Century," *The Economic History Review*, New Series, Vol. 63, No. 2 (May, 2010): 362 – 392.

Nichols, John L., "Alexander Cameron, British Agent among the Cherokee, 1764 – 1781," *South Carolina Historical Magazine*, Vol. 97, No. 2 (Apr., 1996): 94 – 114.

O'Donnell, James H., "A Loyalist View of the Drayton – Tennent – Hart Mission to the Upcountry," *South Carolina Historical Magazine*, Vol. 67, No. 1 (Jan., 1966): 15 – 28.

Olson, Gary D., "Loyalists and the American Revolution: Thomas Brown and the South Carolina Backcountry, 1775 – 1776 (Continued)," *South Carolina Historical Magazine*, Vol. 68, No. 4 (Oct., 1967): 201 – 219.

Olson, Gary D., "Loyalists and the American Revolution: Thomas Brown and the South Carolina Backcountry, 1775 – 1776 (Continued)," *South Carolina Historical Magazine*, Vol. 69, No. 1 (Jan., 1968): 44 – 56.

Olwell, Robert A., "Domestick Enemies: Slavery and Political Independence in South Carolina, May 1775 – March 1776," *Journal of Southern History* 55 (Feb., 1989): 21 – 48.

O'Shaughnessy, Andrew Jackson, " 'If Others Will Not Be Active, I Must Drive': George III and the American Revolution," *Early American Studies: An Interdisciplinary Journal* 2 (2004): 1 – 46.

Pettigrew, William A., "Free to Enslave: Politics and the Escalation of Britain's Transatlantic Slave Trade, 1688 – 1714," *The William and Mary Quarterly*, Third Series, Vol. 64, No. 1 (Jan., 2007): 3 – 38.

Richardson, David, "Liverpool and the English Slave Trade," in Anthony Tibbles, ed., *Transatlantic Slavery: Against Human Dignity* (London: HMSO, 1994).

Riggs, A. R. , "Arthur Lee, a Radical Virginian in London, 1768 – 1776," *Virginia Magazine of History and Biography*, LXXVIII (1970): 268 – 280.

Ritcheson, C. R. , "The Earl of Shelburne and Peace with America, 1782 – 1783: Vision and Reality," *International History Review*, Vol. 3, No. 3 (Aug. 1983): 322 – 345.

Rodgers, Daniel T. "Republicanism: The Career of a Concept," *Journal of American History*, Vol. 79, No. 1 (1992): 11 – 38.

Ryan, Francis W. Jr. , "The Role of South Carolina in the First Continental Congress," *South Carolina Historical Magazine*, Vol. 60, No. 3 (Jul. , 1959): 147 – 153.

Sainsbury, John, "The Pro – Americans of London, 1769 to 1782," *The William and Mary Quarterly*, Third Series, Vol. 35, No. 3 (Jul. , 1978): 423 – 454.

Sainsbury, John, "John Wilkes, Debt, and Patriotism," *Journal of British Studies*, Vol. 34, No. 2 (Apr. , 1995): 165 – 195.

Scott, Kenneth, "The Slave Insurrection in New York in 1712," *New York Historical Society Quarterly*, Vol. XLV, No. 1 (Jan. , 1961): 43 – 74.

Sharrer, G. Terry, "Indigo in Carolina, 1671 – 1796," *South Carolina Historical Magazine*, Vol. 72, No. 2 (Apr. , 1971): 94 – 103.

Shalhope, Robert E. , "Republicanism and Early American Historiography," *The William and Mary Quarterly*, Third Series, Vol. 39, No. 2 (Apr. , 1982): 334 – 356.

Shalhope, Robert E. , "Toward a Republican Synthesis: The Emergence of an Understanding of Republicanism in American Historiography," *The William and Mary Quarterly*, Third Series, Vol. 29, No. 1 (Jan. , 1972): 49 – 80.

Sirmans, M. Eugene, "The South Carolina Royal Council, 1720 – 1763," *William and Mary Quarterly*, Vol. 18, No. 3 (Jul. , 1961): 373 – 392.

Smith, Henry A. M. , "Entries in the Old Bible of Robert Pringle," *The South*

Carolina Historical and Genealogical Magazine, Vol. 22, No. 1 (Jan., 1921): 25 – 33.

Smith, Samuel C., "Henry Laurens: Christian Pietist," *South Carolina Historical Magazine*, Vol. 100, No. 2 (Apr., 1999): 143 – 170.

Snapp, J. Russell, "William Henry Drayton: The Making of a Conservative Revolutionary," *The Journal of Southern History*, Vol. 57, No. 4 (Nov., 1991): 637 – 658.

Stanwood, Owen, "Between Eden and Empire: Huguenot Refugees and the Promise of New Worlds," *The American Historical Review* 118 (2013): 1319 – 1344.

Stone, Lawrence. "The Revival of Narrative: Reflections on a New Old History," *Past & Present*, No. 85 (Nov., 1979): 3 – 24.

Tyler, Lyon G., "The Gnostic Trap: Richard Clarke and His Proclamation of the Millennium and Universal Restoration in South Carolina and England," *Anglican and Episcopal History* 58 (Jun., 1989): 146 – 168.

Thompson, E. P., "History from Below," *Times Literary Supplement*, 7 April, 1966, 279 – 280.

Walsh, Richard, "Christopher Gadsden: Radical or Conservative Revolutionary?" *South Carolina Historical Magazine*, Vol. 63, No. 4 (Oct., 1962): 195 – 203.

Waring, Joseph, "James Killpatrick and Smallpox Inoculation in Charlestown," *Annals of Medical History*, New Series, 10 (1938): 302 – 304.

Wax, Darold D., "A Philadelphia Surgeon on a Slaving Voyage to Africa, 1749 – 1751," *The Pennsylvania Magazine of History and Biography*, Vol. 92, No. 4 (Oct., 1968): 465 – 493.

Webber, Mabel L., "The Thomas Pinckney Family of South Carolina," *The South Carolina Historical and Genealogical Magazine*, Vol. 39, No. 1 (Jan., 1938): 15 – 35.

Williams, Edward G., "The Prevosts of the Royal Americans," *Western Pennsylvania Historical Magazine* LVI (1973): 1 – 38.

Wilson, Kathleen. "Old Imperialisms and New Imperial Histories: Rethinking the History of the Present," *Radical History Review*, Issue 95 (Spring, 2006): 211 –234.

Zuckerman, Michael, "Identity in British America: Unease in Eden," in Nicholas Canny and Anthony Pagden eds., *Colonial Identity in the Atlantic World*, *1500 – 1800* (Princeton: Princeton University Press, 1987), 115 – 157.

Zuckerman, Michael, "The Fabrication of Identity in Early America," *William and Mary Quarterly*, 3rd ser., 34 (1977): 183 –214.

二　中文文献

专著

娜塔莉·泽蒙·戴维斯:《行者诡道:一个 16 世纪文人的双重世界》,周兵译,北京:北京大学出版社,2018 年。

何伟亚:《怀柔远人:马嘎尔尼使华的中英礼仪冲突》,邓常春译,北京:社会科学文献出版社,2002 年。

琳达·科利:《英国人:国家的形成,1707—1837 年》,周玉鹏、刘耀辉译,北京:商务印书馆,2017 年。

论文

魏涛:《爱国者、效忠派与南卡罗来纳革命前夕的政治治理术:以自由黑人托马斯·杰瑞米耶审判为例》,《北大史学》,北京:北京大学出版社,2013 年,第 345—368 页。

魏涛:《英帝国与美国革命初期的黑人军队:以南部殖民地为中心的考察 (1775—1778)》,《北京社会科学》2021 年第 1 期,第 88—98 页。

致　谢

　　在完成本书的过程中，我所获得的帮助，无论大与小，我将永远铭记于心。我要感谢我在纽约州立大学石溪分校历史系的论文答辩委员会成员奈德·C. 兰斯曼（Ned C. Landsman）、詹妮弗·L. 安德森（Jennifer L. Anderson）和凯瑟琳·威尔逊（Kathleen Wilson）。我的导师奈德一直慷慨地支持这项研究，从一开始，他的热心关注、仔细阅读和有见地的分析对完成这个课题是必不可少的。奈德是一位模范导师，积极支持我探索南卡罗来纳历史、大西洋史和新英帝国史。他完整地阅读了手稿，在页面上写满了敏锐的评论、具有洞察力的问题和难以辨认的涂鸦。我们之间的谈话帮助我完善、澄清和加强了我的论点。在与詹妮弗讨论的过程中，她总是愿意倾听，并向我提供力所能及的帮助。她阅读了第一章和第二章的早期版本，我们之间的多次讨论加深了我对大西洋史的理解。更重要的是，她提出了许多尖锐的批评和中肯的建议，并使这个研究项目变得更加完整。在纽约州立大学石溪分校攻读博士学位的七年里，因为各种机不凑巧，我从未选修过凯瑟琳的研究生课程，但我觉得很幸运，因为我和她一起完成了这个课题。她的《岛国的种族：18 世纪的英国人认同、帝国和性别》（*The Island Race：Englishness，Empire and Gender in the Eighteenth Century*）激发了我对新英帝国史和后殖民史的兴趣。我也很感激吉姆·皮卡奇（Jim Piecuch）加入我的答辩委员会，他的帮助远远超出了我对一位校外答辩委员会成员的期待。2015 年夏天，我有机会与他合作参加美国历史学家组织导师合作项目。他对第六章的评论给我指出了新的方向。如果没有这些答辩委员会成员的帮助，我或许无法完成这本专著。

　　我还要感谢我读本科和研究生期间的老师。当我在黄冈师范学院攻读本科学位时，缪偲老师给了我鼓励和悉心指导。他是第一个让我对世界历史和美国历史感兴趣的人。我感谢他激励我追求我的梦想。如果没有遇到他，我或许不会把专业从政治学转向历史学。我还要感谢我在北京大学历史系的研究生导师何顺果，感谢他作为学者的思想指导和不懈的鼓励。我特别感谢宾夕法尼亚州印第安纳大学历史系的王希，他为我的海外教育和职业生涯树立了一个好榜样。

　　我也衷心感谢美国弗吉尼亚州杰斐逊研究国际中心（International Center of Jefferson Studies）的工作人员。2008 年，当我在北京大学历史系攻读硕士研究生学位的时候，弗吉尼亚州蒙蒂塞洛市杰斐逊研究国际中心向我提供了一个为期两个月的短期研究基金。我真心感谢杰斐逊研究国际中心的主任安德鲁·奥肖内西（Andrew O'Shaughnessy）以及工作人员诸如恩德里娜·泰伊（Endrina Tay）、琼·哈菲纳奇（Joan Hairfield）、安娜·伯克斯（Anna Berkes）、埃里克·约翰逊（Eric Johnson）、利亚·斯特恩斯（Leah Stearns）和杰克·罗伯逊（Jack Robertson）等人的盛情款待。在研究期间，我访问了托马斯·杰斐逊的蒙蒂塞洛故居、詹姆斯·门罗的阿什·劳恩－高地（Ash Lawn－Highland）和乔治·华盛顿的弗农山庄（Mount Vernon），那段旅行经历极大地丰富了我对弗吉尼亚历史和美国总统历史的认识。没有这份研究资金的支持和蒙蒂塞洛访学的这份特殊经历，我或许不会去美国攻读博士学位。

　　2010 年秋季学期，我在哥伦比亚大学历史系选修了克里斯托弗·L.布朗（Christopher L. Brown）的研究生课程"1550 年至 1850 年的英帝国"，并开始对新英帝国史感兴趣。在研讨会上，我读了克里斯托弗的开创性论文——《没有奴隶的帝国：美国革命时代英国人的解放观》（"Empire Without Slaves: British Concepts of Emancipation in the Age of the American Revolution"）。更重要的是，我阅读了他的突破性专著《道德资本：英国废奴主义的基础》（*Moral Capital: Foundations of British Abolitionism*）。上完这门课后，我对英帝国史和大西洋历史的兴趣与日俱增。后来，我发现哥伦比亚大学历史系定期组织历史研讨班，我先后参加了英国近代史研讨班和美国早期历史和文化研讨班。我感谢研讨班上的所有报告者、教职员工和研究生在过去几年里提供了如此发人深省的史学讨论空间。我不得不说，这些研讨会让我受益良多。受这些研讨班上史学报告的启发，我开始将殖民时期的美国历史置于英帝国和大西洋的背景下进行理解。

在克里斯托弗·布朗的英国史研讨会上，我与纽约大学历史系的研究生凯蒂·沃克（Katy Walker）和丹尼尔·H. 坎霍费尔（Daniel Harry Kanhofer）成为好朋友。凯蒂和丹尼尔都很友善，并邀请我参加纽约大学历史系的大西洋史研讨班（New York University Atlantic History Workshop）。之后，我经常参加纽约大学历史系在胡安·卡洛斯国王中心（King Juan Carlos Center）607 室举办的大西洋史研讨会。在参加研讨班的同时，我经常遇见纽约大学历史系的教授们如卡伦·O. 库珀曼（Karen Ordahl Kupperman）、妮可·尤斯塔斯（Nicole Eustace）和詹妮弗·L. 摩根（Jennifer L. Morgan）以及许多报告人和研讨班参与者。参加研讨会的次数越多，我就越发现报告人和参与者都有兴趣探讨人口、思想、商品、疾病和文化在大西洋世界中的流通和传播。然后，我意识到，如果我的博士学位论文不是关于大西洋史，那肯定会显得有些落伍。因此，我决定独自探索 18 世纪的大西洋史。

本书的想法最早产生于我为保罗·泽曼斯基（Paul Zimansky）在纽约州立大学石溪分校历史系为研究生所开设的博士生开题报告研讨会所撰写的一份研究计划。我要感谢保罗和我的同学格雷戈里·罗森塔尔（Gregory Rosenthal）、威廉·德马雷（William Demarest）、米歇尔·斯皮内利（Michele Spinelli）、张爱华（Aihua Zhang）、李·乔尼布（Choonib Lee）和卡洛斯·戈麦斯（Carlos Gomez）最早向我提出了反馈和修改建议。

我在一些学术会议和史学研讨会上宣读了本书的初稿。我在得克萨斯大学阿灵顿分校历史系举办的第十四届跨大西洋史国际研究生年会、2014 年在纽约城市大学研究生中心举行的"黑色大西洋的潮流"（Currents of the Black Atlantic）会议、2015 年在约翰·霍普金斯大学举行的中部大西洋英国研究会议（Mid‐Atlantic Conference of British Studies）以及 2015 年奥莫洪德罗早期美国历史文化研究所（Omohundro Institute of Early American History and Culture）和早期美国学者协会（Society of Early Americanists）在芝加哥共同举办的会议上宣读了第一章的早期版本。此外，我还在纽约州立大学石溪分校历史系的学术讨论会上宣读了第三章的早期版本。我在波士顿大学于 2014 年举行的"抗议的政治：不满的利益集团、美国政治史上的忠诚和不忠的反对派"会议以及在密苏里州的圣路易斯举行的 2015 年美国历史学家组织年会上宣读了第五章的早期版本。我感谢纽约州立大学石溪分校研究生组织（Graduate Student Organization，GSO）提供了几笔小额基金支持我参加与此项目有关的会议。许多学者对我的论文或博士学位论文进行了批评、建议和鼓励，他们分别是克莱尔·吉拉雷（Claire Gilare）、马修·穆尔卡希（Matthew Mulcahy）、大卫·汉考克（David Hancock）、克里斯托巴尔·席尔瓦（Cristobal Silva）、凯瑟琳·墨菲（Kathleen S. Murphy）、凯瑟琳·阿尔纳（Katherine Arner）、凯瑟琳·约翰斯顿（Katherine Johnston）、熊大卫（David Hsiung）、伊维·F. 麦金太尔（Ivy Farr McIntyre）、布兰登·麦康维尔（Brendan McConville）、本杰明·卡普（Benjamin Carp）、茹马·乔普拉（Ruma Chopra）、谢拉·L. 斯柯普（Sheila L. Skemp）、扎拉·安妮珊斯琳（Zara Anishanslin）和迈克尔·哈特姆（Michael Hattem）。我还要感谢参加我学术报告并向我提出了宝贵的修改意见和批评的所有听众。

　　纽约州立大学石溪分校历史系内外的很多人帮助我思考了自己的研究课题，并让它变得更好。在论文写作的早期阶段，奈德和詹妮弗都给了我很多关于研究和写作的好建议。此外，他们还鼓励我以专业的方式写作，钻研关于跨大西洋移动主体的大量二手文献。与哈光甜、索菲亚·高和陈凯军的几次交谈帮助我用简单的方式解释我的想法和观点。在阅读了第一章和第二章的早期版本后，宾夕法尼亚大学历史系的迈克尔·扎克曼教授为我的进一步修订提出了有见地的意见和建议。我感谢所有这些朋友和教授帮助我澄清了我的论点，并让我成为一个更好的写作者。

　　写作过程中，许多研究机构、档案管理员和图书馆馆员向我提供了重要帮助。我要感谢美国哲学学会图书馆（American Philosophical Society Library）、宾夕法尼亚历史学会图书馆、国会图书馆、佐治亚历史学会、南卡罗来纳历史学会、查尔斯顿图书馆学会、南卡罗来纳历史档案馆（South Carolina Department of Archives and History ）、南卡罗来纳里奇兰县公共图书馆（Richland County Public Library）、南卡罗来纳图书馆（South Caroliniana Library）、南卡罗来纳大学的托马斯·库珀图书馆（Thomas Cooper Library）、纽约公共图书馆、纽约历史学会、纽约大学的埃尔默·福尔摩斯·博斯特图书馆（Elmer Holmes Bobst Library）、哥伦比亚大学巴特勒图书馆（Butler Library）和纽约州立大学石溪分校的小弗兰克·梅尔维尔纪念图书馆（Frank Melville Jr. Memorial Library）的档案管理员和工作人员。他们在协助我进行研究方面所做的出色工作值得感谢。我特别感谢纽约州立大学石溪分校馆际互借部的不知疲倦的工作人员，他们帮助我寻找了许多缩微胶卷、书籍和小册子。南卡罗来纳图书馆的图书馆馆员和档案保管员在允许我查阅手稿和其他未出版的材料方面提供了极大的帮助。我特别感谢图书管理员格雷厄姆·邓肯（Graham Duncan）和布赖恩·库特雷尔（Brian Cuthrell）。我还记得，正是在 2012 年 8 月 4 日，格雷厄姆送了一份亨利·W. 肯德尔（Henry W. Kendall）收集的有关亨利·劳伦斯信息的目录给我。我不得不说，他的慷慨为我节省了很多时间。同样，我感谢布赖恩在我 2012 年至 2014 年访问图书馆期间提供的宝贵的协助。2013 年 12 月 31 日，当我在国会图书馆做研究时，我很幸运地遇到了曾编辑《亨利·劳伦斯文集》的康斯坦斯·B. 舒尔茨（Constance B. Schulz）。我感谢康斯坦斯给了我《亨利·劳伦斯文集》未公布的索引，这为我的写作节省了许多时间。

　　一些研究机构为这个课题提供了研究资金。我感谢宾夕法尼亚州华盛顿十字路口（Washington Crossing）的大卫美国革命图书馆（David Library of the American Revolution）在 2014 年 6 月和 7 月初向我提供了一个月的研究基金。此外，我还要感谢梅格·斯威尼（Meg Sweeney）和布赖恩·格拉齐亚诺（Brian Graziano）邀请我参加于 2014 年 9 月 5 日在大卫美国革命图书馆举行的麦克尼尔早期美国研究中心（McNeil Center for Early American Studies）研讨会的秋季学期开幕式。我不得不说，他们的邀请帮助我加入了麦克尼尔史学共同体。同年 7 月和 8 月，纽约州立大学石溪分校历史系慷慨地提供了伯纳德·西梅尔奖（Bernard Simmel Award）的研究资助。如果没有这个研究基金，我就不会在那个夏天在南卡罗来纳历史学会、查尔斯顿图书馆协会、南卡罗来纳图书馆、南卡罗来纳历史档案馆以及佐治亚历史学会从事档案研究。2015 年 4 月，美国历史学家组织主席为青年历史学家提供的旅行基金（Organization of American Historians President's Travel Fund for Emerging Historians）资助了我参加在密苏里州圣路易斯举行的美国历史学家组织年会。同年 6 月，在美国历史学家组织的精心安排下，我有机会参加美国历史学家组织导师合作项目（Organization of American Historians Mentorship Program），并与指导教授吉姆·派卡齐一起讨论南卡罗来纳在美国革命时期的特点。本书也受中国社会科学院青年学者学术出版资助。我感谢上面这些机构向我提供了研究基金和出版资助。

　　最后，我要感谢我的家庭。我最感谢我的父母魏天环和胡保芹，他们这些年的爱、鼓励和支持不是任何一个儿子所能要求的。他们对我的研究项目并不熟悉，但他们一直鼓励我在美国顺利获得博士学位。我还要感谢我的弟弟魏巍和我的弟妹何蓉的支持。我的侄子魏宇航通过国际电话和视频电话成为我的好朋友，并让我从紧张且充满压力的写作过程中放松。最后，特别感谢我的妻子糜文迪，感谢她在我实现梦想的漫长旅程中无条件的耐心、爱和理解。我想告诉文迪：我将永远感激你为我所做的一切！

图书在版编目（CIP）数据

追寻自我认同：亨利·劳伦斯的跨大西洋遭遇：
1744—1784 年 / 魏涛著. -- 北京：社会科学文献出版
社，2022.5
ISBN 978 - 7 - 5201 - 9990 - 2

Ⅰ . ①追… Ⅱ . ①魏… Ⅲ . ①美国 – 历史 – 研究 –
1744 – 1784 Ⅳ . ① K712. 07

中国版本图书馆 CIP 数据核字（2022）第 057176 号

追寻自我认同：亨利·劳伦斯的跨大西洋遭遇，1744—1784 年

著　　者 / 魏　涛

出 版 人 / 王利民
责任编辑 / 张晓莉
文稿编辑 / 顾　萌
责任印制 / 王京美

出　　版 / 社会科学文献出版社·国别区域分社（010）59367078
　　　　　　地址：北京市北三环中路甲 29 号院华龙大厦　邮编：100029
　　　　　　网址：www. ssap. com. cn
发　　行 / 社会科学文献出版社（010）59367028
印　　装 / 三河市尚艺印装有限公司

规　　格 / 开　本：787mm × 1092mm　1/16
　　　　　　印　张：18. 25　字　数：291 千字
版　　次 / 2022 年 5 月第 1 版　2022 年 5 月第 1 次印刷
书　　号 / ISBN 978 - 7 - 5201 - 9990 - 2
定　　价 / 89. 00 元

读者服务电话：4008918866